경남의
기억을
걷다

경남의 기억을 걷다

초판 1쇄 발행 2019년 9월 9일
초판 2쇄 발행 2020년 9월 9일

지은이 류형진, 유원숙, 옥서연, 하상억, 정혜란, 김정현
펴낸이 김승희
펴낸곳 도서출판 살림터

기획 정광일
편집 조현주
디자인 김경수

인쇄·제본 (주)신화프린팅
종이 월드페이퍼(주)

주소 서울시 양천구 목동동로 293, 22층 2215-1호
전화 02-3141-6553
팩스 02-3141-6555

출판등록 2008년 3월 18일 제313-1990-12호
이메일 gwang80@hanmail.net
블로그 http://blog.naver.com/dkffk1020

ISBN 979-11-5930-114-8(03910)

이 도서의 국립중앙도서관 출판예정도서목록(CIP)은 서지정보유통지원시스템 홈페이지
(http://seoji.nl.go.kr)와 국가자료종합목록시스템(http://www.nl.go.kr/kolisnet)에서
이용하실 수 있습니다. (CIP제어번호 : CIP 2019032748)

경남의 역사 공간, 그리고 사람

경남의 기억을 걷다

류형진
유원숙
옥서연
하상억
정혜란
김정현
지음

살림터

책 머리에

우리 땅의 어느 골짜기인들 사람이 살지 않는 곳이 있을까 싶다.

그곳에 살고 있는 사람들의 삶의 공간과 시간이 쌓이고 사연들이 쌓여서 역사를 만들었다. 역사는 기본적으로 우리들이 경험하지 못한 시간 속의 세계가 오늘까지 이어져 오는 연속선에 있다. 선대에서 후대로 이어져온 전승과 기억의 구조 속에 존재하며 취사 선택과 공감이 역사를 구성한다.

국가의 역사란 국가의 입장에서 취사 선택이 이루어진 거대 서사의 구조를 가지고 있다. 그에 비하여 지역과 마을의 역사란 그곳 사람들의 기억과 전승의 과정에서 공동의 기억 구조 속에 남겨져 전해오는 것이라 할 수 있다. 그리하여 기억의 구조는 불편한 것들을 다듬고 좋았던 것들을 남기고자 하는 편의성과 편리성을 가진다. 그 기억의 끝자락과 남겨진 파편 같은 기록들을 짜 맞추고 그 역사의 공간에 직접 가보았을 때 비로소 퍼즐의 일부를 만날 수도 있다. 그래서 직접 찾아가보는 것은 매우 중요하다.

2005년 우리 지역의 역사에 대하여 답사를 해보기로 의기투합한 선생님들과 경남 지역의 답사를 시작하였다. 경남에서 역사를 가르치면서 중앙에 종속된 역사가 아닌 지역의 역사를 바로 살펴보고 싶었기 때문이다. 그후 10여 년의 시간이 훌쩍 지났고 우리 지역의 많은 의미 있는 장소들을 찾아다녔다. 그럼에도 여전히 한 번도 가보지 못한 곳도 많이 남아 있다. 앞으로 더 할 일이 남아 있다는 의미이다.

그동안 직접 찾아다녔던 우리 지역의 역사 흔적을 답사하고 그 과정에서 축적된 것들을 정리하는 작업이 필요하며, 이는 꽤나 의미 있는 일이 되겠다고 생각하여 처음 글을 쓰기 시작한 것이 벌써 5년 전의 일이다. 낮은 필력과 습자지처럼 얇은 지식, 학생들을 가르치는 본업의 짜투리 시간을 활용하는 작업이다 보니 처음 생각했던 것보다는 훨씬 오랜 시간이 흘렀다. 얕은 지식은 우리 지역에 대한 깊은 애정으로 메우고, 혼자가 아닌 공동의 활동으로 서로 의지하고 협력하여 완전무결하지는 않으나 이 글을 세상에 내놓을 수 있게 되었다. 혼자가 아닌 모임이었기에 가능한 작업이었다. 함께한 우리 답사 모임 선생님들이 자랑스럽다.

글쓴이들의 관점이 다르고, 다루는 지역이 달랐으므로 당연히 각 지역마다 글의 논지는 조금씩 다른 느낌을 줄 수 있는데, 이는 여러 명의 글쓰기에서 오는 필연적인 현상일 것이다. 또한 보편적인 주장이나 사실을 근거로 글쓰기를 하였으나 주관적인 면도 포함이 될 수밖에 없다. 기록을 한다는 것은 그 자체로 주관적이기 때문이다. 읽는 사람들의 너그러운 이해와 양해를 바란다.

　이 책이 세상에 나올 수 있도록 도움을 주신 모든 분에게 감사의 말씀을 전한다.

2019년 8월
오지 않은 계절을 기다리며 창원에서
글쓴이를 대표하여 류형진이 씀.

차
례

책 머리에 • 5

1부 해안

1. 뭍이 되어버린 섬, 섬을 기억하다 |거제|

섬은 뭍을 그리워하고 뭍은 섬을 향한다 - 사등면 견내량 • 18
의지할 곳 없던 고려 의종의 꿈이 스러지다 - 둔덕면 폐왕성(거제 기성) • 21
평생 한 번도 보지 못한 왕의 존재를 인식하다 - 거제면 기성관 • 24
죄와 벌에 대하여 생각하다 - 거제면 반곡서원 • 27
임진년 누란의 위기를 헤쳐 나가며… - 옥포동 옥포대첩기념공원 • 30
도고 헤이하치로를 아시나요? - 장목면 송진포 마을 • 34
조선 수군을 바다에 묻다 - 장목면 칠천량 • 37
전쟁을 기억하고 기념하다 - 고현동 거제포로수용소 • 41

2. 전쟁의 아픔에서 평화를 생각하다 |통영|

이순신의 도시, 통제영의 도시가 되다 - 문화동 통제영 • 46
두보가 꾸었던 평화의 꿈, 통영에 내려앉다 - 문화동 세병관 • 50
폰데목에서 이순신과 열녀를 만나다 - 당동 착량묘와 착량교 • 53
나라는 충신을 기리고, 백석은 사랑하는 연인을 기다리다 - 명정동 충렬사와 명정 • 56
한산섬 달 밝은 밤에 수루에 홀로 앉아… - 한산면 제승당 • 60
이순신 장군, 임진왜란을 바꾸다 - 한산면 한산대첩 • 63
아름다운 풍광과 전통이 통영의 문화를 깊게 하다 - 통영의 문화 • 66

3. 숨겨진 보물 같은 지역을 보다 | 고성 |

고성에도 왕국이 있었다 – 송학동 고분 • 72
부처의 자비 같은 맑은 물이 샘솟다 – 연화산 옥천사 • 76
저수지에 담긴 물의 혜택을 천추(千秋)까지 누릴지니… – 대가면 대가저수지 • 80
뱃사람의 고된 역(役)이 조선의 바다에 저물다 – 하일면 소을비포성 • 83
마을 수호신이 마을의 보호를 받다 – 마암면 석마(石馬) • 86
숲이 마을을 이롭게 할지니… – 마암면 장산숲 • 89

4. 하늘 끝, 땅의 머리, 보물섬이 되다 | 남해 |

남쪽 바다 한 점 섬, 문학의 산실이 되다 – 노도 김만중유허비 • 94
비단을 두른 전설의 산이 역사가 되다 – 상주면 보리암 • 98
물러남이 나아감이 되다 – 이동면 난곡사 • 101
정지 석탑이 정지 장군을 기억하다 – 고현면 정지 석탑 • 104
큰 별이 바다에 떨어지다 – 설천면 충렬사 • 107
독일에 갔던 누나들, 돌아와 거울 앞에 서다 – 삼동면 독일마을 • 111

5. 영남과 호남이 만나다 | 하동 |

영남과 호남, 섬진강에서 만나다 – 화개면 화개장터 • 116
십리 벚꽃길 따라 천년 고찰을 찾아가다 – 화개면 쌍계사 • 120
김수로와 허황옥의 일곱 아들, 성불하다 – 화개면 칠불사 • 124
백사송림, 애민정치의 표상이 되다 – 하동읍 하동송림 • 127
소설 속 허구의 공간이 실재가 되다 – 악양면 최참판댁 • 131
섬진강 길목을 지키다 – 악양면 고소성 • 135
현실의 어려움이 이상향을 만들다 – 지리산 청학동 • 139

6. 바다와 산을 함께 품다 | 사천 |

지역을 이어주는 섬, 국제 교류의 흔적을 남기다 – 늑도 유적 • 144
왕에게는 마음의 고향이니 '풍패지향'이라 부르다 – 정동면 배방사지 • 147
향을 묻어 천년 소원을 빌다 – 곤양면 사천 매향비 • 150
"거북선을 출격시켜라!" – 대방동 대방진 굴항 • 153
400년 만에 한 줌 흙으로 돌아오다 – 용현면 선진리성 • 156
왕의 탯줄을 묻기에 좋은 땅이다! – 곤명면 세종 태실지 • 159
봉황이 품은 절, 많은 것을 품다 – 곤명면 다솔사 • 162
잘 가다가 삼천포로 와 빠지노? – 삼천포항 • 165

7. 달그림자가 노닐던 마산만, 역사를 품다 |마산|

한반도 청동기 문화를 새롭게 보다 - 창원 진동리 유적 •170
달그림자에 상처 입은 마음을 달래보다 - 해운동 월영대 •173
우리 왕이 왔으나 우리를 위한 것은 아니었네 - 자산동 몽고정 •176
원래의 진해(鎭海)를 아시나요? - 진동면 진해현 관아 •179
오소, 보소, 사소! - 신포동 마산어시장 •182
개항장 마산, 대한제국의 운명을 닮다 - 해운동 마산 조계지 •186
삼진 사람들, 한뜻이 되어 독립 만세를 외치다 - 진동면 8의사 창의탑 •189
마산만의 모습이 바뀌니 입맛도 바뀌다 - 봉암동 봉암 수원지 •192
산업 역군이 사라지고 추억만 남다 - 창동 거리 •196
4·19 혁명의 불을 지피다 - 구암동 국립 3·15 민주묘지 •200

8. 고대 철 생산지가 기계공업 도시가 되다 |창원|

창원에 지배세력이 등장하다 - 동읍 고인돌 •204
초기 철기 문화의 보물 창고가 열리다 - 동읍 다호리 유적 •207
살아남은 패총과 야철지, 창원의 과거와 현재를 잇다 - 외동 성산패총 •210
노힐부득과 달달박박, 부처가 되다 - 북면 백월산 남사 •213
창원에 봉림산문이 자리 잡다 - 봉림동 봉림사지 •217
나아가면 장군이요 들어오면 재상이라 - 북면 최윤덕 장군 묘 •220
사라진 터전에서 역사를 찾다 - 서상동 창원읍성터 •224
돌부처가 절집을 만들다 - 대방동 불곡사 •227

9. 벚꽃 피는 식민도시, 한국 해군의 요람이 되다 |진해|

잊힌 진해의 출발지 웅천을 기억하다 - 성내동 웅천읍성 •232
끌려간 조선 도공들의 애한을 간직하다 - 두동 웅천 도요지 •235
조선 정부, 일본과 교린을 추진하다 - 제덕동 제포 •239
망각의 공간이 새로운 기억을 갖다 - 남문동 웅천 왜성 •243
제국주의 일본, 식민도시를 건설하다 - 중원 로터리 •247
일본의 승전 공간에서 조선의 망국을 기억하다 - 제황산(帝皇山) 공원 •251
김구와 이승만, 진해에서 이순신을 조우하다 - 남원 로터리와 북원 로터리 •255

10. 사랑의 무대에서 역사를 만나다 |김해|

하늘에서 내려온 수로가 왕이 되다 - 서상동 수로왕릉 •260
바다를 건너온 사랑, 역사가 되다 - 구산동 허왕후릉 •263

가락국이 해상무역으로 번성하다 - 봉황동 유적 • 266
철의 왕국, 타임캡슐을 열다 - 대성동 고분군 • 269
임진왜란 최초의 의병, 김해에서 일어나다 - 동상동 사충단 • 272
과인은 도성을 버렸으나 너희는 돌아와야 한다 - 흥동 선조 어서각 • 276 •
'대한 독립 만세'의 함성이 울려 퍼지다 - 무계동 3·1운동 기념탑 • 279
낙동강 물줄기를 바꾸어 평야를 만들다 - 김해평야 • 282
물은 생명을 품고 사람은 민주주의를 꿈꾸다 - 봉하마을 화포천 • 285

2부 내륙

1. 천축의 이상이 내려앉다 | 양산 |

오래된 절집의 높은 위상이 대대로 이어지다 - 하북면 통도사 • 292
천여 년의 전통을 지닌 가야진 용신제를 돌아보다 - 원동면 가야진사 • 296
만고의 충신 박제상, 기억의 끝자락에 자리하다 - 상북면 박제상 효충공원 • 299
한때 양산의 주인, 부인과 함께 묻히다 - 북정동 부부총 • 303
김서현과 만명의 스캔들이 삼국통일로 이어지다 - 하북면 취산재 • 306
아픈 역사가 아름다운 풍광에 가려지다 - 동면 법기수원지 • 310

2. 의병에서 의열단으로 | 밀양 |

만 마리 물고기가 돌이 되다 - 삼랑진읍 만어사 • 314
영남제일루, 밀양의 영욕과 함께하다 - 내일동 영남루 • 317
조선 사림파의 뿌리가 되다 - 부북면 예림서원 • 320
밀양 양반과 승려들, 같은 공간에서 다른 꿈을 꾸다 - 단장면 표충사 • 323
벼랑 끝에 길을 내다 - 삼랑진읍 작원잔도 • 327
의로운 일을 열렬히 행하다 - 내이동 의열기념관 • 330
1인자에 가려진 사람들, 밀양에 묻히다 - 부북면 박차정 묘 • 333

3. 낙동강을 따라 창녕의 역사가 흐르다 | 창녕 |

첫 번째 삶의 터전을 만나다 - 부곡면 비봉리 패총 • 338
가야를 대신하여 신라를 선택하다 - 교동·송현동 고분군 • 341
지금부터 이곳은 짐의 영토니라! - 창녕읍 신라 진흥왕 척경비 • 344
통일신라의 불교, 창녕에 꽃피다 - 창녕읍 관룡사와 용선대 • 347
개혁가가 사라지니 절도 함께 사라지다 - 창녕읍 옥천사지 • 352

화왕산성에서 홍의장군을 만나다 - 창녕읍 화왕산성 • 355
UN군의 피로 물든 전투를 기억하다 - 남지읍 창녕지구 전승비 • 358
따뜻한 물로 병을 치유하다 - 부곡면 부곡온천 • 361
자연과 더불어 살아가는 방법을 배워가다 - 우포늪 생태보전지구 • 365
창녕 양파가 한국의 맛을 풍성하게 하다 - 대지면 양파 시배지 • 368

4. 아라가야의 꿈이 깃들다 | 함안 |

아라가야의 왕들이 머리산에 묻히다 - 가야읍 말이산 고분군 • 372
신라 비밀의 창고가 열리다 - 함안면 성산산성 • 377
함안 양반들의 유희, 불꽃이 되어 떨어지다 - 함안면 무진정 • 380
지식인의 처세를 보다 - 칠원읍 주세붕 묘소와 무기연당 • 383
메기가 침을 뱉어도 홍수가 난다 - 법수면 함안 뚝방길 • 386

5. 사람으로 의롭게 살기가 힘드나니 | 의령 |

절은 사라지고 보물만 남다 - 의령읍 보천사지 3층 석탑, 승탑 • 390
북을 걸고 의병을 모으다 - 유곡면 현고수 • 394
홍의장군, 전라도로 향하는 길목을 지켜내다 - 의령읍 정암진 • 397
돈 벌기도 어렵지만 값지게 쓰기는 더 어렵다 - 부림면 백산 안희제 선생 생가 • 400

6. 영남 인재의 절반을 배출하다 | 진주 |

하륜, 진주 인재들의 정점을 찍다 - 진양부원군 신도비 • 404
진주라 천리 길을 내 어이 왔던가 - 진주성 • 407
논개, 충신으로 되살아나다 - 의암 • 411
청동기박물관에 청동기가 없다니 - 대평면 대평리 유적 • 414
수정봉과 옥봉에서 가야를 생각하다 - 수정봉·옥봉 고분군 • 418
하늘 보고 침 뱉지 말라 - 수곡면 진주농민항쟁기념탑 • 421
저울처럼 평등한 세상을 만들자 - 형평운동기념탑 • 425
길 위에서 다시 길을 찾다 - 문산읍 문산성당 • 429

7. 하늘이 울어도 울지 않는다 | 산청 |

돌무지 석탑, 왕릉이 되다 - 금서면 전(傳)구형왕릉 • 434
류의태는 허준을 모른다 - 금서면 동의보감촌 • 437
세속과 인연을 끊으려던 절에 매화가 피어나다 - 단성면 단속사지 • 440
따뜻한 꽃이 우리 땅으로 건너오다 - 단성면 목면 시배지 • 444

하늘이 울어도 울지 않는다 – 시천면 산천재 • 447

남명과 퇴계, 두 스승이 학문과 인품을 인정하다 – 산청읍 서계서원 • 451

'지리산의 눈물'이 내리다 – 시천면 외공리 민간인학살지 • 455

남사마을, 경남의 하회마을이 되다 – 단성면 남사마을 • 458

나라가 망했는데 세상을 사는 것이 큰 치욕이다 – 단성면 유림독립운동기념관 • 461

8. 금호미로 홍수를 막다 | 함양 |

금호미로 홍수를 막다 – 함양읍 상림 • 466

왕의 아들이 새우섬에 잠들다 – 함양읍 세종왕자 한남군 묘 • 469

좌안동 우함양의 초석을 놓다 – 함양읍 학사루 • 472

동방 5현 중 한 분을 배출하다 – 지곡면 남계서원 • 475

화림동에서 무이구곡을 꿈꾸다 – 안의면 농월정 • 479

최초로 물레방아를 돌리다 – 안의면 연암 박지원 선생 사적비 • 482

죽어서 살 것인가, 살아서 죽을 것인가 – 서하면 황암사 • 485

9. 거창하게 거창하다 | 거창 |

근심으로 사람을 떠나보내던 곳, 근심을 푸는 곳이 되다 – 위천면 수승대 • 490

백성을 가르침에 효도보다 더 좋은 것이 없다 – 북상면 임씨 고택 • 493

남명에게 배운 강직함으로 절의의 상징이 되다 – 위천면 동계 정온 고택 • 496

역적을 벌하는 것보다 충신을 보전하는 것이 더 중할지니 – 웅양면 포충사 • 500

거창 신씨가 황산에 터를 잡다 – 위천면 황산마을 • 503

국가라는 이름으로 폭력이 이루어지다 – 신원면 거창사건 추모공원 • 506

10. 부처님의 보살핌이 한결같으시기 바랍니다 | 합천 |

가야산 초입에서 가야를 생각하다 – 야로면 월광사지 • 512

영령들이여, 흠향하라 – 해인사 묘길상탑 • 515

바다에 풍랑이 쉬면 삼라만상이 바다에 비친다 – 가야면 해인사 • 518

부처님과 하늘의 보살핌이 한결같으시기를 바랍니다 – 해인사 팔만대장경 • 521

칼끝 같은 세상에서 칼날 같은 삶을 살다 – 가야면 정인홍 유적 • 524

황매산 자락에서 잊힌 절집을 바라보다 – 가회면 영암사지 • 528

신라와 백제, 돌아올 수 없는 강을 건너다 – 합천읍 대야성 • 531

참고문헌 • 535

| 1부 |

해
안

1.
뭍이
되어버린
섬, 섬을
기억하다

거제

섬은 뭍을 그리워하고
뭍은 섬을 향한다

구 거제대교─섬이던 거제가 처음으로 육지와 연결된 다리다. 견내량을 가로질러 놓여 있다.

바다에 둘러싸인 섬은 뭍을 그리워한다. 뭍과의 거리가 가까운 섬일수록 뭍으로 가고자 하는 열망이 강하다.

우리나라에서 두 번째로 큰 섬 거제도는 바다를 사이에 두고 통영시와 만난다. 바다를 사이에 두고 마주 보고 있는 곳을 보통 량(梁)이라고한다. 명량, 노량 등이다. 마치 징검다리와 같다는 뜻이리라. 이곳 지명은 견내량(見乃梁)이다. 징검다리와도 같은 견내량의 가장 가까운 곳은폭이 150m이고 먼 곳은 400m 정도이다. 견내량은 바다의 폭이 넓지 않아서 금방이라도 건너가고 올 것 같지만 좁은 해협의 물살은 거세기만 하다.

1170년 고려 사회는 무신정변의 격랑에 휘말리게 되었다. 기존 사회 질서가 완벽하게 무너지는 거대한 소용돌이에 빠졌다. 그 소용돌이 속에서 당시 왕이던 의종은 왕좌에서 쫓겨나 머나먼 길을 걸어 뭍의 끝까지 와서는 견내량의 좁은 해협을 건너 섬으로 들어오게 되었다. 이때부터 거제 사람들은 이 량을 '전하도'라고 부르기 시작한 듯하다. 지금까지도 전하도는 거제 사람들에게 친숙한 지명이다. 전하가 건너온 곳이라는 의미다. 이 지명은 모든 것을 가진 이가 모든 것을 잃은 쓸쓸함으로 밀려오고 한편으로는 권력의 무상함을 보여주는 것 같다.

1592년에는 미증유의 난리가 조선 사회를 격랑에 빠뜨렸다. 바다 물살보다도 거센 소용돌이가 동아시아를 뒤흔들었다. 견내량의 거센 물살은 임진년 이순신 장군의 왜군 섬멸에 이용되었다. 부산에서 진해를 거쳐 견내량의 좁은 해협을 지나면 섬들이 앞으로 보이지만 그 공간은 호리병 속처럼 넓어진다. 이순신 장군은 이 좁은 해협의 호리병 속으로 일본군을 유인하여 임진년의 가장 큰 승리를 조선에 안겨주었다. 왜군의 서진(西進)을 막아내고 전쟁을 조선에 유리하게 이끌어 일본군의 간담을 서늘케 한 유명한 한산도 대첩의 서막을 알린 곳이다.

육지와 섬을 가로지르는 바다의 물살은 이곳에 터를 잡고 사는 사람들의 생활의 터전이기도 하다. 빠른 물살에 자라나는 미역은 최상품으로 여겨져 국왕에게 진상하였다고 한다. 또한 연안에서는 굴 양식과 조개 채취를 했으며, 청정해역에서 자라는 잘피 군락이 형성되어 생태적으로도 중요한 지역이다.

거제로 들어오는 관문 견내량의 동네는 거제시 사등면 덕호리다. 이

제는 배를 이용한 통행량보다는 다리를 이용한 통행량이 더 많다. 1971
년 견내량을 가로지르는 연륙교인 거제대교가 건설되면서 덕호리는 작
은 어촌이지만 거제와 통영을 오가는 교통의 결절점으로 많은 사람이
머물다 가는 곳이 되었다. 거제에서 뭍으로 나가는 사람들과 뭍에서 거
제로 들어오는 사람들이 만나는 장소가 덕호리 대합실이었다. 반가운
사람을 만나고 다른 세상으로 나가는 설렘이 있던 뭍을 향하여 섬사람
들이 떠나가는, 그런 곳이다.

    의종은 이곳으로 들어왔고 권력을 찾아 3년 뒤 이곳을 떠나 다시 뭍
으로 나갔다. 허황된 영화의 꿈은 뭍에서 사그라들었다. 지금도 여전히
많은 사람들은 거제대교를 통하여 나가고 들어온다.

의지할 곳 없던
고려 의종의 꿈이 스러지다

둔덕면 폐왕성(거제 기성)

허물어진 폐왕성. 둔덕면 쪽은 복원되었으나 사등면 쪽은 방치되어 있다.

점과 점을 연결하는 것은 선이다. 마을과 마을을 연결하는 선은 길이다.

근대 이후의 길은 자동차를 중심으로 설계되고 건설된다. 그에 비하여 과거의 길은 사람의 동선을 가장 먼저 생각한다. 걸어서 가야 하는 사람들이 산 너머 마을로 가려면 산을 돌아가야 하는 평지길보다 짧은 거리인 산을 넘어가는 길을 택한다. 사람들이 계속 다니면 그곳이 길이 되고, 그렇게 산을 넘어가는 사람들이 만든 길을 '재'라고 한다.

옛사람들에게 산을 넘는 고갯길인 재는 가장 인간적이고 짧으며 친숙한 길이다.

1170년 무신들의 정변으로 왕좌에서 쫓겨나 견내량에 다다른 의종은 견내량의 뒷산에 해당하는 우두봉 자락에 위치한 산성을 향하여 산길을 올라갔다. 의종이 머물렀던 이곳의 현재 지명은 경상남도 거제시 둔덕면 거림리(거제 둔덕 기성)이다.

폐왕성!

'폐위된 왕이 머물렀던 성'이란 의미로, 오랫동안 이 지역 사람들에게 그렇게 불렸다. 이 지역 사람들에게 유사 이래 이보다 큰 사건은 없었을 것이다. 현실적으로 근대 이전 사회에서 왕을 직접 본다는 것은 수십 대를 거쳐 살아도 있을 수 없는 일이었는데, 궁벽한 이곳으로 왕이 왔다는 사실은 사람들에게 잊을 수 없는 역사의 기억을 남겼다. 그리하여 이곳 사람들은 그전의 역사적 기억을 지우고 의종과 관련된 기억들로 이 지역의 정서를 채웠다.

의종이 오기 훨씬 이전에도 사람들은 살았다. 가야시대에는 가야 소국의 하나였던 독로국이 있던 지역으로 추정되며, 신라시대에는 상군, 고려시대에는 기성현이 설치되었던 곳이다. 그러니까 이곳의 고려시대 지명은 기성이다. 또한 의종이 폐위되어 머물렀다고 알려진 폐왕성은 신라시대에 이미 축조되어 있던 성으로, 조선시대 중기까지 유지되던 곳이다. 따라서 성의 이름도 기성이었다. 그러나 의종 이후 이 성의 이름은 기성이 아닌 폐왕성이 주 이름으로 자리 잡았고, 이곳 사람들은 그렇게 의종을 대대로 기억했다. 마을 이름들과 지명은 대부분 의종 대의 일을 기억한다. 농민들이 막을 치고 농사를 지었다는 농막리, 목마장을 운영하던 마장리, 감나무를 심었다 하여 붙여진 시목리, 둔전을 한 것에서 유래한 상둔과 하둔, 이 모두를 아우른 둔덕면이라는 현재의 행정구역 명칭에도 남아 있다.

의종은 3년여 이곳에 머물면서 왕위에 복귀할 꿈을 꾸었고, 김보당 같은 문신들의 반(反)무신 운동과 맞물리면서 경주로 나가기는 했으나 그곳에서 이의민에게 살해되면서 복귀의 꿈은 스러지고 말았다.

하지만 그는 이곳 사람들에게 강렬한 역사 기억을 남겼다. 성곽은 폐허가 되고, 신라시대 이래 유지되었던 거제 행정의 중심지 기능도 시간의 흐름과 정치적 중요도에 따라 다른 지역으로 옮겨 갔으며, 이곳은 거제의 가장 한적한 지역으로 남겨졌다.

20세기 이후 한적한 농촌이던 이곳으로 우리 시문학사에 큰 족적을 남긴 시인 청마(青馬) 유치환(柳致環) 선생의 무덤을 옮겼다. 별일 없을 것 같던 지역에 활력이 일어났다. 청마 선생의 고향이라는 홍보 효과로 많은 사람에게 알려지게 되었다. 거제시는 이곳을 청마와 연계하여 발전시켜보려 하고 있다. 그리하여 청마의 아버지가 살던 마을에 청마의 생가를 복원하고 그 앞에 청마 문학관을 세웠다. 마을 앞 들판에 코스모스를 심고, 가을에 코스모스가 만발할 무렵 청마와 연계한 축제를 열고 있다.

청마의 고향을 선점해온 통영시와 새롭게 고향으로 인정받으려는 거제시는 팽팽하게 맞서고 있다. 사람은 한 사람인데 고향은 두 곳이다. 역사는 기억하는 자의 몫이다. 의종을 기억하는 사람들과 새로운 역사 기억의 창출을, 옛 거제의 치소였던 거제시 둔덕면에서 보게 된다.

평생 한 번도 보지 못한
왕의 존재를 인식하다

거제면 기성관

거제현의 객사 기성관. 객사는 지방에서 왕의 존재를 인식시키는 역할을 했다.

늙은 나무는 말하지 않지만 모든 것을 알고 있다.

거제시 거제면 면사무소 앞에는 수령 370여 년으로 추정되는 느티나무가 있다. 그 나무 아래 도로가 있고 길 건너에는 조선시대 지방 아전들이 일을 보던 질청(秩廳, 작청[作廳])이 있다. 도로는 질청 담장을 따라 굽어 있고, 도로 정면에 위엄을 갖춘 건축물이 자리 잡고 있는데, 기성관(岐城館)이라는 현판을 달고 있다.

임진왜란 이후 고현(지금의 거제시 고현동)에 있던 관청들이 이곳으로 옮겨 왔다. 행정의 중심이 바뀌었다는 뜻이다. 거제는 일본과 가까운 지리적 위치 때문에 왜구의 침입이 잦은 시기에는 현이 뭍으로 이동하기도 하였으며, 임진왜란으로 현의 중심지였던 고현성이 왜군에게 함락되어 폐허가 되자 아예 현을 이곳으로 옮겨버렸다. 현종 4년(1663년)의 일이다. 느티나무의 수령이 370여 년이란 것은 현의 치소가 옮겨 온 것과 무관하지 않음을 보여준다. 느티나무는 이곳에 뿌리를 내리고 지금까지 자리를 지켜오고 있다.

조선시대 지방 통치의 중심지를 읍치(邑治)라고 했는데, 수령이 근무하는 동헌과 객사, 질청, 향교 등의 건물들로 구성되었다. 이들 건물 중 최고의 위치를 점하고 있으며 건물 규모도 다른 건물을 압도한 것이 객사였다. 객사에 걸리는 현판은 그 지방의 옛 명칭을 사용한다. 그리하여 거제의 옛 이름이 기성(岐城)이었음을 알게 된다.

객사라는 명칭만으로 보면 '여행객을 위한 건물' 정도의 의미다. 물론 지방을 방문하는 고위 관료들의 숙소로 쓰였으므로 이름 그대로의 기능도 하였다. 그러나 실질적 의미에서 객사는 왕과 궁궐을 상징하였으므로 가장 위엄 있고 규모가 클 수밖에 없었다. 객사의 건축 양식은 일반 건축물과는 달랐다. 세 개의 지붕이 있는 하나의 집이다. 가운데의 맞배지붕이 있는 부분이 전청인데, 이곳에는 전패와 궐패가 모셔져 있다. 전패란 국왕의 위패를 말하고, 궐패란 궁궐을 의미한다. 즉, 국왕과 왕의 거처가 지방으로 내려가 있는 모양새다. 지방 수령은 왕을 배알하듯이 삭망일(초하루, 보름)에 이곳에서 국왕에 대한 예를 올린다. 또한 출타나 출장에서 돌아오면 이곳에서 왕에게 예를 올렸다. 왕은 천리 밖에 있지만 지방 수령의 왕에 대한 예는 지방에서 왕을 한 번도 볼 수 없는 이들에게 왕의 존재를 각인시킨다. 그리하여 지방관은 국왕의 대리인으로 지방을 통치하는 것이라 할 수 있다. 그뿐만 아니라 보이지 않는 절대적 존재에 대한 경외감과 충성심을 인식시켰다. 도성인 서울뿐 아니라 전국 어디에나 왕은 존재했다.

지방 통치의 중심 건물들은 대부분 일제강점기를 거치면서 다른 용도로 활용되었다. 객사는 건물 규모가 가장 큰 곳이고 공간이 넉넉하여 대부분 학교 용도로 쓰였다. 기성관도 예외는 아니어서 소학교로 사용되었다가 복원되어 현재의 모습을 갖추게 되었다. 기성관을 제외하면 가장 중요한 건물은 당연히 수령의 집무 공간이던 동헌이다. 현재 동헌은 흔적이 없으나 그 자리에는 거제면사무소가 있으므로 여전히 행정의 중심 기능을 하고 있다.

국왕은 사라지고 망궐례를 행하던 사람들도 사라졌지만 기성관은 예전에 이곳이 거제현의 치소였음을 알려준다. 사람은 옛사람들이 아니고 공간의 의미도 변했지만 늙은 나무는 여전히 그 자리에서 과거의 기억에 현재를 더하며 늙어가고 있다.

죄와 벌에 대해
생각하다

거제면 반곡서원

반곡서원. 반곡서당이 있던 자리에 새롭게 단장하여 자리 잡았다.

조선시대의 죄와 벌은 절대적 통치자인 왕을 기준으로 적용된다. 죄의 크기에 따라 벌 받는 위치가 결정되었다. 그리하여 왕의 미움이 크면 클수록 서울과 먼 거리로 죄인을 보냈다. 조선시대 형벌 중 유배형은 그런 형벌이다.

서울에서 멀리 떨어진 함경도와 경상도, 전라도의 해안지방으로 유배를 간다면 사형 직전의 죄를 지은 것으로 볼 수 있다. 그중에서도 거제도로 유배를 왔다면 정치적으로 도저히 용서받기 힘든 죄인이라는 의미다.

1679년(숙종 5년) 조선 후기 최고의 정치 거물이던 노론 영수 송시열이 거제현으로 유배를 왔다. 송시열은 조선 후기 최대의 정치 문제였던 예송 논쟁의 한복판에서 노론의 중론을 이끌었고, 이로 인하여 돌이킬 수 없는 길을 갔다.

송시열은 숙종 1년 함경도 덕원으로 유배 갔으나 이후 웅천(진해), 장기를 거쳐 거제로 유배지가 이어졌다. 유배 온 죄인의 관리는 수령의 중요한 임무 가운데 하나였다. 조선시대 거제 현령의 품계는 종5품이다. 그에 비해 통상적으로 유배 오는 인물들은 최상층부 인물들이었고, 방면될 경우 곧바로 중앙 주요 관직에 복직되었다. 따라서 유배지의 수령에게는 죄인으로 온 분들을 관리하는 것이 무척이나 신경 쓰이고 힘든 일이었음에 틀림없다.

그중 송시열은 감히 현령 따위가 바라볼 수 있는 인물이 아니었다. 날아가는 새도 떨어뜨린다고 할 정도의 권력을 지닌 만인지상 일인지하의 인물이고, 그의 한마디면 온 나라 유생들이 움직이는 그런 시절이었다. 따라서 거제 현령은 그가 생활에 불편함이 없는지 살펴보아야 하고 돌아가는 날까지 정성을 다해야 했다. 죄인으로 벌을 받으러 온 것이지만 죄인을 받들어야 하는 것이 유배지 지방관의 숙명이었을 것이다. 한편으로 이 일이 인연이 되어 출세의 지름길로 작용할 수도 있었으니, 크게 손해 보는 장사는 아니었을지 모르겠다.

송시열은 이곳에서 1년 남짓 시간을 보내고 방면되어 복직하게 되었다. 당시 거제 현령이 송시열의 덕을 보았는지는 알 길이 없다. 송시열은 떠났지만 거제 유림들은 그를 잊지 못하였다. 왕에 버금가는 강력한 존재를 한번 보았다는 것만으로도 그들은 송시열을 기리는 데 주저하지 않았다. 거제시 거제면 동상리의 반곡서원은 그러한 거제현 유림들의 마음이 담겨 있다. 어쩌면 이들은 송시열이라는 거물과의 인연을 바탕으로 양반의 위신을 지켜갈 수 있었을지도 모르겠다.

안타깝게도 흥선대원군이 송시열을 배향하는 전국 최고의 서원이던 화양동서원을 철폐하고 전국에 서원철폐령을 내리자 반곡서원의 운명도 끝나고 말았다. 서원은 없어지고 서원 터에는 유허비만 남겨졌다. 그럼에도 송시열을 잊지 못하는 거제 유림들은 유허비에서 제사를 지내고 이후 다시 재원을 모아 서원을 복설하였으며, 거제시의 지원으로 번듯한 반곡서원을 새로 건설했다.

반곡서원은 여전히 송시열과 그의 제자를 배향하여 기리고 있다. 조선시대의 권력은 오늘날에도 그대로 적용된다. 죄는 같아도 벌은 신분에 따라 달라지는 것은 세월이 지나도 변하지 않는 것 같다. 당시 궁벽한 어촌의 백성들은 자신들과 차원이 다른 높으신 양반을 옆집에서 바라보면서 세상에 권력이 있음을 인식했을 것이다. 중앙의 거대한 정치권력은 벌을 받아 지방민과 접촉하게 된다. 또한 그는 떠나갔지만 그의 권력은 기억의 구조를 만들어냈다. 높으신 권력의 기억이 반곡서원이다. 권력과 부자를 따르는 기억의 구조를 어찌 바라봐야 하는지, 반곡서원의 솟을대문을 우러러본다.

임진년 누란의 위기를
헤쳐 나가며…

옥포대첩기념공원에 세워진 승전기념탑. 옥포만을 바라보고 서 있다.

5월의 영롱한 햇살이 유리알처럼 부서지는 남녘의 쪽빛 바다.

1592년 5월 7일, 도성과 백성을 버린 선조 임금은 평양에 도착하였다. 이순신 장군은 임진년 4월 전쟁이 시작된 이래 처음으로 옥포 앞바다에서 일본군을 격파했다. 이후부터 이순신의 조선 수군은 연전연승을 이어가고 일본군의 수륙병진 작전은 차질을 빚었다. 실로 임진왜란의 전세를 뒤바꾸는 최초의 승리였다.

이순신 장군이 싸웠던 옥포만이 바라보이는 언덕 위에는 거대한 기념탑이 있는 기념공원이 조성되어 있고, 이날의 승리를 기념하여 매년 6월 중순 승전기념 행사가 거행된다.

기념물이 자리한 공간은 이곳을 찾는 사람들과 또 찾아올 사람들에게 기억을 형성하고 만드는 역할을 한다. 그래서 역사 기념물과 기념공간은 그 공간이 지니는 역사적 의미를 간직하게 된다. 옥포의 모습은 임진년의 모습과도 다를뿐더러, 승전을 기념하기 위하여 처음 기념공간을 만들던 때의 모습도 아니다.

옥포대첩의 승전기념은 1953년 한국전쟁이 끝난 후 처음 추진되어 1956년 기념탑을 완공하고, 이어 장목진의 비장청을 해체하여 옥포정을 세웠다. 이 기념공간은 당시 거제 군민과 학생들의 모금으로 재원을 마련하여 옥포만을 정면으로 바라볼 수 있는 당등산에 건립되었다. 또한 거제 군민들은 해마다 이곳에서 기념제전을 거행하고, 이순신 장군의 옥포만 승전을 기억하고 기념했다.

1973년 국가적으로 조선 산업이 진행되면서 옥포만 전체에 변화가 찾아왔다. 옥포만에 대우조선소가 건설되었다. 1950년 전쟁 시기에 포로들을 거제에 수용하면서 한때 거제 인구는 급격히 늘었지만, 전후 포로들이 떠나가자 다시 한적한 곳으로 변했다. 조선소 건립으로 많은 인구가 유입되어 거제는 산업도시로 변모했고 일약 조선 산업의 메카가 되었다. 이 거대한 산업화는 옥포대첩 승전기념탑과 옥포정이 있던 당등산을 지도에서 지워버렸다. 조선소를 건립할 부지를 조성하기 위하여 옥포만을 매립하는 공사가 진행되었고, 그 과정에서 당등산을 허물어 옥포만을 메웠기 때문이다. 결국 당등산에 있던 옥포대첩 승전기념탑과 옥포정은 옮겨 갈 곳을 찾을 수밖에 없었고, 조선소 측이 부지를 제공하겠다 하여 조선소 내로 옮겨졌다.

그러나 이곳은 방위산업 시설이었으므로 행사를 거행할 수는 있었지만 장소도 예정보다 좁았고 접근하기도 어려울 수밖에 없었다. 결국 군민의 뜻을 모아 세웠던 기념공간은 이제는 그 기능을 상실하고 지금까지 조선소 내에 있다.

이후 옥포대첩 승전을 기념할 새로운 공간을 모색하기 위해 많은 노력이 이어졌고, 그 결과 지금 우리가 알고 있는 거대한 기념공간이 옥포리에 다시 조성되었다. 1970년대 숨 막히는 성장 제일주의로 잃어버렸던 많은 것들 속에 임진년 최초의 승전을 기리는 기념공간도 있어야 할 곳을 잃어버렸다. 역사의 기억은 새로운 공간에서 낯설게 옥포만을 바라보고 있다.

옥포 조선소를 지나면 한때 거제군과 분리되어 시의 지위를 부여받

왔던 장승포동이 있다. 거제 사람들에게 옥포는 조선소와 동의어로, 이 지역을 대표하는 지명은 장승포로 인식되던 때도 있었다.

한적한 어촌이던 장승포에 인구가 늘어난 것은 일본의 어업식민과 관련이 있다. 일본의 식민지 정책은 말 그대로 식민을 통한 일본의 확대를 목표로 한 것이었다. 농업이 가능한 곳은 농업식민을 실시했고, 어업이 가능한 곳은 어업식민을 장려했다. 그러나 생각만큼 일본 열도 사람들의 이민 붐은 불붙지 않았고, 일본 정부의 정책은 부분의 성공에 그쳤다.

어업 분야의 식민에서 성공적인 지역이 된 곳이 장승포의 이리사무라(入佐村)였다. 이리사무라를 개척하고 건설한 인물은 이리사다. 그는 이후 많은 부를 축적하여 1930년대 재조선 일본 자본가 서열 3위에 오를 정도였다. 현재 이곳에는 당시에 만든 일본 가옥들이 남아 있으며, 일본인들의 납골당과 신사 터가 당시 어업식민의 현장을 보여주고 있다.

영롱한 햇빛이 부서지는 옥포 앞바다는 이순신의 기억과 근대 식민의 기억을 동시에 간직하고 있으며, 현재는 거대한 산업 현장으로 자리하고 있다.

도고 헤이하치로를
아시나요?

러일전쟁 승전기념탑이 있던 산 언덕에서 내려다보이는 송진포 마을의 해질녘 모습.

"황국의 흥패가 이 일전에 달려 있다. 각자 있는 힘을 다하도록 하라."

1905년 일본군 연합 함대 사령관이던 도고 헤이하치로(東鄕平八郞)가 출진하면서 부대원에 전한 전령이다. 러일전쟁이 일본에게 얼마나 중요한 전쟁인지 보여주는 대목이다.

"죽기를 각오하라! 그러면 살 길이 보일 것이다."

임진년, 일본군을 바라보며 풍전등화의 위기에서 두려움에 떨던 수군의 사기를 높이려던 이순신 장군의 말이다.

러일전쟁에서 승전한 후 도고 헤이하치로는 언론과 인터뷰에서 자신이 가장 존경하는 제독은 이순신 장군이라고 했다. 임진년 일본 수군을 공포에 떨게 한 조선의 장수를 가장 존경하는 인물이라고 서슴없이 말하는 일본의 해군제독이 도고 헤이하치로다. 일본은 그를 구국의 영웅으로 받들고, 국가적인 위기가 닥치면 도고 제독을 떠올리며 애국심을 고취하는 행사들을 하였다.

거제시 장목면 송진포 마을 뒷산에 일본인들이 그토록 존경해 마지 않던 도고 제독을 기리는 기념비의 흔적이 있다. 일제강점기는 우리 역사에서 지우고 싶은 시간이다. 마치 역사의 트라우마인 듯이 일제와 관련된 모든 시간과 기억을 지우려 한다. 트라우마는 병리적 현상이지만 역사의 트라우마는 지운다고 해서 지워지지 않는다. 치유하고 극복해야 할 대상이다.

정작 청산해야 할 것들은 청산하지 않고 기억해야 할 공간들을 지우기에 바빴다. 역사 기피증을 보인 것이다. 그리하여 조선총독부 건물을 헐어버렸고, 송진포에 있던 러일전쟁 관련 기념비도 폭파했다.

러일전쟁은 우리 역사를 결정지은 운명의 전쟁이다. 조선은 나라의 운명을 결정짓는 강대국들의 전쟁을 어쩌지 못하였다. 이 전쟁에서 일본은 러시아를 격파하고 세계적인 국가의 지위를 얻게 되었다. 일본인에게는 영광을, 러시아에게는 수치를 안겨주었으며 한반도는 나라를 잃게 되었다. 조선을 식민지로 지배하며 잘나가던 제국주의 일본도 자본주의의 재난인 경제공황을 피하지 못했다. 경제가 침체하고 국민들의 자존감과 애국심은 상처를 입었다. 뭐든 가능할 것 같던 국가적 자신감도 꺾여갔다. 이 위기를 극복하려는 노력이 러일전쟁을 기념하고 도고

6·25전쟁 중 폭파되어 부서진 러일전쟁 승전비의 잔해.

제독을 기억하는 것이었다. 일본뿐 아니라 식민지 조선에서도 대대적인 기념행사와 기념탑 건립으로 이어졌다. 우리에게는 수치와 치욕의 상징인 도고 제독의 러일전쟁 승전기념탑이 세워진 곳은 일본 연합 함대가 주둔했던 송진포다. 바다에서 항상 바라보이는 산 언덕에 기념비를 세워 자존감을 높이려 했다.

1945년 조선은 해방되어 광복을 맞이했고, 지우고 싶었던 역사 현장은 6·25전쟁 중 거제에 왔던 미군의 도움으로 폭파되었다. 시원하긴 했지만 후손에게 보여줄 역사의 현장은 그렇게 사라졌다. 송진포 뒷산 중턱에 폭파된 잔해만 남아 있다. 역사는 폭파한다고 없어지지 않는다. 기억하고 또 기억해야 이겨낼 수 있다. 이순신의 임진왜란을 기억한다면, 나라를 잃게 된 러일전쟁도 잊지 않고 기억해야 한다.

조선 수군을
바다에 묻다

장목면 칠천량

원균이 지휘하던 조선 수군이 패했던 칠천량은 거제도와 칠천도 사이의 바다다. 칠천도에서 바라본 거제도의 모습.

1597년 강화회담으로 한동안 소강상태에 있던 전쟁의 기운이 다시 스멀스멀 피어오르고 있었다. 일본군이 전열을 가다듬고 많은 병력으로 다시 바다를 건너리라는 정보가 흘러 들어왔다. 이로 인하여 남해의 제해권을 장악하고 한산도에 웅거하고 있던 조선 수군은 조정으로부터 부산포를 공략하라는 압박에 시달렸다. 하지만 부산의 바다는 해류가 강해 조선 함대가 쉽게 접근할 수 있는 곳이 아니었다. 또한 진해만을 사이에 두고 있는 해안에는 왜성들이 길목을 지키고 있어 진격하기도 퇴각하기도 쉽지 않은 상황이었으므로 이순신은 출진하지 않고 견내량을 넘어오지 못하게 지키는 것을 고수했다.

어명을 어겼다 하여 통제사 이순신은 파직되고 원균이 새로운 통제사에 임명되었다. 원균의 임명은 일본군이 부산으로 오기 전에 부산을 장악하라는 명령을 의미했다. 원균 또한 출진이 쉽지 않음을 알고 있었으므로 출진을 자제하며 수륙협공을 주장했으나, 마침내 6월 한산도 본영의 전 수군을 동원하여 부산포로 출진했다. 그러나 부산에서 해류를 만나 수군의 전력을 잃은 것을 시작으로 일본군과의 전투에서도 패전을 거듭했다. 진격도 쉽지 않았지만 후퇴는 더욱 쉽지 않았다. 피로에 지친 수군들의 노 젓기는 쉬지 않고 계속되었다. 부산과 거제도 사이의 가덕도에 잠시 피신하려 했으나 매복하고 있던 일본군에게 공격당하여 다시 칠천량으로 후퇴했다.

칠천도에 도착한 조선 수군에게는 휴식이 필요했으나 승기를 잡은 일본군은 이 기회를 놓치려 하지 않았다. 그리하여 일본 수군은 야음을 틈타 포위망을 구축하고 기습을 단행했다. 이에 당황한 조선 수군은 일면 싸우고 일면 후퇴했으나 1만여 명에 이르는 조선 수군은 칠천량에서 대부분 목숨을 잃었다. 후퇴했던 수군들도 고성의 추원포와 진해만 등에서 일본군의 협공으로 전멸했다. 이순신 장군이 어렵게 유지했던 조선 수군의 전력이 한 번에 소멸되고 말았다. 전란은 전라도 지방으로 확산되고 일본군에게 전쟁의 승세가 넘어가게 되었다. 이러한 상황에서 칠천량 해전에서 소멸되다시피 한 조선 수군을 거느리고 명량해전에서 승리를 거둔 이순신 장군은 자신이 전쟁 영웅임을 스스로 증명하였다.

임진왜란의 전장(戰場)에서 힘들지 않은 군사가 없었을 터이나 그중에서도 가장 힘든 군인이 수군이었다. 그 때문에 탈영병도 많았고, 통솔력이 뛰어났던 천하의 이순신도 이 문제로 늘 골머리를 앓았다. 칠천량에서의 처참한 패배는 조선 수군의 열악한 전투 환경과도 무관하지 않았다. 피로한 군사로 이길 수 있는 전쟁은 없는 법이다. 싸워서 이기지 못한다면 지키는 것만 못하거늘 이조차도 생각지 않는 지휘부의 무능은 무엇으로도 용서받기 어렵다. 그 첫 번째 자리에 있던 사람은 선조였다. 그는 전쟁이 끝난 후 패전한 원균을 공신에 넣으려고 계속 노력했다. 원균을 공신에 포함시킴으로써 최고 책임자로서의 책임을 피하려 했는지도 모른다. 칠천량 전투는 임진왜란에 있던 두 통제사의 역사적 평판을 극명하게 대치시킨 전투다. 이순신 장군은 이후 구국의 영웅으로 길이 청사에 이름을 남기게 되었으며 원균은 무능한 장수의 표본처럼 되었다.

400여 년 전 조선 수군의 주력함은 대부분 이 바다에서 파선되었다. 남해안을 따라가면 이순신 장군과 마주하지 않는 바다가 없다. 2008년 경상남도에서는 이순신 프로젝트를 통하여 경남도가 남해안 시대를 선도하겠다는 야심에 찬 계획을 세웠다. 이순신과 거북선을 복원하는 것도 그 계획의 일환이었으며, 칠천도 앞바다에서는 그 후 2년여에 걸쳐 첨단 장비를 동원하여 거북선을 찾는 작업이 진행되었다. 이순신 장군의 거북선 설계도나 그림이 존재하지 않으므로 거북선의 잔해를 발굴한다면 그야말로 위대한 업적이 될 만한 일이었다. 그러나 기대와 달리 2년여의 노력에도 거북선은 물론 조선 수군의 것이라 할 만한 것을 거의 발견하지 못한 채 막을 내리고 말았다. 그럼에도 그 사업에서 살아남은 것은 있었으니, 조선 수군이 잠든 칠천량이 바라보이는 칠천도에 해전기념공원과 전시관이 만들어진 것이다. 처참한 패배의 장소였지만 그래도 기억하고 기념하는 공간이 생겨났으니, 원혼들이여 편히 잠드시라.

전쟁을 기억하고
기념하다

고현동 거제포로수용소

포로수용소 유적공원 디오라마관의 전시물. 미군이 전쟁의 주역임을 보여주는 이정표를 볼 수 있다.

한적한 섬이던 거제에 사람들이 몰려오기 시작한 것은 1950년 말부터였다. 한국전쟁은 일진일퇴를 거듭하며 치열하게 전개되었다. 이 과정에서 발생한 많은 포로들을 거제도에 수용하기로 했고, 1951년 6월까지 육지에 있던 포로들이 모두 거제포로수용소로 수용되었다. 포로 수는 17만여 명에 달하였다. 북한 정규군과 중공군 등이 대부분인 이들은 사상적으로 사회주의자들이었다. 그중에는 원하지 않는 상태로 전쟁에 가담하여 포로가 된 사람들도 있었다.

또한 전쟁을 피해 거제도로 피난 온 사람들까지 합하여 거제도의 인구는 순식간에 50여만 명에 달하였다. 거제도가 형성된 이래 가장 많은 사람들이 모여 살았던 것이다.

1951년, 전쟁은 막바지로 접어드는 모습을 보였다. 양측이 팽팽히 맞서며 전쟁이 교착상태에 빠져들자 전쟁을 중단하고자 하였다. 이른바 정전협정을 진행한 것이다. 이 협정에서 최대의 문제는 포로 송환과 양 진영의 심리적 자존심이 충돌하는 것이었다. 서로는 전쟁에서 자신들이 더 정의로웠음을 주장하고 싶었고, 그 와중에 포로들은 선택을 강요받게 되었다. 비교적 안정을 유지하던 거제도가 들썩이기 시작했다. 포로의 지위에 관한 제네바 협정(1949)이 있었으므로 간단한 문제이긴 했으나 결코 간단하지 않았다. 제네바 협정은 인도적으로 포로들을 보호하고 있다가 본국으로 송환하면 되었기 때문이다. 이에 따라 거제도의 포로들은 북한으로 송환하면 되고 북한에 있던 포로들은 남한으로 송환하면 되는 문제였다. 하지만 한국전쟁은 이전의 어떤 전쟁과도 다른 전쟁이었다. 국가 대 국가의 전쟁인 듯하나 실제로는 그렇지 않았으며, 포로들 중에는 남한 사람이면서 북한군에 가담한 사람도 있었고, 북한 사람이지만 남한의 체제를 따르는 사람들도 있었기 때문이다. 결국 정전협정은 포로 문제로 2년여를 더 끌었고 자유송환에 합의하였다. 그 2년 동안 전선에서는 많은 인명이 살상되었고, 거제도 포로수용소 내에서는 포로들이 대리전을 치렀다. 선택의 문제에서 이도 저도 아닌 사람들은 결국 제3국으로 떠나갔다.

1953년 7월 휴전협정이 체결되자 전쟁은 휴면기에 들어갔다. 포로들은 떠나가고 피난민들도 육지로 빠져나가자 거제는 다시 한산한 섬으로 돌아갔다. 사람들의 기억 속에서 거제의 전쟁 역사는 지워지고, 포로수용소의 시설들은 다시 원래의 논과 밭으로 돌아갔다. 일부 잔해들만이 논과 밭 사이에 남겨져 이곳이 예전의 포로수용소였음을 말해주었다.

이후 거제에 조선소가 들어서면서 다시 사람들이 모여들었다. 포로수용소가 있던 고현 지역의 논과 밭은 마을로 변화하기 시작했다. 사람들이 모여들자 기억의 재생도 이루어졌다. 1983년 경상남도 문화재 자료로 지정되었고, 이후 정비 사업을 통하여 1만 5천여 평의 부지에 거제도 포로수용소 유적공원이 들어섰다. 공원은 한국전쟁과 포로의 발생, 포로의 생활, 폭동 등을 생생히 보여주기 위해 지속적으로 정비하고 있다.

공원에 들어서면 군가가 소란스럽다. 전쟁을 기념하는 공간은 만들어졌지만 우리 사회는 여전히 분단 속에 놓여 있다. 그래서 전쟁이 남긴 깊은 내면의 상처가 치유되지도 해결되지도 않은 상황에서 만나게 되는 기념공간은 대단히 현실적이면서 동시에 초현실적이 될 수밖에 없다. 이곳에서 관람객들은 많은 것들을 보게 되고 자신의 경험치에 따라 이해한다. 할아버지 할머니들은 자신들의 기억 속에 파편처럼 남아 있는 전쟁의 기억을 회상한다. 아이들은 장난기와 호기심으로 이 공간을 만난다. 전쟁 경험이 없는 어른들은 자신들이 배웠던 역사 기억들을 바탕으로 이 공간을 해석하고 받아들인다.

전쟁은 참혹했고, 거제에서 포로 생활은 비참했다. 우리가 기억하고 기념해야 하는 것은 이러한 비극들로부터 우리를 치유하고 평화의 길로 나아가는 것이어야 할 것이다. 전쟁의 기억은 평화의 기념으로 전환되어야 한다.

철모의 광장으로 가보자. 커다란 철모를 중심으로 만들어진 광장이

철모광장에 있는 조형물. 전쟁을 기념하는 것이 아니라 분단을 극복해야 함을 보여준다.

철모광장이다. 지나는 길에서 보면 철모의 뒷모습만 볼 수 있다. 철모 조형물의 의미는 정면에서 볼 때 비로소 보인다. 커다란 철모에는 철조망이 둘러쳐져 있고 정면에서 바라보면 좌측에 국군이, 우측에 인민군이 서로 철조망을 자르고 있다.

거제포로수용소 유적관의 진정한 의미는 전쟁의 참상에 대한 이해가 아니라 전쟁의 비극, 특히나 전쟁을 쉬고 있는 상태를 완전히 넘어섬으로써 평화의 시대를 여는 것이다.

관람 동선에서 아주 조금 비켜나 있지만 어쩌면 포로수용소의 의미를 가장 잘 보여주는 조형물이 그곳에 있다.

2.
전쟁의
아픔에서
평화를
생각하다

통영

이순신의 도시,
통제영의 도시가 되다

문화동 통제영

통제영성 동쪽 비탈인 동피랑에서 바라본 강구항.

한때는 충무시.

지금은 통영시이다.

지금도 이곳은 충무와 통영이 혼재하는 공간이다. 충무김밥, 충무대교, 충무고등학교 등이 옛 명칭이던 충무시를 기억하게 한다.

통영고등학교, 통영오광대, 통영대교, 통영 꿀빵은 통영이란 이름을 사용한다.

이 두 종류의 명칭은 통영시의 정체성을 말해준다. 임진왜란의 국난을 극복한 충무공 이순신 장군의 그림자와 삼도수군 통제영의 흔적이 혼재하는 것이다.

세월의 흐름 속에서 잊혀가고 있는 호칭 중에는 질남도 있었다. 통영 주변 사람들이 통영장날 질남장에 간다고들 했다. 통제영이 폐지되고 난 후 설치된 진남군에서 유래한 이름이다. 진남이란 말 자체의 의미는 남쪽을 진압한다는 의미를 포함한다.

결국 통영은 임진왜란이라는 거대한 전쟁을 치르고 난 후 비로소 수군의 중요성을 인식하고 수군의 본영으로 건설한 통제영의 군사도시에 뿌리를 두고 있다. 통영시 곳곳에 남겨진 흔적들이 통제영의 도시를 말해준다. 고성 끝자락에서 육지와 매달려 있는 통영의 입구는 원문고개다. 원문은 통영성으로 들어오는 첫 관문이자 검문소 역할을 하던 곳이다. 시내로 들어오면 토성고개, 동포루, 서문고개 등 통제영성과 관련된 명칭들이 남아 있다.

규장각에 보관된 고지도 중에 통제영을 그린 지도가 있다. 옛 지도는 실사 개념보다 의미를 담은 그림이었다. 이 그림을 보면 통영은 바닷게가 집게발을 앞으로 하여 웅크리고 있는 모습이다. 수군 본영이 자리하기에 가장 안정적인 지역의 형세를 웅크린 게의 이미지로 표현한 것이다.

임진왜란은 끝났지만 일본에 대한 경계심은 오히려 더 강해졌다. 비록 소 잃고 고친 외양간의 형국이긴 하지만 조선 정부는 남쪽 바다로부터 오는 위협을 막아내고 싶었다. 전란 중에 임시로 만든 관직이 삼도수군통제사였던 만큼 수군의 본영도 임시적인 성격의 행영이었다. 즉, 통제사가 머무는 곳이 통제영이 되는 것이다. 그리하여 최초의 통제영이 있던 곳은 한산도였고, 칠천량 패전 이후 조선 수군의 중심은 옮겨졌다. 전쟁이 끝나자 수군 강화의 일환으로 통제사와 통제영에 대한 정비가 이루어졌다. 일본군의 침략 경로와 방어 전략에 따라 전근대 해상 전투에 대비할 최적지로 결정된 곳이 지금의 통영시가 있는 두룡포였다. 1604년부터 통제영 건설이 시작되었다. 우리 역사상 최초의 군사계획도시가 세워진 것이다. 그렇다고 하여 단숨에 도시가 만들어진 것은 아니다. 필요와 경제력 등을 고려하여 장기간에 걸쳐 건설되었으며, 숙종 대에 이르러 통제영성이 완공되어 비로소 조선 수군의 본영이 제 모습을 갖추게 되었다.

한적한 어촌 마을이던 두룡포에는 많은 사람이 모여들었고, 통제영 운영 경비는 이곳을 지역 경제의 중심으로 만들었다. 또한 통제영의 수요품과 진상품을 만들던 공방이 들어서면서 전국 최고 품질의 공예품을 만드는 곳이 되었다.

통제영의 도시에서 충무공의 도시가 되었다가 다시 통영이 되었다. 해마다 음악제가 열리고 많은 문인과 예술가를 배출하여 예향의 이미지도 있는 통영의 문화적 뿌리와 자부심은 조선 후기 유일한 군사계획 도시였던 통제영의 힘이다.

두보가 꾸었던 평화의 꿈,
통영에 내려앉다

문화동 세병관

세병관. 전쟁을 억제하려는 조선 수군의 의지가 담겨 있는 건물이다.

安得壯士挽天河 淨洗甲兵長不用(안득장사만천하 정세갑병장불용: 어찌하면 장

사를 얻어 은하수를 끌어당겨서, 갑옷과 병장기를 깨끗이 씻어 길이 쓰지 말려나.)

두보(杜甫), 「세병마행(洗兵馬行)」

세상에서 유일한 문명국이란 자부심을 가지고 주변을 교화하려던 나

라가 있었다. 그 나라는 자칭 중화라 칭하며 주변을 오랑캐라 정의 내

리고 교화하려 했다. 바로 그 중화의 옆에는 이들의 문화를 사모하여 자신들 스스로 다음 서열의 중화라고 일컬었던 나라가 있었다. 이들은 자신을 소중화라 하였다. 두 나라의 공통점은 대단한 문화적 자부심을 지닌 것이었다. 자신을 소중화라 일컬었던 조선 사람들은 중화를 열심히 따라잡고 배우고자 하였다. 살고 있는 땅의 지명을 중화의 것에서 가져오기도 하였고, 글을 지을 때는 중화의 글들을 인용하기에 주저하지 않았다.

당나라의 시성(詩聖)이라 일컬어지는 두공부(두보)의 시는 그런 조선에서 가장 인기 있는 시의 하나였고, 『분류두공부시언해』라는 언해본이 출간되기도 했다.

두보는 당나라가 전성기를 지나 쇠퇴기로 접어드는 전란의 시기를 살았다. 그는 755년 안록산의 난이 발생한 이래 피난의 고달픈 삶을 살다가 죽었다. 1400여 수에 이르는 두보의 시는 대부분 이 시기에 쓰였으며, 그중 하나가 「세병마행」이란 시다. 전란의 고달픔에서 벗어나고 싶은 시인의 간절함이 묻어난다.

1592년부터 7년간 이어진 끔찍한 전란에서 벗어난 조선이 소 잃고 고친 외양간이 1605년 지금의 통영인 두룡포에 건설한 삼도수군 통제영이다. 삼도수군 통제영의 첫 번째 건축물로 지은 건물이 세병관이다. 삼도수군의 총본영에서 가장 중요한 건물의 이름이 군사력을 없애고 평화를 구한다는 의미를 지닌 세병관이다. 다시는 이 땅에 전란이 없었으면 하는 여망을 이보다 더 잘 표현할 수는 없었을 듯하다. 소중화를 꿈꾸던 조선이 두보의 꿈을 삼도수군의 총본영에 내려다 놓았다.

군사와 평화에 대한 역설은 세병관으로 진입하는 삼문의 이름에도 등장한다. 바로 지과문(止戈門)이다. 이 문과 연결 지어 생각해보면 이렇게 된다.

"전쟁을 끝내고 병장기를 씻어 길이 사용하지 않으리."

지과문으로 진입하려면 많은 계단을 올라야 한다. 그 계단 아래쪽에는 망일루가 있다. 망일루 역시 진입하려면 계단을 올라야 한다. 망일루 계단을 따라 직선으로 내려가면 통영항의 강구에 이르는데, 통영항 강구에 서 있던 누각의 이름은 수항루다. 왜의 항복을 받는다는 의미로, 임진왜란 당시 수군의 활약에 대한 자부심의 표현이라고 볼 수도 있다.

역으로 정리해보면, 통제영은 배를 타고 통영항의 강구에 들어오면 제일 먼저 수항루를 만나게 되어 있었고, 수항루를 지나 언덕으로 조금씩 오르면서 통제영 본부에 다다르게 된다. 세병관에서 보면 통영항을 아래로 굽어보는 구조였다. 점층적 건물 구조로, 이곳에 오는 누구라도 세병관의 위세에 눌리지 않을 수 없을 것이다. 이는 세병관의 위상이 왕의 권위를 옮겨놓은 것과 같은 효과를 주었다. 세병관이 통제영 최고의 건물이면서 살아 있는 왕의 위패를 모신 객사이기도 한 것은 바로 그런 의미다.

그래서 박경리 선생은 세병관을 가리켜 "통영 사람들에겐 마음의 의지이자 두려움 그 자체"라고 표현했는지도 모르겠다.

폰데목에서
이순신과 열녀를 만나다

당동 착량묘와 착량교

폰데목 언덕에 있는 착량묘. 통영 사람들이 기리는 장군의 사당이다.

옛날 통영 바닷가에 부부가 살았다. 하루는 고기 잡으러 간 남편이 돌아오지 않았다. 남편을 기다리던 아내는 하염없이 바다를 바라보다 남편이 떠나간 바다에 몸을 던졌다. 며칠 후 아내의 시신이 마을 앞바다에 떠올랐는데, 남편의 시신을 안고 있었다. 이를 본 마을 사람들은 그 아내를 기리기 위하여 열녀사당을 세웠다. 그 마을은 해평마을이고 지금은 통영시 미수동이다.

열녀사당이 있는 해평마을의 바다 건너 맞은편에도 사당이 있다. 이 사당에 모셔진 분은 나라를 위하여 자신의 몸을 바다에 던졌다. 임진년 병란이 끝나는 마지막 전투에서 목숨을 잃어 더욱 가슴이 아프다. 장군을 잃은 통영 사람들과 수군들이 장군을 기리기 위하여 전쟁이 끝난 이듬해에 초옥으로 사당을 짓고 제사를 지냈다. 이 사당의 이름은 착량묘이다. 이름이 참으로 특이하다.

이 두 사당이 마주 보는 곳의 통영식 지명은 '폰데목'이다.

두 사당을 가로지르는 바다는 물살이 매우 빠르다. 그 위로는 충무교와 통영대교가 두 지역을 연결하고 있다. 이 바다가 지금의 모습이 된 것은 그리 오래되지 않았다. 1926년까지 이곳은 폭 10m 정도의 좁은 지협이었다. 썰물이면 사람들이 걸어서 건너갈 수 있었고, 밀물이면 겨우 배가 지날 수 있는 정도였다. 조선시대에는 나무다리가 놓여 있었으나, 1915년 일제강점기에 통영의 부자가 멋있는 아치형 돌다리를 건설하고 태각교라고 이름하였다. 전해오는 이야기에 태각은 폰데목에서 이순신 장군에게 패한 일본인 장수의 이름이라 한다. 왜군의 장군을 기리는 의미인지 모르겠으나 당시 통영 사람들은 태각교라 하지 않고 착량교라고 불렀으며, 착량교의 우리말인 '폰데다리'라는 말을 더 많이 사용했다.

'폰데'는 경남 사투리로 '판 곳'이라는 뜻이다. 뭔가를 팠다는 의미다. 통영 사람들의 폰데에 대한 기억은 임진왜란으로 올라간다. 이야기는 여러 종류이나 골자는, 이순신 장군에게 쫓긴 왜군이 좁디좁은 이곳으로 몰려왔는데 물길이 없어 더 이상 도망가지 못하게 되자 땅을 파서 물길을 만들고 겨우 도망쳤다는 것이다. 그래서 이곳을 판데목이라고 하고, 또 왜군이 무수히 죽었다 하여 송장목이라고 부르기도 하였다. 많은 왜군이 죽은 곳을 바라보는 언덕에 이순신 장군의 사당을 만들어

기린 통영 사람들의 마음이 엿보인다. 착량묘는 그래서 폰데묘다.

1927년, 이곳은 대대적인 변화를 겪게 된다. 운하 굴착 공사가 시작되어 5년 6개월 뒤인 1932년 12월, 통영 운하가 완공되고 지금의 모습으로 바뀐 것이다. 운치 있던 착량교는 사라지고 운하 밑으로 동양 최초의 해저터널이 건설되었다. 일제가 운하를 만든 이유는 최단거리 교통로 확보라는 근대적 사고방식의 발현이다. 여수와 사천을 지난 배가 통영을 거쳐 부산으로 가는 항로에서 미륵도를 돌아온다는 것은 시간과 경비의 낭비가 심하기 때문이다.

그러나 식민지 통영 사람들에게 이 일은 근대적 사고로 인식되기 어려웠던 것 같다. 그리하여 일본인들이 임진왜란 당시 이곳에서 죽어간 자신들의 조상 위로 사람들이 밟고 지나가지 못하게 하려고 다리를 없애고 운하를 만들었으며, 해저터널을 뚫었다는 이야기를 전승하게 된 것이다. 터무니없지는 않으니 일제에 저항하려는 사람들의 심리가 운하에 투영된 것이라 할 수 있다.

통영 바닷가 사람들은 열녀도 기리고 충신도 기린다.

바다에 기대어 살아왔고, 바다로부터 온 외적과의 싸움의 중심에 있었기 때문일 것이다. 폰데목 바다를 사이에 두고 예상치 못한 충의와 사랑을 만나게 된다.

나라는 충신을 기리고,
백석은 사랑하는 연인을 기다리다

명정동 충렬사와 명정

봄마다 피어나는 붉은 동백. 충렬사의 역사와 함께 살아왔다.

아직 날이 차가운 봄날, 충렬사에는 사람이 뜸하다. 따스한 햇살 사이로 오랜 세월을 붉게 지켜온 동백꽃이 아름답게 지고 있다. 통영에 온 사람들이 크게 기대치 않고 찾아왔다가 입장료가 있다는 말에 그대로 발길을 돌린다.

1935년 통영을 찾았던 시인 백석도 이곳에 왔으나 이 공간은 그의 관심 밖에 있었다. 그는 사모하던 여인을 바라볼 수 있는 장소로 충렬사의 돌계단에 앉아 있었다. 그가 쓴 「통영」이라는 두 편의 시에 등장한 통영의 모습은 다음과 같았다.

옛날엔 統制使(통제사)가 있었다는 낡은 港口(항구)의 처녀들에겐 옛날이
가지 않는 千姬(천희)라는 이름이 많다
미억오리같이 말라서 굴껍지처럼 말없시 사랑하다 죽는다는

「통영 1」

옛 장수 모신 낡은 사당의 돌층계에 주저앉어서 나는 이 저녁 울 듯 울 듯
閑山島 바다에 뱃사공이 되여가며
녕 낮은 집 담 낮은 집 마당만 높은 집에서 열나흘 달을 업고 손방아만 찧
는 내 사람을 생각한다.

「통영 2」

임진왜란 후 조선의 통치자들은 자신들의 잘못을 바로잡지 못한 채
떠나간 민심을 되돌리기 위하여 충신들을 기리는 사당을 지었다. 이순
신 장군은 임진왜란 최고의 영웅이므로 고향 아산에 현충사를 세우고,
그가 숨을 거둔 남해와 통제영에는 충렬사를 세웠다. 충신을 기리고자
하였으나 국가는 망국으로 치닫고 충렬사도 더 이상 국가가 원하는 추
모 공간으로 남기 힘들었다. 통제영의 폐영과 더불어 화려했던 영광은
사라지고 충렬사에 향사를 올리던 통제사도 더 이상 이곳에 없었다. 일
본군의 위협으로부터 조선을 지켜내었던 이순신 장군의 사당은 전통적
인 군사조직의 소멸과 함께 쇠락하여 일제의 엄혹한 시절에는 백석의
느낌대로 낡은 옛 사당에 불과하였다.

시인 백석이 앉아 있던 돌계단 앞에는 붉은색 정려문이 있다. 그 앞

의 길을 건너면 통영 사람들이 정당새미라고 부르는 명정이 있다. 통영을 대표하는 박경리의 소설 『김약국의 딸들』에는 명정샘이 아래와 같이 묘사되고 있다.

충렬사에 이르는 길 양켠에는 아름드리 동백나무가 줄을 지어 서 있고, 아지랭이가 감도는 봄날 핏빛 같은 꽃을 피운다. 그 길 연변에 명정골 우물이 부부처럼 두 개가 나란히 있었다. 음력 이월 풍신제를 올릴 무렵이면 고을 안의 젊은 각시, 처녀들이 정화수를 길어내느라고 밤이 지새도록 지분내음을 풍기며 득실거린다.

명정샘에는 부부처럼 일정(日井)과 월정(月井) 두 개의 우물이 있다. 그 중 위쪽 우물이 일정이고 아래쪽 것이 월정인데, 이 둘을 합치면 명정(明井)이 된다. 참 좋은 이름이다. 두 개가 하나이고 하나가 두 개인 이 샘물은 충렬사의 향사에는 일정의 물을 사용하고, 풍신제를 지낼 때와 민가에서는 월정의 물을 사용했다. 이곳에 샘을 팔 때 처음에는 하나만 팠다고 한다. 그런데 아무리 하여도 맑은 물이 나오지 않아서 바로 곁에 하나를 더 팠더니 물이 맑아졌다고 전한다. 하나일 때 탁했으나 둘이 되고 난 뒤 비로소 맑은 샘물이 되었다. 지금은 사람들이 사용하지 않는 샘물이 되었지만 전통 사회에서 관과 민을 하나로 만들어주는 샘물이었던 것이다. 또한 바다를 주 무대로 하는 수군과 어부들의 신을 묶어주는 신령스러운 공간이기도 했다. 오랜 세월 동안 통영 사람들은 정당새미와 함께 살았다.
　백석이 사랑했던 통영의 연인도 이 새미가 있는 명정골 출신이다. 백석은 그 연인을 만나러 왔으나 그녀는 이미 서울로 가고 없었다. 연인이

통제영이 건설된 당시 만든 명정. 오른쪽이 일정, 왼쪽이 월정이다.

이곳에 없음을 알고서도 그는 옛 사당의 돌계단에서 혹여라도 그 여인을 볼 수 있을까 하는 마음으로 새미를 오가는 통영의 여인들을 하염없이 바라본 것이다.

국가는 충신을 기리는 의지를 담아 이순신 장군의 사당을 만들었고, 시인 백석은 그 사당의 돌계단에서 사랑하는 여인을 기다렸다. '김약국의 딸'들은 명정샘을 따라 쉽지 않은 삶을 살아갔다. 예전에 사당은 죽은 이를 추모하기 위하여 사람들을 모으고 새미는 산 사람들이 옹기종기 모여서 일상의 삶을 이루도록 하였다.

이제 사당에는 추모하지 않는 이들이 찾아와 푸넘을 한다. 이곳 사람들의 이야기가 주저리 들리던 명정도 샘물을 필요로 하지 않는 사람들이 찾는다. 세월은 흘렀고 사당과 우물만이 박제처럼 옛 사연들을 간직한 채 그 자리에 남아 있다.

한산섬 달 밝은 밤에
수루에 홀로 앉아…

한산면 제승당

한산도 제승당에 있는 수루. 이순신 장군은 이곳에서 나라를 걱정하였다.

경상도에서 내해를 따라 서쪽으로 가려면 견내량과 노량, 명량을 지나야 한다. 근대 이전에는 배로 이동하려면 선박의 내구성과 운항의 안전을 따를 수밖에 없다. 때문에 근대적 개념인 최단거리 운항보다는 육지를 끼고 있는 내해를 따라가는 안전한 길을 이용하였다. 1592년 조선을 침략한 왜군도 이 바닷길을 통하여 서해로 진격하려 했다. 첫 시도에서는 견내량을 지나다 한산도 앞바다에서 조선 수군에게 호되게 당하였다. 이후 해상으로 진출이 어려워지면서 쉬이 끝날 것 같았던 조선 침략은 장기전으로 바뀌었다. 그 후 1597년 정유년에 비로소 조선 수군을 칠천량에서 격파하고 견내량을 통과하여 전라도 해안으로 진출할 수 있었으나 마지막 길목인 명량에서 이순신의 조선 수군에게 다시 크게 패했고, 이후 전세가 밀리면서 임진왜란의 마지막 전투를 노량에서 치렀다.

그래서 길목의 첫 번째인 견내량이 중요했다. 견내량을 통과하면 한산도 앞바다가 나타난다. 이순신은 삼도수군통제사에 임명된 후 한산도에 진을 치고 견내량의 목을 굳건히 지키며 조선을 지탱하였다. 전쟁은 교착상태에 빠져 장기화되었다. 출진하여 전투하는 횟수는 줄었으나 근심은 더욱 늘어만 갔다. 많은 병사들의 군량 확보와 전쟁의 장기화에 따른 병사들의 사기 저하와 탈영은 천하의 이순신에게도 힘든 일이었다. 특별한 일은 특별해서 넘어가지만 특별함이 일상이 된다면 근심은 배가될 수 있다. 한산도 진영에서 이순신의 일기는 그런 모습을 보여준다. 청어를 잡아 말리는 일, 도망한 병사를 잡아와 효수하는 일과 건강이 좋지 못하여 앓고 있는 모습들이 적잖이 기록되어 있다. 이 시기에 이순신 장군이 지은 진중시가 『청구영언』에 전해온다.

> 한산섬 달 밝은 밤에
> 수루에 혼자 앉아
> 큰 칼 옆에 차고 깊은 시름하는 적에
> 어디서 일성호가는 남의 애를 끊나니

이순신 장군의 근심과 걱정이 묻어나는 시다. 물러나 지키기 쉽고 나아가 적의 움직임을 파악하기 유리한 천혜의 요새이던 한산도의 진영은 이순신이 파직되고 선조의 명에 따라 이루어진 부산포 공격이 실패로 돌아가며 조선 수군은 회복 불능의 패배를 당하였다. 그 후 한산도의 조선 수군 진영은 폐허가 되었다.

전쟁이 끝나고 142년이 지난 영조 때 통제사 조경이 이곳에 유허비를 세우고, 집무실이 있던 운주당 자리에 건물을 짓고 이름을 제승당이라 하였다. 잊혀가던 지역이 다시 기억의 장소로 떠올랐다.

해방 후 1959년, 이곳은 사적으로 지정되었으며 지금의 모습은 1975년에 갖추어진 것이다. '한산도 제승당'이라고 많이 부르지만 공식적으로는 '통영 한산도 이충무공 유적'이다.

한산도와 임진왜란의 연결고리는 해전사에 길이 빛나는 한산대첩이 통상적인 기억으로 자리 잡고 있다. 전쟁에서 크게 이겨 왜군의 초반 기세를 꺾고 전세를 유리하게 바꾼 한산대첩은 특별한 한 번이었다. 그러나 4년 동안 한산도에 웅거하며 버틴 것은 일상이었다. 수군들이 오롯이 감내해야 했던 일상의 고단함과 이순신 장군의 끝없는 근심이 함께 묻어나는, 그런 장소로서 한산도와 이순신을 기억하는 것도 필요해 보인다. 역사란 거대하고 거창한 영웅들이 모험을 하지만 그 밑바탕에는 보통 사람들의 일상이 있기 때문이다.

이순신 장군,
임진왜란을 바꾸다

한산면 한산대첩

임진왜란 당시 조선 수군의 본영이던 한산도 앞바다. 바다 멀리서 한산대첩이 벌어졌다.

호수처럼 잔잔한 바다.

거제도와 통영, 그 사이의 한산도 앞바다는 바다라고 보기 어려울 정도로 고요하고 잔잔한 곳이다. 남쪽의 궁벽한 지역이 전란의 소용돌이에 휘말리면서 호수 같은 바다에는 어떤 파도보다도 큰 격랑이 밀어닥쳤다. 1592년 왜군이 부산으로 상륙하여 조선을 침략하였다. 오랜 기간 전쟁을 치른 일본군은 육지에서 파죽지세로 진격을 이어갔다. 그들이 목표로 정한 명나라까지 순식간에 정벌할 것만 같았다.

그러나 전쟁에는 많은 변수들이 존재한다. 강력한 전투력 못지않게 그들의 전투력을 뒷받침해줄 보급 능력도 중요해진다. 보급이 없다면 천하의 강군도 오래 버티지 못한다. 당나라의 고구려 침략이 그러하였고, 한니발의 로마 진격도 그러하였다. 승승장구하던 일본군의 발목을 잡은 것도 역시나 보급이다. 본진의 육지 진격에 발맞추어 수군이 남해와 서해의 해로로 보급을 해주어야 하였으나 현실은 그러하지 못했다. 5월 7일 옥포에서 이순신 장군에게 처음으로 왜의 수군이 격파된 이후 연전연패하면서 수군의 진격로가 막혀버렸기 때문이다.

왜군은 7월에 수군을 정비하여 70여 척에 이르는 선단을 꾸려 서진을 단행하였다. 견내량의 좁은 목에 이르렀을 때, 조선 수군과 마주하게 되었다. 5척의 조선 수군이 후퇴하자 승기를 잡았다고 판단한 왜군은 그대로 한산도 앞바다로 밀고 들어왔다. 뒤에는 호리병 목처럼 좁은 견내량이 있고, 한산도 앞바다에는 이미 이순신 장군의 조선 수군이 학익진을 펼치고 왜군을 맞이하였다. 왜군은 호리병 속에 갇힌 꼴이었다. 뒤로 물러나기도 어려웠고 앞으로 나아갈 수도 없었다. 함선과 무기에서 현저하게 우세했던 조선 수군의 공격으로 왜군은 순식간에 괴멸되었다. 70여 척 중 50여 척이 격파되거나 나포되었고, 왜의 장군 와키자카 야스하루는 겨우 목숨을 구하여 달아났다.

이순신 장군의 조선 수군은 지리적 이점을 완벽하게 이용하였고, 아군의 장점을 극대화하여 세계 해전사에 길이 빛나는 한산도 대첩을 승리로 이끌었다.

이후 임진왜란의 전세는 급격하게 바뀌었다. 육지에서 승승장구하던 왜군은 보급의 어려움에 직면하면서 더 이상 진격하지 못하게 되었으며, 육지에서도 의병과 조·명 연합군의 공격으로 후퇴를 거듭하면서 전쟁은 교착상태에 빠지게 되었다. 이후 남해안으로 내려와 진을 친 왜군은 해안의 중요 거점에 왜성을 쌓아 장기전에 대비하면서 조선 수군의 진격을 견제하였다.

임진왜란 중 이순신 장군이 치른 전투는 전란의 고비에서 나라를 구하는 역할을 하였다. 그 첫 번째 위대한 전투가 바로 한산도 대첩이다. 1592년 7월, 고요한 바다는 순식간에 요동치면서 핏빛으로 변하였다.

이순신 장군의 『난중일기』는 이 시기인 7월에 대한 기록이 없다. 가장 중요하고 특별한 전투였던 이날을 기록하지 않은 것인지, 아니면 후일 삭제한 것인지 알 길이 없다. 소소한 전투는 꼼꼼하게 기록하였으나 커다란 전투는 기록을 남기지 않았다. 공식적인 보고서만 남기고 있다.

지금 바다는 고요하고 평화롭기 그지없다. 고요한 평화의 장면이 핏빛 격랑보다 훨씬 아름답다. 그 바다를 마주하는 해안에는 아름다운 경치를 조망할 수 있는 숙박시설들이 자리 잡았다. 격랑보다는 고요함이 좋다.

아름다운 풍광과 전통이
통영의 문화를 깊게 하다

통영의 문화

통영의 문화를 풍성하게 만든 통영시와 통영의 바다. 김춘수 유품전시관에서 바라본 모습이다.

에메랄드빛 바다와 계절마다 피어나는 남도의 꽃이 어우러져 통영은 근대 이후부터 동양의 나폴리라는 별칭을 얻기도 했다. 아름다운 바다는 통영 사람들의 마음을 더욱 풍요롭게 만들어 통제영의 문화적 전통과 어우러져 많은 예술가들을 배출했다.

삼도수군 통제영이 자리 잡은 이후 통영은 군사도시로 성장하였지만 그와 함께 문화도시로의 기능도 발달하였다. 통제영을 운영하기 위하여 부수적인 많은 것들이 필요하였다. 해마다 이루어지는 삼도수군의 공식적인 행사들을 기록하기 위한 화공들이 필요하였으며, 의사와 약국도 설치되었다. 왕에게 진상할 여러 물품들의 생산에 필요한 공방들이 설치되면서 통영은 자연스럽게 문화적인 도시로 변해갔다. 이러한 문화적 전통은 통제영이 폐영된 후에도 그대로 이어져 지금의 통영 문화를 풍요롭게 살 찌우는 자양분이 되었다.

박경리 선생은 통영을 대표하는 소설가다. 그의 소설들에는 통영 사람들의 삶과 전통이 짙게 배어난다. 통영을 배경으로 하는 대표적인 소설인 『김약국의 딸들』에 나오는 김약국의 큰아버지는 통제영의 관약국을 운영하던 인물이다. 『토지』에는 통제영의 12공방이 등장한다. 이들은 모두 통제영의 유산이 바탕이 되어 만들어진 소설 작품이다.

유치환 선생의 고향을 두고 통영시와 거제시가 서로 자기 지역이 고향이라고 주장하나 선생의 정신적 고향은 통영이라는 것이 일반적이다. 생물학적 고향을 따진다면 문제가 있을 수 있겠으나 시적 토대가 된 고향은 통영일 것이다. 통제영의 중심 건물이던 세병관을 따라 중앙시장 쪽으로 내려오면 통영우체국이 있다. 우체국 앞쪽에는 옛 모습을 간직한 집들이 남아 있다. 유서 깊은 이문당 서점 건물 곁에는 선생의 동상과 시비가 있다. 유치환 선생은 통영우체국 창에서 사모하던 여인에게 편지를 부치면서 행복했던 순간을 이렇게 표현하였다.

사랑하는 것은 사랑을 받느니보다 행복하나니라
오늘도 나는 에메랄드빛 하늘이 환히 내다뵈는 우체국 창문 앞에 와서 너에게 편지를 쓴다

「행복」

「꽃」의 시인 김춘수 선생의 고향도 통영이다.

청춘이 여물어가던 시기에 누구나 한 번쯤 외우고 또 읊어보면서 가슴 설레었던 시가 김춘수 선생의 시 「꽃」이다.

착량묘 건너편, 해저터널을 지나면 김춘수 선생의 유품기념관이 있다. 평일에 가면 참으로 고요한 가운데 유품전시관을 관람할 수 있다. 통영을 사랑하고 통영을 노래한 시인의 삶을 온전히 느껴볼 수 있다.

통영의 문화적 유산은 이 외에도 문인으로는 백석 선생이 있고, 음악으로는 세계적인 음악가인 윤이상 선생이 있다. 통영이 고향이면서 통영 바다를 그리워했던 음악가는 살아서 통영으로 돌아오지 못하였다. 통영에서는 해마다 윤이상 선생을 기념하는 국제적인 음악회를 개최하여 국내외 많은 음악가와 음악을 사랑하는 사람들이 통영을 찾게 만든다.

통영은 바로 앞 시대의 아픔을 안고 살았던 이들 문인과 음악가로 인하여 지금 풍요롭다. 다른 지역이 갖지 못한 인적·문화적 유산을 통영은 기념하고 기리며 살아간다.

봄의 통영은 김춘수 선생이 노래한 아름다운 동백이 붉은 아름다움을 뿜낸다. 그 꽃들 사이로 김약국의 딸들이 걸어올 것 같고, 유치환 선생은 또 그곳에서 사랑하는 사람에게 편지를 보낼 것만 같다.

3.
숨겨진
보물 같은
지역을
보다

고성

고성에도
왕국이 있었다

송학동 고분

송학동 고분군—한때 고성 땅이 독자적인 국가였을 때 주인들의 무덤이다.

　마산에서 통영으로 가는 14번 국도를 따라 고성 읍내에 다다르면 언덕 같은 고분이 멀리서부터 보인다. 고성 송학동 고분이다. 무덤은 산에 있다는 것이 일반적인 상식이다. 경주 시내에는 옛날 신라 왕들의 무덤들이 평지에 있는데, 대표적인 것이 대릉원이다. 일반 상식과 잘 맞지 않는 풍경으로, 무덤이 반드시 산에 있지 않다는 것을 보여준다.

　옛날 가락국이 있었던 김해에도 대성동 고분이 시내 언덕에 있다. 가락국 시조 김수로 왕릉도 평지에 있다. 함안에 가면 말이산 고분이 읍내 언덕을 따라 자리하고 있다. 이들은 한반도 남부 지역에서 국가가 탄생한 곳들이라는 공통점이 있다. 나라라고 해야 지금의 국가와는 차원이 다른 초보적인 단계의 나라이고, 사람들도 거의 모든 면에서 지금의 국민과 비교하기 어려운 처지에서 살았다. 사람이 살 만한 환경을 갖춘 곳이면 생겨났던 수많은 작은 나라의 흔적들이 고분으로 남아 옛날부터 이곳에 사람들이 살았고 나라를 세웠음을 말해준다. 송학동 고분에는 고성 땅에 나라를 세웠던 사람들이 잠들어 있다.

고분의 주인공들에 대한 이야기는 옛날 기록들에 조각조각 흩어져 나타난다. 이를테면 고성 땅의 주인이었지만 기록자들의 입장에서 보면 주변부 사람들이었고 이야기의 주인공은 아니라는 의미다. 중국인들이 기록한 삼한의 기록에는 변진의 작은 나라들 중에 고자미동국(古資彌凍國)이라는 나라가 있었다고 한다. 고대 일본의 역사서인 『일본서기』에는 고차국이라는 이름으로 기록되었다. 『삼국사기』에는 고사포국, 고자국이라는 이름으로 기록되었다. 나라 이름이 여럿일 리는 없었을 터이고 하나의 이름을 듣는 이의 음으로 기록하다 보니 나라 이름이 여럿으로 기록되었을 가능성이 높다고 할 것이다.

중국 입장에서 한반도 남쪽 끝의 국가까지 기록한 것이 당시 시·공간 개념으로 본다면 어마어마한 정보의 확보와 기록이었다고 할 수 있다. 그 옛날 누군가 이곳을 다녀갔을 것이다. 고대 일본 기록자의 입장에서도 자기 나라가 아닌 협력국이거나 교역국이라는 의미로 기록했을 것이다. 『삼국사기』와 『삼국유사』는 주인공의 나라인 신라 왕의 업적을 기록하면서 그것과 연결된 내용으로 기록했다. 역시 부차적인 존재다. 그럼에도 기록으로 남겨졌다는 것은 삼한시대와 신라시대에 이 지역을 차지하고 있던 '고자국'이 기록할 만한 위치에 있었음을 역설하는 것이라 할 수 있다.

기록에 따르면 한때 고자국은 주변의 비슷한 국가들과 연합하여 가락국과 해상교역권을 두고 다투기도 했다. 가락국과 교역권 쟁탈전에서 패한 후 다소 위축되었으나, 가락국이 고구려 광개토대왕의 원정으로 국가로서의 위상과 해상교역의 중심 기능을 못하게 되자, 해상교역의 거점으로서 남해안과 서해안 지역의 해상무역에서 상당한 위치를 점하게 된 것으로 보인다. 이때가 대략 5세기 이후인데, 송학동 고분은 이 시기에 만들어졌다. 당시 남해안 지역에서 일정한 지위를 확보한 고성 땅의 지배자들이 살았던 삶의 흔적을 죽음의 공간이 알려주고 있다.

고성은 반도 같은 땅이며, 앞뒤로 바다에 면해 있다. 고대 일본에서 오던 교역 집단들이 서쪽의 백제로 가기 위해서는 거점이 필요했고, 때로는 그 거점이 교역의 중심이 되기도 했던 듯하다. 고성은 일본과의 교역에서 중심이 되기도 했고, 때로는 중간 기착지이기도 했으며, 때로는 자신들의 능력으로 중심이 되려 하기도 했다. 치열했던 역사를 남기지 못했으나 자신들을 주변으로 생각했던 나라들에 의해 편린 같은 역사를 남기게 되었다.

역시나 역사는 기록을 남긴 자의 것이고, 역사를 남기지 못한 자는 자신의 존재를 드러내기 어려운 법이다. 고성의 고자국은 그렇게 역사의 편린으로 기록되어 남겨졌다.

부처의 자비 같은
맑은 물이 샘솟다

연화산 옥천사

옥천사 사천왕문—지금은 진입로가 바뀌어 한쪽으로 밀려나 있다.

　고성 북서부에 그리 높지 않은 산이 있는데, 산 모양이 연꽃을 닮았다 하여 이름을 연화산(蓮花山)이라 했다. 연꽃이 부처님의 진리를 드러내는 꽃이니 이 산에는 부처님의 말씀과 자비를 전할 절집이 자리하고 있을 법하다.

　이 산자락에 자리한 절집은 옥천사(玉泉寺)다. 산 이름이 연꽃을 품어 부처의 진리를 담았으므로 산의 품에 안긴 절은 옥 같은 물이 솟는다는 샘의 이름을 가졌는지도 모르겠다. 아무튼 이 절집의 이름은 옥천사다. 옥천사도 신라시대에 세워진 여느 절집처럼 의상대사가 창건했다고 전해온다. 옥천사라는 이름을 얻게 해준 옥천에는 이런 이야기가 전한다.

절 창건 시 옥천(샘)에서는 매일 일정량의 공양미가 솟아났다고 한다. 그후 어떤 스님이 많은 공양미를 얻고자 바위를 파괴하자 더 이상 공양미와 샘물이 솟아나지 않았다. 이를 안타까워하던 노스님이 지극히 기도하자 다시 물이 솟고 그곳에 연꽃이 피어났다. 사람들이 그 물을 마시자 병이 나았다고 한다.

여전히 옥천(샘)의 물은 솟아나고 있고, 한국의 100대 명수(名水)로 알려질 정도로 물맛이 좋다. 중생을 구제하고자 하는 부처님의 자비가 샘물로 솟아나는 것일지도 모르겠다.

옥천사 일주문을 지나 절 경내로 들어가다 보면 갈림길이 나온다. 가던 길을 따라 넓은 쪽 길을 택하면 성보박물관을 통하여 절집으로 들어갈 수 있다. 그 방향은 지금은 순방향일지 모르나 원래 절의 진입로는 왼쪽의 사천왕문을 지나는 길이다. 조촐한 사천왕문을 지나면 길 한쪽에 비각이 나타난다. 이 절집의 큰 시주였던 분의 비각이다. 그 비각의 담장 앞쪽에 하마비(下馬碑)가 있다. 절의 입장에서 보자면 시주는 금전적으로 크게 도움이 되었을 것이나 하마비는 갑질하는 인간들이 절집에 들어오기 전에 말에서 내려 걸어오라는 뜻이니, 최소한 절집 사람들의 자존심을 세워주는 중요한 비석이었다.

하마비를 지나 절집으로 진입하면 넓은 마당을 마주하게 된다. 절집에 들어왔으나 이 절집은 개방적이지 않다. 마당 정면에는 축대 위에 세

옥천사의 가장 큰 건물인 자방루의 당당한 모습.

워진 자방루가 벽처럼 당당히 서 있다. 자방루 끝자락을 타고 계단을 오르면 작은 안마당을 중심으로 아담한 대웅전과 요사채가 자방루를 성벽 삼아 ㅁ 자 구조를 이루며 배치되어 있다. 흔히 볼 수 있는 절집 구조와 크게 다르지는 않으나 어딘지 모르게 답답해 보인다. 대웅전에서 바깥으로 시선을 돌리면 이 절에서 가장 거대한 자방루에 막혀 시선이 안마당에 머문다. 규모가 작긴 하나 대웅전을 축대 위에 배치하여 주 건물로서의 위상은 확보했지만 밀폐되었다는 느낌을 지우기가 쉽지 않다. 절의 주 건물이 자방루라고 생각해보면 이 답답한 느낌의 구조가 어느 정도 이해가 된다. 자방루의 위엄은 조금 과장해서 말하면 삼도 수군 통제영의 세병관을 축소해놓은 듯한 느낌마저 든다.

자방루가 주인공이 되는 것은 이 절집의 역사가 고성 땅의 역사와 함께 걸어갔음을 말해준다. 1592년 임진왜란이 발발하자 남해와 접해 있는 고성은 남해안의 군사적 요충지가 되었다. 당시 한산도에 있던 이순신 장군의 통제영과 가까이 있었으므로 옥천사 스님들도 승병으로 수군에 합류하여 전쟁을 치렀다. 게다가 옥천사는 왜군의 공격으로 불에 타기도 했다.

전쟁이 끝난 후에도 이곳은 남해안 승병의 중심 역할을 하여 많은 수의 승병을 유지했다. 부처님의 불법을 수호하고 수양을 하는 동시에 국가를 수호하는 군인 역할도 했던 것이 전란 이후 옥천사 승려들에게 주어진 임무였다. 자방루는 승병들의 군사 훈련을 위한 당당한 지휘소로, 때로는 많은 승려들이 법회를 하는 장소로서 기능을 한 것 같다. 전란 이후 절집을 재건할 때 이러한 의도가 반영되어 대웅전은 높은 곳에 위치하지만 규모는 작고, 자방루는 대웅전의 아래에 위치하나 압도적인 규모로 건축된 것이라는 생각을 해볼 수 있다.

부처님의 불법을 지키는 것도 중요했지만, 전란의 현실 속에서 고통받는 중생을 구하는 것 또한 부처님의 뜻이었다. 연꽃 같은 연화산에 옥천(샘)이 있고 그로 인하여 옥천사라는 이름이 붙게 된 것 또한 부처님의 뜻인 듯하다.

저수지에 담긴 물의 혜택을
천추千秋까지 누릴지니…

대가면 대가저수지

대가저수지-고성 들판의 젖줄기 같은 곳이다.

고성 읍내의 송학동 고분을 끼고 있는 사거리에서 철성고등학교 방면으로 길을 잡아 가다 보면 고성군 대가면을 만날 수 있다. 전형적인 벼농사 지역으로, 주변의 너른 들판에서 벼가 쑥쑥 자라는 모습을 볼 수 있다. 이 들녘의 벼들이 물 걱정 없이 튼실하게 여름을 날 수 있도록 물을 공급하는 곳이 있다. 고성군 대가면의 대가저수지다.

대가면은 조선시대에는 대둔면(大芚面)과 가동면(可洞面)에 해당하는 지역이었다. 『여지도서』에는 "대둔면은 관아에서 30리에 있다. 가동면은 관아에서 20리에 있다'라고 했다. 『신구대조』에는 1914년 두 면을 합치고 이름을 대가면으로 바꾼 것으로 기록했다. 대가면은 1914년 나라를 일본에게 잃은 후 두 면이 합쳐져 새롭게 생성된 행정 지역명이다. 지역 이름은 그래서 역사를 담고 있고, 그것을 찾다 보면 옛날의 우리와 만나게 된다.

대가저수지 앞으로는 넓은 농토들이 펼쳐져 있다.

조선시대 벼농사는 천수답이 주를 이루었다. 농사에 하늘의 도움은 필수 요소였고, 농경지는 산에서부터 흘러 내려오는 물을 구하기 쉬운 곳에 집중되었다. 너른 들판이 있어도 물을 얻기 어렵다면 농사가 어려웠다. 물가 주변에는 치수를 위하여 제언이나 보를 설치하기도 했다.

일제강점기에 들어 많은 지역에 저수지가 건설되기 시작했다. 제1차 세계대전 이후 일본 본토의 공업화가 급격히 진행되면서 일본은 도시 노동자들에게 값싼 쌀을 공급하는 것이 매우 중요해졌다. 이를 해결하는 방안이 식민지 조선에서 진행된 산미증식계획이다. 쌀 생산량을 늘리기 위해서는 기본적으로 농지 면적을 늘려야 했고, 그 방법은 물대기가 어려웠던 곳에 물을 공급하는 것이었다. 그리하여 전국에 걸쳐 수리조합이 결성되고 대대적인 저수지 축조가 시작되었다. 우리 주변의 제법 이름난 저수지들은 대부분 이 시기에 만든 것들이다.

조선에서의 산미증식계획은 1934년까지 진행되었다. 대가저수지는 산미증식계획의 끝자락이던 1931년 6월 착공하여 1932년 5월에 완공되었다. 이때 준공식을 기념하는 기념비를 세웠는데, 그 기념비가 지금까지 남아 있다. 기념비의 머리에는 '수택천추(水澤千秋)'라고 새겨넣었다. 이 저수지가 오랜 세월 동안 고성의 농지에 물을 댈 수 있기를 바라는 마음을 담았을 것이다. 제자를 쓴 사람이 누구인지 알아볼 수 없도록 이름

대가저수지 준공기념탑.

부분이 훼손되어 있다. 그뿐 아니라 당시 비문에 새겨진 이름들도 모두 지워져 있다. 해방 이후 일제에 대한 분노가 표출된 것으로 짐작된다.

1932년 완공 이후 대가저수지는 고성군 고성읍과 마암면, 거류면 지역에 농업용수를 공급했으며, 지금도 그러하다. 다만 예전처럼 쌀이 귀하지 않아 쌀농사의 비중이 낮아지면서 저수지의 효용은 예전 같지 않다. '수택천추'를 새긴 사람은 세상이 이렇게 변할 줄 상상도 하지 못했을 것이다. 예전의 분노는 갈아서 없어졌고, 저수지는 담고 있는 물에 생명을 키워서 낚시하는 사람들의 훌륭한 낚시터가 되고 있다. 그뿐 아니라 일상의 휴식이 필요한 사람들에게는 휴식 공간으로 거듭나고 있으니, 수택이 천추까지 갈 것 같기도 하다.

뱃사람의 고된 역役이
조선의 바다에 저물다

하일면 소을비포성

소을비포성-이영남 장군이 임진왜란 당시 권관으로 근무했던 곳이다.

    고성은 들이 넓어 농사를 많이 한다. 요즘은 벼농사 외에 키위나 무화과 같은 과일 재배도 많이 한다. 풍요로운 고성 들판의 바깥은 바다와 면하고 있어 수산업도 활발하다. 근대 이전의 고성은 중앙과 거리가 멀고 바다와 만나고 있어서 바다로부터 오는 외적의 침입에 직면한 곳이었다. 그리하여 임진왜란 중에는 이순신 장군이 지휘하던 조선의 수군이 일본군과 초기 전투에서 승리한 곳이기도 하다. 고성 당항포와 적진포가 그런 곳들이다.

이순신 장군과 전투를 함께했던 막하의 장수들이 많은데, 고성의 소을비포 권관이던 이영남도 그중 한 명이다. 고성군 하일면에 가면 이영남 장군이 권관으로 있던 소을비포성이 복원되어 있다. 아늑한 포구와 맞닿아 있는 곳이다. 소을비포성은 조선 수군 조직 중 최말단 야전 군 부대가 있던 곳이다. 권관은 당시 종9품의 지휘관으로, 오늘날 군 조직으로는 소대장 정도라고 볼 수 있다. 전쟁이 나자 이영남은 군사를 거느리고 경상우수사이던 원균의 부대에 합류했다. 그 후 이순신의 전라좌수영군과 원균의 경상우수영군이 연합하여 싸운 전쟁에서 많은 공을 세웠다. 또한 임진왜란의 마지막 전투이던 노량해전에서 이순신 장군과 함께 전사하여 공신으로 책봉되었다.

일사불란하게 전함을 움직여 조선군의 수많은 전투에서 승리를 일구었으나 보이지 않고 이름을 남기지 못한 수군들도 그 전장에 있었다. 전장이 되었던 곳은 전쟁을 기억하고 장수를 기억하지만, 승리를 위하여 고되게 노를 저었던 무명의 수군들은 기억 속에 존재하지 않는다.

고된 수군의 역(役)은 고려 말 왜구들의 침입으로 나라가 초토화되자 바다로부터 오는 왜구를 막기 위해 강력한 수군이 필요했기 때문에 생겨났다. 해안에 살면서 노 젓기를 잘하는 사람들로 수군을 편성했다. 육지에서는 말이 중요하지만 바다에서는 배를 운용할 노련한 뱃사람이 중요했던 것이다. 이들에게는 어염(魚鹽)을 판매할 수 있는 권리가 주어졌으므로 고된 역에 따르는 일정한 보상이 되었다. 시간이 지나자 어염의 이익은 다른 곳으로 옮겨 가고 뱃사람들에게는 고된 역만 남겨졌다. 사람들은 역을 피하고자 고향을 버리고 도망했고, 수군의 운영 자체가 점점 어려워졌다. 그러자 조선 정부는 도망자를 막기 위한 방법으로 역을 세습화시키는 어이없는 정책을 폈다. 조선의 수군은 7종 천인의 하나로 취급되었다.

조선에서 뱃사람의 아들로 태어난 것은 하늘에서 천형을 내린 것과 같았다. 임진년 전쟁이 나자 수군들은 전선에 배치되어 전장에 참여했다. 고성 소을비포의 뱃사람들도 전란에 참여할 수밖에 없었다. 그리하여 옥포와 당항포, 한산도 앞바다에서 왜군들에 맞서 거센 바다의 물살 속에서 배를 움직였다. 전투가 진행되는 수 시간에 걸친 노 젓기는 체력적으로 감내하기 힘든 일이었다. 이순신 장군이 한산도에 통제영을 차리고 적군과 대치하고 있는 상황에서 노심초사했던 일 중에 하나가 탈영병 문제였다. 배 젓는 수군의 탈영은 나라를 배신했다는 문제만으로 비난할 일은 아니었다.

역사의 고단한 시간들은 피지배층에게 훨씬 가혹했으며, 그들이 지켜내고 감내해야 하는 것들은 지배층의 그것들에 비하면 깃털보다도 가벼운 것이었는지 모른다. 임진왜란 당시 왕은 백성을 버리고 피난 가고, 그 피난길에 왕과 함께했던 이들은 터럭 한 올만큼의 공도 없이 공신의 반열에 올라 가문과 기득권을 지켜냈다. 그럼에도 정작 그 역사의 고단한 시간을 끝까지 함께했던 사람들은 예나 지금이나 이름 없이 죽어간 사람들이다.

소을비포성은 옥포해전을 위해 진격하던 중 하룻밤을 지낸 이순신 장군과 권관 이영남 장군을 기억한다. 영웅들은 역사에 기억되지만 그 역사를 만드는 사람들은 이름을 남기지 못하는 민초들이다.

마을 수호신이
마을의 보호를 받다

마암면 석마(石馬)

마암면의 석마－오랜 세월 마을의 지킴이 수호신으로 자리를 지켰다.

　오랜 옛날부터 사람들은 공동으로 생활을 하면서 마을을 이루고 살았다. 마을 사람들을 먹여 살리기에 적당한 들판과 추위를 막아줄 수 있는 적당한 산을 배경으로 마을을 이루었다. 자연 촌락이 형성되고 오랜 세월을 서로 부대끼며 살아온 사람들에게 공동체의 삶은 대단히 중요했다. 농사일을 할 때도 서로의 노동력을 나누고 합했으므로 두레와 같은 마을 공동의 조직이 일찍이 발달했던 것이다. 농사뿐 아니라 마을에서 발생하는 생로병사의 문제는 개인의 문제이기도 하지만 공동체의 문제이기도 했다.

웬만한 일은 혼자서 해결할 수 있는 현대 사회와 달리 근대 이전의 전통 사회에서는 혼자서 해결할 수 있는 일이 그리 많지 않았다. 병에 걸리면 의원을 찾아가기도 어려웠고 병명을 알기도 어려웠다. 때문에 신령스러운 힘을 가진 존재가 필요했고, 자연히 주술적인 믿음을 가질 수밖에 없었다. 알지 못하는 것에 대한 두려움과 공포를 혼자 힘으로 이겨내기가 쉽지 않았으므로 마을 공동의 노력으로 이겨내고자 했다. 역병이 돌지 않기를 기원하는 마음으로 마을의 제사를 지냈으며, 가뭄이나 홍수로 농사가 잘되지 않을 때에는 기우제나 청명제를 마을의 이름으로 지내기도 했다. 하나가 전체이고 전체가 하나였던 시대였다.

인간이 이겨내기 어려운 것 중에는 눈에 보이는 두려움도 있었다. 그중 대표적인 것이 호환이었다. 마을에 호랑이가 나타나면 무엇으로도 해결하기가 어려웠다. 그 때문에 호랑이가 자주 출몰하는 지역에는 산신당 같은 것을 지어놓고 호랑이를 산의 신령으로 받들기도 했던 것이다.

고성군 마암면 석마리에는 이러한 호환과 관련한 유물이 전해오고 있다. 고성군 마암면은 규모가 작은 시골의 행정구역이다. 마암면 사무소를 지나 조금만 더 가면 마암면 석마(石馬)를 알리는 표지판이 보인다. 작은 다리를 건너 마을로 진입하면 마을 입구에 오래된 당산나무가 있다. 보통의 경우 팽나무나 느티나무가 주인공이지만 이곳은 서어나무가 있다. 아마도 이 주변에 잘 자라는 나무이기 때문일 것이다. 특별히 심었을 가능성보다는 나무가 있고 마을이 자리했을 가능성이 더 높다. 늙은 당산나무 아래에 축대가 높이 있고, 그 축대 위에는 스테인리스 보호 난간의 보호를 받는 석물이 보인다. 이 석물의 이름은 석마리 석마이다. 크기가 크지 않고 다리가 짧아 귀여워 보인다. 그런데 이 석마는 귀여운 모습과 어울리지 않는 어마어마한 능력을 가지고 있었다고 그 내력이 전해온다.

옛날 이 마을에 호환이 발생하자 마을 사람들은 두려움에 떨었는데, 이곳을 지나던 신령스러운 노인이 석마를 두면 호환으로부터 마을이 안전할 것이라 했다. 이에 마을 사람들이 석마를 한 쌍 조성하여 마을 입구 당산나무 아래에 두었고, 그 후 마을의 호환은 사라졌다고 한다. 그 고마움으로 마을 사람들은 정월에 이 석마에 대한 마을 동제를 지냈는데 동제는 6·25전쟁 이전까지 이어졌다. 이 석마는 마을의 수호신이 되었고 마을의 구성원들에게 소속감을 주는 존재였다.

세월이 흘러 마을을 지키던 석마 한 마리는 목이 부러졌다. 그리하여 한 마리만 남겨지자 사람들은 그 곁에 새로이 작은 석마를 만들어 한 쌍으로 만들었다. 이후 목이 부러졌던 석마 한 마리도 시멘트로 머리와 몸통을 결합하여 다른 석마 곁에 두어 세 마리가 되었다. 그런데 새로 만들었던 작은 석마는 도난을 당했고, 지금은 원래 있었던 두 마리만이 마을을 지키고 있다. 석마를 도난당한 이후 마을 주민들은 스테인리스 울타리를 좁은 축대 위에 만들어 석마를 보호하고 있다. 마을의 수호신이 이제는 보호의 대상이 된 것이다. 지금은 호환도 없고 더 이상 석마가 신령한 힘을 발휘할 사유가 사라졌기 때문일 것이다. 또한 마을의 구성원임을 서로 확인하던 공동의 행사인 동제도 의미를 잃어 지금은 면장이 주관하는 면 단위의 행사로 변화되었다.

시간이 흐르고 생활방식도 변하여 많은 것들이 바뀐 한적한 마을에는 할 일을 잃은 수호신만이 자리를 지키고 있다.

숲이 마을을
이롭게 할지니

마암면 장산숲

녹음이 우거진 장산숲의 모습. 경치가 좋아서 드라마를 촬영하기도 했다.

고성군 회화면은 동해면과 바다를 마주하고 있는데, 회화면과 동해면 사이에는 좁고 긴 바다가 가로놓여 있다. 이 바다의 끝자락에서 연화산 방향으로 좁고 긴 골짜기가 이어지고, 사람들은 오래전부터 이 골짜기를 따라 마을을 이루고 살아왔다. 이곳 마을의 역사가 오래되었음을 알려주는 마암면 석마리의 석마 전설에 따르면 고려시대 이전부터이다.

이 골짜기를 따라 마암면이 자리하고 있다. 마암면의 길을 따라가다 보면 고택이 자리하고 있는 마을이 있는데, 도로변에는 오래된 비석을 품고 있는 비각이 있고, 비각의 맞은편에는 아름다운 숲도 있어 이 마을이 비범하지 않은 곳임을 쉽게 짐작할 수 있다. 이 마을의 이름은 장산리이고, 이곳에 남겨진 예사롭지 않은 풍경은 한 사람과 연결이 되어 있다.

고려 말 세상이 혼란스러워지자 고려의 지식인들은 현실 정치에 참여하면서도 은둔을 꿈꾸는 이중적인 사고를 가지고 살았다. 그리하여 자신들이 그리는 이상향에 은둔하려고 하는 의지를 자신들의 호에 담았다. '隱(은)'이라는 글자는 이들의 소망을 담고 있는 글자였다. 고려 말의 명망가였던 이색은 목은으로 정몽주는 포은, 길재는 야은으로 호를 지어 사용했다. 고성의 장산마을에는 이들처럼 이상향을 꿈꾸던 사람이 들어와 자리를 잡았다. 호은으로 호를 삼았던 허기 선생이었다. 호은 선생은 고려 말 홍건적의 침입으로 개경이 함락당하고 공민왕이 안동으로 피난을 갈 때 어가를 호종하여 공신의 반열에 올랐다. 그런 호은 선생이 고성으로 내려오게 된 계기는 신돈을 탄핵하는 상소를 올렸다가 공민왕의 미움을 받아 고성군의 대섬으로 유배되었기 때문이라고 전한다. 이후 고려가 망하고 조선이 건국되자 조정에서 선생을 불렀으나 관직에 나가지 않고 장산마을에 자리를 잡고 살았다고 한다. 꿈꾸던 은둔의 삶을 살았다.

지금의 마암면 골짜기는 논이 자리하고 있어서 옛날의 모습을 알기 어려우나 약 600여 년 전 허기 선생이 이곳에 자리를 잡을 때에는 바닷물이 들어왔던 것 같다. 바닷물이 마을 앞까지 들어와 바닷물에 마을이 비치면 마을에 해가 미칠 수 있다고 생각하여 마을을 보호하기 위한 숲을 조성했다. 이때 조성한 숲이 지금은 아름다운 숲으로 남아 있는 장산리 숲이다. 숲이 만들어지자 더 이상 마을의 모습이 바다에 비치지 않게 되어 오늘날까지 마을을 유지하게 되었다고 한다. 당시에 조성된 숲은 1,000여 미터 정도였는데 현재 남아 있는 것은 100여 미터에 불과하다. 바다는 멀리 물러나고 숲은 더 이상 바다로부터 마을을 보호하는 기능을 하지 않아도 되므로 농경지로 변했기 때문이다.

김해 허씨 하마비. 장산마을이 김해 허씨들의 터전이었음을 보여준다.

장산마을은 허기 선생 이래로 김해 허씨들의 세거지지가 되었다. 장산숲에는 김해 허씨 문중의 재실과 기념물들이 자리하고 있으며, 숲의 길 건너에는 정렬공 허기 선생의 비와 허씨 부인의 열녀비가 있다. 이들 기념비각의 앞에는 예사롭지 않은 비석이 하나 있는데 내용은 이러하다.

"金海許氏下馬碑(김해 허씨들은 말에서 내려라)."

'김해 허씨 하마비'는 이 마을이 허기 선생으로부터 시작되었다는 자부심을 안고 서 있다. 작은 시골 마을의 안온함과 평온이 숲으로부터 스며 나오고, 지나는 이들은 김해 허씨가 아닐지라도 차를 멈추어 세운다.

4.
하늘 끝,
땅의 머리,
보물섬이
되다

남해

남쪽 바다 한 점 섬,
문학의 산실이 되다

노도 김만중유허비

벽련항 선착장에서 바라본 노도의 전경.

'하늘의 끝, 땅의 머리, 한 점 신선의 섬.'

남해도를 소재로 한 최초의 시가인 자암 김구의 「화전별곡」에서 유배지 남해도를 묘사한 말이다. '화전(花田)'은 남해도의 옛 이름이다.

『조선왕조실록』에 따르면 남해도에서 유배살이를 한 인물은 고려·조선시대를 통틀어 200여 명이다. 조선 3대 유배지라고도 일컬어지는 남해도에 유배된 유명 인물로는 자암 김구(1488~1534), 서포 김만중(1637~1692) 등이 있다. 이들이 이곳에서 주옥같은 문학작품을 많이 남긴 덕분에 남해도는 우리나라 유배문학의 산실이자 보고(寶庫)가 되었다.

먼저 자암 김구는 한석봉, 안평대군, 양사언 등과 함께 조선 전기 4대 서예가 중 한 사람이다. 한양 인수동에 살았다 해서 그의 서체를 인수체라고 했다. 16세

어린 나이로 장원급제하면서 촉망받던 인재였으나 기묘사화(1519)로 남해도에 유배되어 13년간 울분을 삭여야 했다. 이곳이 비록 유배지였지만 「화전별곡」이란 시를 지어 남해도에 대한 극찬을 남겼다. 그 외 그의 흔적은 현재 남해군 설천면 노량마을의 충렬사 부근에 있는 적려유허 추모비에서도 찾을 수 있다. 뒷날 그의 6세손 김만화가 남해 현령으로 부임하여 그가 살던 옛터에 죽림서원과 추모비를 세웠으나 흥선대원군의 서원철폐령으로 비석만 남았다. 뛰어난 능력에도 불구하고 절해고도에 유배되었던 그의 불운이 떠나지 않은 것일까. 추모비는 6·25전쟁 때 날아온 총탄을 피하지 못하고 또 상처를 입었다.

다음으로 서포 김만중(1637~1692)은 숙종이 인현왕후를 폐위시키고 장희빈을 왕비로 들이는 데 반대하다가 남해도 섬 속의 외딴 섬, 노도(櫓島)에 유배되었다. 병자호란 때 강화도에서 분신 자결한 김익겸의 유복자로 태어났고, 숙종의 첫 왕비인 인경왕후(형 김만기의 딸)의 숙부였다. 탱자나무 울타리를 두른 집에 가두는 위리안치(圍籬安置)의 유배 생활 4년 만인 56세에 사망하였다. 여기서 지은 국문소설 중 『구운몽』은 귀양 간 아들 걱정에 시름 깊은 어머니를 위로하기 위해 지은 것이고, 『사씨남정기』는 숙종이 인현왕후를 내쫓은 것을 참회하게 하려고 지은 것이란 설이 지배적이다.

앵강만 벽련마을 선착장에서 하루 서너 번 운행하는 배를 타고 잠깐이면 노도에 도착한다. 제일 먼저 적려유허비가 방문객을 맞는다. 거기서 뒤편 언덕길을 700m 정도 올라가면 그의 무덤으로 안내하는 돌계단이 나타난다. 그리고 끝나는 지점에 초라하기 그지없는 서포의 허묘가 있다. 들꽃이라도 꺾어 바치고 돌아 나오면 섬으로 들어왔던 배가 다시 뭍으로 나갈 시각이다. 돌아오는 배 위에서 서로 숙적 관계였던 김

만중과 유명현이란 인물의
일화를 떠올려본다. 유명현
은 서포를 탄핵하여 유배
보내는 데 성공했지만, 결
국 자신도 서포가 세상을
떠난 지 9년 뒤 같은 곳으
로 유배되어 죽었다. 그야
말로 화무십일홍(花無十日紅)

남해유배문학관.

과 권력무상(權力無常)의 극사실적 사례가 아니겠는가.

　최근 남해읍 남변리에 유배문학관이 개관되었다. 글 잘하는 유배객
들이 남긴 유배문학을 지역의 특색 문화로 부각하고 있다. 중앙으로부
터 소외된 변방의 역사를 직시하고 유배지의 열등감을 문화관광 자원
개발로 승화하려는 것이다. 유배살이는 당사자 개인에게는 불행스러운
일이었으나 남해도에는 유배문학이란 보물을 남겼다.

　남쪽 바다 한 점 섬, 남해도의 벽련마을에서 지척의 노도를 다시 바
라본다. 옛날 노도 아이들 눈에 아무 일도 않고 종일 책만 보거나 언덕
에 올라 먼 바다만 바라보는 이상한 할아버지가 있었다. ʻ노자묵고 할
배ʼ라 불렀다. 그 할아버지가 김만중이나 유명현이었을지도 모른다. 병
에 걸린 늙은 어머니를 위로하기 위해 하룻밤 사이에 『구운몽』을 지어
보냈다는 서포의 효심이 회한으로 묻어나는 듯하다. 개인적 불행을 위
대한 문학 작품으로 승화시킨 옛사람을 만날 수 있는 노도는 보물섬
남해의 또 하나의 빛나는 보석이다.

비단을 두른 전설의 산이
역사가 되다

상주면 보리암

보리암. 산허리를 운무가 감싸면 천상 세계에 온 듯한 착각이 들 정도다.

'由虹門 上錦山(유홍문 상금산).'

남해 금산 정상(705m) 부근 문장암에 새겨진 주세붕의 글귀이다. 웅장한 바위에 두 개의 큰 굴이 뚫린 쌍홍문을 지나면 남해의 소금강(小金剛)이라 불릴 정도로 빼어난 금산의 절경을 마주하게 된다는 뜻이다.

상주 해수욕장 방면 등산로로 금산 정상을 향해 오르다 쌍홍문을 통과하면 곧 보리암 절집이 나타난다. 금산 남쪽 기슭에 자리한 보리암은 양양 낙산사 홍련암, 강화도 보문사와 함께 관세음보살을 모신 전국의 3대 기도처 중 하나로 유명하다. 반드시 한 가지 소원은 들어준다는 해수관음보살상과 나침반을 갖다 대면 지남침이 제멋대로 도는 현상을 보여주는 삼층 석탑은 이곳의 명물이다. 특히 삼층 석탑은 가락국 허황후가 인도에서 가져온 파사석으로 만든 것이라 하지만 사실을 확인할 순 없다. 이런 관음보살의 영험함에 석탑의 신비함이 더해져 고3 수험생을 둔 부모들이 많이 찾는 곳이다.

여기서 좀 더 위로 올라가면 백두대간이 흘러내리다 끄트머리 점으로 우뚝 솟은 금산의 정상이다. 왜적의 침략을 긴급하게 알리기 위해 고려시대에 세워졌다는 봉수대가 있다. 여기 올라 바라보는 다도해의 풍경은 필설로 형언하기 어려울 정도로 아름답다. 산 아래 상주 은모래 비치 해수욕장이 손을 뻗으면 잡힐 듯 은빛으로 반짝거린다. 힘들게 올라온 보람을 단방에 느낄 수 있을 것이다.

금산과 보리암은 원래 다른 이름이 있었다. 전설에 따르면 통일신라시대에 원효대사가 이곳에서 관세음보살을 친견한 뒤, 산 이름을 보광산(普光山)이라 하고 기거하던 암자를 보광사(普光寺)라 했다고 한다. 뒤에 조선 태조 이성계가 이곳에서 백일기도를 한 뒤 나라를 세운 것에 대한 보답으로 원래 약속한 산에 비단을 둘러주는 대신 산 이름만 '비단 산'(錦山)으로 바꿨다고 한다. 또한 이런 인연으로 훗날 현종(1659~1674)이 보광사를 왕실의 원당으로 삼을 때 절 이름도 보리암으로 고쳤다고 한다.

원효대사에서 이성계로 주인공을 대치한 금산 전설이 사실인지 아닌지 알 수 없다. 조선시대에 남해 금산은 기암괴석의 절경과 남극성을 볼 수 있는 신령한 산으로 소문이 나서 사대부 양반들이 많이 찾던 곳이다. 주로 조선 후기에 집중된 이들의 남해 금산 유람 기록에 보리암 승려들이 이성계의 금산 관련 전설을 의도적이라 할 정도로 알린 흔적이 많이 포착된다. 불교가 탄압받던 시대에 개국 시조 이성계와의 인연을 들어서 사찰을 지키려는 승려들의 자기보호 본능이 작동했을지도 모른다.

그래서일까. 1903년 대한제국 고종은 태조 이성계가 선유제를 지냈다고 전설로만 전해오던 곳에 '南海錦山靈應紀積碑'(남해금산영응기적비)와 '大韓中興頌德祝聖碑'(대한중흥송덕축성비)를 세웠다. 보리암에서 아래로 200m 정도 내려간 곳에 있다. 태조 이성계의 건국과 관련한 금산의 지명 유래와 고종 황제의 대한제국 중흥 공적을 칭송하는 내용을 담고 있다. 남해 금산이 조선 개국 관련 성지임을 정부 차원에서 최초로 공인한 기념물이라 할 수 있다. 2006년에는 선은전(璿恩殿)을 새로 지어 두 기념비를 안치하였다. 뒤편 암벽에는 이곳이 이성계의 기도처라는 것을 입증하려는 듯 '李氏祈壇'(이씨기단)이란 네 글자도 새겨져 있다.

금산은 백두산, 지리산 등 전국 명산들을 제치고 조선 왕조의 건국전설을 전승시키다가 마침내 역사가 된 곳이다. 원래 보리암은 상주 해수욕장 방면에서 쌍홍문을 지나 이백의 「산중문답」이란 시의 '별유천지비인간(別有天地非人間)'처럼 어렵게 모습을 드러내는 곳이었다. 그러나 지금은 바로 아래 주차장까지 셔틀버스가 운행되어 누구나 쉽게 찾는 곳이 되었다. 그래도 변함없는 것은 저마다 간절한 소원을 가진 기도객이 연중 끊이지 않는다는 것이다.

물러남이
나아감이 되다

이동면 난곡사

난곡사. 성리학을 본격적으로 연구하고 체계를 세운 백이정을 모신 서원이다.

남해 이동면 난음 마을에 난곡사(蘭谷祠)가 있다. 성리학을 본격적으로 연구하고 체계를 세운 고려시대 유학자 이재 백이정(彝齋 白頤正, 1247~1323)과 그 제자들인 이제현(李齊賢), 박충좌(朴忠佐)를 모신 서원이다. 그리고 명량해전(1597)에서 전사하여 '선무원종공신녹권'을 받은 이곳 남해도 출신으로서는 드물게 출세한 이희급(1553~1597)도 함께 모셨다.

우리 땅에 최초로 성리학을 전한 인물이 안향(安珦)이라면, 백이정과 그 제자 이제현은 성리학을 널리 확산시킨 공로를 인정받는 인물이다.

아무리 그래도 남해도와 전혀 무관한 이를 받들어 모실 리는 없을 것이다. 특히 백이정은 남해군 남면 평산리에 '전(傳)백이정묘'(경상남도 기념물 155호)로 알려진 그의 무덤이 있고, 그를 시조로 하는 남해 백씨들도 살고 있기 때문일 것이다. 솔직히 지금은 그의 이름조차 아는 이가 거의 없지만 성리학의 나라였던 조선에서 그를 모르는 선비는 없었을 것이다.

백이정이 살았던 시대는 고려 말 원나라의 간섭기였다. 백이정은 1298년 충선왕이 즉위 7개월 만에 원의 간섭으로 폐위되어 소환될 때 원의 수도인 대도(현재 베이징)까지 수행하여 따라갔다. 함께 간 신하 중에 안향도 있었다. 안향은 1년 후 필사한 성리학 관련 서적을 가지고 귀국하여 우리 땅에 성리학을 최초로 전한 사람이 되었다. 백이정은 원에 10년간 더 머물다 충선왕이 복위될 때(1308) 함께 귀국하여 심화 연구한 성리학을 널리 확산시킬 수 있었다.

난곡사는 그런 그의 업적을 높이 사서 세운 서원이다. 1925년 남해 유림들이 그 옛날 백이정이 글을 읽던 군자정 터로 전해오던 곳에 세웠다. 사당 뒤편 산에 그의 묘소가 있다고 하지만 믿기 어렵고, 오히려 남해해성고등학교 앞 야산의 '전(傳)백이정묘'가 더 유명하다. 고려시대 전형적인 무덤 형식인 방형의 봉분 아랫도리를 자연석으로 쌓아 올려 마치 호석을 두른 것처럼 보인다. 봉분 주변에는 담장을 둘렀고, 바로 앞에는 기단을 쌓고 계단도 내어 제법 잘 관리된 편이다.

그런데 백이정은 현재 충남 보령시 남포면을 본관으로 하는 남포 백씨이다. 남해도에는 전혀 연고가 없는 인물인 셈이다. 남해도 사람들은 그가 남해도에 유배되었다가 생을 마감한 뒤 '전(傳)백이정묘'에 묻혔다고 한다. 사실 이 무덤과 전해오는 이야기들로 보아 그가 남해도에서 죽어 묻혔을 개연성이 아주 없는 건 아니다.

1314년 충선왕이 양위하여 충숙왕이 즉위한 이후 10여 년간 충숙왕파와 심양왕파(충선왕파)가 권력 투쟁을 벌였다. 어디에 줄을 서야 할지 몰랐던 많은 이들이 죽거나 귀양을 갔다. 이 와중에 백이정도 남해로 유배된 듯하다. 그렇지만 백이정의 생몰에 대해 제대로 된 문헌 기록이 없어서 정확히 알 수 없다. 출생지인 충남 보령시에도 그의 무덤이 있고 신도비(神道碑)가 세워져 있어서 남해도와 보령시 중 어디 무덤이 진짜인지 알 수도 없다.

백이정은 안향의 도통을 이어받아 이제현과 박충좌에게 전했다. 그 뒤 이색(李穡)을 통해 정몽주, 정도전, 길재 등으로 전해졌다. 이렇게 도통이 전해진 성리학이 국가 지도 이념이 된 조선시대에 백이정은 매우 존경받는 인물이었을 것이다. 그가 성리학 발달에 기여한 공로는 '중국에서 도가 동쪽 고려로 왔다'는 뜻에서 유래된 난곡사의 '도동재(道東齋)'라는 이름에도 은연중 반영되어 있다.

남해도 사람들이 백이정을 기려 세운 난곡사 사당 뒤편에는 백이정이 심었다고 전해오는 660여 년 된 느티나무가 있다. 그 앞에는 우암 송시열의 석상도 있다. 이곳의 송시열의 후예들이 성리학을 확산한 백이정의 덕을 칭송하는 의미로 세운 것인 듯하다. 백이정이 남해도와 맺은 인연을 소중히 여겨 난곡사를 세우고 이곳 출신 이희급도 함께 모셨을 것이다. 백이정은 고려 말 역사의 격변기에 휩쓸려 물러났지만 가히 나아감이 되는 족적을 남해도에 남긴 것이다.

정지 석탑이
정지 장군을 기억하다

고현면 정지 석탑

정지 석탑. 관음포 대첩을 이끈 정지 장군의 이름이 남은 석탑이다.

　'해상에서 화포를 사용해 승리한 최초의 해전.'

　고려 말 정지(鄭地) 장군(1347~1391)이 거둔 남해 관음포 대첩(1383년, 우왕 9년)에 따라 붙는 수식어다. 이보다 앞선 진포 대첩(1380) 때 최무선이 만든 화약 무기가 최초로 사용되긴 했지만 그것은 정박해 있던 왜선을 일방적으로 불사른 것이었다. 그에 비해 관음포 대첩은 해상에서 화포로 17척의 적선을 불사르고 2천여 명의 적을 죽인 명실상부 해전의 승리였다. 여기서 자신감을 얻은 정지 장군은 왜구를 근본적으로 격퇴하기 위해 그 소굴인 대마도 정벌을 주장하기도 했다. 그것은 6년쯤 후 박위에 의해 마침내 실행되었다.

이렇듯 큰 공을 세운 그도 조선을 건국한 이성계의 반대파 제거 과정에서 희생양이 되었다. 1390년 우왕의 복위를 꾀한 '김저 사건'과 명나라에 이성계를 무고한 '윤이·이초 사건'에 연이어 연루되어 옥고를 치러야 했다. 관음포 대첩과 위화도 회군(1388)에서 세운 공으로 겨우 풀려났으나 회복하지 못하고 세상을 떠났다. 그의 나이 45세였다. 무덤은 현재 광주광역시 북구 망월동에 있다. 이런 그의 업적을 가장 역사적으로 기릴 수 있는 곳은 관음포 대첩 승전지인 남해도이다.

남해군 고현면 대사리의 고현공설시장 앞 공터에 오랜 세월의 흔적이 묻어나는 석탑이 하나 있다. 자연 암반을 기단으로 3층인지 4층인지 잘 분간도 안 되지만 고려시대 양식의 석탑이다. 정지 석탑이란 이름으로 더 잘 알려져 있다. 고려 말 정지 장군이 왜구를 크게 무찌른 무공을 기리기 위해 남해군민들이 세운 탑이라 한다. 그래서 동네 이름도 탑동이다.

관음포는 남해군의 옛 읍치인 고현까지 길쭉하게 들어간 바다였다. 관음포 앞바다는 임진왜란 때 이순신 장군이 노량대첩의 승전을 거두고 최후를 맞이한 곳으로 유명하다. 그보다 훨씬 전 정지 장군이 왜구를 크게 무찌른 관음포 대첩의 승전지도 바로 이 바다였다는 것을 아는 이는 거의 없다. 관음포마저 대부분 매립되어 옛 모습을 잃어버렸으니 정지 장군을 기억하기는 더욱 어렵게 되었다. 그래서 '정지 석탑'이란 이름의 석탑이 얼마나 반가운지 모른다.

동네 사람들이 50여 년 전에 세운 석탑 안내 비석에 따르면 대사리에 있던 큰 절의 입구 표지 석탑이었다고 한다. 무엇에 근거해 '정지 석탑'으로 알려진 것인지 잘 모르겠지만 큰 절이 있었던 데서 유래된 대사리(大寺里)라는 마을 이름이 지금도 쓰이는 것을 보면 큰 절에 있던 석탑이라 보는 것이 좀 더 타당해 보인다. 나아가 마을 이름의 유래가 된 큰 절을 몽골 침략기 일연 스님이 상주하면서 대장경 판각 사업을 벌였던 정림사 터로 보는 이들도 있다. 역사의 진실을 밝히려면 더 많은 연구가 이어져야 할 듯하다.

역사상 관음포 바다에서는 큰 해전이 두 차례 있었다. 고려 말 정지 장군의 관음포 대첩과 조선시대 이순신 장군이 최후를 맞이한 관음포 전투가 그것이다. 관음포 바다의 지형도 한몫했을 것이다. 지금은 대부분 매립되어 논으로 바뀌었다. 그와 함께 정지 장군의 흔적도 모습을 잃은 바다에 묻혀 잊혀가는 듯하다. 그나마 지역민들이 '정지 석탑'을 통해서나마 정지 장군을 기억하고 있으니 이 얼마나 다행인가.

큰 별이
바다에 떨어지다

설천면 충렬사

이락사. 이순신 장군의 유해가 처음 뭍에 오른 곳임을 기리는 사당이다.

'대성운해(大星隕海).'

큰 별이 바다에 떨어지다. 이순신 장군이 최후를 맞이한 남해도 관음포의 이락사 '삼도수군통제사 충무공 이순신 유허비각'의 현판 글귀이다.

제주도, 거제도, 진도, 강화도에 이어 다섯 번째로 큰 섬 남해도와 뭍사이의 좁은 바다인 노량 해협에 '동양의 금문교'라는 별명을 가진 남해대교가 놓인 것은 1973년이다. 남해대교는 섬에 묶였던 사람들이 자유로이 뭍으로 왕래하는 길목이 되었다. 그래서 지금은 한반도 남쪽 끝 다섯 번째 손가락 섬의 애틋함이 없어져버렸지만 남해대교가 가로지르는 노량 해협은 임진왜란 최후의 결전이자 이순신 장군이 죽음을 맞이한 노량대첩의 무대이기도 하다.

임진왜란 마지막 해인 1598년, 조·명 연합군은 도요토미 히데요시의 유언에 따라 귀국을 서두르던 순천 왜성의 고니시 유키나가 군을 수륙 협공으로 막았다. 마음이 급해진 고니시 유키나가는 사천, 남해도 등의 일본군에게 구원을 요청해 퇴로를 열려고 하였다. 이순신 장군은 배후 공격을 우려하여 광양만 포위를 일단 풀고 구원군이 사천 방면에서 순천으로 들어오는 길목인 노량 해협으로 조·명 연합 수군을 이동시켰다. 노량 해협에서 조선 수군이 일본 구원군과 싸워 크게 이긴 것이 노량대첩이다. 1598년 11월 19일(양력 12월 16일) 새벽 2시경이었다.

그러나 노량 해전의 비극은 정신없이 도망치던 일본군 함선들이 꽉 막힌 관음포 입구를 남해도와 여수 사이의 바닷길로 착각하여 퇴각해 들어가면서 시작되었다. 쥐도 궁지에 몰리면 고양이를 문다고 했던가. 퇴로가 막힌 가운데 함포 공격을 집중적으로 받아 전멸 위기에 놓인 일본군이 쏜 총탄에 이순신 장군이 맞아 쓰러진 것이다. 장군은 "싸움이 급하니 나의 죽음을 군사들에게 알리지 마라"는 유언을 남기고 운명하였다. 고니시 유키나가는 그 틈을 타서 광양만을 유유히 빠져나가 귀국해버렸다.

노량대첩은 임진왜란 최후의 승전이자 임진왜란 7년간 해전 중에서 최대의 전과를 낸 승전이란 수식어가 붙는 해전이다. 또한 임진왜란을 계기로 조·중·일 3국의 국제적 '스타'(별=장군)로 떠오른 이순신 장군이 최후를 맞이한 해전이기도 했다. 이락장곶을 통해 처음 뭍에 오른 이순

남해 충렬사와 그 뒤편의 이순신 장군 허묘.

신 장군의 유해는 지금의 남해 설천면 노량리(현재 충렬사 부근)에 잠시 가매장되었다가 3일 후 당시 삼도수군 통제영이 있었던 고금도로 옮겨졌다. 그리고 이듬해 2월 고향인 충남 아산에 안장되었다.

이후 남해도에는 이순신 장군의 유해가 잠시라도 머문 곳에는 사당이 세워졌다. 이순신 장군의 유해가 처음으로 뭍에 오른 이락장곶에는 이락사(李落祠)가 세워졌고, 유해를 임시로 묻었던 설천면 노량리에는 충렬사(忠烈祠)가 세워졌다.

이락사에는 두 전직 대통령의 흔적이 깊숙이 남겨져 있다. 박정희 대통령은 '삼도수군통제사 충무공 이순신 유허비각'에 '大星隕海(대성운해)'라는 편액과 입구 출입문에 '李落祠(이락사)' 편액을 써서 걸었고, 전두환 대통령은 기존 유허비각 밖에 다시 유허비를 세웠다. 여기서 솔 내음 물씬한 오솔길을 따라 뒤로 더 들어가면 이순신 장군이 최후를 맞이한 관음포 바다를 조망할 수 있는 첨망대가 나타난다. 첨망대 위에 서면 광양만이 한눈에 들어온다. 이순신 장군이 고니시를 잡겠다고 포위망을 좁혀가던 모습이 오버랩되는 곳이다.

충렬사에는 이순신 장군의 전적을 기록한 묘비('有明朝鮮國三道水軍統制使 贈諡 忠武 李公 廟碑') 비각이 먼저 방문객을 맞는다. 그 뒤로 이순신 장군의 사당인 충렬사와 빈 무덤이 있다. 묘비는 조선 후기 대표적 비문 메이트인 송시열과 송준길이 짓고 쓴 것이다. 이수(비석의 머리)에 단청이 되어 있어 이색적이다. 비각에는 이순신 장군을 지극히 사랑한(?) 박정희 전 대통령이 다시 쓴 '補天浴日'(보천욕일: 하늘을 깁고 해를 목욕시킨다)이라는 편액이 걸려 있다. 국가가 국민에 의해, 국민을 위해 존재한다는 확고한 믿음을 주지 못하는데 국민들이 과연 무조건적 충성을 바칠 수 있을지 되묻게 되는 곳이다.

이제는 이순신 장군을 기려서 일부러 남해의 외딴 섬 남해도까지 찾아올 리 없는 시대가 되었다. 이락사에 신·구 충무공 유허비가 비각 안팎에 이중으로 세워진 이유를 생각해본다. 그것은 충렬사의 시신 없는 빈 무덤이 공허하게 느껴지는 이유이기도 하다. 그때의 절박함은 본래의 모습을 잃은 관음포 해안선처럼 잊혔지만 쉼 없는 조류를 따라 그날의 안타까운 기억들이 밀려오는 듯하다.

독일에 갔던 누나들,
돌아와 거울 앞에 서다

삼동면 독일마을

독일마을 입구.

"독일은 노동력을 원했지만, 사람들이 왔다."

1960년대 초부터 1970년대 말까지 한국 출신 광부와 간호사를 이주 노동자로 받아들인 독일의 한 소설가가 한 말이다.

우리나라가 처음으로 경제개발 정책을 추진하려던 즈음, 이렇다 할 수출품이 없어서 인력을 독일로 수출해야 했던 시절이 있었다. 수출 인력의 주축은 광부와 간호사였다. 1963~1977년 광부 7,936명, 간호사 10,032명이 파견되었다.

1960년대 당시 독일은 '라인강의 기적'으로 불리는 경제부흥과 베를린 장벽 설치(1961) 후 동독 노동력 유입 중단으로 노동력 부족이 심각한 상태였다. 독일인이 기피하는 간호사와 광부의 부족 현상은 특히 두드러졌다. 그래서일까. 1차 파독 간호사들이 한복을 곱게 차려입고 독일 공항에 도착했을 때 독일 언론은 '한국에서 우리를 돌봐주러 왔다'며 크게 환영하였다.

한국인 이주노동자들에게 독일은 기회의 땅이었다. 영화에서나 보던 멋진 건물과 외국인이라도 능력이 있으면 인정하고 대우해주는 분위기가 좋았다. 무상교육과 의료의 복지제도는 실로 놀라운 것이었다. 언어와 음식의 차이로 인한 어려움과 외국인에 대한 편견을 견뎌내고 독일 사회의 일원으로 자리 잡아갔다.

당시 한국보다 상대적으로 많았던 그들의 월급은 대부분 국내로 송금되어 가족의 생계비와 학비로 쓰였고, 국가 경제 성장의 밑거름도 되었다. 이국땅에서 '외국인 노동자'로서 서러움과 사랑하는 가족들에 대한 그리움이 컸을 것이다. 1964년 박정희 전 대통령이 서독을 방문하였을 때 광부와 간호사의 일터를 찾아 사연을 듣던 중 함께 울었다는 일화도 있다. 그 때문에 파견 간호사와 광부의 임금을 담보로 경제개발을 위한 차관을 도입했다는 과장된 국가발전 기여 담론이 한때 사실인 것처럼 무성했던 적도 있다.

그러다 1977년, 독일 경제가 오일쇼크로 침체되자 파독사업은 막을 내리게 된다. 2만여 명의 파독 노동자 중 7천~8천 명 정도가 계약 기간이 끝나고도 귀국하지 않고 정착하였다. 간호사와 광부가 결혼하기도 하고 독일인과 결혼하기도 하며 독일 교민 사회를 이루어 오늘에 이르고 있다.

독일마을 정착 1세대(광부 14명, 간호사 31명)가 세운 기념비.

　남해군이 2001년부터 아름다운 남해 물건리 방조어부림과 남해 바다를 조망할 수 있는 삼동면 물건리 일원의 언덕배기에 '독일마을'을 조성하기 시작했다. 독일에 정착한 광부와 간호사 출신 동포들의 귀소본능적 귀향을 실현해주고, 독일 문화를 체험할 수 있는 관광지로 개발하려는 목적이었다. 택지를 분양받은 동포들이 독일에서 건축부재를 수입하여 빨간 지붕과 하얀 벽의 독일식 가옥들을 지어 이국적 풍경을 연출하였다. 그런데 본래 취지와 달리 동포들의 집은 대부분 민박으로 운영되고 있다. 영구 귀국하면 독일의 연금과 복지제도의 혜택을 포기해야 하기 때문에 대부분 1년 중 일정 기간만 다녀가기 때문이라 한다.

　독일마을은 이국적 풍경 덕분에 TV 드라마와 영화의 촬영 장소가 되면서 전국적으로 유명한 관광지가 되었다. 10월이면 광부와 간호사의 독일 파견 역사를 보여주는 남해파독전시관 앞 광장에서 맥주 축제가 열린다. 독일에서 익힌 문화를 공유하기 위한 축제다. 여기서 독일식 정통 맥주와 소시지, 빵을 맛본 뒤 인근 원예예술촌과 '미국마을'까지 함께 돌아본다면 뜻깊은 여행이 될 것이다.

2018년 현재 우리나라도 외국인 체류 노동자가 100만 명이 넘는 나라가 되었다. 외국인 노동자를 받아들이는 나라로 상황이 역전된 것이다. 예전에 독일 파견 간호사와 광부가 그랬던 것처럼, 외국인 노동자들은 한국인들이 기피하는 직종에서 일하면서 본국의 가족 생계와 경제 성장을 뒷받침하고 있다. 이제 우리가 '한국은 노동력을 원했지만, 사람들이 왔다'는 말을 할 차례가 되었다. 독일마을은 '올챙이 시절을 잊은 개구리의 교만'에 경종을 울리는 곳이 될 수 있을 것이다.

5.
영남과
호남이
만나다

하동

영남과 호남,
섬진강에서 만나다

조영남 동상이 세워진 화개장터 장내의 모습이다.

전라도와 경상도를 가로지르는 섬진강 줄기 따라 화개장터엔

아랫말 하동 사람 윗말 구례 사람 닷새마다 어우러져 장을 펼치네

구경 한번 와보세요 보기엔 그냥 시골 장터지만

있어야 할 건 다 있구요 없을 건 없답니다~ 화개장터

대한민국 국민이면 누구나 다 알 만한 조영남의 화개장터 노랫말이다. 1988년에 발표된 이 곡은 한국 현대 정치사의 고질병인 지역감정을 해소하는 역할을 하며 영남과 호남을 만나게 했다. 작자의 의도가 있었는지 없었는지는 잘 모르나 이 노랫말로 화개장터는 영남과 호남 간의 화합이라는 상징적 의미를 지닌 공간이 되었다. 뿐만 아니라 화개장터는 전통시장의 대명사가 되었으며, 하동을 찾는 이라면 꼭 들르는 관광명소로 자리매김했다.

화개장터의 이러한 지리적 특성을 먼저 표현한 것은 김동리의 소설「역마」이다.

> 화개장터의 냇물은 길과 함께 세 갈래로 나 있다. 한 줄기는 전라도 땅 구례에서 오고 한 줄기는 경상도 화개협에서 흘러내려, 여기서 합쳐서 푸른 산과 검은 고목 그림자를 거꾸로 비춘 채, 호수같이 조용히 돌아, 경상·전라 양도의 경계를 그어주며, 다시 남으로 흘러내리는 것이 섬진강 본류였다.

「역마」의 묘사는 화개 지역이 전라도의 광양과 남원, 구례와 경상도의 산청, 함양, 하동의 경계가 되며 지리산과 섬진강이 만나는 지리적 특성을 문학적으로 잘 드러내고 있다.

화개장이 언제부터 형성되었는지에 대한 구체적인 기록은 없지만『하동군사』에는 "옛적에는 화개장이 전국 7위의 거래량을 자랑한 큰 시장이었고, 남원과 상주의 상인들까지 모여들어 중국 비단과 제주도 생선까지도 거래를 했다"고 되어 있다. 아마도 옛적이란 장시 및 포구가 발달한 조선 후기로 화개장도 이즈음에 큰 시장으로 발전하였을 것이다. 당시 5일장으로 체계화되고 있던 장시는 지역 내 상권의 토대를 마련하고 더 나아가 포구를 통해 전국적 시장권을 형성해갔다. 화개장 또한 인근의 비옥한 호남평야의 곡물, 지리산의 다양한 산나물과 목기류 등이 모여드는 지역 내 상권을 확립했다. 더불어 하동 포구의 발달된 수로를 통해 남해안의 수산물과 소금 등이 모이는 집산지가 되었다.

오르막이 있으면 내리막이 있는 법이다. 화개장의 번영도 지속되지는 못했다. 내륙 교통수단 발달로 하동 포구의 기능이 쇠퇴하여 화개장으로 드나드는 물산이 줄어들었다. 해방 이후에는 1일·6일에 서는 정기시로 겨우 명맥을 유지하다가 6·25전쟁 이후 지리산의 빨치산 토벌로 지역 자체가 황폐해지면서 화개장의 명성은 희미해졌다.

2001년 하동군에서는 지역 살리기 차원에서 화개장터를 복원했는데, 여러 사정으로 옛 화개장터의 위치와는 다른 곳에 세워졌다. 2014년 11월에는 큰 화재로 장터가 소실되어 2015년 4월에야 지금의 모습으로

화개장터에서 바라본 섬진강과 남도대교

재개장했다. 당시의 화재는 많은 사람들의 안타까움을 샀는데, 모금 운동이 벌어질 정도로 세간의 주목을 받았다.

하동 포구의 영화와 함께 번성했던 옛 화개장터는 사라지고 없다. 새롭게 복원된 화개장터도 옛 모습을 재현하지는 못한 듯하다. 그래도 화개장터는 여전히 영남과 호남을 잇는 만남의 장으로 상징성을 지니고 있다. 유유히 흘러가는 섬진강은 그렇게 영남과 호남을 만나게 하며 과거와 현재를 이어간다.

십리 벚꽃길 따라
천년 고찰을 찾아가다

화개면 쌍계사

쌍계사로 올라가는 길에서 본 일주문의 모습이다.

화개장터에서 한국의 아름다운 꽃길로 유명한 십리 벚꽃길을 따라 걷다 보면 그 길의 끝 즈음에 천년의 숨결을 품고 있는 쌍계사를 만날 수 있다. 쌍계사는 장엄한 지리산을 뒤에 두고 불일계곡에 감싸여 있으며, 사찰의 전경은 산세와 잘 어우러져 보는 이에게 자연의 조화로움을 느끼게 한다. 쌍계라는 이름은 절이 좌우 골짜기에서 내려오는 두 갈래의 물이 만나 합쳐지는 곳에 있다 하여 붙여졌다. 골짜기에서 흘러내리는 계곡의 맑은 물소리는 듣는 이의 마음을 정갈하게 한다.

쌍계사는 신라 성덕왕 23년(724) 의상의 제자 삼법이 당나라 선승 육조 혜능의 정상을 모시고 귀국한 뒤 절을 세워 옥천사라 한 데서 연유한다. 이후 문성왕 2년(840) 진감선사가 이를 중창하였으며 임진왜란 때 크게 소실되어 인조 10년(1632) 벽암스님이 중건하였고, 1975년 무렵 대대적으로 중수하여 지금의 모습이 갖추어졌다.

절 경내에 들어서면 마치 문처럼 마주 서 있는 두 바위를 만날 수 있다. 바위에는 최치원 선생이 지팡이 끝으로 썼다고 전해지는 '쌍계(雙溪)', '석문(石門)'이라는 한자가 힘 있게 새겨져 있다. 쌍계사와 최치원 선생의 인연을 마주하는 순간이다.

대웅전 앞마당으로 가니 검은 대리석으로 된 비석 하나가 있다. 가까이 다가가니 곳곳에 총탄 자국과 깨진 외곽을 철제 틀로 덧붙여놓은 모습이 보인다. 알고 보니 이는 한국전쟁 때 입은 전란의 상처라고 한다. 역사의 상처를 오롯이 안고 있는 이 비석은 진감선사대공탑비로 진감선사가 절 중창 이후 여생을 쌍계사에서 머물다 77세로 입적하자 진성여왕이 세워준 부도비이다. 그런데 이 비문을 고운 최치원 선생이 썼다. 쌍계사와 최치원 선생의 인연을 알려주는 또 하나의 흔적이다.

최치원은 유불선 3교에 모두 통달한 통일신라 말기 최고의 지식인이다. 유학자였던 그는 불가 선승들과의 교류도 남달랐는데, 그와 인연이 깊은 절에 왕명에 따라 비문을 남겼다. 일명 최치원의 사산비명이라 부르는데 쌍계사의 진감선사비와 더불어 경주 대숭복사비, 보령 성주사 낭혜화상비, 문경 봉암사 지증대사비가 있다. 대숭복사비는 절의 창건에 대한 이야기를 담은 것이고, 나머지 세 개는 통일신라 말기를 대표하는 선승들에 관한 이야기이다.

특히 진감선사비는 사산비명 중에서도 최치원이 비문을 짓고 비석에

대웅전 앞에 자리한 진감선사대공탑비

직접 글씨까지 써서 최치원의 뛰어난 문장뿐만 아니라 생동감 넘치는 필체까지도 확인할 수 있는 아주 중요한 금석문이다. 비문의 주요 내용은 진감선사의 생애와 업적에 관한 것으로 진감선사는 신라에 범패를 전하여 소리로써 세상을 교화하였으며, 차나무를 들여와 지리산 일대에 심은 인물로 소개하고 있다. 그리고 비문에는 당대 신라 사회의 현실에 대한 최치원의 비판적 인식이 곳곳에 투영되어 있다. 진감선사의 비문에서 진감선사보다 최치원이 더 강하게 느껴지는 이유이다.

두 사람은 선승과 유학자로 가는 길은 다르나 당에 유학까지 다녀온 당대 최고의 지식인이었다. 그들은 망해가는 신라의 국운을 들여다보며 서로를 위안 삼아 차를 마시며 이런저런 이야기를 나누었을 것이다. 신라 최고의 학자이자 시대의 불우했던 지식인 최치원이 쌍계사와 맺은 인연으로 절의 품격이 한층 높아져 이곳은 천년의 명맥을 잇는 격조 높은 사찰이 된다.

한편 경내에는 보물찾기를 해도 될 만큼 값진 문화유산들이 많이 있다. 통일신라시대 부도, 고려시대 마애불, 범패를 발전시킨 장소인 팔영루, 조선 후기 목조건물을 잘 보여주는 대웅전, 1990년대에 세워진 9층석탑, 2000년대 이후 지어진 대웅전 뒤의 금강계단과 마애삼존불 등 세월을 넘나드는 유산은 이곳이 천년의 역사를 간직하고 있는 곳임을 고스란히 느끼게 한다.

벚꽃길과 야생 차밭으로 유명한 쌍계사는 사실 그보다 오랜 역사의 무게를 지니고 높은 격조를 자랑하며 절 자체의 기품을 발산한다. 무엇에 기대어 이름을 떨치기보다 그 자체로서 갖고 있는 기품이 쌍계사에 발걸음이 머무는 이유다.

김수로와 허황옥의 일곱 아들, 성불하다

화개면 칠불사

경내로 들어가는 입구에서 바라본 칠불사의 모습이다.

쌍계사의 북쪽, 지리산 반야봉의 남쪽에 칠불사가 있다. 칠불사는 1세기경 가락국의 시조인 김수로와 허황옥의 일곱 아들이 외삼촌 장유보옥 화상을 따라와 성불한 인연으로 세워진 사찰이라는 이야기가 전해진다.

『삼국유사』「가락국기」에 의하면 수로왕은 허황옥과의 사이에서 10남 2녀를 두었다. 장남은 왕위를 계승하였고, 둘째와 셋째 아들은 어머니 성(姓)을 이어받아 김해 허씨의 시조가 되었다. 나머지 일곱 아들은 모두 외삼촌인 장유화상을 따라서 머리를 깎고 출가하였다. 어느 날 수로왕과 허황옥은 출가한 일곱 아들이 몹시도 보고 싶어 이곳에 왔는데, 장유화상은 출가한 이는 만날 수 없으니 그래도 꼭 보고 싶으면 절 밑에 연못을 만들어 물속에 비치는 모습을 보라 하였다. 이에 부부는 연못을 만들어 물속에 비치는 일곱 아들의 모습을 보며 위안을 삼고 돌아갔다고 한다. 경내에는 김수로와 허황옥 부부가 만든 것인지 아니면 전해오는 이야기에 맞춰 후대에 만든 것인지 알 수 없지만 영지라 불리는 연못이 있다.

칠불사 인근에는 범왕리, 대비리라는 마을 지명이 있다. 왕이 왔다 간 곳, 대비가 왔다 간 곳이라는 뜻일 터인데, 이러한 지명을 보면 『삼국유사』 「가락국기」 이야기가 설득력을 갖게 된다.

일반적으로 우리나라 불교는 고구려 소수림왕 때 가장 먼저 들어온 것으로 알려져 있다. 그러나 칠불사에 전해 내려오는 이야기에 따르면 이미 이보다 약 300년이나 앞선 시기에 한반도 남쪽 지역 가야에 불교가 들어온 것으로 볼 수 있다.

가야 불교의 흔적이 남아 있는 곳은 주로 김해 인근이다. 허황후의 오빠인 장유화상이 만들었다는 은하사, 허황옥이 인도에서 가져온 파사석탑 등의 유물들은 가야의 불교 전래를 뒷받침하는 근거가 되고 있다. 게다가 지리산 자락에까지 가야 불교의 흔적이 전해지는 것으로 보아 이곳이 한때는 가야의 세력권이었음을 짐작할 수 있고, 가야를 통한 불교 남방전래설을 뒷받침하는 근거가 되기도 한다.

한편 칠불사에는 아자방이라 불리는 재미난 공간이 있다. 신라 효공왕(재위 897~912) 때 구들도사라 불리던 담공선사가 지은 이중 온돌방인데, 그 방 모양이 亞 자와 같아 아자방이라 하였다. 한꺼번에 50명의 스님이 벽을 보고 참선할 수 있는 크기의 방으로 한 번 불을 때면 100일간 온기가 계속되었다는 이야기가 전해져 칠불사에 들르는 이들의 관심을 한몸에 받고 있다. 1951년 한국전쟁 때 화재로 불탔다가 1982년에 복원됐고, 현재도 부분적인 공사를 하고 있다.

온돌은 기원전 4세기경 두만강 유역의 옥저인들이 처음 만들어 사용하였다. 혹독한 겨울의 추위를 이기기 위해 방바닥에 돌을 깔고 아궁이에 불을 지펴 돌을 달구어 방을 데우는 난방 방식이다. 온돌방은 우리 민족이 개발하고 보급한 대표적인 난방 시스템으로 동북아시아뿐만 아니라 남한 일대에도 널리 퍼져 사천의 늑도유적에서도 발견되었다. 칠불사의 아자방에 남아 있는 난방 시스템은 그것만으로 또 하나의 역사적 가치를 갖는다.

처음에는 칠불암으로 시작되었으나 세월의 흐름과 더불어 개·증축되어 지금의 칠불사에 이르렀다. 현재는 여느 절과 비교해도 뒤지지 않을 만큼의 넓은 경내를 갖추고 있다. 성불한 아들을 보고 싶어 하는 김수로와 허황옥의 마음을 느낄 수 있는 곳이어서인지 이곳은 유독 자식의 출사와 입신양명을 기도하는 부모들의 발길이 끊이지 않는다. 칠불사는 가야 불교와 온돌의 역사를 재조명해볼 수 있는 공간이면서 불심에 기대어 현세구복을 바라는 사람들의 소박하나 절절한 삶이 묻어나는 곳이다.

백사송림,
애민정치의 표상이 되다

흰 모래사장과 푸른 소나무가 어우러진 하동송림의 모습이다.

조선시대에는 수령이 지방을 통치함에 있어 힘써야 할 일곱 가지 사항을 『경국대전』에 명시하였는데, 이를 수령칠사라 한다. 수령에 대한 평가 또한 이를 얼마나 잘 실천하였는가에 따라 결정되었다. 또한 지방관이 발령을 받고 임지로 떠날 때 임금 앞에서 수령칠사를 외웠다고 한다. 지방관으로서의 역할과 초심을 잊지 말라는 당부였는데 그 내용은 다음과 같다.

농업과 양잠을 장려하고(농상성農桑盛)

민생을 안정시켜 호구를 늘리는 것(호구증戶口增)

학교를 늘려 교육을 장려시키는 것(학교흥學校興)

군역을 바르게 부과하여 군정의 안정을 도모하는 것(군정수軍政修)

부역을 균등하게 부과하는 것(부역균賦役均)

소송을 제대로 빨리 처리하여 간결하게 진행하는 것(사송간詞訟簡)

아전 등의 부정, 횡포를 없애 치안을 확보하는 것(간활식奸猾息)

수령칠사에 힘쓴 목민관의 이야기가 이곳 하동에 있다. 하동읍에서 2번 국도를 따라 광양 방향으로 가다 보면 섬진강을 건너는 섬진교가 나온다. 섬진교를 지나 왼쪽 하동읍 광평리에 푸른 소나무 숲이 하얀 모래사장과 어우러져 한 폭의 그림처럼 펼쳐져 있다. 8천여 평의 땅에 300년생 소나무 750여 그루가 자라고 있으며, 아름답고 낭만적인 주변 분위기 덕에 관광지로 인기가 높다. 이곳은 조선 영조 21년에 하동도호부사 전천상이 강바람과 모래바람의 피해를 막으려고 섬진강변에 소나무를 심은 것이라 한다.

하동도호부사 전천상(田天祥)의 본관은 담양(潭陽)이고, 1705년 지금의 충청남도 홍성에서 태어났다. 열아홉의 어린 나이에 선전관이 되었다가 22세에 무과에 급제하여 희천군수, 함안군수, 춘천대도호부사 등을 거쳐 1744년 하동부사로 왔다. 그는 당시 하동 부민들의 생업을 위해 풍수해 예방과 권농에 힘쓰는 한편 섬진강 모래바람에 시달리는 부민들의 고초를 눈여겨보고 이를 해소하는 방안으로 소나무를 심어 모래바람을 막도록 했다고 전해진다. 수령칠사의 정신과 목민관으로서 백성을 사랑하고 아끼는 애민정치를 이곳 하동송림 조성으로 보여준 것이다.

송림에서 바라본 섬진강.

　한편 전천상 부사의 목민관으로서 애민(愛民)하는 마음은 악양 땅 평사리에도 남아 있다. 평사리 상평마을에는 500년쯤 된 팽나무가 있는데 마을 사람들이 옛부터 모여서 쉬는 곳이기도 하고 마을 당산나무이기도 하다. 전천상 부사가 이곳에 들렀다가 농부들이 나무 그늘 아래 쉬고 있는 것을 보고 '큰 나무가 백성을 위로하는 것이 가상하다' 하여 '위민정(尉民亭)'이라는 표지석을 세워주었다고 한다. 하동군에서는 2016년 7월에 애민정신으로 수령칠사의 임무를 다한 전천상의 공을 높이 평가하여 하동송림 입구에 전천상 기적비를 세워두고 그 뜻을 기리고 있다.

　조선시대 수령칠사는 애민정치의 실현을 위한 지방관의 임무였다. 지방관을 일러 목민관이라고도 부르는데 이는 왕을 대신하여 백성을 돌본다는 의미이다. 나라의 근본은 백성이므로 위정자는 백성을 위하는 정치를 행해야 한다. 예나 지금이나 이 정신은 위정자들이 갖춰야 할 중요한 덕목이다. 애민을 실천한 수령의 치적은 마땅히 기억할 만하다. 또한 그 뜻도 널리 알려지는 것이 좋다. 착한 정치는 언제나 좋은 것이기 때문이다.

섬진강가의 푸른 소나무 숲과 하얀 모래사장을 바라보면 옛 시인들이 하동을 '백사청송'의 고장이라 노래한 이유를 충분히 알 만하다. 아름다운 풍광을 찾아 곳곳에서 모여든 사람들은 각자의 방식으로 하동 송림을 즐기고 있다. 사람들이 마음 편히 쉬어 갈 수 있는 곳이라면 이 또한 사람을 사랑하는 것이리라.

소설 속 허구의 공간이
실재가 되다

악양면 최참판댁

한산사 전망대에서 바라본 악양 들판으로 동정호, 부부송이 함께 보인다.

하동읍에서 구례 쪽으로 섬진강을 거슬러 가다 보면 악양면에 다다른다. 길을 따라 펼쳐진 악양 들판은 때로는 푸르렀다 때로는 황금빛을 띠어 언제 보아도 풍요롭고 넉넉하기 그지없다. 악양 들판의 끝자락, 지리산을 등지고 섬진강과 악양 들판이 내려다보이는 언덕에 평사리 마을이 있다. 마을 이름은 평사낙안(平沙落雁)에서 유래하는데, 평사낙안이란 중국 호남성의 소주와 삼강 지방의 절경을 칭하는 소상팔경(瀟湘八景) 중 5경으로 모래밭에 내려앉는 기러기 떼 형상을 닮은 아름다운 경치를 뜻한다. 이곳에서 악양, 평사리, 악양루, 금당, 동정호 등의 명칭을 사용한 것이 실제 중국 악양의 경치를 닮아서인지 아니면 그것을 닮고 싶어서인지 정확한 연유는 알 수가 없으나 이곳의 지명 대부분은 중국 의 지명을 차용한 것이다.

평사리는 19세기 말에서 20세기 전반까지만 하더라도 풍천 노씨와 진양 강씨의 집단 주거 지역이었다. 그러다 박경리의 대하소설『토지』의 무대가 되면서 유명세를 타게 된다. 사실 작가 박경리는 이곳을 와보고 소설의 배경으로 삼은 것은 아니라고 한다. 소설을 완성한 후 이곳을 방문하여 소설 속 배경 무대로 이보다 더 적격인 곳은 없다며 오히려 감탄하였다고 한다.

평사리를 둘러싼 섬진강이 영남과 호남의 경계이다 보니 두 지역의 문화가 자연스럽게 섞여 있고, 무엇보다 작가가 태어나 성장한 통영 진주 지역과 인접하여 언어와 문화를 재현하기에도 적당했을 것으로 추측된다. 소설 속 평사리와 실재의 평사리는 여러 면에서 잘 맞아떨어진 셈이다.

최참판댁을 중심으로 하는 소설 속의 평사리는 문학 작품 속의 공간이지 원래부터 존재하였던 곳은 아니다. 그런데 허구의 공간이었던 소설 속의 평사리는 실재가 되어 사람들을 만난다. 1990년대에 들어 하동군에서는 평사리의 다소 가파른 오르막길을 따라 소설의 무대를 재현하였다.『토지』에 등장하는 인물들이 살던 거주 공간을 재현해 꾸며 놓았는데, 섬진강과 악양 들판, 전통 촌락이 어우러져 멋진 풍경을 만들며 드라마 촬영장 및 하동을 대표하는 관광명소가 되었다.

평사리 오르막길을 오르면 먼저 초가집으로 만들어진 민가가 펼쳐진다. 김훈장댁, 용이네 등 소설 속 인물들의 이름을 집집마다 붙여놓았

최참판댁의 모습.

다. 이곳을 돌아보며 한 많던 그러나 끊임없이 일어서는 민초들의 삶의
애환을 느껴본다. 조금 더 올라오면 최참판댁이 있다. 최참판댁은 안채,
별당채, 사랑채를 비롯하여 문간채, 사당 등 10개 동으로 구성되어 있
다. 실제 당대 양반댁 가옥이라 하기에는 걸맞지 않게 다소 화려하게 지
어졌다.

　윤씨 부인의 생활공간인 안채에서는 혼외출산의 비밀 앞에 아들을
차갑게 대해야만 했던 그녀의 고독함이 밀려온다. 별당채에서는 어린
시절 서희가 봉순이와 뛰놀고, 집 나간 어머니를 그리워하며 길상의 등
에 업혀 울음을 그치곤 하던 소설 속 장면이 떠오른다. 사랑채에서는
어머니와 부인에게 버림받고 억울하게 살해된 최치수의 처절한 삶이 연
상된다. 이처럼 소설을 따라 만들어진 허구의 공간은 실재가 되어 이곳

을 찾는 이로 하여금 마치 실제로 있었던 것처럼 여겨지게 한다.

평사리 최참판댁 사랑채에서 내려다보이는 넓고 풍요로운 악양 들판과 섬진강의 풍경에서 소설의 분위기를 고스란히 느낄 수 있다. 악양 들판 가운데에는 부부송이라 불리는 소나무 두 그루가 서 있다. 부부송을 보고 있으니 소설 속의 애틋하고 가슴 아픈 용이와 월선이의 사랑이 떠오른다. 진실로 사랑했지만 이룰 수 없었던 부부의 인연을 죽어서 소나무가 되어 함께하는 듯하다.

본래는 없었으나 여러 가지 이유로 새롭게 만들어지는 것도 있다. 그렇게 만들진 것도 오랜 시간이 흘러 사람들은 실재하였던 것으로 기억할 수도 있다. 많은 이들이 믿으면 실재하게 된다.

섬진강
길목을 지키다

악양면 고소성

고소성에서 바라본 악양 들판과 섬진강이 어우러진 전경이다.

    토지의 무대인 평사리를 뒤로하고 한산사 방향으로 가면 악양 들판과 섬진강을 한눈에 조망할 수 있는 곳이 나온다. 바로 삼국시대의 산성인 고소성이다. 많은 관광객들로 붐비는 최참판댁으로 가는 길과 달리 고소성으로 가는 길은 찾는 이가 많지 않아 한적하기 그지없다.

    하동 고소성은 지리산 자락 신성봉 중턱에 위치한 산성으로 성벽 둘레는 약 560m, 높이 약 4m 정도의 석성이며 삼국시대에 쌓은 것으로 추정된다. 누가 고소성을 쌓았는가에 대해서는 여러 설이 있다. 고소성

입구 안내판에는 대가야가 쌓은 성으로 보는 견해를 수용하고 있으며, 『하동군읍지』에는 신라가 군사적 목적으로 쌓은 것으로 설명하고 있다. 최근에는 5세기 전반 고구려 광개토대왕이 신라를 거쳐 왜군을 토벌하면서 남하했을 때 쌓은 고구려 계통의 성으로 보는 의견도 제시되고 있다. 성을 쌓은 주인이 누구인지는 학계에서도 의견이 분분한 듯하다.

그러나 고소성의 기능은 분명하다. 섬진강의 교통로를 확보하고 그 수로를 통제하는 것이다. 섬진강은 예부터 대외 교통로로서 인식되어왔다. 동북쪽으로 지리산의 험준한 산줄기가 있어 방어에 유리하고, 서남쪽은 섬진강이 한눈에 내려다보여 남해에서 올라오는 배를 감시할 수 있다. 또 무주 진안에서 내려오는 적을 막기에도 아주 좋은 입지이다.

대가야의 지리산 서쪽 지역 진출과 백제의 마한지역 및 섬진강 유역 장악 등 역사적으로 복잡한 시기에 이곳은 대가야의 대외 진출을 위한 창구 역할을 했던 곳으로 보인다. 고령에 왕도를 둔 대가야가 세력 확장을 하여 지리산권에 이르러 임실, 남원, 하동 등지까지 진출하면서 섬진강이 내려다보이는 이곳에서 배를 타고 중국과 일본으로 건너가 외교 활동을 하였다. 대가야는 중국 남제에 사신을 파견하여 정치적 위상을 높였는데, 가야 사신이 중국을 왕래할 때 섬진강을 따라 하동까지 내려온 뒤 남해와 서해 연안 항로를 이용했을 것이라고 본다. 뿐만 아니라 『일본서기』에는 "고령의 대가야가 백제의 진출에 대비하면서 왜와의 교통을 위해 다사에 성을 쌓았다"고 기록하고 있다. 이 기록을 사실로 본다면 고소성이 위치한 이곳이 바로 『일본서기』 속의 다사가 아닐까 짐작해볼 수 있다. 대가야로서는 백제, 신라의 견제를 크게 받지 않으면서 활약할 수 있는 교통로를 확보한 셈이다. 비슷한 시기 인근 지역 장수와 임실 등의 고분군에서 목긴 항아리, 굽다리 접시, 그릇받침

등 대가야식 토기가 출토되고 있음이 이곳이 한때 가야의 영역이었음을 방증한다.

고소성 발굴 과정에서 아쉽게도 대가야계 유물은 발견되지 않았다. 출토된 유물은 주로 통일신라의 토기류인 유병과 백제 전통을 가진 암키와가 주류를 이루고 있다. 삼국의 패권 다툼 속에서 대가야는 세력을 잃고 고소성의 주인은 백제와 신라로 바뀌었을 것이다. 대가야는 섬진강에서 백제와 신라를 마주했지만 결국 당해낼 수는 없었다.

고소성의 주인이 누구였던 간에 바다로 향하는 섬진강 길목을 내려다보는 석성으로서의 기능은 계속되었다. 발굴된 유물로 고려청자나 백자편 도자기와 조선시대 기와 등이 있다. 이는 이 성이 삼국시대에 축조되어 통일신라, 고려, 조선시대까지 사용되었음을 말해준다. 고려시대에는 이곳으로 왜구가 침입하기도 하였고, 조선시대에는 하동 포구로 드나드는 배들을 바라보며 경제적 번영을 누렸을 것이다. 이렇게 고소성은 오랜 시간 악양 들판과 섬진강을 묵묵히 지켜보고 있다.

현재 남아 있는 성벽 모습.

생각보다 산길은 가파르고 수풀은 무성하여 오르기가 쉽지 않다. 고소성 정상에 오르면 악양 들판과 섬진강이 한눈에 들어온다. 지금의 섬진강은 포구로서의 기능이 약화되었고 고소성 또한 옛 기능을 되찾긴 힘들다. 그럼에도 고소성의 자태는 주변 경치와 잘 어우러져 있으며 석성에서 내려다보이는 악양 들판과 섬진강 물줄기는 아름답기 그지없다. 지금의 고소성은 이 아름다운 풍광을 조망할 수 있는 곳, 그것만으로도 충분히 가치롭다.

현실의 어려움이
이상향을 만들다

지리산 청학동

청학동 입구의 모습이다.

　하동읍에서 2번 국도를 따라 진주 쪽으로, 그리고 청학동으로 가는 8번 군도를 따라간다. 굽이진 이 길을 따라 하염없이 가다 보면 하늘에 닿을 듯한 깊은 산속으로 들어간다. 이런 외진 곳에 산으로 둘러싸여 옴팍하게 앉아 있는 형세의 청학동을 만날 수 있다.

　청학(靑鶴)은 예부터 태평성대에 나타나 우는 새로 알려져 있다. 그래서 우리 옛사람들은 태평성대의 이상향을 일러 청학동이라 하였다. 청학동이 갖는 역사적 의미는 사람들마다 다양하다. 어떤 이는 이곳을 초자연적이고 신비한 신선이 사는 도교적 이상 공간으로 여겼고, 또 어떤 이는 이곳에서 부조리하고 억압적인 현실로부터 벗어날 수 있길 바랐다. 특히 거듭되는 전란의 역사 속에서 사람들은 전란의 위험을 피할 수 있는 십승지로 청학동을 찾기도 했다. 뿐만 아니라 청학동을 동천복지(洞天福地), 즉 자연의 좋은 기운과 조화로 길이 복을 누릴 수 있는 살기 좋은 땅으로 여겼다. 저마다 청학동을 찾는 이유는 조금씩 다르겠으나 궁극적으로는 현실의 어려움 속에서 태평성대의 이상향에 대한 갈망이 공간을 만든 것이다.

이상향을 향한 갈망은 전국 여러 곳에 청학동이라는 지명을 남겼다. 그러나 청학동이라 하면 주로 지리산 일대를 말하며 그 위치는 역사의 흐름과 함께 조금씩 변천해갔다. 고려 이전부터 조선 말에 이르기까지 많은 선비들이 시대의 이상향 청학동을 찾아 지리산 일대를 다녀간 기록들이 있다. 지리산에는 유독 최치원의 행적과 연관된 지명과 유적이 많으며, 고려 후기 문신 이인로는 『파한집』에서 최초로 청학동에 관한 문헌 기록을 남겼다. 조선의 선비 김종직, 허목, 조식 등 당대 최고의 지식인들도 청학동을 찾아 지리산 일대를 다녀갔다. 그들이 짐작하는 초기 비정지는 대부분 화개의 불일폭포 주변이었다. 지금은 청암면 묵계리 학동마을을 청학동이라 인식한다. 역사가 흘러 지명의 공간 이동이 이루어진 것이다.

청암면 묵계리 학동마을이 청학동으로 인식된 것은 정확하지는 않지만 구한말 전후인 것으로 보인다. 그러다 한국전쟁 이후 이곳에 갱정유도인들이 들어오기 시작했다. '유불선갱정유도교'는 유불선과 동·서학을 합일하여 현대문명의 부조리한 면을 배제하고, 인의예지의 인간 본성을 수양하며 인간윤리를 실천한다는 교리에 따라 외부 세계와 담

삼성궁 안내판.

을 쌓고 유교적인 전통 생활방식을 고수하며 살아간다. 이들은 전통문
화 계승의 표현인 듯 상투 틀고 흰옷을 입고 현대문명을 비판하며 학교
가 아닌 서당에서 전통 교육을 받으며 생활한다. 이곳 사람들의 생활이
1970년대 매스컴을 타면서부터 묵계리 학동마을은 유명해진다.

청학동에는 1984년 무렵 옛 소도를 복원시킨다는 뜻을 지닌 이들
이 모여 삼성궁을 조성하였다. '삼성'은 환인, 환웅, 단군을 의미하며 삼
성궁은 그들을 봉안한 궁이라는 의미이다. 공간 곳곳에는 언제부터 쌓
고 언제부터 닦은 것인지 알 길이 없지만 지금도 쌓고 닦으며 만들어진
돌탑과 돌길이 빼곡하다. 요즘 청학동을 찾는 많은 이들은 이 삼성궁을
둘러보기 위해 온다. 지금의 청학동은 초기의 신선이 사는 곳, 살기 좋
은 땅, 전란의 피난처로서의 의미는 옅어지고 삼성궁이라는 관광지로
여겨지는 듯하다.

많은 사람들은 이상향을 꿈꾸며 산다. 인간들이 갈망하는 이상향에 대한 관념은 동서양이 다르고, 시대의 흐름에 따라 변하기도 하나 궁극적으로 이상향을 향한 갈망은 언제 어느 곳에서나 존재하였다. 중국의 무릉도원, 서양의 유토피아(utopia), 불교의 극락정토, 기독교의 천국 등도 모두 그런 곳이다. 현실의 어려움이 존재 여부조차 불투명한 이상향을 만들었다. 청학동도 태평성대를 꿈꾸는 이상향인 공간이다.

6.
바다와
산을
함께 품다

사천

지역을 이어주는 섬,
국제 교류의 흔적을 만나다

늑도 유적

예전이나 지금이나 늑도는 지역과 지역을 이어주는 가교 역할을 하고 있다.

    사천과 남해도 사이의 바다에는 많은 섬들이 서로 어우러져 보는 이들의 시선을 멈추게 한다. 실안 낙조로도 유명한 이곳에는 2003년 개통된 창선-삼천포 연륙교가 주변 섬과 바다와 조화를 이루고 있다. 그 가운데에 있는 늑도는 주민들이 어업을 주로 하며 옹기종기 살아가는 평범한 섬이었으나 지금은 지역과 지역을 연결하는 징검다리 역할을 하고 있다.

    2천여 년 전에도 늑도는 한국과 중국, 일본을 연결하는 징검다리 역할을 했다. 그런데 이 사실을 아는 사람들은 그리 많지 않은 것 같다. 늑도 유적에는 고대 중국에서 주조된 오수전, 반량전, 청동거울을 비롯하여 왜계 토기인 야요이 토기가 함께 출토되었다. 이는 늑도가 한국과 중국, 일본을 연결하는 교역의 거점이었음을 말해준다.

이 유적에서는 교역품 외에도 점(占)을 친 것으로 보이는 사슴 뼈, 멧돼지 뼈 등 수많은 동물 뼈가 함께 발견되었다. 항해하는 사람들에게 바다는 교역의 기회를 제공하기도 했지만, 때로는 목숨을 걸어야 하는 두려움의 대상이기도 했다. 때문에 그들은 바다로 나가기 전에 동물 뼈(卜骨)로 점을 치고 바다의 신에게 제사를 지낸 것이다.

이곳 유적은 다양한 삶의 방식을 보여준다. 원형과 장방형 등 다양한 주거지에서 거주하였고, 중국 동북부 지방에서 주로 이용되던 온돌도 사용하였다. 또한 죽은 이를 위한 무덤 양식도 다양한데, 이는 여러 지역에서 와서 이곳에 살았던 사람들의 다양했던 삶과 장례문화를 보여주는 것이라 하겠다.

여의도 면적의 9분의 1밖에 안 되는 작은 섬 늑도가 교역의 거점이 될 수 있었던 것은 배가 정박하기 좋은 항구가 있었기 때문이다. 또한 섬 대부분이 평탄한 구릉지여서 사람들이 거주할 수 있는 공간이 있었고, 섬을 둘러싼 바다는 천혜의 방어 시설이 되어주었다. 게다가 늑도는 내해와 외해가 만나는 지점에 있어 국제무역항으로서의 지리적 조건을 잘 갖추고 있었다.

고대의 뱃사람들은 남해안의 해안선을 따라 분포하는 많은 섬을 징검다리 삼아 항해를 했다. 뱃사람들은 중국과 일본을 오가는 이동로의 중간 지점에 해당하는 늑도에 잠시 머물다 간 것으로 보인다.

섬에 사람들이 모여들자 자연스럽게 교역이 이어졌다. 늑도에서의 활발한 교역은 섬 건너편 육지인 사천 지역에 부를 안겨주었다. 이러한 상황 속에서 가야 소국들 중 하나인 사물국이 사천에서 성장하게 되었을 것이다. 하지만 2세기를 전후하여 고대 교역의 중심지가 김해 지역으로 바뀌자 늑도의 국제 교역은 급속히 쇠퇴하였다. 늑도 교역의 최대 수혜자였던 사물국은 이를 만회하고자 고자국(고성), 골포국(마산) 등과 연합하여 김해 지역과 신라의 갈화성(오늘날 울산항)을 공격하는 '포상팔국전쟁'을 일으켰으나 결국 실패하였다. 이후 교역의 중심지였던 늑도는 어선들만 머무는 작은 항구가 되고 말았다.

오늘날 늑도의 어민들이 만선의 꿈과 함께 안전한 귀환을 기대하면서 바다로 나가듯이 2천여 년 전 상인들도 성공적인 교역을 꿈꾸며 멀고 험난한 바다를 항해하였다. 그들이 품었던 꿈과 여망은 늑도에 묻혔다. 한때 국제 교역의 중심으로 번창하였던 섬에서 한적한 어촌으로 쇠락해간 파편 같은 역사에서 2천여 년 전 사람들의 삶을 되짚어본다.

왕에게는 마음의 고향이니
'풍패지향'이라 부르다

정동면 배방사지

고려 현종이 머물렀던 배방사는 절터만 남아 있지만 부자(父子)의 애절한 이야기가 전해온다.

예부터 사천을 '풍패지향(豊沛之鄕)'이라고도 불렀는데, 이는 고려 제8대 왕 현종이 어릴 적 이곳에 머물렀던 일과 관련이 있다. '풍패지향'이란 중국 한나라를 건설한 한 고조 유방(劉邦)의 고향이 풍패였던 것을 뜻하는 말인데, 이후 왕의 고향을 부르는 명칭이 되었다.

고려 현종은 태조 왕건의 여덟 번째 아들인 욱과 경종의 두 번째 왕비 사이에서 태어났는데, 이름을 '순'이라 하였다. 하지만 그의 운명은 순탄하지 않았다. 그를 낳고 어머니는 죽었고, 아버지는 사천으로 귀양을 갔다. 갓 태어난 순은 아버지와 함께 먼 길을 떠날 수 없어 성종이 보모에게 맡겨 키웠다. 순이 두 살 되던 무렵 아버지를 찾는 모습이 애처로워 성종은 아버지와 함께 살도록 했다고 한다.

한편 사천 지역에는 다음과 같은 이야기가 전해오고 있다. 왕비와 사통한 죄인인 아버지와 함께 지낼 수 없었던 순은 아버지가 사는 옆마을의 배방사에 보내졌다고 한다. 아버지는 어린 아들을 보기 위해 배방사를 다녀가곤 했는데, 만나고 돌아가는 길에 배방사가 보이는 언덕에서 하염없이 눈물을 흘렸다고 한다. 오늘날 사천 사람들은 이곳을 아버지가 아들을 그리워하며 바라보던 언덕이라 하여 '고자실'이라고 부른다.

순이 여섯 살 되던 해에 아버지인 욱이 죽었다. 자신은 왕이 되지 못해도 아들이라도 왕이 되기를 바라는 마음이 있었는지 욱은 죽기 전에 "내가 죽거든 이 금을 술사(術士)에게 주어서 나를 성황당 남쪽 귀룡동(歸龍洞)에 장사 지내게 하되, 반드시 엎어서 묻도록 시켜라"라는 유언을 남겼다고 전해진다.

혼자 남겨진 순은 다시 개경으로 올라가야 했는데, 이후의 삶도 그리 순탄치 않았던 것으로 보인다. 순이 올라온 지 얼마 지나지 않아 성종이 죽고 목종이 왕위에 올랐다. 목종의 어머니 천추태후는 김치양과의 사이에서 태어난 자식을 다음 왕위에 올리고자 여러 차례 순의 목숨을 노렸다. 다행히 순은 승려들의 도움 등으로 간신히 위기를 모면하였다. 목숨을 부지하며 숨어 지내던 순은 강조의 정변으로 왕위에 올라 제8대 현종이 되었다. 하지만 거란이 정변을 구실로 침입하여 현종은 개경을 빼앗기고 나주까지 피난을 가게 되었다.

이후 개경으로 돌아온 현종은 고려 왕조를 재건하고자 노력하였다. 전란으로 불타버린 7대 실록을 편찬하였고, 부처의 힘을 빌려 국난을 막고자 초조대장경을 간행하였다. 또한 거란의 재침에 대비하였고 이후 강감찬이 귀주대첩으로 거란군을 크게 무찌르게 되었다. 이처럼 현종은 외세 침입이라는 위기를 극복하고 고려를 다시 일으켜 세웠다.

쉽지 않은 삶을 살았던 현종의 인생을 보면 사천에서 아버지와 함께 머물렀을 때가 가장 평온했던 시절이었을지도 모른다. 현종은 아버지인 욱의 무덤을 사천에서 건릉(乾陵)으로 이장하고 이후 '안종'이라는 묘호를 내렸는데, 아버지에 대한 그리움과 고마움을 표현한 것이라 할 수 있다. 또한 현종은 자신을 보살펴준 사수현(사천)을 사주(泗州)로 격상시켰고, 많은 물품을 내려보내기도 하였다. 비록 현종이 태어난 곳은 개경이지만 한때 아버지와 함께했던 사천은 마음의 고향이었으므로 사천을 '풍패지향(豊沛之鄕)'이라 부른 것 같다.

최근 사천시는 현종의 아버지가 아들을 보기 위해 오갔던 길을 '부자의 길'로 조성하였다. 이 길은 지척에 두고도 자식을 마음껏 볼 수 없었던 아버지, 그리고 그 아버지를 그리워했을 아들의 모습을 떠올려보게 한다.

향을 묻어
천년 소원을 빌다

곤양면 사천 매향비

사천 매향비. 전쟁과 약탈의 두려움에서 벗어나 평안을 찾고자 했던 이곳 사람들의 염원이 담겨 있다.

사람들은 자신의 삶이 힘들어지면 누군가에게 의지하려 하고, 곁에 있는 사람들과 네트워크를 형성하여 힘을 모으기도 한다. 이를 통하여 자신들의 힘든 삶이 구원받기를 간절한 마음으로 기원한다.

전근대 사회의 사람들이 현실적으로 정부의 지원을 받기란 쉽지 않았기에 자신들을 구원해줄 다른 방도를 스스로 찾아야만 했다. 그래서 그들이 믿는 신에게 의존하게 되었고, 위기에 대비해야 했기에 매향 활동을 하였다.

매향이란 사람들이 향을 묻고 기원하는 의식이다. 자신들이 마주한 현실적인 어려움을 극복하고자 한 것으로, 불교적 내세관을 반영한 것이다. 향을 묻기에 가장 좋은 장소는 산에서 내려오는 물과 바닷물이 만나는 지점이다. 사람들은 매향을 하고 나면 바위나 비석에 매향의 목적과 시기, 장소와 매향을 주도한 집단을 기록하였다. 이를 매향비 또는 매향명이라고 하였다.

매향비는 전국적으로 여러 곳에 있는데 사천 지역에는 세 개나 있다. 신라 혜공왕 때 조성된 것으로 보이는 사천 선진리 '신라이문대왕명비', 고려 우왕 때 조성된 '사천 흥사리 매향비'(1387년), 조선 태종 때 조성된 '사천 향촌동 매향암각'(1418년) 등이다.

사천에 많은 매향비가 세워진 것은 고려 때부터 침입한 왜구와 연관이 있어 보인다. 1350년대 이후 왜구의 잦은 침입으로 해안가에 살고 있던 사람들은 많은 피해를 입었다. 인근 지역인 합포(마산), 고성, 남해, 하동 등에 왜구들이 자주 출몰하였다. 사천도 예외는 아니었다. 공민왕 7년(1358) 왜구가 사천 각산을 침입해 선박 300여 척을 불태운 일을 시작으로 우왕 대까지 계속 사천을 침입해 왔다(1360년, 1361년, 1364년, 1379년). 사천은 비옥한 선상지 들판에서 생산되는 곡식이 풍부하고 통양창이라는 조창이 있어 약탈 대상 지역이 되었을 뿐 아니라 진주, 산청 등 내륙으로 진출할 수 있는 입구에 위치하여 왜구의 침입을 피하기가 어려웠다.

1380년 최무선이 만든 화포로 무장한 고려 수군이 진포에서 승리하고 이성계가 황산에서 왜구를 크게 물리친 이후 왜구의 침입은 점차 줄어들었다. 하지만 사천 사람들은 수십여 년 동안 왜구에게 당한 극심한 공포와 두려움을 씻어낼 수 없었다. 국가가 더 이상 지역 사람들을 지켜주지 못하는 상황에서 그들이 믿고 기댈 수 있었던 것은 함께 살고 있는 사람들과 간절한 마음으로 기원하는 것이었다.

평안을 염원하는 지역 주민들의 마음이 비석에 깊이 새겨져 있다.

특히 사천 흥사리 매향비는 지배층부터 하층민까지 다양한 계층이 동참하는 등 수천 명의 사람들이 향도로 함께 활동했음을 보여준다. 당시 인구를 고려하면 사천 지역 대부분의 사람들이 참여했다고 볼 수 있는데, 국난을 극복하고 평온함을 지키고자 하는 사천 사람들의 간절한 구원의 마음을 엿볼 수 있다. 지금은 아닐지라도 다시 닥칠 위기를 대비하려는 지역 주민들의 뜻도 담겨 있다 하겠다.

사람들은 구원을 바라며 매향비의 글자 한 획마다 정성을 가득 담았다. 다시는 이 땅에 전란이 일어나지 않길 바라는 마음도 함께 담았다. 위험한 상황에서 두려움을 극복하는 방법은 예나 지금이나 크게 다르지 않은 것 같다.

"거북선을 출격시켜라!"

대방동 대방진 굴항

삼천포 대방진 굴항은 조선 수군의 전선을 숨기거나 수리하던 곳으로 활용되었다.

'居安思危, 편안하게 지낼 때도 위기를 생각하며 대비하라.' (춘추시대 위강)

200여 년간 큰 전쟁 없이 평화를 누리던 조선의 남쪽 변방인 전라좌수영에서는 새로운 함선이 건조되고 있었다. 바로 거북선이다. 1591년 전라좌수사로 부임한 이순신은 막하 군관 나대용에게 거북선 제작을 맡겼다. 1592년 4월 12일, 거북선은 화포 시험을 마치고 마침내 완성되었다. 거북선이 완성된 다음 날 왜군이 바다를 건너 부산에 상륙하였고 임진왜란이 발발하였다.

　　임진왜란 초기에 조선군은 연전연패하고 일본군은 파죽지세로 북진하였다. 전쟁에서 조선군이 어려움을 겪고 있을 무렵 바다에서 첫 승전보가 들렸다. 옥포해전에서 이순신이 지휘한 조선 수군이 일본 수군을 격파하였다. 이순신과 수군이 처음으로 승리를 거둔 옥포해전에는 아직 거북선을 출전시키지 않았다. 거북선이 처음으로 전투에 참여한 것은 사천해전이다. 경상우수사 원균의 요청으로 다시 출전하게 된 이순신은 거북선을 전투에 참여시켰다. 노량에서 출발한 이순신의 전라좌수영군은 6월 1일 사천만에 도착하였다. 이순신은 전투에서 매번 새로운 전법을 적용하였고, 유리한 장소를 택하여 싸웠다. 사천해전에서는 거북선을 활용하는 작전을 펼쳤는데, 이 작전은 좁은 사천만보다 넓은 바다로 적군을 유인하여 승리를 거두었다.

　　사천에서 승리를 거둔 조선 수군은 여세를 몰아 당포에 있던 일본 전선 21척을 침몰시켰다. 이후 6월 4일 이억기가 거느린 전라우수영군이 합류하면서 51척의 판옥선으로 구성된 조선 수군 연합 함대가 완성되었다. 연합 함대는 고성 당항포와 거제 율포에서 일본 전선을 격파하였다. 그리고 한 달 뒤 전라좌·우수영군과 경상우수영군으로 구성된 조선 수군 연합 함대는 한산도 앞바다에서 학익진을 펼쳐 일본 수군을 상대로 승리하였다. 이제 조선 수군 연합 함대는 조선의 바다를 지키는 믿음의 존재가 되었고, 거북선은 칠천량 해전에서 수몰되기까지 조선 연합 함대의 돌격선 역할을 수행하였다. 전투에서 거북선은 적진 한가운데로 들어가 화포로 공격하고, 적선에 충돌해 배를 침몰시켜 적진의 대열을 깨뜨리는 역할을 하였다. 그래서 거북선은 일본 수군에게 두려움의 대상이 되어 '메구라(맹선, 장님배)'라는 별칭으로 불렸다.

거북선의 첫 출전지 사천에서 거북선의 흔적을 찾기는 쉽지 않다. 선진리 왜성에 세워진 사천해전 승전비에도 거북선은 보이지 않는다. 다만 사천 대방진 굴항에서 거북선과 관련된 이야기를 들을 수 있다. 대방진 굴항은 고려 말 왜구의 침략에 대비하여 수군이 주둔했던 곳으로, 이순신도 이곳을 수군 기지로 활용하여 거북선을 숨기거나 수리했던 곳으로 전해온다.

우리는 임진왜란의 해전에서 활약한 거북선을 기억한다. 그러나 거북선이 맹렬하게 돌진하여 적진을 휘저을 때 그 속에서 고역을 견뎌낸 수군들의 노력과 희생을 기억하지는 않는다. 그들의 용기와 희생으로 조선 수군이 연전연승하고 나라를 누란의 위기에서 구할 수 있었음도 잊지 말아야 한다.

400년 만에 한 줌
흙으로 돌아오다

용현면 선진리성

조명군총 전경. 전쟁으로 죽어간 이들을 기억하는 곳이면서도 평화를 생각하는 공간이 되었으면
한다.

　매년 봄이면 선진리성에는 벚꽃이 만개한다. 이 무렵이 되면 선진리
성은 평소 조용하던 모습과 달리 꽃과 사람으로 가득 찬다. 벚꽃이 만
개하는 그 자리는 정유재란의 와중에 한·중·일의 수많은 병사들이 죽
임을 당한 곳이다.

　1597년 일본의 재침으로 정유재란이 발발하였다. 북상하던 일본군
은 직산과 명량에서 막히면서 다시 남해안으로 후퇴하였다. 이듬해 9월

조·명 연합군은 가토 기요마사가 있던 울산성과 고니시 유키나가(小西行長)가 주둔하던 순천 왜교성의 연결 고리인 사천 선진리 왜성을 공격하였다. 이 과정에서 4만여 명의 조·명 연합군은 갑작스러운 화약고 폭발로 우왕좌왕하다 일본군에게 크게 패하고 말았다. 당시 전사자 수에 대한 양측 기록에 차이는 있지만 많은 사람이 죽은 것은 분명한 사실이다.

이곳에서 전사한 조선과 명나라의 군인들은 죽은 후에도 끔찍한 일을 당하였다. 왜란을 일으킨 일본 최고 권력자 도요토미 히데요시는 전공을 확인하기 위하여 코와 귀를 베어 오라고 명하고, 그 수에 따라 영수증을 주어 공적을 인정해주었다. 그리하여 전투에서 승리한 일본군은 선진리성 전투가 끝난 뒤 코와 귀를 베어 10여 통의 상자에 담아 일본으로 보냈다고 한다. 그리고 그 끔찍한 기억은 일본 교토에 있는 도요쿠니 신사 앞에 위치한 귀 무덤(耳塚)에 남아 있다.

한편 전쟁이 끝나자 사천 사람들은 선진리성에서 전사한 이들을 한곳에 모아 묻었는데, 이 무덤을 '조명군총'이라 불렀다. 그 후 일제강점기에 일본인들은 이곳에 너무 많은 이들의 원혼이 서려 있다고 생각하였는지 원혼을 달래고자 '당병공양탑'을 세우기도 하였다.

400여 년 전 이곳에서 전사한 이들을 애석하게 생각한 사람들이 뜻을 모아 1992년 도요쿠니 신사 앞에 있는 귀 무덤의 흙 한 줌을 가져와 조명군총 옆에 묻었고, 이총(귀 무덤)이라는 비를 세웠다.

전쟁은 많은 이들에게 잊기 힘든 아픔이다. 그래서 사람들은 그 전쟁을 기리고 기억하며 다시는 전쟁이 일어나지 않기를 바라는 것이다. 그러나 전쟁 중에 승리를 차지한 소수의 사람들은 그 전쟁을 영광으로 기억하고자 한다. 선진리성 전투에서 승리한 시마즈 가문의 후손이 대표

선진리성은 일제강점기에 고적 제48호, 광복 이후 사적 제50호, 경상
남도문화재자료 제247호로 지정되었다.

적이다. 일본이 조선을 지배하던 일제강점기에 이 집안의 후손들은 조
상의 승리를 기억하고 기념하기 위하여 선진리성에 수천 그루의 벚나
무를 심었다.

　일제강점기 조선총독부는 이곳을 고적 제48호로 지정하여 조상들의
역사를 기억하려고 하였다. 광복 이후에는 사적 제50호로 지정하였는
데, 아마도 역사적 장소라고 생각했기 때문일 것이다. 지금은 경상남도
문화재자료(제274호)로 남아 있다. 이러한 사실을 알려주는 세 개의 비석
이 나란히 같은 공간에 세워져 있다. 이것 또한 역사의 역사다. 역사의
역사가 남겨진 것은 비석만이 아니다. 선진리성을 안내하는 안내판에도
버젓이 일제의 역사 인식이 남아 있다. 정유재란의 일본식 표현인 '慶長
の役'(게이초노에키)에 사용된 '경장(慶長)'이라는 용어가 버젓이 사용되고
있다. 아픔의 역사라는 기억도 중요하지만 그 상처를 치유하고 정리하
는 것은 더 중요한 일이다. 지금 사천의 선진리성이 비록 벚꽃의 관광지
로 기능할지라도 본질은 역사의 공간임을 잊지 않아야 한다.

왕의 탯줄을
묻기에 좋은 땅이다!

곤명면 세종 태실지

일제에 의해 파괴된 세종 태실지는 남겨진 유물들을 모아 현재의 장소에 재정비하였다.

조선 왕실에서는 왕자와 공주가 태어나면 태실도감을 설치하고 탯줄을 엄격하게 보관하다가 3~7일이 지나면 맑은 물에 백 번을 씻은 뒤 항아리 바닥에 동전 한 닢을 깔고 그 위에 탯줄을 올린 뒤 남색 비단으로 항아리를 덮고 빨간 끈으로 동여매었다. 그리고 풍수지리에 따라 좋은 장소를 택하여 태실을 만들고 좋은 날짜에 맞추어 탯줄을 안치하였다. 주로 들판 가운데 둥근 봉우리를 선택하여 그 위에다 태를 묻고 그곳을 태봉이라 하였다.

조선 제4대 왕 세종은 태종의 셋째 아들로 왕이 될 처지가 아니었으나 왕이 되었다. 조정에서는 왕이 된 세종의 위상에 맞게 태실을 새로이 조성하였다. 백두대간 끝자락인 지리산에서 뻗어 나온 낙남정맥으로 둘러싸인 곤명은 봉황을 품은 모양의 길지였으므로 세종의 태실로 선택되었다.

곤명에 왕의 태실이 조성되자 지역의 위상도 높아졌다. 그래서 인근 남해현을 포함시켜 곤명현을 곤남군으로 승격시켰다.

왕실의 태실은 엄격히 관리되었다. 이를 위하여 태실 주변에 있던 사찰이나 마을을 없애고, 묘를 강제로 옮기기도 하였다. 아울러 태실을 지속적으로 관리할 주체도 필요하였다. 세종대왕의 왕릉인 영릉은 여주 신륵사에서, 세종대왕 왕자(世宗大王子)들의 태실은 성주 선석사에서 관리토록 하였다. 왕릉과 태실의 존재가 사찰의 존재 이유가 된 것이다. 남쪽 끝 변방에 있던 세종의 태실 관리도 사찰에 맡겨졌을 것이다. 기록이 없어 정확히 알 수는 없지만 근처에 위치한 다솔사에서 관리하였을 것으로 추정된다.

전란은 많은 것들을 위태롭게 하였는데, 왕의 태실도 안전을 보장받지 못하였다. 정유재란 중 일본군은 세종의 태실에 보물이 있을 것으로 생각하여 도굴을 자행하였다. 훼손된 세종의 태실은 인조 대에 재정비되었고 영조 대에 대대적인 보수가 이루어졌다. 이 무렵 다솔사 대양루가 중창되었다는 것은 세종 태실과 다솔사가 연관이 있었음을 말해준다.

다솔사 숲길을 따라 걷다 보면 '어금혈봉표'라고 새겨진 바위를 마주한다. 이곳에 묘를 쓰지 말라는 뜻이다. 개항 이후 혼란한 정국을 틈타 이 지역 유지가 다솔사에 묘를 쓰려고 하였다. 이에 다솔사의 승려와 지역 주민들이 이를 막아달라고 정부에 요구하자 고종은 다솔사에 '어금혈봉표'라는 어명을 내려보냈다. 이는 다솔사를 지키기 위한 것이라기보다 세종의 태실을 지키기 위한 것이었다.

그럼에도 세종의 태실은 지켜지지 못하였다. 나라를 잃은 왕실은 일제의 태실지 훼손에 아무런 힘을 쓸 수 없었다. 1929년 일제는 태실을 효율적으로 관리한다는 명목으로 전국에 있는 태실들을 서삼릉으로 모두 옮기고, 평범한 비석을 세워 누구의 태실인지 구분해두었다. 이 과정에서 여러 태실지는 개인에게 팔렸고, 남아 있던 태실의 구조물들은 방치되거나 버려지는 처지가 되었다. 세종 태실지도 이를 비켜 갈 수 없었다. 광복 이후 태실지가 재정비되기는 하였지만 원래 자리로 돌아가지는 못하였다. 원래 있던 자리에서 밀려난 태실의 석조물들은, 땅의 기운으로 왕실이 보존되기를 바랐지만 역사는 뜻대로 흘러가지 않았음을 쓸쓸히 보여주고 있다.

봉황이 품은 절,
많은 것을 품다

곤명면 다솔사

다솔사 적멸보궁. 다솔사는 부처의 사리를 보관하는 사찰로, '다솔(多率)'의 의미처럼 많은 이들을 품은 장소였다.

　'봉황이 우는 자리'라는 뜻이 담긴 봉명산 자락에 다솔사가 있는데, 수백 년 된 소나무 숲길을 따라가다 보면 만날 수 있다. 신라 선덕여왕 때 세워졌다는 이 절은 조선시대에 억불정책으로 많은 사찰이 사라지는 와중에도 정부에 종이를 바치면서, 또 세종의 태실을 관리하면서 버텨냈다. 사찰에 다다를 무렵 나타나는 '어금혈봉표', 그리고 영조 대에 세워진 대양루와 중창비가 사람들을 맞이한다. 게다가 다솔사는 부처의 진신사리를 보관하는 절로서 결코 초라한 절이라 보기 어렵다.

오랜 세월만큼이나 다솔사는 역사와 함께하였다. 임진왜란 중에 사명대사는 승병을 거느리고 이곳에 와서 남해안에 주둔하고 있던 일본군과 맞섰고, 1894년 9월 동학농민군의 집결지가 되었다.

일제강점기에는 많은 이들이 이곳에 머물면서 연(緣)을 맺었는데, 한용운, 김법린, 김범부와 그의 동생 김동리 등이 있다. 그들이 머물고 만난 곳은 절 한편에 있는 '안심료'였다. '마음을 편안케 한다'는 의미 때문인지 그들은 이곳에 한동안 머물렀다. 이들이 다솔사와 연을 맺게 되는 중심에는 사천 서포 출신의 최범술이 있었다.

최범술은 일찍이 다솔사로 출가하였는데, 3·1운동이 일어나자 인근지역에 독립선언서를 돌렸다. 그러던 중 박열의 일왕 암살 계획인 '대역사건'에 연루되어 투옥되는 고초를 겪기도 하였다. 출옥 후 그는 김법린 등과 인연을 맺고 불교 비밀결사 조직인 '만당'에서 함께 활동하였고, 교육자로서 활동하면서 김범부를 알게 되었다.

1933년 최범술은 서울을 떠나 머물 곳을 찾던 김법린과 김범부, 그리고 그 식솔들을 다솔사에 머물게 해주었다. 다솔사의 규모로 보면 그들의 끼니를 챙겨주는 것이 힘든 일이었지만 최범술은 그들을 받아주었다. 이 무렵 신춘문예에 당선된 김동리는 새로운 글을 쓰고자 머물 곳을 찾던 중 형 김범부가 있다는 다솔사로 내려왔다. 이 인연으로 최범술이 곤명에 '광명학원'을 세웠을 때 김동리는 흔쾌히 교사를 맡았다.

최범술은 만해 한용운과도 인연이 있었다. 한용운은 3·1운동의 독립선언서 초안을 작성하고자 다솔사에 머문 적이 있는데, 최범술을 만났는지는 알 수 없다. 이후 최범술은 한용운의 강연을 여러 차례 들으면서 스승으로 모셨고, 이후로도 둘의 만남은 이어졌다. 1938년 '만당

사건'으로 고초를 겪은 한용운은 최범술이 주지로 있던 다솔사에 요양 차 왔다. 이듬해 서울에서 회갑연을 한 뒤 얼마 지나지 않아 다시 다솔 사로 내려왔다. 최범술은 인근에 있던 김법린, 김범부, 김동리 등을 불러 한용운과 함께하는 자리를 마련하였다. 한용운과 김범부의 대화에 나 온 분신 공양한 승려의 이야기를 토대로 훗날 김동리는 「등신불」(1961년) 을 썼다. 이처럼 그들의 만남은 소중한 것이었고, 소중한 인연은 최범술 이 있었기에 가능했다.

다솔사는 '많은 것을 거느렸다'라는 뜻을 품은 절집이다. 이곳에는 많 은 이들이 머물렀고 지금도 많은 이들이 머물다 간다. 부처의 인연이란 그렇게 사람들을 만나게도 하고 서로에게 영감을 주기도 하는가 보다.

잘 가다가
삼천포로 와 빠지노?

삼천포항

서부 경남의 대표 항구인 삼천포항은 어부들이 잡아 온 수산물로 가득하다.

　사천은 바다와 접해 있어 일찍이 포구가 발달하였고, 각 지역에서 생산된 물자들의 집산지였다. 고려시대에는 통양창을 두었고, 조선시대에도 선진리성 아래 선창을 두고 인근 지역 조세를 모아 서울로 운반하였다. 조선 후기에 대동법이 실시되면서 사천에는 가산창이 새로이 설치되었는데, 『만기요람』에 따르면 "경상좌도에 마산창이 있다면 경상우도에는 가산창이 있다"라고 할 정도로 큰 포구로 발전하여 300여 가구가 살았다. 이처럼 사천은 경상우도, 즉 경남 서부 지역의 물산이 집결되는 곳이었다. 사람들이 모이다 보니 당시 시대상을 풍자한 '가산오광대'도 더불어 성행하였다.

1894년 갑오개혁으로 조창 제도가 폐지되자 가산창도 사라졌고, 가산오광대마저 한때 맥이 끊어졌다.

가산창이 사천만 안쪽에 있다면, 사천만 입구에는 삼천포라는 항구가 있다. 이 항구는 조선시대부터 삼천진으로 불리며 수군의 군사기지 역할과 함께 수산물의 집산지 역할도 하였다. 인근 마산과 통영에 비하면 규모가 작은 항구지만 인근 지역 사람들은 수산물을 사려고 삼천포로 왔다. 최근에는 대전-통영 간 고속도로 및 삼천포 연륙교가 개통되면서 외부인의 방문도 점차 늘어나 전국적으로 유명세를 타고 있다.

그런데 삼천포가 사람들에게 알려지게 된 가장 큰 이유는 '잘 나가다가 와 삼천포로 빠지노?'라는 말 때문이다. 이 말이 주제에서 벗어날 때 사용되어 부정적인 의미로 통용되자 은어와 비속어로 규정하고 방송에서 사용을 금지한 적도 있다. 2011년에는 유명 드라마에서 이 말이 부정적인 의미로 계속 쓰이자 지역 주민들의 항의로 해당 방송국이 사과하는 일도 있었다.

그렇다면 도대체 이 말은 어디서 유래한 것일까.

이 말을 되짚어보면 길과 관련된 것으로 보인다. 부산에서 목포를 잇는 2번 국도에서 길을 잘못 들어 삼천포로 가게 되었다거나 진삼선 개통(1965) 이후 진주 개양역에서 진주와 삼천포로 가는 객차가 분리되는데, 잘못 타서 삼천포로 빠지게 되어 '삼천포로 와 빠지노?'라는 표현이 나오게 되었다고 한다.

삼천포는 원래 항구였다. 한때 경상우도의 중요한 항구였던 삼천포는 갑오개혁 이후 조창 제도의 폐지로 가산창과 함께 쇠락의 길을 걷다가

경상우도의 대동미 집산지였던 가산창. 지금은 한적한 곳이 되었다.

일제강점기인 1925년 경남도청이 진주에서 부산으로 이전하자 항구로
서의 입지는 더욱 좁아졌다. '삼천포로 와 빠지노?'라는 말에는 경상도
에는 부산이, 전라도에는 목포가 중심 항구로 발전하면서 애매해진 삼
천포항의 현실이 담겨 있는 표현이 아닐까 싶다. 한때 경상우도의 대표
항구였던 삼천포에는 수산물을 실은 어선과 관광객을 태운 유람선만이
오가며 이곳이 여전히 항구임을 말해준다.

7.
달그림자가
노닐던
마산만,
역사를 품다

마산

한반도 청동기 문화를 새롭게 보다

창원 진동리 유적

창원 진동리 유적, 이곳에 살았던 무덤 주인의 위세를 엿볼 수 있다.

사람이 살았던 곳에는 흔적이 남는다. 창원 진동에도 오래전부터 사람들이 살았던 흔적이 남아 있다. 산 사람들의 흔적인 집터나 죽은 자들이 남긴 흔적인 무덤들이다.

진동의 여러 곳에서 고인돌이 발견되었는데, 비파형 동검이 묻혀 있는 고인돌도 발견되었다. 2002년 진동리 일대에서 택지 개발을 위한 공사가 진행되었다. 이 과정에서 고인돌 집단 무덤 11군과 돌널무덤 45기가 발견되었다. 그중 폭 20m가 넘는 원형 또는 장방형 고인돌도 발견되었다. 발견된 고인돌의 크기가 다양하다는 것은 무덤 주인의 위상이 달랐음을 나타내는 것으로, 청동기시대의 단면을 잘 보여준다. 이들 무덤에는 간돌검, 돌화살촉, 대롱옥, 붉은 간토기 등이 함께 묻혀있어 당시 사람들의 삶을 간접적으로나마 엿볼 수 있다.

진동에서는 일찍부터 사람들이 농사를 짓고 살았다. 진동을 가로지르는 진동천과 태봉천 주변에 형성된 충적지는 이곳 사람들이 농사를 지으며 살아갈 수 있는 터전이 되었다. 그들이 살았던 흔적들은 조선시대까지 꾸준히 이어져 이곳에서 사람들이 오랫동안 머물며 살아왔음을 말해준다.

무엇보다 이 지역이 역사적으로 관심을 끌게 된 것은 한반도 남해안 지역과 일본 규슈 지역의 교류 관계를 확인해주는 연결 고리가 되었기 때문이다. 이곳에서 출토된 붉은 간토기는 김해, 사천 등 남해안 여러 지역에서 출토되었다. 이곳에 조성된 무덤 양식은 전남 여수반도를 비롯한 경남 남해안 여러 지역 및 일본 규슈에서도 발견된다. 그 밖에도 왜계 양식인 야요이 토기가 이웃 진북면에서 출토되었다. 이로써 남해가 한국과 일본을 이어주었으며, 진동 지역이 남해안 주변 지역을 이어주는 거점 항구 역할을 했음을 짐작할 수 있다.

이곳에 살았던 사람들에 대한 기록이 남아 있지 않아 이들이 어느 정도의 발전 단계에 있었는지는 알 길이 없다. 그러나 지금까지 남아 있는 유적과 유물들을 보면 이들이 주변과 교역을 통하여 국가를 이룰 정도까지 발전했음을 짐작해볼 수 있다.

이곳과 가까운 함안에는 가야국의 하나였던 안라국(아라가야)이 있었다. 안라국은 3~6세기까지 존재했는데, 함안이 내륙 분지이므로 외부와 교류하기가 쉽지 않은 위치였다. 안라국이 바다로 통하기 쉬운 지역이 진동이었다. 그리하여 안라국은 4세기 이후부터 왜 등 주변 세력과 교류하며 성장할 수 있었던 것으로 추측된다. 이는 진동에서 함안으로 가는 국도변에 위치한 진북면 망곡리 연동 유적에서 출토된 야요이 토기를 통하여 알 수 있다.

사람들이 살아서 남긴 흔적은 때로는 예기치 못한 곳에서 발견되기도 한다. 진동 유적도 택지 개발로 세상에 나왔다. 발굴된 유적은 역사의 틈새를 메워주는 중요한 단서 역할을 하였고, 이 지역이 고대 사회에 사람과 물자가 활발하게 교류하던 곳이었다는 것도 알려주었다. 역사는 기록되는 것이지만 기록되지 않은 사람들도 살아왔고 그들도 역사의 한 장을 만들었다는 사실을 잊지 않아야 한다. 보이는 것이 모두를 말하는 것이 아닌 것과 같은 이치다.

달그림자에 상처 입은
마음을 달래보다

해운동 월영대

바다에 비친 달그림자가 보이던 월영대. 최치원이 한동안 머물렀다고 한다.

    마산만은 마산 사람들에게 풍부한 수산물을 제공하여 삶의 터전이 되었다. 바다에 기대어 살아왔으므로 거친 바닷가 사람들의 모습을 생각할 수 있지만, 낭만적인 이름을 만날 수 있는 곳이기도 하다.

    경남대학교 옆 도로가에 월영대가 있는 듯 없는 듯 자리하고 있다. 과거에는 마산만에 비치는 아름다운 달빛을 바라볼 수 있는 곳이었다고 한다. '월영(月影)'이란 말 그대로 달그림자라는 뜻을 담고 있는데, 마산만의 잔잔한 물결 위에 달빛이 비치는 모습을 떠올려보면 그 경치가 참으로 아름다웠을 것 같다.

월영대는 1691년(숙종 17년) 창원도호부사로 내려온 최위가 이곳을 정비한 뒤로 오늘에 이른다. 그는 월영대를 정비한 뒤 "천세만세에 유린되지 말라"라는 비석을 세워 장소를 지키고자 하였다. 이 장소가 지켜지기를 바랐던 것은 장소와 경치의 의미보다는 이곳에 머물렀던 한 사람이 있었기 때문이다. 그는 신라 말의 학자 최치원이다. 최치원은 일찍이 당에 유학하여 빈공과에 합격하였고 황소의 난이 일어나자 「토황소격문(討黃巢檄文)」을 지어 세상 사람들에게 널리 알려졌다. 신라로 돌아온 그는 어지러운 사회를 바로잡고자 하였다. 그는 진성여왕에게 '시무 10조'를 올려 개혁을 요구하기도 하였으나 그의 뜻은 제대로 받아들여지지 않았다.

세상을 바꾸는 것이 힘들다고 느낀 그는 결국 세상과 등지고 가야산에 들어가 칩거하여 산신이 되었다고 전해진다. 산으로 가는 도중 여러 지역을 거쳐 갔는데 그중 한 곳이 마산의 월영대였다. 『삼국사기』에 따르면 최치원은 경주 남산, 강주 빙산(오늘날 경북 의성), 합천 청량사, 지리산 쌍계사, 합포(오늘날 마산)의 별장, 마지막으로 해인사에 머물렀다고 하는데, 합포의 별장이 바로 월영대였던 것으로 보인다.

후대의 많은 사람들이 그의 발자취가 남아 있는 월영대를 찾았다. 정지상, 서거정, 이황, 정문부 등이 이곳에 와서 그를 기리는 글을 남겼다. 그중 고려의 명문장가 정지상이 남긴 시는 다음과 같다.

푸른 물결 아득하고 돌이 우뚝한데 　　碧波浩渺石崔嵬
그 안에 봉래학사 노닐던 대가 있어 　　中有蓬萊學士臺
소나무 오래된 제단가에 풀이 우거졌고 　松老壇邊荒草合

구름 낀 하늘 끝에 돛배 오누나	雲低天末片帆來
백년 풍류에 시구가 새롭고	百年文雅新詩句
만리강산에 한잔 술을 마시네	萬里江山一酒桮
계림 쪽으로 고개 돌려도 사람은 보이지 않고	回首雞林人不見
달빛만 부질없이 해문을 비추네	月華空照海門廻

정지상(鄭知常), 「월영대(月影臺)」 / 『신증동국여지승람』 창원도호부조

　최치원은 어지러운 세상을 바꾸고자 개혁 의지를 내세웠지만 그의 뜻은 꺾였고, 바꿀 수 없는 세상을 등질 수밖에 없었던 것이다. 어쩌면 월영대에서 머물게 된 최치원은 잔잔한 마산만에 머무는 달그림자를 보며 마음의 안정을 찾았을지도 모른다.

　세상은 지식인의 뜻대로 변하지 않는다. 최치원뿐 아니라 많은 지식인이 자신이 살았던 시대의 고민을 안고 살아갔다. 바뀌지 않을 것 같은 세상이나 언젠가는 바뀐다. 마산만의 달그림자는 변함이 없고 그때의 고뇌하던 지식인은 없으나, 그럼에도 세상은 변한다.

우리 왕이 왔으나
우리를 위한 것은 아니었네

자산동 몽고정

몽고정. 원래 고려정이라 불리다가 일제에 의해 명칭이 바뀌었다고 한다.

충렬왕 7년(1281) 4월 경진일(15일) 왕이 합포에 도착하였다. (『고려사』)

1270년 어느 날, 남쪽 변방의 작고 조용한 포구였던 합포가 사람들로 소란스러웠다. 고려를 항복시킨 원은 일본에 항복을 요구하였지만 일본은 원 사신을 죽이고 항복을 거부하였다. 이에 원은 일본 원정을 결정하여 고려에 대규모 함선을 건조하고 엄청난 양의 군량미를 준비할 것을 요구하였다. 이는 30여 년간 몽골과의 전쟁으로 지친 고려 백성에게 너무나 큰 부담이었으나 고려는 원의 요구를 거부할 처지가 아니었다. 결국 힘없는 나라의 백성들이라 또 다른 전쟁을 준비할 수밖에 없었다.

합포는 태풍 등 자연재해를 피할 수 있는 내항이자 거제도를 거쳐 일본으로 가는 최단거리에 있다는 지리적 이점이 있었다. 게다가 조창인 석두창도 있어 전쟁 물자 조달이 유리하다는 점에서 일본 원정을 준비하는 기지가 되었다.

당시 아직 원에 항복하지 않고 제주도에 웅거하던 삼별초는 일본 원정 준비를 자신들을 공격하는 것이라 생각하여 합포를 두 차례(1272년, 1273년)나 공격하기도 했다.

1274년 경상·전라도 각 지역에서 건조된 900여 척의 함선이 마산만으로 속속 집결하면서 고려-원 연합군은 드디어 일본으로 출진하였다. 하지만 여·원 연합군은 예상치 못한 폭풍우를 만나 일본 원정에 실패하였다.

그럼에도 원은 일본 원정을 포기하지 않고 고려에 다음 원정을 준비할 것을 요구하였다. 당시 고려의 왕은 원나라 부마였던 충렬왕이다. 충렬왕은 원의 요구를 받아들여 2차 원정을 준비하였다. 원정 준비는 왕의 명령으로 시작되었지만 그 고통은 백성의 몫이었다. 1280년 고려로부터 원정 준비가 완료되었음을 보고받은 원은 마산 회원성에 정동행성(征東行省)을 설치하였고, 이듬해에는 충렬왕이 일본으로 떠나는 고려-원 연합군을 위무하고자 합포로 내려왔다.

충렬왕은 고려-원 연합군을 위무하고 그들이 떠난 후에도 전쟁 소식을 기다리며 한동안 남해 일대에 머물다가 개경으로 돌아갔다. 개경에 도착한 왕에게는 2차 원정도 태풍을 만나 실패했다는 소식만 전해졌다.

지금은 고요한 만이지만 고려시대에는 일본 원정 준비의 중심지였다.

　다시 원은 고려에 3차 원정 준비를 요구하였다. 고려 백성의 시름과 원망을 하늘이 들어주었는지 몰라도 원나라 황제 쿠빌라이 칸이 사망하면서 일본 원정은 중단되었다. 3차 원정마저 고려 백성이 준비해야 했다면 너무나 가혹한 처사였을 것이다.

　광대한 제국이던 몽골과의 오랜 항쟁에서 패하여 나라의 명맥만 유지하고 있던 힘없는 나라의 왕은 제 나라 백성을 지키지 못하였다. 힘없는 나라의 백성은 고스란히 노역과 전장으로 내몰렸고, 어렵게 합포를 방문한 왕은 제 나라 백성을 위로하지 못하고 원정군의 승전만을 기원하고 돌아섰다.

　고려-원 연합군이 출진을 준비하면서 머물렀던 합포에는 그들이 식수를 마련하기 위해 파놓았던 우물이 있었는데, 물맛이 좋아 '물 좋은 마산'이라는 말을 만들어냈다. 고려시대 힘없는 나라의 백성이 겪었던 아픔은 사라지고 물맛만 남겨진 형국이다.

원래의 진해鎭海를
아시나요?

진해현 동헌, 이 지역 현감이 주요 현안들을 처리하던 장소다.

　진동면 삼진중학교에는 200여 년 된 느티나무 한 그루가 있다. 나무 아래에는 조선시대의 관아가 있다. 1832년에 지은 이 관아는 한때 이곳이 지역의 중심지였음을 말해준다.

　조선의 관아 건물들은 일제강점기에도 대부분 관공서나 학교로 활용되었다. 진동의 관아 건물들도 그렇게 활용되었고, 지금도 관아 터 안에는 진동면사무소가 있다. 객사 건물은 학교로 활용되다 불에 타서 터만 남았는데, 그 자리에 삼진중학교가 들어서 있다.

관아를 안내하는 안내판의 문구 중에서 '진해현 관아'라는 글귀가 눈에 들어온다. 우리가 알고 있는 창원시 진해구의 진해는 1911년 일제가 해군 기지를 건설하면서 붙인 명칭이고, 조선시대에는 지금의 진동이 진해였다. 진해라는 이름이 처음 사용된 것은 고려 현종 때였다. 진해현은 독립된 현으로 있기도 했으나 이웃 진주, 창원, 함안 등의 속현이 된 적도 있다. 그럼에도 진해라는 명칭은 꾸준히 유지되었다. 그러던 중 1914년에 일제가 진해현을 진전면, 진북면, 진동면으로 강제로 나누어 마산에 편입시키면서 진해라는 명칭을 더 이상 사용할 수 없게 되었다. 이후 진동은 진해라는 이름을 잃었고, 사람들은 진동이 진해였다는 기억을 잃게 되었다.

지방 관아는 왕명을 받들고 내려온 지방관이 통치하는 행정의 중심지였다. 진해현에 파견된 지방관 중에는 사상의학 체계를 확립하여『동의수세보원』을 저술한 이제마도 있었다. 관아 입구에는 16기의 석비가 줄지어 있는데, 이곳에 내려와 다스렸던 현감의 이름과 함께 선정(善政), 불망(不忘), 애민(愛民) 등의 내용이 함께 새겨져 있다. 지역민들의 순수한 뜻으로 세운 것인지, 이곳을 떠나던 현감의 뜻인지 알 수 없다.

그래도 현감이 머물렀던 동헌, 군령을 담당하던 사령청, 말을 관리하던 마방, 그리고 지금도 지역 노인들의 쉼터로 이용되는 기로소(현 진동면 경로당) 등이 남아 있다. 동헌 옆에 자리 잡은 기로소는 조선이 유교국가로서 웃어른을 공경하는 모습을 통하여 유교적 질서를 지방사회에 뿌리내리고자 하는 의지가 반영된 공간이었다.

지방 관아의 기본 구조는 읍성으로 둘러싸인 관아와 교육기관인 향교, 객사로 이루어져 있다. 진해현도 이와 다르지 않았다.『세종실록지리지』에 따르면 진해읍성의 둘레는 166보(200여 미터)로 규모가 큰 편은 아니었다. 성종 대에 이르러 원래 읍성이 바다와 가까워 습하고 협소하여 내지로 옮겨야 한다는 건의가 있었는데, 이로 인해 지금의 읍성을 다시 쌓은 것으로 보이며 규모도 커지게 되었다. 진해읍성은 조선시대 지역민을 지켜주는 방어 시설로 오랜 세월 동안 유지되었지만 일제에 의해 허물어졌다. 일제는 신작로를 낸다는 미명 아래 읍성 성벽의 대부분을 허물어버렸다. 지금은 학교 담벼락과 느티나무들의 뿌리 사이에 흔적이 남아 윤곽을 짐작해볼 수 있을 뿐, 성벽인지 담벼락인지 구분하기가 쉽지 않다.

향교 또한 근대 교육이라는 미명 아래 일제에 의해 강제로 없어졌다. 1993년에 향교는 그 자리에 복원되었지만 '진해향교'라는 원래 이름은 되찾지 못하고 마산향교로 남게 되었다.

진동면에서 '진해'라는 명칭을 더 이상 사용하지 않지만 과거 이곳이 진해였음을 보여주는 흔적들은 남아 있다. 시간은 역사를 지우고 그 자리를 새로운 역사가 채워간다. 지워져가는 역사를 누구도 기억해주지 않는다면 언젠가는 그 흔적마저도 지워질지 모른다. 점차 사라져가는 진해현 관아 건물과 읍성을 보면서 마산향교가 되어버린 진해향교의 모습이 떠오르는 것은 우연이 아닌 듯하다.

오소, 보소, 사소!

신포동 마산어시장

예나 지금이나 사람들은 마산어시장에 모여 여전히 흥정을 한다.

서해에 강경포, 동해에 원산포가 있다면 남해에는 마산포가 있다.

『만기요람』

　한때 경상도 최대 어시장으로 불렸던 마산어시장은 옛 명성만큼은
아니지만 지금도 수산물로 가득 차고, 이를 사고파는 많은 사람들로 붐

빈다. 팔려는 사람과 사려는 사람 사이에 이루어지는 흥정이 이곳에서는 낯설지 않은 풍경이다.

고려시대에 이곳에는 석두창이라는 조창이 있어 세곡의 집산지였으나 고려 말 왜구의 잦은 침략으로 합포현을 폐지할 정도로 썰렁해진 적도 있다. 조선 초기에는 마산창을 두어 조창으로 활용하려 했지만 곧 폐지되어 경상도의 세곡은 육로로 운반되었다. 세상이 바뀌어도 마산은 여전히 항구의 기능을 하지 못하고 있었다.

마산이 활력을 되찾게 된 계기는 공물 대신 쌀 등으로 거두는 대동법이 시행되면서였다. 광해군 대에 경기도에 대동법이 처음 실시된 이후 60여 년 뒤인 숙종 대에 이르러 경상도에도 시행되었다. 처음에는 민간 선박으로 대동미를 운반했지만 많은 문제가 드러나자 1760년에는 마산창과 가산창(사천), 1765년에는 삼랑창(밀양 삼랑진)을 두었다.

마산에 조창이 설치되자 인근 8개 지역에서 보내진 대동미의 집산지가 되고 사람과 물자도 모여들면서 자연스레 장시가 열렸다.

18세기 이후 조선술과 항해술이 발달하면서 원거리 항해가 가능해졌다. 동해, 서해, 남해의 3면에서 잡히는 수산물을 다른 지역으로 운반하기도 수월해졌다. 이에 마산은 대구, 멸치 등 남해안의 수산물뿐만 아니라 동해안의 수산물이 서쪽으로 이동하는 과정에서 자연스레 각종 수산물의 집결지가 되었다. 마산만은 수백 척의 배가 드나들었고, 어시장에는 130여 개의 객주가 들어설 정도로 번창하였다. 배를 대는 선창과 배의 수리와 정박을 위한 굴강 2개소도 설치되었다.

1894년 갑오개혁으로 조운제도가 폐지되면서 마산창은 사라졌다. 예전처럼 대동미는 모이지 않았지만 사람들은 여전히 모여 각종 필요 물품들을 거래하였다.

못생기고 쓸데없는 생선이라 '아귀'로 불렸지만 지금은 마산을 상징하는 대표 생선이 되었다.

국왕에게 진상되는 대구는 겨울이면 진해만과 가덕도 주변에서 잡혀와 어시장을 가득 채웠는데, 일제 통감부는 이를 운반하고자 구마산역(현 6호 광장)을 설치하기도 하였다(1910. 7). 남해안에서 가장 많이 잡히는 멸치 또한 어시장이 주요 집산지가 되어 대구처럼 철로를 따라 전국적으로 유통되었다.

명태를 말린 북어가 가장 많이 가공된 곳도 마산이다. 명태는 동해안에서 주로 잡히는 어종으로 강원도 대관령 등지에서 겨울 내내 말려 북어로 만드는데, 이를 제품으로 가공하는 공장이 마산에 있었던 것이다. 일제강점기에 최대 규모의 북어 가공 공장이 마산에 있었다는 것은 당시 우리나라 수산물의 집산지가 어디였는지를 말해준다.

대구로 가득했던 어시장과 북어를 가공하던 공장은 이제 더 이상 볼수 없게 되었다. 대신 다른 수산물이 빈자리를 채웠는데, 바로 아귀와 미더덕이다. 아귀는 마산에서 '아구'라고도 부르는데, 이름처럼 못생겼고 살점이 별로 없어 먹을 것이 없다 하여 길바닥에 버려졌던 생선이다. 미더덕도 배에 달라붙어 피해만 준다 하여 어민들에게 애물단지 취급을 받았다. 천덕꾸러기였던 아구와 미더덕이 콩나물을 만나 절묘한 맛을 내는 아구찜으로 탄생하였다. 이제는 '마산 하면 아구찜'이라고 할 정도로 유명해졌다. 특히 미더덕이 들어간 된장찌개를 맛본 사람들은 찌개 속에 가득한 바다 향을 잊을 수 없다고 한다. 한때 어민들에게 애물단지였던 것들이 복덩어리가 된 것이다.

마산어시장은 전성기에 비해 규모는 줄었지만 여전히 많은 사람이 모이고 다양한 수산물의 거래도 이루어진다. 마산어시장은 팔려는 사람과 사려는 사람이 만나 흥정하는 곳으로, 사람 사는 냄새가 물씬 풍겨나는 곳이다. 이곳에 가면 여전히 사람들의 향기를 느낄 수 있다.

개항장 마산,
대한제국의 운명을 닮다

해운동 마산 조계지

경남대학교 앞 월영광장, 대한제국이 마산을 개항장으로 선택하면서 이곳에 조계지를 두었다.

근대화의 기로에서 우왕좌왕하던 조선은 1897년 열강의 간섭에서 벗어나 독립을 지키고자 대한제국으로 변모하게 된다. 그리고 1899년 5월 1일 성진, 군산, 그리고 마산을 새로이 개항하였다.

마산항은 갑오개혁(1894)으로 조창의 기능을 상실하였으나 개항장이 됨으로써 여러 나라와 교류하며 성장할 수 있는 새로운 기회가 열렸다. 하지만 기대와 달리 마산은 러시아와 일본이 자국의 이익을 두고 대립하는 공간이 되었다.

마산에 먼저 관심을 보인 것은 러시아였다. 1896년 고종의 아관파천 이후 한반도에 영향력을 확대하던 러시아는 1898년 중국 랴오둥 반도에 위치한 다롄과 뤼순을 조차하면서 블라디보스토크와 연결할 수 있는 중간 기착지가 필요해졌다. 러시아는 1897년부터 부산 영도(당시 절영도)를 조차하고자 했지만 독립협회가 주도한 만민공동회의 반대 운동으로 좌절되었다.

이후 러시아는 거제도 등 다른 장소를 물색하던 중 마산을 선택하였다. 마산이 부산과 가깝기도 하지만 배가 정박하기 좋은 내항을 갖추고 있고, 연료와 식량 등을 보급하는 데 좋은 조건을 갖추었기 때문이다. 그래서 러시아는 대한제국이 마산 개항을 발표하기 전부터 마산 지역의 토지를 매입하기 위해 가계약을 맺고 있었다.

이에 일본도 러시아의 불법성을 비판하면서 러시아를 견제하기 위해 일본 상인 등을 통해 불법적으로 토지 매입을 서둘렀다. 러시아와 일본은 마산의 공동 조계지만이 아니라 그 주변에서도 치열하게 대립하였다. 이러한 갈등은 군사적 충돌로 발전할 위험도 있었다. 러시아와 일본은 군함을 마산포로 보내기도 했는데, 연료 보급 및 함선 정비 등의 명분을 내세웠지만 무력시위였다. 마산 주민들은 언젠가는 전쟁이 일어날지 모른다는 두려움에 떨어야 했다. 결국 두 나라의 갈등은 1904년 2월 러일전쟁으로 발전하였다. 이 무렵 일제는 전쟁에 필요한 물자를 신속히 옮기기 위해 경부선과 경의선 철도 건설에 박차를 가하고 있었다. 삼랑진에서 마산포로 이어지는 임항선도 이 무렵 개통되었다(1905. 5.).

1904년에 발발한 러일전쟁은 1905년 일본의 승리로 끝났다. 그해 9월 러시아와 일본은 전쟁을 마무리하려고 '포츠머스 강화조약'을 체결하였다. 이 조약으로 일본은 대한제국에 대한 독자적인 지배력을 확보하였다.

각국 공동 조계지로 설정된 곳이다.

신마산 일대 2, 6, 8, 9, 3, 5 m²의 땅을

외국인의 거주 활동 공간으로 지금의

산포(馬山浦)를 개항하고, 그해 6월

이곳은 1899년 5월 대한제국이 마

마산이 개항장이었음을 이 표지석
은 말해주고 있다.

그러고 얼마 지나지 않아 '을사늑약'을 강
요하여 체결하고 대한제국을 보호국으로
삼았다.

마산의 운명도 대한제국의 운명과 다
르지 않았다. 일제는 1909년 러시아가 매
입하여 차지하고 있던 30만여 평의 조계
지를 사들였다. 마산의 조계지는 일제가
독차지하였고 일본인들의 생활 터전이 되
었다.

1910년 8월 29일, 대한제국은 역사 속
으로 사라졌다. 일제는 1911년 진해 군항
을 보호한다는 명분으로 개항장 마산을
폐쇄하였고, 1914년에는 형식적으로 남
아 있던 공동 조계지마저 폐지하였다. 결
국 국제사회로 진출하고 교류의 장을 펼
치기를 꿈꾸던 마산은 다시 문을 닫아야
했다.

대한제국의 운명만큼 마산 개항의 역
사도 짧았다. 마산이 개항장의 역사를 지니고 있던 곳임을 아는 사람은
많지 않다. 경남대학교 앞 월영광장에 세워진 작은 표지석만이 이곳이
한때 개항장이자 공동 조계지였음을 말해줄 뿐이다.

삼진 사람들, 한뜻이 되어
독립 만세를 외치다

진동면 8의사 창의탑

진주에서 마산으로 이어지는 옛 2번 국도를 가다가 진동면 입구에 이르면 하나의 기념탑을 만나게 된다. 1983년 세워진 이 기념탑은 '8의사 창의탑'이라고 부르는데, 1919년 3·1운동에 동참하고자 진동, 진북, 진전 주민들이 일으킨 삼진 의거에서 희생된 8명을 기리기 위한 것이다.

1919년 3월 1일 서울 탑골공원에서 독립선언서가 낭독되고 만세 운동이 일어났다. 이 소식은 점차 전국으로 퍼져 마산 사람들도 동참하였다. 1919년 3월 3일 고종 인산일에 맞추어 일어난 무학산 만세 운동, 3월 25일 마산 사람들의 삶의 터전인 구마산 장터에서 일어난 만세 운동, 그리고 3월 31일 구속된 사람들을 구하고자 일어난 마산 교도소 앞 만세 운동 등 마산 주민들은 민족 독립이라는 염원을 안고 끊임없이 만세 운동을 일으켰다.

삼진 의거의 주 무대였던 사동다리(지산교)에
8의사 창의탑을 세워 기념하고 있다.

이 무렵 한때 진해였던 진동, 진북, 진전의 삼진에서도 만세 운동을 준비하고 있었다. 서울에서 3·1운동을 목격한 변상태는 삼진의 뜻있는 사람들과 함께 집안의 사당인 성구사에 모여 태극기와 격문을 제작하면서 때를 기다렸다. 비록 일제에 의해 강제 분리된 삼진이지만 독립에 대한 열망만은 갈라놓지 못한 것이었다.

조선 후기 이후 사람들이 가장 많이 모이는 시기는 장시가 열리는 날이었다. 사람들은 물건을 구하거나 팔기 위해, 또는 사람을 만나기 위해 5일마다 열리는 장시에 모여들었다. 지방에서의 만세 운동은 대부분 장시가 열리는 날 벌어졌는데, 유관순이 이끈 아우내 장터 만세 운동도, 삼진 의거도 마찬가지였다.

삼진 의거는 3월 28일 진동면의 작은 포구인 고현의 장날에 먼저 시작되었다. 일제 경찰의 감시와 탄압으로 오래 진행되지 못했지만 사람들의 의지를 확인할 수 있는 자리였다. 며칠 뒤인 4월 3일 진동 장날에 맞추어 본격적인 만세 운동을 전개하였다. 진전면 양촌마을에서 시작된 이 운동은 많은 사람들이 함께 수십 리를 걸으며 진동으로 향하였다. 진동 장날에 나온 진동·진북 주민들도 이 소식을 듣고 사동다리(현 지산교)로 나아가 합세하였다. 삼진 의거는 사전 준비가 철저했던 것으로 보인다. '10인장', '20인장'이라고 쓴 머리띠도 두르고 활동한 데서 알 수 있다.

3·1운동 이후 전국으로 확산되는 만세 운동을 지켜보던 일제는 위기를 느끼고 무력으로 진압하였다. 삼진 의거도 예외는 아니었다. 일제 헌병과 경찰들은 사동다리에 모여 있던 시위대를 향해 발포하였다. 이 과정에서 시위자 8명이 그 자리에서 숨지고 수십 명은 부상을 입은 채 투옥되었다. 결국 삼진 주민이 모여 독립을 꿈꾸며 외치던 만세 운동은 일

8의사 창의탑 옆에 세워진 8의사 창의비. 과거와 현재의 기념물이 한자리에 있다.

제의 무자비한 탄압으로 뜻을 이루지 못하였다.

사람들은 시위에 앞장서다 총탄에 맞은 8명의 시신을 거두어 한자리에 모셨다. 세 지역 주민들의 염원이 모였던 사동다리에는 광복 직후 그날 희생된 사람들을 기리고자 '8의사 창의비'를 세웠고, 훗날 '8의사 창의탑'이 지금의 자리에 세워졌다. 삼진 사람들은 재현 행사를 통해 지금도 그들을 기리고 있다.

그런데 교통량이 증가하면서 새로운 우회도로가 건설되었다. 만세 운동의 현장 옆을 지나던 국도는 사람들의 통행이 현저히 줄었다. 문득 길을 지나다 마주하게 되는 8의사 창의탑은 이제 사람들에게서 멀어졌다. 게다가 최근에는 삼진 주민들이 뜻을 모아 함께했던 재현 행사마저도 격년제로 겨우 운영되고 있다. 3·1운동에 동참한 삼진 주민들의 기억은 그들이 함께 모였던 사동다리에 세워진 '8의사 창의탑'만이 홀로 지키고 있다.

마산만의 모습이 바뀌니
입맛도 바뀌다

봉암동 봉암 수원지

1930년 완공된 봉암 수원지. 한때 마산에서 유명했던 청주와 간장 생산에 필요한 물을 제공하고자 건설되었다.

개항 이후 마산에 사는 외국인 대다수는 일본인이었다. 일본인들은 처음에는 조계지 주변에만 거주했으나 점차 마산 주민들이 사는 삶의 터전으로 들어오면서 갈등을 일으켰다. 이에 어시장 객주들을 비롯한 상인들은 자신들의 상권을 지키기 위해 함께 저항하였다. 그러나 하자마 후사타로(迫間房太郎)라는 일본인이 마산만을 매립하면서 바다가 곧 삶이었던 마산 어민과 상인들은 삶의 터전을 매립지로 옮겨야 했다. 결국 마산의 경제 중심지가 매립지로 바뀌게 된 것이다.

이후 지속적으로 무분별하게 진행된 마산만의 매립은 해안선을 직선화했고, 아름다운 백사장으로 유명했던 월포 해수욕장마저 흔적을 찾을 수 없게 만들었다. 개발이라는 미명 아래 마산만의 옛 정취는 점차 사라지고 지금은 당시의 모습을 찾을 수 없게 되었다.

마산만의 옛 경관만 바뀐 것이 아니다. 우리의 입맛도 바뀌어갔다. 마산은 일찍이 술로 유명한 곳인데, 월영대를 찾았던 수많은 문인들이 남긴 시의 문구에도 술이 포함되어 있다. 특히 마산은 물맛이 좋아 술을 담그기에 좋은 곳으로 알려졌다. 1911년 조선총독부는 몽고정의 수질이 1급수라고 발표하여 그 사실을 증명해주었다.

1916년 일제가 주세법을 제정하여 집에서 술을 제조하는 것을 통제하면서 전통술은 점차 사라져갔다. 대신 일본인이 운영하는 청주 공장이 마산에 들어서기 시작하였다. 술을 만들려면 곡물과 물의 안정적인 확보, 발효하기에 알맞은 기후가 필요한데, 마산이 이에 적합한 곳이었기 때문이다.

마산에서 생산된 청주는 점점 유명해졌다. 1928년에 이르러서는 부산을 제치고 전국에서 가장 많은 생산량을 보였으며, 1930년대에는 만주에도 수출될 정도로 인기를 끌었다. 1940년에는 마산에 13개 청주 양조양이 들어설 정도로 청주 생산이 성행하였다. 1920년대 이후부터 청주에 대항하여 합자 또는 주식회사 형태로 비교적 큰 규모의 탁주회사들이 설립되었으나, 이미 사람들의 입맛에는 고급스러운 청주와 그렇지 않은 탁주로 인식되는 실정이었다.

마산 청주가 전국적으로 판매되자 마산은 벚꽃의 도시이자 '술'의 고장으로 알려졌다. 1937년 마산에서 제작한 '관광의 마산'이라는 관광 안내책 표지에 벚꽃과 함께 청주를 담는 술병을 함께 표현할 정도였다. 한 일본인이 남긴 시에서 당시 마산이 사람들에게 어떤 이미지로 비쳤는지 엿볼 수 있다.

꽃의 마산이냐 마산의 꽃이냐	花の馬山か 馬山の花か
가을 깊어가는 달의 포구	秋は涸えたる 月の浦
술의 마산이냐 마산의 술이냐	酒の馬山か 馬山の酒か
꽃도 술술 피어나고 물은 용솟음치네	花もさけさけ 水はこんこん

스와 시로(諏方史郞), 『마산항지(馬山港誌)』(1926), 경남대학교 배대화 교수 번역

청주와 함께 마산에서 대량 생산된 양조간장도 유명세를 탔는데, 조선총독부에서 1급수로 인정받은 '몽고정'의 물로 만들었다고 홍보하였다. 마산의 양조간장은 멀리 원산과 청진에까지 판매될 정도로 유명세를 탔다.

청주와 간장을 생산하려면 좋은 물이 많이 필요했다. 처음에는 '몽고정' 등의 샘물과 계곡에 흐르는 물을 이용했지만 깨끗한 수질과 안정적인 수량을 확보하기 위하여 1930년에 봉암 수원지를 새로 지었다.

일본식 청주는 전통술인 탁주를, 양조간장은 오랜 시간을 거쳐 만들어진 전통 간장을 밀어냈다. 일본인이 생산한 청주와 양조간장이 수천 년 이어져오던 우리의 입맛을 바꾸었고, 우리는 한동안 그 맛에 젖어들기도 하였다.

다행히 1990년대 이후 전통문화에 대한 관심이 다시 높아지면서 탁주와 전통 간장을 찾는 이들이 늘고 있다. 하지만 마산만은 지금도 매립되고 있다. 사람들의 입맛은 되돌아오건만 마산만의 옛 정취는 되돌릴 수 없다.

산업 역군이 사라지고
추억만 남다

한때 마산수출자유지역 등에서 일하던 수많은 산업 역군들이 거닐던 창동 거리. 지금은 추억의 거리
가 되었다.

　1945년 광복 이후 마산은 일본에서 건너온 귀환인들과 6·25전쟁으
로 들어온 피난민들로 인구가 급증하였다. 특히 1960년대 정부의 경제
개발 계획으로 마산 곳곳에 공장들이 세워졌다. 그 결과 어업과 수산
가공업이 주요 산업이었던 마산은 1967년 한일합섬(양덕동)과 한국철강
(해운동) 등이 들어서면서 점차 공업도시의 면모를 보였다. 1971년, 정부

는 외국 자본과 기술을 유치하기 위해 마산과 이리(현 익산)를 수출자유지역으로 지정하였다. 이후 마산은 일자리를 구하러 각지에서 몰려드는 사람들로 인구가 크게 증가하여 7대 도시에 들어갈 정도로 성장하였다.

당시 마산의 산업은 주로 섬유업과 단순 조립 가공업이어서 여성 노동자들이 많아 남녀 성비는 여초 현상을 보였다. 대부분의 여성 노동자들은 어린 나이였고 다른 지역에서 온 사람들이었다. 그들은 낯선 환경에서 하루 12시간 이상 일해야 했다. 그들이 타지에 와 힘들게 일한 것은 가난한 가족을 위해서였다. 여성 노동자들이 마산으로 오게 된 데는 다른 이유도 있었다. 고된 노동 속에서도 배움의 기회를 가질 수 있다는 기대 때문이었다. 배움의 기회가 여성보다 남성에게 우선적으로 주어지던 시절, 여성들은 '주경야독'을 해서라도 배움을 이어가고 싶었다. 한때 국내 최대 섬유공장이었던 한일합섬 내에는 1974년에 한일여자실업학교(현 한일여자고등학교)가 세워졌다. 개교 당시 69학급으로 시작하여 1978년에는 120학급으로 규모가 커졌는데, 당시 어린 여성 노동자들의 배움에 대한 열망이 얼마나 컸는지 짐작된다.

하지만 공장 일은 너무나 힘들었다. 하루하루 고달픈 삶에 지친 노동자들을 위로해준 곳은 오동동과 창동이다. 이곳은 저녁이나 주말이면 많은 젊은이들로 가득 찼고, 오랜만에 고향 친구들을 만나 이야기꽃을 피우는 만남의 장이 되어주었다. 오동동과 창동으로 향하는 사람들이 점차 늘면서 교방천 위에 오동동 아케이드(또는 자유시장)라는 새로운 공간도 생겨났다.

한편 명절을 맞아 고향에 갈 수 있는 휴가가 주어지면 그들은 부림시장으로 향했다. 부림시장은 1900년대 마산항 개항 무렵 형성되어 일제강점기에는 공설시장으로 발전하였는데, 6·25전쟁 중에는 어떤 물건을

팔룡산에서 바라본 마산수출자유지역. 바다를 매립한 자리에 공장을 세웠다. 마산의 수많은 노동자는 매일 일터가 있던 이곳으로 향했다.

원하더라도 모두 구할 수 있다는 소문이 돌 정도로 유명하였다. 1970년대에는 마산이 발전하면서 시민들이 필요한 물품을 구하러 즐겨 찾는 시장이 되었다. 노동자들도 명절이 되면 가족들에게 안겨줄 작은 선물이라도 사려고 부림시장으로 향했다.

1990년대 이후 산업 구조의 변화로 공장들이 하나둘씩 마산을 떠나면서 노동자들도 점차 떠나갔고, 부림시장도 옛 명성을 잃었다. 그래도 옛 추억을 더듬으려는 이들은 여전히 오동동과 창동, 그리고 부림시장을 찾는다. 일터의 고단하고 지친 삶에 쉼터가 되어준 그곳에서 꿈 많았던 청춘 시절로 돌아가고 싶어 한다. 휴대전화가 없던 시절 약속 장소로 유명했던 빵집(코아양과, 고려당 등)들은 지금도 그 자리를 지키며 추억을 팔고 있다.

한때 젊은이들이 모여들어 인산인해를 이루었던 마산 창동 거리는 예전의 영화를 되찾고자 문화 예술촌으로 탈바꿈하고 사람들을 기다리고 있다. 부림시장도 '부림 공예촌', '청춘 바보몰 먹거리타운' 등 젊은 이들이 머물 수 있는 공간으로 바뀌고 있다. 창동 거리와 부림시장이 과거 산업 역군이었던 세대에게는 추억의 공간으로, 오늘을 살아가는 이들에게는 추억을 만드는 공간으로 변모하고 있다.

4·19 혁명의
불을 지피다

구암동 국립 3·15 민주묘지

국립 3·15 민주묘지. 1960년 불의에 항거한 마산 3·15 의거를 기억하고 기념하는 공간이다.

"마산 바다 속에서 총 맞은 시신 발견." (부산일보, 1960년 4월 12일)

1960년 4월 12일 사람들의 기억 속에서 사라질 뻔한 사건이 한 기자의 노력으로 전국에 알려졌다. 마산만에서 오른쪽 눈에 최루탄이 박힌 시신 한 구가 발견되었다. 전남 남원 출신으로 마산상업고등학교 입학을 앞둔 김주열 학생이었다.

1960년 3월 15일 당시 집권당인 자유당은 부정선거를 저질렀다. 자유당은 고령인 이승만의 유고를 대비하여 이기붕을 부통령에 당선시키려고 하였다. 투표함에 미리 이기붕을 찍은 투표용지를 넣어두거나 3인조 또는 5인조로 투표하는 공개 투표를 자행하였다. 민주당 마산지부가 이 사실을 사람들에게 알리자 많은 시민과 학생들이 거리로 나와 시위에 동참하였다. 이에 경찰이 시위에 참여한 시민과 학생들을 강경 진압하여 많은 사람이 죽거나 다치는 일이 발생하였다. 그중 한 명이 김주열 학생이다. 경찰은 이 사실을 은폐하려고 마산만 바다에 김주열의 시신을 수장시켰다. 진실은 언젠가 드러나는 법, 4월 11일 김주열 학생의 시신이 수면 위로 떠올랐다. 그러자 마산 시민들과 학생들은 김주열 학생의 죽음에 대한 진상 규명을 요구하며 다시 일어났다. 이 일이 전국으로 알려지면서 진실 규명 요구와 함께 부정선거를 비판하는 시위로 확대되면서 4월 26일 이승만은 결국 하야하기에 이르렀다. 마산의 3·15 의거는 4·19 혁명이라 불리는 민주주의 혁명의 도화선이 된 것이었다.

그러나 이듬해에 5·16 군사 정변이 일어나면서 4·19 혁명의 의의가 희석되어갔다. 3·15 의거도 그랬다. 군부는 마산 사람들을 의식했는지 가장 치열했던 장소에 1962년 3·15 의거 기념탑을 세웠지만 자신들의 정변을 정당화하고 경제 개발의 당위성을 알리는 데 활용할 뿐이었다.

그러던 중 마산 시민과 학생들은 민주주의를 위해 다시 한 번 일어섰다. 1979년 유가 급등 등으로 한국 경제가 어려워지면서 곳곳에서 공장들이 부도났고 실업자가 급증하였다. 마산의 기업들도 어려움에 직면했고 많은 이들이 일자리를 잃었다. 여기에 기업 부도로 임금을 받지 못한 여공들이 신민당사에서 시위를 하다 강제 체포된 'YH 여공 사건'으로 김영삼 신민당 총재가 가택 연금되자 마산 시민들의 분노는 더욱 커졌다. 10월 18일 부산에서 대규모 시위가 일어났고, 다음 날 마산에서

바다에서 떠오른 김주열의 시신이 인양된 이곳에서 4·19 혁명은 시작되었다.
(마산합포구 신포동 소재)

도 경남대학교 앞에서 학생들이 시위하자 많은 시민이 동참하였다. 이를 부산-마산 민주 항쟁(이하 부마 민주 항쟁)이라고 부르는데, 당시 박정희 정부는 위수령을 발표하고 군인들을 동원하여 강제로 진압하려 했다. 하지만 부마 민주 항쟁이 일어난 지 얼마 되지 않아 10·26 사태가 벌어지면서 18년 동안 유지되던 박정희 독재 정권도 끝을 맺게 되었다. 부마 민주 항쟁이 다시 한 번 독재 정권을 무너뜨린 것이다.

마산 사람들은 신군부 정권의 탄압을 받으면서도 3·15 의거를 기억하고 기념하고자 노력하였다. 이러한 노력은 이후에도 지속되어 마침내 2003년 국립 3·15 민주묘지가 조성되기에 이르렀다. 국립 3·15 민주묘지는 이 지역 사람들의 희생과 헌신을 기억함과 동시에 민주주의 운동의 시작이 이곳이었음을 말해준다. 또한 3·15 의거를 누구나 기억할 수 있는 공간이 마련된 것이다.

3·15 민주묘지는 오늘도 마산을 내려다보고 있다. 그리고 우리에게 무엇인가를 전하고 싶어 하는 듯하다. 그들이 지키고자 했던 민주주의 정신이 다시 흔들리는 일이 있다면 그때 그 함성처럼 불의에 항거한 마산의 정신이 다시 살아나 달라고.

8.
고대
철 생산지가
기계공업
도시가 되다

창원 ◉

창원에 지배세력이
등장하다

동읍 고인돌

상남동 한복판에 마련된 고인돌공원에 자리한 2기의 고인돌.

　높은 빌딩숲에 둘러싸인 도심 한복판에 넓적한 바위가 앉은 듯 누운 듯 자리하고 있다. 2001년 상남지구 도시개발 사업 때 발견된 고인돌을 모아둔 것이다. 유적지는 개발 사업으로 흔적조차 찾기 어렵고 그나마 고인돌만 살아남았다. 도심 한복판에서 고인돌을 만난다는 것은 누구도 상상하기 어려운 일인데 실재가 되었다. 높은 빌딩과 고인돌, 먼 시간의 것들이 같은 공간에 자리한 모습이 낯설기도 하지만 과거와 현재의 만남이라는 역사의 성격을 잘 드러내는 듯하다.

고인돌은 청동기시대를 대표하는 무덤이다. '돌을 고인다'라는 뜻을 지닌 우리말로 한자로는 지석묘(支石墓)라 부르며, 세계적인 거석문화의 한국적 형태로 본다. 돌은 인간에게 영험함과 불변성의 상징이었고, 이에 인간은 돌을 이용해 죽은 이들의 넋을 담아 기렸다. 주로 청동기시대에 그런 구조물이 많이 만들어졌다.

고인돌의 운반과 축조에는 많은 인력과 비용이 든다. 따라서 고인돌 축조는 이를 감당할 만한 사회·경제적 배경 없이는 불가능한 것이며, 많은 사람을 동원할 수 있는 강력한 정치권력을 지닌 지배세력 없이는 어려운 일이다. 고인돌이 만들어진 청동기시대는 농경 생활의 발달과 함께 본격적인 정착 생활과 인구 증가가 나타났으며, 잉여생산물의 분배를 둘러싸고 개인 혹은 집단 간 갈등이 전쟁을 통해 표출되던 시대였다. 고인돌에서 출토된 부장 유물을 보아도 그러하다. 옥 제품, 검 등 유력한 집단이나 신분이 아니면 소유하기 어려운 값비싼 것들이 많은데, 이 또한 지배세력이 등장한 청동기시대의 특징을 잘 보여준다.

창원 지역의 고인돌은 상남동 외에도 동읍 덕천리·용잠리·신방리 일대, 창원 분지 내 가음정동·외동 일대, 마산 진동·진전·구산면 일대 등에도 있다. 특히 동읍 덕천리 지석묘는 덮개돌이 지금껏 발견된 것 중 가장 큰 것이며 구조 또한 독특하여 주목받고 있는데, 이는 고인돌의 용도가 단순한 무덤이 아니라 제단으로도 활용되는 등 다양하였을 것으로 보는 주장의 근거가 된 주인공이기도 하다. 하지만 육군정비창 안에 있어 아쉽게도 일반인은 쉽게 볼 수 없다.

인근 남산의 환호 취락 유적지에도 청동기시대의 흔적이 남아 있다. 이곳에는 격한 전투가 있었을 것으로 짐작되는 화살촉들과 불타버린 취락의 흔적이 남아 있다. 청동기시대 창원 지역에서도 정치세력 간의

동읍 육군정비창에 있는 덕천리 고인돌.

정복 전쟁이 있었던 것이다. 남산 유적지가 전투에서 패한 흔적을 지니고 있다는 것은 어딘가는 전투에서 승리했음을 말해주는데, 큰 규모의 고인돌을 자랑하는 동읍 일대의 정치집단이 승리한 것이 아닌가 상상해본다. 물론 확실한 근거는 없다.

인간은 살아서도 흔적을 남기고 죽어서도 흔적을 남긴다. 고인돌을 만든 한반도 청동기인은 아쉽게도 기록을 남기지 못했다. 그러나 삶의 터전에 각종 유물과 고인돌을 남겨놓았다. 그들이 곳곳에 남겨놓은 고인돌과 청동기 유적은 우리에게 강력한 정치적 지배세력의 출현과 전쟁이 빈번했음을 보여준다. 이제 더 이상 인간은 평등하지도 않고, 평화롭지도 않게 되었다. 고인돌이 있던 자리는 아파트와 빌딩숲에 묻혀버렸다. 그리고 이곳은 또 다른 전쟁터가 되었다.

초기 철기 문화의
보물 창고가 열리다

동읍 다호리 유적

창원시 동읍에서 국도를 따라 다호리로 가는 길로 들어서면 야트막한 구룡산이 보인다. 그리고 산 주변에는 구릉지를 개간하여 만든 과수원과 논, 밭들이 펼쳐져 있는데, 여느 농촌과 다를 바 없는 한적하고 평화로운 풍경이다. 그런데 아무리 주변을 둘러봐도 여기가 어떤 곳인지 알 수 없다. 한참을 돌아 한쪽 구석에 있는 안내판을 보고서야 이곳이 수천 년 전 초기 철기시대 유적이 발견된 창원시 동읍 다호리 유적지임을 알게 된다.

다호리 유적은 삼국시대 초기 혹은 철기시대로 불리는 시기에 만들어진 일종의 공동묘지다. 이곳은 이미 오래전부터 도굴 피해를 당하다 1988년에 와서야 공식적으로 발굴이 시작되었는데, 다양한 유물과 유구들이 확인되어 세상을 놀라게 하였다. 도굴된 것까지 고려하면 더욱 놀라운 수준이었을 것이다.

그리 크지 않은 면적에서 70여 기의 무덤이 확인되었다. 고분의 주인공들은 지금으로부터 2천 년 전인 기원 전후 시기의 사람들인 것으로 밝혀졌다. 무덤 대부분이 널무덤이며 중국의 영향을 받아 만들어진 것이다. 무덤 규모로 보아 이곳은 당시 수준 높은 정치집단이 자리 잡고 있던 곳으로 짐작된다.

무덤에서는 상당수의 유물이 다량 출토되었다. 세형동검, 철제 고리자루 손칼, 쇠따비, 판상철부, 철제 망치, 철광석, 붓, 중국 화폐 오수전,

많은 유물을 쏟아낸 다호리 유적지.

중국식 청동거울, 칠기 제품, 말재갈 등 종류와 양이 상당하여 가히 초기 철기시대의 문화를 드러내는 보물창고라 할 만하다.

　중국 화폐 오수전이나 중국제 청동거울 등의 출토 및 널무덤은 이곳 정치세력이 북쪽에 존재했던 낙랑군 및 중국 내륙의 한(漢) 세력과 교류가 있었음을 짐작케 한다. 철제 망치나 철광석의 발견은 당시 이 지역에서 철기 제작이 활발히 이루어졌음을 보여준다. 붓은 문자 사용을 증명하는 것으로 적어도 이 시대에 문자가 사용되었음을 알 수 있다. 그리고 칠기는 예나 지금이나 고급 기술이 필요하며 값비싼 제품이다. 아무나 누릴 수 없는 기술이 담긴 유물이 이곳에서 다량 출토되는 것으로 보아 당시 최첨단 기술을 보유한 집단이 이곳에 살았던 것으로 짐작된다.

기술의 역사는 인간의 역사만큼이나 길다. 기술력은 시대의 변화를 이끄는 원동력이자 인류의 진보를 가져온다. 삼국시대 초기 혹은 초기 철기시대로 불리는 이 시대는 아직 삼국이 완전히 자리 잡지 못하고 여러 작은 정치세력들이 난립하였다. 어떤 집단은 기술력이 없어 망해가고, 어떤 집단은 기술력으로 시대의 변화에 발맞춰 성장하였을 것이다. 다호리 유적을 남긴 정치세력은 칠기 및 철기 기술력을 갖추고 중국과도 교류했던 최첨단 기술력을 보유한 집단이었다.

다호리 유적지에서는 위의 보물들을 찾아볼 수 없고 인근 국립김해박물관에 전시되어 있다. 유적과 함께 유물이 기억되지 못하는 현실이 자못 아쉽다. 인간은 살아서도, 그리고 죽어서도 영화를 누리고자 한다. 영화롭고자 하는 인간의 욕망은 유물과 유적을 남겼다. 그리하여 영화를 누리고자 한 이들의 의도와 달리 후대인들은 그 유물과 유적을 통해 그들의 의지를 기억한다. 유물과 유적은 과거와 현재 그리고 미래를 연결하는 중요한 매개 장치인 셈이다.

살아남은 패총과 야철지,
창원의 과거와 현재를 잇다

외동 성산패총

유물 전시관 2층에서 바라본 창원공업단지.

1974년, 창원을 한국 최초의 계획도시이자 기계산업단지로 만들려던 박정희 대통령이 헬기를 타고 창원에 도착했다. 무슨 연유로 대통령이 황급히 이곳을 방문한 것일까.

창원공업단지 부지 조성을 위해 한창 땅을 파던 중 조개무지 퇴적층 (패총)이 발견되었다. 빠른 시일 내에 부지를 조성해야 했던 건설 당국은 매우 난감했고, 땅을 파던 인부들은 손길을 멈추어야 했다. 이 소식을 듣고 문화재관리국에서 긴급 발굴 조사를 진행했다. 조사 결과 초기 철기시대의 대규모 패총과 삼국시대의 성곽이 확인되었다. 그뿐만 아니라 더욱 놀라웠던 것은 패총 서남쪽 아래에서 삼한시대 최초의 철 생

패총과 야철지 유적.

산 관련 유구인 야철지가 발견된 것이다. 아무도 알지 못했던 고대인의 야철지에 기계공업 중심의 창원 국가공단이 조성되고 있었다니 참으로 묘한 인연이 아닐 수 없다.

개발이 우선 가치였던 산업화 시기에 유적지가 보존되기는 힘들었다. 그것도 공단이 건설될 예정지의 한가운데는 더욱 그러했다. 성산패총이 어떻게 처리될지 기로에 선 순간이었다. 건설 당국은 공업단지 조성의 당위성을 내세우며 계획대로 작업을 진행하려 하였고, 문화재 당국은 문화 유적 보존의 당위성을 내세우며 작업 중지를 요구하였다. 서로 다른 가치가 충돌하였다. 다른 입장의 두 당위성이 정면을 바라보며 뜨겁게 논쟁하다 결국 이 문제는 대통령에게 넘어갔고, 그 사안이 얼마나 급박하고 중요하였는지 대통령은 헬기를 타고 현장에 왔다.

현장을 둘러보던 박 대통령은 어떤 생각을 했을까. 보존 방안을 궁리하던 발굴 책임자가 발견된 야철지를 창원공단의 상징 공간으로 만들면 좋겠다는 기지를 발휘해 대통령을 설득하였다. 하지만 대통령은 특별한 말 없이 브리핑만 받고 돌아갔다. 대통령 역시나 깊이 고민되는 사안이었을 것이다. 이후 대통령은 성산패총의 운명을 결정짓는 한마디를 하게 된다. "공단을 조성하게 되면 조망할 수 있는 위치로는 그곳밖에 없지 않느냐." 조망권이 성산패총을 살린 것이다.

창원대로를 따라가다 광활한 창원공단 한복판에 자리 잡고 있는 해

성산패총 유물 전시관.

발 73.5m의 야트막한 야산을 볼 수 있다. 공단 한가운데에 있는 야산이 다소 어색하지만 이곳이 바로 우여곡절 끝에 살아난 철기시대 창원의 유구 성산패총이 자리 잡고 있는 곳이다. 성산패총은 1974년 사적 제240호로 지정되었으며, 현재는 2층 건물의 유물 전시관을 건립하여 일반인을 위한 역사교육의 장으로 활용하고 있다. 야철지는 1975년에 보호각을 건립하여 발굴 당시 상태 그대로 보존하고 있다. 규모는 작지만 창원을 대표할 만한 중요한 유적지다.

성산패총 전망대에 올라보자. 그리 높은 위치는 아니지만 대통령의 말처럼 공단이 한눈에 내려다보여 창원공단을 조망하기에 그지없이 좋은 장소다. 정녕 조망할 곳이 필요한 것이었는지, 아니면 문화재 보존의 입장을 에둘러 표현한 것이었는지 진심은 알 길이 없다.

철의 생산지였던 과거의 공간에서 기계공업의 도시인 현재의 역사를 만나게 된다. 이렇게 과거와 현재는 만나고 있고 또한 미래를 만나려고 한다. 현재 창원시는 공단 인근에 부지를 마련하여 산업사박물관을 설치할 계획이다. 그리고 그곳에 성산패총 야철지부터 현재의 공업단지에 이르는 철의 도시 창원의 역사를 담아내려고 한다. 그 공간에 창원의 과거와 현재 그리고 미래가 이어지길 바란다.

노힐부득과 달달박박,
부처가 되다

북면 백월산 남사

북면 백월산의 남사가 있었을 것으로 추정되는 터.

창원시 북면 월백리에는 북면과 동읍을 경계 짓는 해발 428m 정도의 그리 높지 않은 산이 있다. 이곳에 관한 재미있는 이야기가 『삼국유사』를 통해 전해진다. 먼저 설화에 의하면, 당 황제가 궁에 연못을 하나 팠는데 보름달이 밝아올 즈음이면 그 연못 속에 사자처럼 생긴 산봉우리가 자태를 드러내곤 했다고 한다. 기이한 일이 계속되자 황제는 화공을 시켜 그 모양을 화폭에 그리게 하고 사방에 사람을 보내 그 산을 찾게 했다. 천하를 돌아다니던 사자는 해동(신라)의 북면에 이르러 그림과 흡사한 산이 눈앞에 펼쳐지자 바위 꼭대기에 신발 한 짝을 매달아두고 돌아가 황제에게 보고했다.

그 후 마침내 보름달이 뜰 무렵 연못 속에 신발 한 짝이 비치자 황제는 감탄하며 보름달과 같이 연못에 하얗게 비친다 하여 산 이름을 백월산이라 칭하고, 커다란 바위는 사자가 하늘을 향해 울부짖는 듯한 모양을 하고 있다 해서 사자암이라 하였다. 신라 왕도 아닌 당 황제가 이곳의 지명을 정했다 하니 당시 이 지역의 국제성과 중요성을 짐작할 수 있다. 중국의 상징적 지명을 빌려 쓰는 등 한자식으로 군현의 명칭을 바꾸었던 경덕왕 대의 정책과 연관 지어 볼 수 있는 이야기다.

또 이런 이야기도 전해온다. 성덕왕 대 신라의 두 청년 노힐부득과 달달박박은 어릴 적 친구로 뜻이 맞아 함께 머리 깎고 스님이 되어 백월산으로 들어갔다. 거기서 달달박박은 북암을 지어 미륵불을 염송했고, 노힐부득은 남쪽 고개에 남암을 지어 살며 아미타불을 성심껏 구하였다.

그러던 어느 날 밤, 묘령의 한 여인이 유혹하듯 두 청년을 찾아왔다. 여인은 먼저 달달박박의 북암으로 갔으나 그는 매몰차게 여자를 쫓아낸다. 여색에 흔들리지 않는 자신의 내공을 보란 듯이 말이다. 북암에서 쫓겨난 낭자는 노힐부득이 있는 남암으로 갔다. 노힐부득은 당황했지만 이내 쉬어 가라며 친절함을 베푼다. 그런데 이 여인은 산고가 있으니 해산을 도와달라, 목욕을 시켜달라, 함께 목욕을 하자는 등 가당찮은 부탁을 한다. 그럼에도 노힐부득은 여인의 처지를 가련히 여기며 부탁을 들어준다. 그랬더니 갑자기 정신이 상쾌해지며 노힐부득의 살결이 금빛으로 변하였다. 여인이 말하길 "나는 관음보살이오. 대사를 도와 대보리를 이루게 한 것입니다"라며 말을 마친 뒤 홀연히 자취를 감췄다.

한편 날이 밝자 달달박박은 필시 계를 범했을 것으로 여겨지는 노힐부득을 비웃어주려고 남암으로 달려갔다. 그런데 이게 어찌 된 일인가. 노힐부득은 미륵존상이 되어 연화좌대에 앉아 빛을 발하고 있지 않은가. 노힐부득의 사정을 들은 달달박박은 자신의 미혹함을 탄식하며 후회했다. 그러나 노힐부득은 달달박박을 달래주며 통 속에 남은 금물로 목욕할 것을 권하였다. 그러자 놀랍게도 달달박박도 이내 아미타불이 되었고, 둘은 마을 사람들에게 불법의 요지를 설한 뒤 구름을 타고 하늘로 올라갔다.

훗날 경덕왕이 이 이야기를 듣고 백월산에 남사를 세우고 금당에는 미륵불상을, 강당에는 아미타불상을 모셨는데, 아미타불상에는 박박이 목욕할 때 금물이 모자라 생긴 얼룩 흔적이 그대로 있었다는 이야기가 전해진다.

설화는 옛사람들의 삶의 모습을 전해준다. 노힐부득과 달달박박 같은 평범한 시골 청년이 부처가 되는 과정에서 부처님의 뜻을 따르는 자가 자신의 몸 그대로 부처가 되거나 극락세계에 태어난다는 신라만의 독특한 정토사상이 보인다. 그뿐만 아니라 백월산 사자암에서 부처님이 출현하여 현신성불하였다는 이야기 구조는 이곳이 바로 극락정토이며, 발 딛고 서 있는 신라가 곧 부처님의 나라라는 자신감 넘치는 신라인의 불국토 사상을 대변하는 듯하다. 남사 창건을 명한 경덕왕 대에는 정토신앙과 신라인들의 불국토 사상이 절정에 달한 시기이기도 하여 이야기의 맥이 연결된다.

두 청년을 시험한 여인, 즉 관음보살이 부처가 되도록 노힐부득과 달달박박을 돕는다는 이야기의 전개는 미륵, 아미타, 관음 신앙이 서로 밀착되어 숭상되고 있던 통일신라시대 불교의 특징을 엿볼 수 있다.

위 이야기를 남긴 백월산을 찾아 월백리 마을 입구에서 구불구불한

백월산에 새로 세워진 절.

길을 따라간다. 한참 올라가면 백월산 계곡에 들어서는데, 우거진 대나무숲이 사방을 감싸고 있다. 예전 남사의 위치를 정확히 알 수는 없다. 다만 현재는 새로 들어선 절이 그 주변을 지키고 있다. 예전에는 이곳에 기와와 토기 조각이 곳곳에 널려 있었고, '남사(南寺)'라는 명문이 박힌 기와 조각도 발견되었다고 한다. 또 부근에 '반야동(般若洞)', '사리터', '중산골' 등 불교와 관련된 지명이 다수 있는 것으로 보아 과거 이곳에 유명한 절이 있었음을 짐작할 수 있다. 또한 이곳에서 200여 미터 떨어진 곳에 백운암(白雲庵)이 있는데, 이 암자에 있는 석등은 남사에 있던 것을 옮겨 온 것이라 전해진다.

통일신라시대 민중의 삶에 큰 영향을 준 불교의 기능과 불교 신앙지로서의 창원 지역을 다시금 되새겨본다. 혼란한 이 시대에 우리를 구원해줄 관음보살, 그리고 노힐부득과 달달박박의 탄생을 기대하며 백월산 계곡길을 내려온다. 불교의 계율을 철저히 지킨 달달박박보다 노힐부득이 먼저 부처가 되었다는 이야기에서 불법과 계율을 지키는 것보다 더 중요한 것은 인간에 대한 자비로운 마음과 인간 구원이어야 한다는 깨달음을 배운다. 어지럽고 혼란한 시대에 종교란 민중에게 나침반과 같다. 종교의 역할은 인간애에 기반한 인간 구원이다.

창원에 봉림산문이
자리 잡다

봉림동 봉림사지

봉림산에 있는 봉림사지.

    창원 봉림산을 오른다. 인적이 드문지 수풀은 우거지고 길은 길을 쉽게 알려주지 않아 어렵게 봉림사 옛터를 만난다. 지금은 아무것도 남아 있지 않으며 안내판만이 이곳의 역사를 알려주고 있다.

    이곳은 통일신라 말 선종을 대표하는 봉림산문의 중심 봉림사가 있었던 곳이다. 선종은 경전과 이론을 중시하는 교종과 달리 스스로의 깨달음을 강조하는 불교 종파의 하나로 신라 말 지방 호족들 사이에서 큰 호응을 얻었다.

    봉림사는 진경대사 심희에 의해 창건되었다. 심희는 가야계인 김유신의 후손으로 열아홉에 스님이 되어 전국을 떠돌며 선법을 설파하다 이곳에 이르렀다. 봉림사의 창건과 운영은 김해 지역 최고 세력가였던 호족 김율희와 진례성주 김인광의 적극적인 후원으로 가능하였다. 시대는 바야흐로 나말여초, 신라 사회는 무너져가고 있었고 새로운 이상사회를 건설해보려는 지방 호족과 6두품 세력은 지방에서 독자적인 세력을 형성하였으며 그 사상적 기반으로 선종이 활용되었다. 봉림산문의 개창은 경주 중심이었던 불교문화를 넘어서서 김해 및 창원을 비롯한 지역 사회의 문화적 성장을 크게 높이는 데 기여하였다.

그러나 봉림산문도 나말여초의 시대 풍파를 비켜 가지 못하였다. 경애왕 말년 무렵 김율희 세력이 완전히 몰락하게 되자 봉림산문의 근거지는 전란을 피해 경기도 여주 지역으로 옮기게 된다. 그 후 절은 명맥만 겨우 유지되다 임진왜란 때 완전 소실되어 지금처럼 터만 남게 되었다.

이 터는 1995년부터 4차에 걸쳐 발굴 조사가 실시되었다. 건물지, 연못지, 탑지 등의 위치가 확인되었으며, '봉림사'라 쓰인 명문 기와 조각들이 무수히 발굴되었다. 터 주위에는 중요 유물인 '진경대사보월능공탑'과 '탑비', 3층 석탑 등이 서 있었으나 지금은 이곳에 있지 않다. 그 사연을 알려주는 표지판만 서 있을 뿐이다.

진경대사보월능공탑(보물 제362호)과 탑비(보물 제363호)는 1910년대에 조선총독부에 의해 경복궁 뜰에 옮겨졌다가 현재는 국립중앙박물관 야외전시관 뜰에 자리하고 있다. 승탑은 진경대사의 부도인데, 그가 입적한 923년에 만들어졌으며 통일신라 승탑의 전형적인 양식이다. 심희 대사가 입적하자 경명왕은 '진경'이라는 시호와 '보월능공'이라는 탑명을 내렸다. 왕이 직접 비문을 지을 정도이니 당대 심희의 영향력이 얼마나 컸을지 짐작된다. 비문 내용은 신라 말 선종 사상사뿐만 아니라 왕실

상북초등학교에 있는 3층 석탑.

과 호족 및 선종 승려들의 관계가 상세히 기록되어 봉림사의 역사를 확인할 수 있는 중요한 자료다. 창원에서는 탑비 복제품을 만들어 용지공원에 세워두고 봉림사의 역사를 기억하고 있다. 이처럼 봉림사의 화려했던 역사를 알려주는 유물은 현재 봉림사에 있지 않다.

봉림사 절터를 뒤로하고 산을 내려와 인근 봉곡동 상북초등학교로 발길을 돌린다. 운동장 한쪽에 세월의 흔적을 고스란히 안은 3층 석탑이 홀로 서 있다. 이중 기단에 3층 탑신을 쌓아 올린 전형적인 통일신라시대 석탑 양식이다. 이것 또한 원래 봉림사 절터에 있던 것인데 일제강점기 때 불법 반출되었던 것을 되찾아와 현 위치에 세웠다. 그러나 그 과정에서 기단부는 원형을 잃어버렸다. 천년 세월만큼이나 오랜 역사의 상처를 한몸에 안고 있는 듯하다.

선종의 산문이었던 봉림사의 역사를 기억하는 사람은 거의 없다. 과거 봉림산문으로 창원 및 김해 지역의 문화적·사상적 안식처이자 새로운 이상시대를 향한 구심점이었던 이곳의 화려했던 역사는 역사의 뒤안길에 묻혀서 잊혔다. 애써 찾아오지 않으면 올 이유가 없고 애써 와도 볼 것이 없는 곳이 되어버렸다. 유적은 황폐화되어 쓸쓸하기 그지없고 유물은 곳곳에 흩어져 제 집을 그리워하는 듯하다.

나아가면 장군이요
들어오면 재상이라

북면 최윤덕 장군 묘

창원시청 옆 중앙광장에 세워진 최윤덕 장상의 동상.

창원시청 옆 중앙광장에는 멋진 자태를 드러내는 장군의 동상이 서 있다. 창원의 역사 인물 찾기 사업에서 재조명된 최윤덕 장상이 주인공이다. 최윤덕이라는 인물은 유명하나 그의 고향이 창원인 것은 잘 알려지지 않았는데, 600여 년의 시간이 흘러 2010년 창원에서 다시 태어났다.

최윤덕은 고려가 무너지기 직전인 우왕 2년(1376), 창원시 북면 내곡리 무동마을에서 태어났다. 아버지 최운해 장군이 변방에서 떠돌다 보니 그는 어린 시절 천민 양수척의 손에서 자랐다. 어릴 때 화살촉 하나로 호랑이를 잡았다는 다소 과장된 듯하나 재미있는 이야기가 전하는데, 가문 대대로 무반 집안인 만큼 무예가 뛰어났던 것으로 짐작된다.

태종·세종 시대를 대표하는 무장 최윤덕은 북방 개척과 방어에 크게 공헌한 인물로 여러 큰 업적을 남겼다. 이종무와 대마도 원정에 성공하였고, 파저강 정벌로 북방 여진족을 진압하여 4군을 개척하였다. 대마도 정벌로 왜구를 일소하여 백성의 삶을 평안케 하였으며, 파저강 정벌로 영토를 넓혀 실로 대단한 공적을 남겼다. 4군의 개척으로 압록강은 조선 국경이 되었다. 그는 축성대감이라는 별명이 붙을 만큼 성쌓기를 중시하여 대외 방어에서 유비무환만큼 좋은 것이 없음을 몸소 실천했다.

최윤덕의 이러한 활약은 세종이 있었기에 가능했다. 세종은 그의 능력을 알아보고 공을 높이 평가하여 무인 최초로 그를 우의정에 임명하였다. 문치를 중시하는 조선에서 무인이 재상에 오르는 것은 대단히 이례적인 일이었으나 세종은 그를 파격적으로 기용하였다. 재상이 된 후에도 최윤덕은 변방에 변고가 있으면 어김없이 출동하여 그야말로 출장입상(出將入相), 곧 나가서는 장수가 되고 조정에 들어오면 대신으로서의 삶을 다하였다.

최윤덕은 1445년(세종 27년) 70세의 나이로 세상을 떠났다. 그의 죽음에 세종은 매우 슬퍼하며 조회를 3일 동안 폐하고 정렬(貞烈)이라는 시호를 내렸다. 청백하게 지조를 지키는 것이 정(貞)이요, 공이 있어 백성을 편안히 한 것이 열(烈)이다. 그의 생애와 절묘하게 어울리는 시호다. 또한 그를 세종과 함께 배향하였으니 최윤덕에 대한 극진한 존대를 엿볼 수 있다.

그러나 세종이 죽은 후 최윤덕의 위상은 잊혀갔다. 계유정난과 단종

북면 대산리 갈전마을에 있는 최윤덕 장상의 묘.

복위운동 등의 정치적 사건에 연루되어 그의 후손들은 죽거나 유배를 갔다. 이를 기회 삼아 지역 토착세력들이 최윤덕 가문의 재산과 명예를 빼돌렸다. 계유정난 이후 벌어진 최씨 가문의 몰락은 최윤덕에 대한 기억마저 흐리게 하였다.

이렇게 잊혀간 최윤덕을 한편에서는 기억하고 기념하고 있다. 서울 종묘에는 그의 위패가 있고, 전북 장수군에는 최윤덕 부조묘를 세워 후손들이 그를 기리고 있으며, 전남 해남군 옥천면 대산사에도 그의 위패가 있다. 전북 임실군 관곡서원에서도 그를 배향하고 있다. 전라도 지역의 연고는 유배 간 그의 후손들과의 인연에서 비롯했을 것으로 짐작된다. 경북 문경시 산북면 소야마을에서는 최윤덕 제사를 모시고 있으며, 서울 용산 전쟁기념관에서는 호국의 인물로 추앙하며 그의 영정을 모시고 있다.

비록 고향 땅에서 잊혀갔지만 그와 관련된 흔적은 남아 있다. 장군의 생가로 추정되는 북면 내곡리는 현재 감나무밭이다. 남아 있는 축대를 통해 집터를 추정해볼 따름이다. 장군의 묘소는 북면 대산리 갈전마을 동북쪽 구릉에 있다. 공의 정려각은 의창구 삼동동 늘푸른공원에 있고, 1996년 건립된 정열공 최윤덕 장상 신도비는 용지공원에 있다. 그러나 정리되지 못한 채 뿔뿔이 흩어져 있고 이를 아는 이도 드물어 안타깝다. 개인의 영달을 위해서가 아닌 국가와 백성을 위해 살다 간 역사적 인물은 기억하고 기념해야 한다.

사라진 터전에서
역사를 찾다

서상동 창원읍성터

창원향교 입구.

　의창동 일대는 구창원이라 불리며 현재 창원 도심에서 빗겨난 외곽 지역이다. 그러나 이 지역에는 옛 창원의 중심지였음을 알려주는 흔적이 있다.

　주택가 사이에 자리 잡고 있는 창원향교는 이 지역이 한때 창원의 중심지였음을 알려주는 유일한 건물이다. 향교 입구에는 오래된 느티나무가 있어 오랜 역사를 알려주는 듯하다. 홍살문과 하마비가 있고, 정문인 풍화루 옆에는 곳곳에서 가져온 듯한 공적비들이 인사하듯 서 있다.

풍화루를 거쳐 들어가면 향교 건물들이 나오는데, 대성전, 명륜당(明倫堂) 등 향교의 건축 구조에 맞게 건물들이 자리하고 있다.

향교는 고려에서 조선시대까지 지방 행정 중심지에 건립된 공교육기관이다. 창원향교는 조선 전기에 창건되었다고 하는데, 마산 합성동에 있다가 1748년에 현재 위치로 이전하였다. 향교가 위치하고 있다는 것은 이곳이 과거 지방 행정의 중심지였음을 말해준다.

향교에서 내려와 인근 창원초등학교 부근으로 가면 창원읍성이 있었음을 확인할 수 있는 흔적이 있다. 창원읍성은 조선 전기 창원도호부의 외곽을 옹위하던 성이다. 이곳이 창원의 중심지였음을 알려주는 도호부 관아의 중요 건축물은 인근 초등학교 신축과 도시 개발 과정에서 심하게 훼손되었다. 건물은 흔적도 없이 사라졌으며 북문과 동문의 옛터 사이에 성벽 일부만 남아 이곳이 읍성이 있었던 곳임을 알려준다.

창원이라는 지명은 의창(義昌)과 회원(會原) 지역이 태종 대의 군현 통폐합 정책으로 만들어졌다. 이후 창원부(昌原府)가 되었다가 도호부를 거쳐 임진왜란 후 선조 34년(1601) 대도호부로 승격되었다. 이는 임진왜란 때 경상우병사 겸 부사인 김응서와 그를 따르는 군인, 관리, 백성들이 한 사람도 일본에 항복하지 않았다는 체찰사 이원익의 장계 때문이다. 오랫동안 왜구의 침입으로 왜구에 대한 적개심과 항거심이 강했던 이곳 지역민의 정서에서 비롯했을 것이다. 어쨌든 조선 정부는 임진왜란의 교훈으로 남쪽 지역 방비의 중요성을 깨닫고 창원을 행정과 군사의 중심지로 삼았다.

지금은 대도호부로서 창원의 위상을 찾기 어렵다. 역사를 기억할 수 있는 공간이 사라졌기 때문이다. 1970년대 창원은 산업도시로 탈바꿈하게 되었지만 그 과정에서 옛 흔적들이 지워졌다. 창원은 우리나라 최

창원읍성터의 일부. 흩어져 있던 성곽 돌을 모아놓은 모습이다.

초의 계획도시라는 자부심을 드러내더라도 역사를 지키지 못한 도시라
는 오명에서 자유로울 수 없다. 역사는 켜켜이 쌓인 시간의 퇴적물이고
그 퇴적물을 담는 것은 공간이다. 그래서 시간을 담은 공간이 역사를
담는 것이다. 공간을 잃으면 시간도 잊힌다.

돌부처가
절집을 만들다

대방동 불곡사

불곡사 비로전. 석조비로자나불좌상이 모셔져 있다.

　창원시 대방동 비음산 남쪽 자락에 둥지를 튼 듯 자리한 불곡사를 찾아간다. 가음정 공원과 나란히 있는 이곳은 아파트 단지와 상가로 둘러싸여 여지없는 도심 한복판이다. 관심을 갖고 찾는 사람이 아니라면 이런 곳에 사찰이 있는지도 모를 그런 곳이다. 알고 보니 가음정 공원도 불곡사 덕분에 아파트 건립 계획에서 비켜나 공원 조성으로 가닥이 잡혔다고 한다. 있는 듯 없는 듯한 사찰 하나로 도시 개발 계획이 변경될 정도였다 하니 창원에서 이 절이 갖는 의미는 큰 듯하다.

불곡사의 창건 연기를 알려주는 사료는 거의 없다. 지역 주민들 사이에 전해지는 설화만 있을 뿐이다. 그 설화에 따르면 여말선초 이곳에 절이 있었는데, 이 절은 통일신라시대에 활약한 인물인 진경대사 심희가 창건했다고 한다. 심희는 인근 봉림산에 봉림사를 세운 인물이기도 하다. 또 전해오는 이야기로 봉림사와 이곳은 서로 돌북을 두드리며 법문을 나누었다고 한다. 이후 절은 불타 없어졌다가 1929년 우담화상이 절터 골짜기에서 비로자나불상(보물 제436호)을 발견하여 절을 세웠으며, 이름도 부처가 발견된 골짜기라는 뜻의 불곡사로 지었다. 이런 이야기가 전해져 이곳에 절이 있었다고 믿어지는데, 있었다면 봉림사와 비슷한 시기에 창건된 통일신라시대의 사찰일 것으로 짐작된다.

불곡사 석조비로자나불좌상은 창원 지역 최초의 보물이다. 이 돌부처의 발견이 없었다면 현재의 불곡사는 존재하지 않았을 것이다. 비슷한 시기 더 큰 규모였을 것으로 짐작되는 인근 봉림산의 봉림사지가 폐사지인 것과 대조적인 모습이다. 영원불멸한 불교 진리 그 자체를 상징하는 부처 비로자나불의 위력이 발휘된 것인가 하는 상상을 해본다.

불곡사의 이색적인 모습으로는 작은 절집에 비해 다소 과한 듯한 느낌을 주는 일주문을 들 수 있다. 생김새가 우리에게 익숙한 한 줄 나란한 두 개의 기둥 모양이 아니다. 네 기둥이 단층의 화려한 맞배지붕을 받치고 서 있다. 기둥에 비해 지붕의 크기가 커 다소 안정감을 해치는 듯하기도 하다. 이 일주문에는 여섯 마리의 용머리가 올려져 있으며, 해학적이고 친근한 민화풍 호랑이와 거북이가 장식되어 있다. 이것은 원래 조선시대 창원도호부 객사에 있었던 일주문이다. 정확한 연유는 알수 없으나 웅천향교로 옮겨졌다가 1943년에 불곡사로 옮겨 왔다. 1977년에 해체·복원하여 지금까지 사용하고 있다. 객사의 문이 이곳저곳을

불곡사 입구에서 바라본 일주문.

떠돌다 사찰의 문이 된 사연은 불곡사에 얽힌 또 다른 이야깃거리가
되어 절의 의미를 더해준다.

　기록이 없어 기억을 되찾기 어려운, 그러나 운명처럼 발견된 돌부처
와 집이 바뀐 일주문 덕분에 그래도 불곡사는 재건되어 도심 속 사찰
로 역사를 이어가고 있다. 비록 통일신라시대에 지어진 그대로의 모습
은 아닐지라도 그 역사와 전통은 명맥을 잇고 있다 하겠다.

9.
벚꽃 피는 식민도시, 한국 해군의 요람이 되다

진해

잊힌 진해의 출발지
웅천을 기억하다

성내동 웅천읍성

웅천 동쪽 성벽과 견룡루.

자세히 보아야 예쁘다. 오래 보아야 사랑스럽다. 웅천도 그렇다.

부산-진해를 오가는 2번 겸 77번 국도를 가다 웅천 지명이 보이는 곳에서 빠져 들어오면 벚꽃 가로수길을 달려 웅천에 다다를 수 있다. 길가에서 느껴지는 한적함과 곳곳에 있는 오래되고 낡은 건물들의 빛바랜 모습은 시간을 과거로 돌려놓은 듯하다. 지금의 웅천은 진해에서도 가장 낙후된 곳으로 여겨지며 정체되어 있는 곳이다. 그리하여 이곳에 오랜 역사와 전통이 서려 있음을 아는 이들은 많지 않다. 이곳은 잊힌 진해의 역사를 간직하고 있는 곳이다.

웅천은 조선시대 웅천읍성이 있던 곳으로 신라시대에는 '웅지' '웅신' '완포' 등으로 불렸다. 조선 문종 때에 와서 '웅천현'으로 승격되었으며, 이때부터 웅천이라는 지명이 비로소 자리 잡았다. 당시 이곳에 살던 사람들은 웅천을 '곰내'라는 살가운 우리말로 풀어서 불렀다.

읍성은 본래 지방 군현의 주민을 보호하고 군사, 행정 기능을 위해 쌓는 시설을 말한다. 웅천읍성은 조선시대 웅천현의 정치, 경제, 행정의 중심지로서 현재까지 성벽이 비교적 양호하게 남아 있다. 웅천에 읍성을 설치한 가장 주된 이유는 제포에 거류하고 있는 왜인들로부터 백성을 보호하고 방비하기 위함이었다. 조선 정부는 교린정책의 일환으로 삼포를 개항하였는데 그중 한 곳이 제포였다. 그 후 제포에 많은 왜인이 들어와 살게 되자 여러 사회적 문제가 발생하였다. 이에 따라 1434년(세종 16년)부터 성을 쌓기 시작하여 1437년(세종 19년)에 웅천수군첨절제사영으로 완성하였다. 이후 문종 2년(1452) 웅천현으로 승격된 이후 관공서가 밀집한 읍의 통치 구역과 읍민을 보호하는 역할을 하였다.

기록에 의하면 웅천읍성은 4.5m 정도의 높이인 성이 1km 정도 둘러져 있었으며 읍성 안에는 6개의 우물과 4개의 성문, 그리고 관아를 구성하는 중요 건물인 동헌과 객사 등 여러 관공서가 있었다. 읍내에는 현재 웅천초등학교 자리에 객사가, 웅천고등학교 자리에 동헌이 있었을 것으로 추정되나 안타깝게도 지금은 건물의 흔적을 전혀 찾아볼 수 없다. 250년 이상 된 보호수만이 이곳의 잊힌 역사를 기억한다는 듯 굳건히 서 있다.

웅천읍에는 읍성 외에도 웅천의 역사를 말해주는 흔적들이 곳곳에 남아 있다. 복원된 웅천읍성의 동문으로 가다 보면 자그마한 시골 우체국이 나온다. 이름이 성내동 우체국이니 성안에 있는 우체국이라는 의미다. 작고 보잘것없어 보이는 이 우체국은 순종 3년에 개설된 마천 우편소로부터 시작되었으니 자그마치 100여 년이나 이어졌다. 작지만 결코 가볍지 않은 세월의 무게를 지니고 있다. 서쪽으로 발길을 돌리면 옛 서문 자리에 웅천교회 터가 있다. 이 교회 또한 100여 년의 역사를 지닌 곳으로 웅천 북부동에서 태어나 일제의 신사참배 강요에 맞서 순교한 주기철 목사와 인연이 있는 곳이다. 최근에는 주기철 목사 기념관이 동문 밖에 따로 조성되어 방문객을 맞이한다.

웅천읍성의 흔적은 오늘날 웅천 지역의 지명에도 남아 있다. 현재 사용되는 도로는 옛 도로의 근간을 그대로 사용하고 있으며 행정구역명도 성안은 '성내동', 남문이 있던 자리는 '남문동', 북문이 있던 곳은 '북부동', 서문이 있던 곳은 '서중동'이라 불린다. 근대 이전 진해의 통치 중심이 그대로 살아 존재한다.

작은 시골의 궁벽진 곳이라 가벼이 보기 쉬운 곳이나 한때 조선이 변방의 왜구를 대상으로 외교정책을 펴던 곳이며, 이들이 난리를 일으켜 어려움을 겪던 곳이기도 하다. 이곳은 근대 일본에 의하여 의도적으로 조성된 군항도시 진해와는 또 다른 전통을 지니고 있다. 때로는 예상치 못한 곳에서 시간의 무게를 함부로 낮추어 볼 수 없는 역사의 현장을 만나게 된다. 그래서 웅천은 사랑스럽다.

끌려간 조선 도공들의
애한을 간직하다

두동 웅천 도요지

보배산에 둥지 튼 듯 자리 잡은 웅천 도요지 전시관.

"개가 멀리서 짖는 소리가 들린다. 그리운 고향으로 돌아가고 싶다. 죠션."

임진왜란 직후 일본으로 끌려간 조선인 도공이 만든 막사발 그릇 표면에 쓰인 시다. 고향에 대한 그리움이 절절하게 묻어난다. 교토 박물관에 있던 이 막사발은 현재 한국 국립중앙박물관에 기증되었다. 실로 400여 년 만의 한 서린 귀향이다.

이러한 사연은 임진왜란에서 비롯했다. 1592년에 일어난 임진왜란은 조선 사회에 큰 충격을 주었다. 많은 사람이 목숨을 잃었고 많은 이들이 일본군의 포로가 되었다. 특히 도공들이 그러하였다. 일본군에게 조선인 도공 납치는 전쟁의 중요한 목적 중 하나였다. 그래서 어떤 이는 임진왜란을 두고 도자기 전쟁이라 부르기도 한다.

이러한 배경에는 당시 발달한 일본의 차 문화와 관련이 있다. 일본의 지배층인 사무라이들은 차 애호가였으며 다도를 정치적으로 이용하기도 했다. 또한 다도구는 환금성이 높은 재산으로 가치가 높았다. 일본 차 문화의 발달이 조선 도공들을 납치 1순위 대상자로 만든 것이다.

그뿐만 아니라 네덜란드 상인을 통하여 도자기를 유럽에 판매하여 번의 재정 수입을 늘리려는 목적도 있었다. 왜란 중 일본으로 끌려간 도공으로 잘 알려진 인물로 아리타 지역의 이삼평과 사쓰마의 심수관이 있다. 이들은 일본에서 도자기의 신으로 추앙되며 일본의 도자기 문화를 꽃피웠다.

이들 외에 진해 웅천에서 끌려간 도공들의 이야기도 있다. 웅천은 조선 전기부터 좋은 흙과 땔감, 물, 가마를 만들 수 있는 적절한 구릉지, 제포항, 웅천읍성 등의 여건이 갖춰진 가운데 도자기 유통과 소비가 행해졌다. 특히 제포항은 삼포 개항 이후 일본인 거류지로 왜관과 일본인 마을이 있던 곳이다. 이곳을 드나드는 일본인들은 일본의 차문화 발달 및 일본에서의 조선 도자기 열풍과 맞물려 일찍부터 웅천 도자기를 이곳 제포항을 통해 사갔을 것이다. 현재 학계에서는 일본 국보 이도다완의 뿌리를 웅천 도자기에서 찾고 있다. 일본은 다소 거칠지만 소박하고 간소한 미를 지닌 웅천 도자기를 애호했다.

웅천 도공을 잡아간 장본인은 히라도의 번주 마쓰우라 시게노부로

웅천 도요지 전시관 입구.

알려져 있다. 도요토미 히데요시는 그에게 도공을 잡아 오라는 공식 명령서까지 보냈다. 이에 웅천 출신 도공들은 남원, 김해 출신 도공들과 함께 일본으로 끌려갔다. 그중 웅천 지역 도공으로 확인된 이들로 종차관(從次貫)과 거관(巨關·고세키), 고려할머니로 불린 에이가 있다. 이들은 처음엔 나가사키현 히라도로 끌려갔다. 이후 좋은 흙을 찾아 떠돌다 나가사키현 미카와치에 정착하였다. 이들이 만든 도자기는 일본 황실에 납품되는 어용 자기가 되었으며, 나가사키의 네덜란드 상인들에 의해 유럽으로도 수출되는 등 세계적 교류 속에 있었다.

현재 일본에는 끌려간 도공들을 기리는 이름 없는 고려묘, 그들을 위한 신사, 그리고 도공의 후손이 모여 사는 도자기 마을이 있다. 웅천에는 웅천 도요지 전시관을 만들어 웅천 도자기의 전통과 역사를 알리고 있다. 다른 공간, 다른 나라에서 끌려간 조선 도공과 웅천 도자기의 역사를 각자 다른 의미로 기억하려 한다.

일본 도자기 문화가 세계적 수준으로 올라간 데는 전쟁으로 끌려간 조선 도공들이 짊어진 역사의 무게가 있었다. 전쟁으로 끌려가 고향을

그리며 타국에서 떠돌던 도공들의 애한(哀恨)은 400여 년이 지난 지금
도 가슴 아픈 역사의 단면이 되고 있다.

그런데 가슴 아픈 역사에는 이면도 있다. 끌려갔지만 돌아오지 않은
이들의 이야기가 그러하다. 조선에서의 낮은 신분과 열악한 대우와 달
리 일본은 그들의 기술을 우대하였고, 일본으로부터 토지와 신분을 하
사받으며 살아가던 도공들은 애써 고국으로 돌아갈 이유가 없었다. 납
치된 조선인 중 송환된 사람은 공식적으로 얼마 되지 않았는데 송환을
위해 애쓰던 조선 사신들의 눈에도 기이하게 보였다는 기록들이 이를
방증한다. 그들은 망향과 동화(同化) 사이에서 그렇게 타국에서의 삶을
선택한 것이다.

전쟁은 잔인한 것이다. 그러나 역설적이게도 전쟁은 문화 교류와 발전
을 가져오기도 하고 새로운 질서를 만들어내는 바탕이 되기도 한다. 전
쟁 포로로 끌려가 고향을 그리며 죽어간 이들, 망향과 동화 속에 일본
에서의 삶을 선택한 이들의 이야기 속에 국가의 역할이 무엇인지 되짚
어본다. 국가는 위기의 백성을 지켜야 한다. 아니, 평시에 백성을 돌보아
야 한다. 그것이 국가가 위기에 처했을 때 백성은 국가를 위하고 국가는
백성을 잃지 않는 근본이 된다.

조선 정부,
일본과 교린을 추진하다

제덕동 제포

제포성지에서 내려다본 제포항.

웅천읍성 남문 밖 고개를 넘어 괴정 방향으로 가면 바닷가 포구와 만난다. 지금은 제덕동이라 불리는 이곳의 옛 지명은 제포다. 냉이개·냉이포·내이포 등으로 불리던 것으로 보면 냉이가 많은 곳이었던지 '냉이 제(薺)' 자를 써서 제포가 되었다.

조선의 기본적인 외교정책은 사대와 교린이었다. 받들 만한 대국이 있다면 대국에 대한 섬김의 예를 갖추고, 주변의 이웃 국가와는 친선관계를 유지한다는 춘추시대 이래의 오래된 외교 전통을 택하였다. 그리하여 북방의 여진족과 남쪽의 왜와의 관계 설정은 교린에 방점이 찍혔다. 교린은 평등한 관계인 것처럼 보이나 정책을 시행하는 국가의 입장에서 일정하게 양보하는 정책이라 할 수 있다.

고려 후기부터 동아시아의 바다를 시끄럽게 했던 왜구를 잠재우기 위해 조선 정부는 초기에 강경한 정책으로 그들의 소굴이던 대마도를 정벌했다. 세종 초년의 일로 최윤덕과 이종무가 이끈 조선군이 성공적으로 해냈다. 본래 대마도는 식량 생산이 어려울 정도로 농지가 부족하였으므로 사람들은 생존이 어려워지면 바다로 나가 해적이 될 수밖에 없었다. 또한 한반도와는 험한 바다로 막혀 있으나 선사시대부터 일본 열도로 오가는 징검다리 역할을 하는 곳이었다. 조선 정부는 이를 통해 대마도와 교린을 허용하여 왜국과의 외교에 활용하였다. 대마도 사람들에게 일정하게 혜택을 주는 것으로 교린을 시작하였는데, 제포와 염포, 부산포를 열어서 그들에게 교역을 할 수 있게 한 것이다.

이후 제포를 드나드는 대마도의 왜인이 늘자 이곳에는 왜인들의 마을이 생겨나고, 왜관도 들어서면서 그들만의 공간이 되어갔다. 초기에는 엄하게 통제되었으나 시간이 지나자 이들에 대한 통제도 느슨해졌고 아예 이곳에 눌러앉아 정착하는 왜인들도 늘어갔다.

조선 정부 입장에서는 이들을 관리하고 통제해야 했기 때문에 웅천으로 들어오는 고개에 검문소를 설치하고 읍에는 읍성을 축성했다. 한편으로 제포진성을 재구축하여 군사 시설을 강화하는 등 다방면으로 시스템을 정비해갔다. 왜인에 대한 통제는 왜인들의 불만으로 이어졌고 그들은 중종 때 삼포에서 난을 일으켰다. 이를 삼포왜란(1510년)이라 한다. 이들은 제포진성을 함락시키고 이후 웅천읍성을 장악하여 조선 정부와 백성에게 큰 충격을 주었다. 이 일로 조선과 일본의 교린관계는 혼

제포성지의 성벽 흔적.

들렸고 중종 39년(1544년) 사량왜변을 끝으로 제포는 완전 폐쇄되었다.

조선 최초의 개항지이자 교린 장소였던 제포의 외국인 거류지는 130여 년의 역사를 마감하였다. 이후 생존이 힘들었던 대마도주가 다시 교역을 열어줄 것을 간청하자 조선 정부는 1547년에 부산포 한 곳만을 개항하였고 임진왜란이 일어나기까지 유지되었다.

왜인들이 떠나자 그들이 살았던 흔적들도 지워져갔다. 그래서 지금은 흔적을 찾아보기가 쉽지 않다. 조선시대에 왜관이 있었던 곳으로 추정되는 지역은 제포의 한적한 어촌마을인 괴정마을 뒤편의 야트막한 언덕이다. 지역 주민들은 이곳을 옛날 일본인들이 살던 곳이라는 뜻으로 '왜리(倭理)'라고 부르기도 한다. 지금은 밭으로 경작되고 있어서 왜관의 흔적은 찾아보기 어렵다.

다만 언덕 맞은편에 제포진성의 흔적이 남아 있어서 조선시대 변방에서 이루어진 교린의 흔적과 갈등, 전쟁의 역사를 짚어볼 수 있다. 유명한 관광지가 아니어서 사람들이 찾지 않고 매립마저 이루어져 600여 년 전 번성하였던 교린의 장소는 형체를 알아보기 어려워졌다. 가끔씩 일본인 단체 관광객이 다녀간다고 한다. 우리가 잊었던 지역을 그들은 기억하고 있는 모양이다. 국가 간 외교란 쉽지 않고 전쟁보다는 평화로 문제를 해결하는 것이 지혜로운 법이다. 조선시대 이 땅의 통치자들이 행하였던 교린은 평화를 꿈꾸는 외교정책이었으나 전쟁으로 막을 내린다. 의지도 중요하지만 펼쳐가는 과정도 중요하다. 뜻대로 되지만은 않는 것이 역사이기도 하다.

망각의 공간이
새로운 기억을 갖다

남문동 웅천 왜성

웅천 왜성 정상부에 있는 무너진 성곽의 모습.

1592년 조선을 침략한 왜군은 파죽지세로 승기를 잡았다. 일본의 지배자 도요토미 히데요시는 전쟁 초 명나라까지 정복하겠다는 야망이 있었고 그것이 실현되는 듯 보였다. 그러나 해상에서 뜻하지 않게 이순신 장군에게 막혀 진격을 못하게 되었고, 대륙에서는 위기를 느낀 명나라의 원군이 조선에 당도하였다. 진격이 막히고 전선이 교착되자 왜군은 퇴로와 가까운 남해안에서 전쟁의 장기화에 대비하기 시작하였다.

왜군의 쌍두마차라 할 수 있는 가토 기요마사는 울산에 왜성을 쌓았고, 고니시 유키나가는 웅천에 쌓은 왜성에 웅거하며 장기전에 대비하였다. 그리하여 울산에서부터 순천만에 쌓은 왜교성까지 남해안의 요지에는 촘촘하게 왜성이 자리하였다.

왜군은 오랜 기간의 전국시대를 거쳤기에 난공불락의 요새를 쌓는데 일가견이 있었다. 임진왜란 중 한반도 남부에 쌓은 왜성들도 대부분 난공불락의 요새로 기능하였다. 진해 웅천의 남산 정상부를 따라 자리 잡은 웅천 왜성도 바다와 산의 지형을 이용하여 바다를 바라보고 있고, 바다로부터 물자를 원활하게 제공받을 수 있도록 쌓았다. 당시 이 왜성을 지키던 고니시의 초대로 웅천 왜성에 와서 미사를 올린 세스페데스 신부는 왜성을 바라본 첫인상을 이렇게 표현하였다.

"모든 것은 잘 지어졌고 또한 견고합니다."

왜장 고니시는 이곳에 웅거하며 한산도에 본영을 차리고 왜군의 진격을 막고 있던 이순신의 조선 수군을 견제하였다. 조선 수군이 그들의 퇴로인 부산을 점령하지 못하도록 바다 건너 거제의 장문포 왜성과 인근 안골포 왜성을 연결하는 방어망을 구축한 것이다. 생각보다 전쟁은 길어졌고, 전투가 잊힌 성안에서는 지지부진한 일상적인 삶이 이어졌다. 전쟁 중에 약탈한 물자들을 일본으로 실어 보내기도 하고 개인적인 신앙생활을 이어가기도 하였다. 당시 일본에는 예수회 신부들의 포교 활동으로 천주교 신자들이 많았는데, 특히 고니시와 그가 거느린 병사들은 천주교 신자들로 구성되어 있었다. 그리하여 전쟁 중이긴 하나 휴전 상황이었으므로 신부님을 성안으로 모시고 미사를 올리려 하였다. 고니시는 당시 일본에 있던 세스페데스 신부를 웅천 왜성으로 초대하였고, 사도 마을을 거쳐 왜성에 당도한 세스페데스 신부는 성의 규모에 놀라움을 금치 못하였다. 성안에서는 미사를 지냈고 이때 조선인 포로 중에서도 천주교 신자로 개종하는 사람들이 있었다고 전한다. 당시 웅천 왜성에서 올린 미사는 한반도에서 첫 미사였으며 이때 천주교로 개종한 사람들이 한반도 최초의 천주교 신자라고 할 수 있다.

협상으로 전쟁을 매듭지어 보려던 일본은 명과의 협상이 실패로 끝나자 다시 전쟁을 시작하였다. 왜군은 원균이 거느린 조선 수군을 격파하고 순식간에 서진했다. 웅천 왜성에 있던 고니시의 부대는 서쪽으로 진격하여 서쪽의 거점인 순천의 왜교성에 웅거하였다.

전선이 서쪽으로 이동하자 성의 역할도 자연히 소멸되었다. 미사를 드리던 장수와 병사는 떠났고 신부님도 떠난 채 성은 전란의 종결과 함께 잊혀갔다. 임진왜란 중 일본군이 쌓았던 침략의 상처가 왜성이다. 일본군이 약탈한 물자들이 이곳을 거쳐 일본으로 실려 갔고, 억울하게 잡혔던 조선 포로들은 이곳에서 일본으로 끌려가 노예가 되었다. 우리는 그 아픔의 역사를 기억에서 애써 지우고 잊었다.

우리가 잊었던 왜성의 역사를 기억해낸 사람들이 있다. 스페인 출신 세스페데스 신부의 고향 마을에서 진해를 찾아 세스페데스를 통하여 한국을 알게 되었노라며 우호의 기념비를 세웠다. 비가 처음 세워진 곳은 진해 풍호공원이다. 그 후 이 기념비는 신부가 처음 상륙한 사도마을 동쪽 해변의 기념공원으로 옮겨졌다. 이후 도로공사로 다시 남문지구 근린공원으로 이전되었다. 기념물은 기억을 소환하는 장치다. 웅천 왜성에서 미사를 올린 신부를 기억한다면 왜성 안이거나 그가 처음 도착한 사도마을이면 훌륭하다. 그럼에도 떠돌게 된 것은 우리 역사가 아닌 탓도 있다.

웅천 왜성에 오르면 한때 웅장했으나 지금은 무너진 성곽에서 쓸쓸

천주교 마산교구에서 지정한 성역 표시 안내판.

함이 묻어난다. 모두에게 잊혔으나 기억되는 또 하나의 장소가 있다. 우리 땅에서 이루어진 천주교 최초의 미사지로 추정되는 왜성 안의 공간이다. 천주교 마산교구에서 이곳을 성역으로 기념하고 기리는 미사를 매년 거행한다.

아픈 역사 현장으로서의 기억은 지워지고 있으나 역사와는 다른 가치가 새로운 기억과 기념 공간을 만들어간다. 역시나 역사란 기억하는 자의 몫이며 기억으로 자리 잡을 때 다시 살아난다.

제국주의 일본,
식민도시를 건설하다

중원 로터리

제황산 공원에서 바라본 중원 로터리 일대.

　제황산 정상에 있는 진해탑 전망대에서는 진해의 전경을 한눈에 조망할 수 있다. 그곳에서 시내를 내려다보면 로터리를 중심으로 도로와 시내가 구성되어 있음을 알 수 있다. 그중 가까이에 보이는 곳이 중원 로터리이고, 멀리 동상이 보이는 곳은 북원 로터리이다. 제황산에서는 보이지 않으나 남원 로터리도 있어 진해에는 세 개의 로터리가 있다.

　1904년에 시작되어 1905년에 끝난 러일전쟁은 일본의 승리로 끝나고 이후 일본은 한반도에 대한 독점적 지배권을 열강들로부터 인정받았다.

러일전쟁을 준비하면서 천혜의 요새로 평가받던 진해항은 제국주의 일본의 함대가 주둔하기에 적합한 곳으로 낙점된다. 그리하여 1906년부터 일제는 이 지역을 군항으로 개발하기 위한 밑그림을 그리기 시작하였다.

이 그림은 중원 로터리에서 출발하였다. 로터리는 근대 도시 성장의 산물이다. 자본주의가 발달한 유럽에서 도시로 인구가 몰리고 마차와 차량이 늘자 교통의 흐름을 원활하게 하기 위해 도시 교통의 중심지에 로터리를 만들었다. 프랑스 파리의 개선문 광장이 대표적인 예다. 메이지 유신으로 서구화에 발을 내디딘 일본은 서양의 모든 것을 배우고 모방하기 시작했다. 대규모 사절단을 파견하여 미국과 유럽의 도시와 자본주의, 산업화 등을 철저하게 조사하고 배워갔다. 모든 방면에서 서양을 따라잡으려 했는데 도시를 건설할 때도 자신들이 배운 것을 적용하고 과시하고자 했다.

그러나 일본 본토의 도시들은 이미 전근대적인 도시가 형성되어 있었으므로 이들 도시를 서구식 근대 도시로 전환하는 것은 쉽지 않았다. 그리하여 이들은 자신들이 구상하는 근대 도시의 모델을 식민지에서 먼저 적용하였다. 그중 대표적인 곳이 대만의 가오슝과 만주의 다롄 그리고 진해였다. 진해는 근대 신도시이기도 하면서 군항이라는 특수성을 감안하여 만들었다. 통상적으로 도시는 시민들의 생활을 중심으로 공간이 조성되지만 진해는 군사기지라는 특수한 목적이 있었으므로 시민보다는 군인들의 생활과 연계된 기반 시설들을 중심으로 이루어졌다. 그리하여 군항의 해군 군사령부 건물을 위시하여 교육시설, 병원 등이 갖추어졌다.

전체적인 도시의 구조는 중원 로터리를 중심으로 8개의 도로가 방

진해우체국. 영화 〈클래식〉에서 여주인공이 편지를 부치는 배경으로
나와 관광객들의 포토존이 되고 있다.

사형으로 뻗어나가도록 구성하였다. 이 모습이 마치 일본 제국이 지향한 정복 이념인 '팔굉일우(八紘一宇)'의 표현이었을 것이라는 견해가 제기되어 한때 논쟁이 되기도 했다. 중원 로터리 8개 도로 사이의 공간에는 세계의 근대적인 건축 양식을 대표하는 건축물들을 배치하여 도시의 위상과 함께 일본의 능력을 과시하고자 하였다.

지금은 그곳에 있던 건축물 대부분이 사라졌으며 유일하게 진해우체국 건물만 살아남았다. 현재 우체국으로 쓰이지는 않고, 근대 진해를 대표하는 건축물로 홀로 남아 일본의 식민도시였던 진해를 알리는 듯하다.

중원 로터리 부근의 충무동 일대에는 당시를 살았던 사람들의 흔적이 남아 있다. 모습이 다소 변한 수양회관, 군병원장 관사였던 선학곰탕집, 도로를 따라 열을 지어 있는 일본식 장옥 거리들이 근대 진해를 힘겹게 지키고 서 있다. 최근 통합창원시에서는 이 지역을 근대 역사의 장소로 보존하기 위한 노력을 진행 중이다.

진해는 일제강점기뿐만 아니라 광복 이후에도 여전히 대한민국 해군 본부로서의 기능을 하고 있다. 해군 기능의 일부가 이전하고 해방 이후 일본이 건설하였던 도시의 많은 부분이 해체되고 변화하였으나 아직까지 옛날을 지키고 있는 것들도 있다. 군사 시설이라는 특수성으로 보존되어 군부대 내에는 붉은 벽돌로 지은 서양식 근대 건축이 남아 있다.

한때는 일본 제국주의의 식민도시이자 군항으로, 지금은 한국 해군의 요람으로 봄이 되면 많은 사람들이 벚꽃이 흐드러지게 피는 진해를 방문한다. 일제의 흔적은 조금씩 옅어지고 도시는 봄의 상춘객을 기다린다.

일본의 승전 공간에서
조선의 망국을 기억하다

제황산(帝皇山) 공원

배의 형상으로 설계된 해군의 상징 진해탑.

'황제가 배출될 산'이라는 뜻을 지닌 제황산은 진해구 충무동과 태평동 사이에 있는 높이 110m의 야트막한 산이다. 이곳은 시민들을 위한 공원으로 산꼭대기에는 주변 어디서나 보이는 탑이 우뚝 서 있다. 탑의 이름은 진해탑이고 공원 이름은 제황산 공원이다. 이곳에는 일제강점기 식민도시로 건설되었던 진해의 아픈 역사가 담겨 있다.

진해는 일제강점기에 일본의 식민도시이자 일본 해군 기지가 있던 군

위에서 내려다본 37·38 계단.　　　　　　　　　　조선 망주석.

항도시이다. 일본은 1929년 제황산에 러일전쟁 25주년을 기념하여 높이 28m의 탑을 세웠다. 5월 27일 열린 제막식은 그야말로 장관이었다. 관민 300여 명이 참석한 가운데 식이 진행되었으며 당일 진해에는 2만의 인파가 모였고, 군함과 비행정까지 파견하여 일본 해군의 위력을 여과 없이 보여주었다.

　탑은 조선총독부가 고안하여 러일전쟁에서 러시아의 발틱 함대를 물리친 일본 연합함대의 기함(旗艦)인 미카사(三笠)의 선교(船橋)와 마스트를 본뜬 것이다. 탑 정면에는 전쟁 당시 일본 연합함대 사령관이던 도고 제독이 '일본해전기념탑'이라 쓴 친필을 새겨넣었으며, 하부 정면에는 제단까지 설치하였다. 일본은 그들의 역사에서 가장 자랑스럽고 위대한 순간이었던 러일전쟁을 기념함으로써 일본 내부의 정치적 혼란을 잠재우고 일본 국민의 영광(애국심)을 일깨우고 싶었던 것이다.

러일전쟁을 기념하는 일본 해군의 기지 역할을 하던 진해는 해방 이후 한국 해군을 상징하는 도시로 바뀌었다. 1967년에 박정희는 일제 잔재라 여겨지는 러일전쟁 승전기념탑을 헐고 그 자리에 우리 해군 군함을 상징하는 9층탑을 다시 세웠다. 그리고 진해탑이라는 현판을 써서 달았다. 진해탑은 우리나라 해군 기지인 진해의 상징으로 자리 잡아 지금까지 전해지고 있다. 일본 해군을 상징하는 공간이 한국 해군의 요람으로 변화된 것이다.

중심 공간은 대체되었으나 이 공간이 지니는 의미는 다양한 형태로 남아 있다. 기념 공간을 만들던 일본은 천황이 있는 동쪽 방향에서 제황산 정상에 오르는 계단을 만들었다. 아울러 제황산 중턱 현재 남산초등학교 자리에는 신사를 만들어 공간의 의미를 더하였다. 신사는 사라지고 없지만 정상으로 올라가는 계단은 여전히 그 모습을 간직하고 있다. 37·38 계단이라고 불리는 계단이다. 좌우의 계단이 하나는 37개, 나머지 하나는 38개 계단으로 이루어져 있어 붙은 이름이다. 그런데 이 숫자에는 다른 의미가 숨어 있다. 메이지 37년(1904년)과 38년(1905년)을 뜻하며, 1904년에 시작하여 1905년에 끝난 러일전쟁을 의미하는 것으로 승전기념탑을 중심으로 하는 영광의 공간을 이로써 완성한 것이다.

정상에 올라 탑을 돌아 37·38 계단 쪽으로 가다 보면 한쪽에 생뚱맞은 망주석이 서 있다. 이 망주석도 일본까지 다녀온 기구한 사연을 품고 있다. 기둥 돌에는 '조선석(朝鮮石) 명치(明治) 43년 8월 29일'이라 새겨진 글귀가 있다. 해석해보면 '조선의 돌 메이지 43년 8월 29일'인데 메이지 43년은 1910년으로 이 날짜는 경술 국치일이다. 언제 일본으로 갔는지는 알 수 없으나 메이지 시대 대표적인 정한론자 사이고 다카모리의 무덤가에 세워져 있었다. 나라를 잃으니 망주석도 주인을 잃어 머

나먼 바다 건너 조선 정벌을 주장하던 자의 무덤가로 옮겨지는 수모를
당하였다.

러일전쟁은 일본과 러시아의 아시아 패권 전쟁이었다. 이 전쟁에서 일
본은 승리하였고 결과는 조선의 망국으로 이어졌다. 조선의 운명을 결
정지은 러일전쟁 승전기념탑이 세워졌던 공간에 나라를 잃었음을 증명
하는 망주석이 돌아와 이를 말하고 있으니 공간이 주는 아픔이 자못
크다.

김구와 이승만, 진해에서
이순신을 조우하다

남원 로터리와 북원 로터리

북원 로터리에 있는 이순신 동상.

1945년 해방은 되었으나 아직 우리의 나라는 만들어지지 않았다. 이 땅에 살던 사람들은 다가올 미래를 예측하지 못하였다. 나라가 분단되고 그 연장선에서 민족끼리 서로를 적이라 여기며 싸우는 전쟁을 맞이할 것이라는 생각은 더더욱 없었다. 사람들은 정확하지 않은 정보들 속에서 신탁통치를 두고 의견이 엇갈렸고, 정치인들은 이 문제를 두고 서로 간의 이해타산 속에서 찬탁과 반탁을 주장하였다. 참으로 혼란스러

남원 로터리의 김구 시비.

운 정치적 상황은 안개 속처럼 불확실하였다.

당시 우리나라의 미래를 좌우할 권한을 쥐고 있던 미국과 소련 역시 자신들의 이익을 극대화할 방안을 한반도에서 실현하고자 하였으므로 혼란은 더욱 가중될 수밖에 없었다. 이 상황에서 1946년 6월 남선순행이라는 이름으로 정치적 행보를 가속화한 이가 이승만이다. 그는 자신의 정치적 영향력을 확대하고자 방문하는 지역마다 군중을 모아 시국 연설을 하였으며, 정읍에서는 남한에서만이라도 단독정부를 수립해야 한다는 분단 시나리오를 처음으로 발표하기도 하였다.

이승만의 정치적 행보에 대항하여 또 다른 해방정국의 정치 거물이 남선순행을 하였다. 그는 명실공히 독립운동의 최고 지도자였던 김구다. 김구는 그해 9월 14일부터 10월 4일까지 삼남 순회를 하였는데, 제주에서 출발하여 부산, 진해, 한산도로 이어졌다. 해방정국에서 임시정부는 미군으로부터 임시정부의 지위를 인정받지 못하고 하나의 정치집단으로만 대우받았으므로 정치적 영향력의 확대는 무엇보다 시급하였다. 김구가 진해를 방문하였을 때는 우리나라 군대의 전신인 조선경비대가 창설되었고, 그중 해군에 해당하는 해안 방비대도 창설되었다. 해안 방비대를 방문한 그는 가장 존경하는 구국의 위인인 이순신 장군의 「진중음(陣中吟)」을 친필로 남겨 어려운 국가의 상황에서 자신과 해안 방비대가 해야 할 각오를 다진 것 같다.

서해어룡동(誓海魚龍動) 바다에서 맹세하니 어룡이 감동하고

맹산초목지(盟山草木知) 산천에 맹세하니 초목이 알더라

임진왜란 당시 이순신 장군이 임금인 선조가 의주로 피난 간 상황에서도 위태로운 나라를 지키겠다는 의지를 표현한 시다. 김구 선생은 진해를 방문하여 이 시를 돌기둥에 새겨서 진해역 광장에 세웠으나 그가 암살당하여 정치적 영향력이 사라지자 이승만을 추종하던 인물이 시비의 윗부분을 쪼아서 깨버렸다. 그리하여 한동안 잊혔던 이 시비는 4·19 혁명으로 이승만이 실각하자 남원 로터리에 복구하여 세워졌다.

이승만은 해방정국에서 권력을 장악하고 초대 대통령이 되었으나 나라는 남북으로 나뉘게 되었다. 서로가 서로에게 적대적 관계를 지속하다 1950년 6월 한국전쟁을 맞이하였다. 이 상황에서 이승만은 서울을 버리고 남쪽으로 피난을 떠난다.

전쟁 초반에는 북한군이 거침없이 남진하여 낙동강 유역까지 전선이 밀리기도 하였으나, 1951년이 되면 전선이 지금의 휴전선 근처에서 교착상태에 빠지게 된다. 전쟁은 전선에서만 이루어지고 전선이 아닌 지역에서는 일상의 삶이 이루어졌다. 1952년 진해 해군 사령부에서는 국난을 극복한 의미에서 국난 극복의 상징이었던 이순신 장군에 대한 기념사업을 추진하였다. 그리하여 1952년 우리나라 최초로 이순신 장군 동상이 북원 로터리에 세워진다. 이 제막식에는 이승만 대통령이 참석하

여 성대하게 거행되었다. 주체는 해군이었으나 전쟁 와중에 지도자였던 이승만은 이순신을 통하여 전쟁을 이겨나가자는 메시지와 함께 자신의 정치적 실패를 지우고자 하였다.

이순신 동상을 세운 이는 해군 장병과 경남 시민들이지만 제막식의 주인공은 이승만이었다. 전쟁의 실패를 호도하려는 의지가 다분하였으되 세상은 그의 뜻과 다르게 그의 이름을 지웠다. 한때는 국부로 불렸지만 지금은 독재자로 불리며, 한때는 자랑스러운 이름이었으나 지금은 지우고 싶은 이름으로 변하였다.

「진중음」은 이순신의 우국시이지만 그의 시를 새긴 공간은 김구를 기억하는 공간이 되었다. 김구는 이순신을 기리고자 하였으나 사람들은 김구를 기리고 있다. 시대가 변하니 역사도 변하고 주인공도 변하였다.

10.
사랑의
무대에서
역사를
만나다

김해

하늘에서 내려온
수로가 왕이 되다

서상동 수로왕릉

김해 구시가지 중심에 있는 수로왕릉, 납릉이라고도 불린다.

역사가 시작되는 신령스러운 곳, 구지봉!

거북이 바다를 향해 머리를 내민 형세라 하여 '구수봉'이라고도 불리는 이곳이 바로 가락국(금관가야)의 고향이자 고대 서사시 「구지가」의 탄생지이다.

42년, 하늘에 제사를 지내기 위해 이곳에 모인 9간(9명의 촌장)과 촌민들은 신령한 목소리에 이끌려 노래하며 춤을 추었다.

"거북아, 거북아, 머리를 내어라. 내어 놓지 않으면 구워 먹으리."

얼마 지나지 않아 하늘에서 자주색 끈이 드리워지고 붉은 보자기에 싸인 금합이 내려왔다. 9간이 다가가 금합을 열어보니 빛나는 여섯 개의 황금 알이 있었다. 아도간이 이 알들을 자기 집에 모셔두었는데, 알들을 깨고 사내아이들이 태어났다. 이들은 10여 일 만에 장성한 대장부가 되었다. 9간들은 맨 처음 태어난 대장부의 이름을 '수로'라 하였고, 가락국 왕으로 추대하였다. 황금알에서 태어나 성을 '김'이라 하였으며 오늘날 김해 김씨의 시조가 되었다.

왕이 된 수로는 궁궐과 관청을 마련하는 등 나라의 기틀을 마련해 갔다. 그는 왕권에 도전해 오는 석탈해를 이겨 가락국의 왕 자리를 지켰고, 사로국(신라) 파사왕의 부탁을 받아 실직곡국과 음즙벌국 사이의 영토 분쟁을 중재하는 능력을 보여주기도 하였다.

이렇게 가락국의 토대를 완성한 수로왕은 믿기 어렵지만 158세로 세상을 떠났다 한다. 그런데 수로왕릉은 의아하게도 가야 초기 왕릉보다는 경주에 있는 신라 왕릉과 형태가 비슷하다. 수로왕릉이 삼국을 통일한 문무왕 대에 조성되었기 때문이다. 문무왕은 무열왕 김춘추와 김유신의 누이인 문명왕후 사이에서 태어난 인물로, 수로왕의 15대 외손이 된다. 그는 외가를 높이기 위해 김해 지역을 '금관군'에서 5소경의 하나인 '금관경'으로 승격시켰다. 또한 수로왕의 묘역을 정비하고 땅을 하사하여 능을 관리하게 했으며, 능묘의 제례를 그 후손들이 주관하게 하였다.

고려시대에 접어들면서 김해는 변경 지방이 되었고, 사라진 왕국의 수로왕릉은 차차 황폐해졌다. 조선 선조 대에 영남관찰사로 재직하던 수로왕의 후손이 이러한 사실을 안타깝게 여겨 왕릉을 크게 수축하였

1908년 구지봉에 건립된 가락국 태조왕(수로왕) 탄강지 기념비.

고, 정조 대에는 납릉 정문이 세워졌다. 이 시기는 조선의 지방 양반들이 가문의 권위를 높이기 위해 서원이나 사우를 많이 건축하던 시기로, 수로왕릉 정비도 같은 맥락으로 이해해야 할 것이다. 고종 대에는 숭선전의 호를 받고 능묘를 개축하여 현재의 모습을 갖추었다. 오늘날에도 수로왕릉의 숭선전에는 수로왕과 허왕후의 신위가 모셔져 있고, 김해시와 후손들은 매년 봄·가을에 제사를 지낸다. 단일 성씨로는 국내 최대 비율을 차지하며 대통령까지 배출한 김해 김씨의 번창함을 이날이 되면 새삼 느끼게 된다.

바다를 건너온 사랑,
역사가 되다

구산동 허왕후릉

허왕후릉 전경. 수로왕릉과 떨어져 독립된 묘역을 형성하고 있다.

파사석탑.

허왕후릉 경내에는 기이한 모양의 석탑이 있다. 이 특이한 형태의 돌탑에는, 하늘이 정해준 인연을 찾아 거친 바다를 건너온 허왕후와 즉위 후 6년간이나 왕비가 될 그녀를 기다린 수로왕의 사랑 이야기가 담겨 있다.

아유타국 공주 허황옥은 부모님의 꿈에 나타난 계시를 따라 신랑감을 찾아 정든 고국을 떠났다. 얼굴은커녕, 어딘지도 모르는 가락국에 있다는 수로왕을 무작정 찾아 나선 16세 어린 공주는 두렵고 혼란스러우면서도 하늘이 정해준 신랑감에 대한 기대로 설레었을 것이다. 하지만 인연을 찾아 나선 공주의 여정은 순탄치 않았고, 거친 풍랑을 만나 다시 돌아가야 했다. 그녀의 아버지는 '파도를 잠재워줄 파사석탑'을 배 한가운데에 싣게 하였다. 순조로운 바닷길을 열어준 파사석탑은 기나긴 항해 내내 그녀를 지켜주었고, 그 덕으로 가락국 해안에 도착하여 마음으로만 그리던 수로왕을 만날 수 있었다. 애타는 기다림 끝에 만난 수로왕과 허왕후는 행궁에서 사흘 밤낮을 보내고 가락국의 궁궐로 들어왔다.

이후 왕과 왕후는 가락국을 다스리면서 열 명의 왕자와 두 명의 공주를 낳았다. 그중 첫째 왕자는 2대 거등왕이 되고 둘째 왕자와 셋째 왕자는 허왕후의 간청대로 허씨 성을 따르게 하니, 이로부터 김해(분성) 허씨가 시작되었다. 이 사실은 가락국 내에서 허왕후의 세력을 짐작하게 한다. 허왕후는 시집올 때 신하와 그 가족과 노비를 합해 최소 20여 명의 일행을 이끌고 왔다. 그리고 그 신하들의 딸이 제2대 거등왕과 제3대 마품왕의 왕비가 되었다는 기록으로 보아 허왕후 집단이 왕비족으로 가락국 내에서 일정한 세력을 형성하였음을 알 수 있다. 또한 허왕후릉 인근의 연화사라는 절이 허왕후의 중궁 터라는 이야기가 전해지고 있으며, 실제로 '가락고도 궁허'라는 돌비석이 세워져 있다. 이는 허왕후 집단이 수로왕 집단과는 별개의 세력과 지역 기반이 있었다는 것을 반증한다.

허왕후릉이 시작되는 구남문을 지나 전설을 담은 파사석탑을 거쳐 경내에 있는 높은 계단을 오르면 커다란 봉분과 '가락국 수로왕비 보주태후 허씨릉'이라 쓰인 비석을 볼 수 있다. 그런데 허왕후의 출신에 대

거친 파도를 잠재우기 위해 배에 싣고 왔다는
파사석탑이다.

해서는 여러 가지 논의가 분분
하다. 인도 아유타국 출신이라
는 견해와 중국 보주에서 왔다
는 견해 등이 있으나 김해시와
그 후손들은 '인도 아유타국의
공주'라는 데 무게를 싣고 있는
듯하다. 김해시는 인도의 아요
디아와 자매도시를 맺고 교류
하고 있으며, 주한 인도 대사가
허왕후릉을 참배하기도 하였으
니 말이다.

매년 4월, 김해에서는 가야문
화축제가 열린다. 축제는 이제
막 부부가 된 수로왕과 허왕후
의 신행길 행차로 시작된다. 우리 역사 최초의 국제결혼이자 다문화 가
정의 시작이다. 오늘날 김해 지역의 다문화 가정이 다른 어느 지역보다
많은 것도 우연은 아니다.

가락국이 해상무역으로 번성하다

봉황동 유적

벚꽃이 만개한 봉황동 유적. 복원된 고상가옥과 배가 잘 어우러진다.

눈꽃처럼 흩날리는 벚꽃의 아름다움을 따라 봉황대에 오른다. 구릉 정상부의 무심한 황세바위에는 한때 아름다웠으나 떨어지는 벚꽃처럼 져버린 가락국의 황세 장군과 여의낭자의 슬픈 사랑의 전설이 전해져 온다. 서로 사랑하여 결혼까지 약속했으나 전공(戰功)을 세운 황세 장군 은 왕의 명령으로 어쩔 수 없이 공주와 결혼하게 된다. 여의는 그런 황 세를 그리워하다 죽어갔고, 황세 역시 첫사랑을 잊지 못하고 마음의 병 으로 죽었다고 한다. 가락국 때의 전설은 기억과 신앙이 되었으며, 지역 주민들은 여의각을 짓고 현재도 추모제를 지낸다.

그러나 이보다 중요한 봉황대의 의미는 바로 옆 해반천이 가락국의 항구가 있던 곳이라는 사실이다. 봉황대는 꽤 높은 지대인데, 흙속 여기저기 조개껍질이 박혀 있어 의문을 자아낸다. 이는 이곳이 육지가 아니라 강이나 바다였을 가능성을 말해준다. 실제로 2001년부터 2003년까지의 발굴 조사를 통해 봉황대의 서쪽 해반천가에서는 항구 관련 시설 유적이 발견되었다. 배를 정박하기 위한 시설과 교역 창고로 활용되었을 높은 기둥 위에 세워진 많은 건물 자리는 당시 항구의 규모를 짐작하게 해준다. 2012년에는 가야시대 것으로 추정되는 배의 벽체와 노, 닻이 추가로 발굴되었다.

상상하기 힘들지만 가락국 시대의 해반천은 밀물 때면 파도가 일렁이는 바다가 되고 썰물 때면 갈대밭과 갯벌이 드러나던 내해였다. 밀물이 되면 봉황동 항구에는 중국과 왜의 큰 배들이 들어왔고, 가야 여러 나라의 상인들은 덩이쇠를 가져와 외국 상인들과 거래를 했다. 이곳을 찾은 중국인과 일본인은 뱃길에 대한 정보를 얻고 철을 비롯하여 자신들이 필요한 물자를 구입하였다.

중국 한나라가 황해도에 설치한 대방군에서 왜에 이르는 바닷길은 기원 전후에서 3세기 후반까지 고대 동아시아 세계를 연결하는 주요 무역로였다. 봉황대 동쪽 회현동 패총에서는 '화천'이 출토되었다. '화천'은 중국 '신'나라 화폐로, 평양과 황해도, 일본 규슈에서 오사카까지 점점이 출토되고 있다. 중국에서도 짧은 기간 통용되었던 '화천'이 바닷길 길목마다 발견되는 것은 이 길을 통한 무역이 얼마나 빈번했었는지를 말해준다. 또한 가락국이 그 무역로의 주요 항구로 번성했음을 보여준다.

봉황동 유적은 가야시대의 대표적인 국제 무역항을 복원한 것이다.

가야시대의 대표적 조개무덤인 회현동 패총이다. 이곳 전시관에서는 패총의 단면을 자세하게 볼 수 있다.

발굴된 유적 가운데 창고형 고상가옥 3채와 망루 1채를 복원하고 '가야의 배'도 만들어 띄웠다. 모든 건물을 복원하지는 않았지만 가상이 아닌 실제 항구 유적을 근거로 물을 끌어들이고 배를 띄워 항구의 느낌을 살렸다. 규모가 작아 아쉽지만 봉황동 유적은 해상왕국 가락국의 위상을 어렴풋이나마 짐작하게 한다. 한때 잊혔던 가락국의 역사가 조금씩 되살아나고 있는 듯하다.

철의 왕국,
타임캡슐을 열다

대성동 고분군

봉분이 없어 언덕처럼 보이는 대성동 고분군(오른쪽)과 고분박물관(왼쪽 원형 건물).

해반천변을 따라 '가야의 거리'를 가다 보면 '가야 기마 민족 조형물'을 만나게 된다. 말 타고 적진을 가리키며 전진하는 장군 뒤로 철갑옷을 입은 병사들이 뒤따르는 모습이 매우 역동적이다. 이 조형물은 여러 지역의 가야 고분에서 출토된 유물을 참고하여 제작한 것이다. 특히 철로 된 장수의 투구와 목가리개, 갑옷, 창과 말머리가리개, 재갈, 말안장, 발걸이 등 말갖춤새는 대성동 고분군에서 발견된 것을 참고하였다.

이 동네 사람들에게 대성동 고분군은 무심코 지나치는 큰 언덕에 불과했다. 그도 그럴 것이, 다른 고분들처럼 높은 봉분이 따로 없어 밭으로 경작되고 있었던 것이다. 그러나 아기 구지봉이라는 뜻의 '애구지'라 불리며 '토기편'이 발견되던 사실에 주목했던 한 고고학자의 생각은 달랐다. 그는 자기 전세금을 털어 발굴에 착수하였고, 발굴 팀의 끈기와 열정은 가락국 왕들의 무덤을 열어 보였다. 비록 썩었지만 길이가 무려 8미터에 이르는 대규모 목곽의 흔적이 보였고, 긴목 항아리, 그릇받침 등 토기류와 도끼, 철정, 철제 갑옷류 등 철기류가 나왔다. 순장자 5명의 인골 흔적도 볼 수 있었다. 1990년 여름, 이렇게 기록으로만 전해오던 철의 왕국, 가락국의 실체가 세상에 드러났다.

이후, 여러 차례 발굴을 통해 대성동 고분군의 범위는 고분군으로 정비된 지역 외에도 대성동 고분군 앞 도로와 김해시 관광안내소 주차장, 수릉원 등 더 넓은 지역으로 밝혀졌다. 확인된 무덤도 총 304기나 되었는데, 독무덤, 널무덤, 덧널무덤, 구덩식 돌덧널무덤, 돌방무덤 등 여러 형식이 혼재하였다. 언덕 능선을 따라 높은 지대에는 가락국 지배자들의 무덤이 발견되었고, 주변 저지대는 신분이 낮은 사람들의 무덤이 있다. 1~5세기 대의 왕릉급 무덤들에서는 온전한 형태는 아니지만 금동관이 출토되었으며, 가락국이 철의 왕국이었음을 입증하는 철제 무기류, 갑옷, 말갖춤새 등의 철기류가 많이 출토되었다. 특히 철기를 만드는 소재이면서 가치교환의 수단, 즉 화폐처럼 쓰였던 철정이 다량 출토되었다. 철정은 품질이 매우 뛰어나서 3세기 무렵에는 낙랑·마한·동예·왜 등지에 수출되었다. 가야인들은 하나의 철재에도 강철이 되어야 할 부분에는 탄소를 집어넣었고, 나머지 부분은 탄소 함유량을 적게 하였다. 이를테면 도끼에서 날 부분은 강철이 되게 하고 나머지 부분은 순철로

대성동 고분군의 노출전시관. 다량의 토기와 함께 철정, 철제 무기들이
다수 출토되었다.

남겨 잘 부러지지 않게 한 것이다. 가야의 철기 제조 기술은 당시의 하
이테크놀로지였으며, 가야의 철정은 대외 교역에서 인기 상품이었다.

철광산과 우수한 철기 제조술이 있었으며, 생산된 철제품을 운반하
기 편리한 해운이 발달하여 가락국은 한반도 철 생산의 중심지로 부상
했고, 전기 가야의 중심국이 될 수 있었다. 역사 기록에 남아 있었으나
명확한 실체가 드러나지 않아 답답하게 했던 가락국의 역사 전개를 대
성동 고분군이 보여주었다. 대성동 고분군은 전성기의 가락국이 첨단
기술을 보유한 '철의 왕국'이었음을 보여주는 타임캡슐이다.

임진왜란 최초의 의병,
김해에서 일어나다

동상동 사충단

제법 규모가 있는 송담서원의 뒤쪽 계단을 올라가면 사충단을 만날 수 있다.

김해 동상동 롯데캐슬아파트 방면에서 뒷산인 분산으로 향해 있는 급경사를 오르다 보면 사충단을 마주하게 된다. 이곳에는 홍의장군 곽재우보다 앞서 의병을 일으킨 김득기, 류식, 송빈, 이대형이 배향되어 있다.

1592년 조선을 침략한 왜군은 개전 이틀 만에 부산진에 이어 동래성을 함락하고 김해로 진격하여 왔다. 사람들은 무서운 소문을 전해 듣고 두려움에 떨었다. 전투를 앞둔 김해부사는 경상우병사를 비롯하여 인근 지역 군수들에게 도움을 청하였다. 하지만 경상우병사는 지원 요청을 모른 척했고, 초계군수 이유검이 약간의 군사를 이끌고 김해성을 지원하러 왔다.

의병을 포함하여 겨우 1,000여 명의 군사로 많은 적군과 싸우기에는 역부족이었음에도 김해성의 군사들은 두 차례에 걸친 왜군의 공격을 막아냈다. 김해성 함락이 만만치 않음을 느낀 왜군은 작전을 바꾸어 성 북쪽에서 남쪽으로 흐르는 호계천 상류를 막아 성안의 개천과 우물을 마르게 했다. 설상가상으로 초계군수 이유검은 서문의 수문장을 죽이고 달아나버렸다. 곧이어 김해부사 서예원도 승산이 없다고 판단하여 줄행랑을 쳤다. 식수가 마르고 지휘관마저 사라진 김해성은 혼란에 빠졌다. 이때 김해 사람 송빈, 김득기, 이대형 등이 병사와 의병을 이끌고 왜군과 싸웠다. 1만 3천여 명에 달하는 왜군은 김해성을 여러 겹으로 포위하고 함성을 지르고 활과 조총을 쏘며 공격하였다. 그러나 세 의병장들의 독려 아래 김해성의 병사와 의병들은 일본군의 공격을 막아냈다.

식량도 동이 나고 군사들의 사기가 바닥으로 떨어졌을 때, 대동 예안리 사람 류식이 수십 명의 의병을 이끌고 김해읍성 북문을 통해 들어왔다. 그는 성안의 우물이 모두 말라버렸다는 말을 듣고 지형을 살핀 뒤, 객관 앞의 마당을 파게 했다. 얼마 지나지 않아 그곳에서 물줄기가 솟아올랐고 사람들은 '하늘이 돕는다'며 좋아했다. 현재 김해시 동상동 시장 안에는 류식의 후손이 세운 '류공정(柳公井) 비'가 있다.

그날 밤, 왜군은 성 주변과 들녘의 보리를 베어 김해성의 해자를 메워 성벽을 타고 넘어왔다. 백병전이 벌어지고 성안의 군사와 의병들이 싸우다 죽어갔다. 왜군은 의병장 이대형, 김득기, 류식에게 투항을 권고

송빈이 끝까지 싸우다 순절한 서상동 고인돌의 모습이다.

했다. 그러나 이들은 죽을 각오로 끝까지 싸웠으며 모두 객사 앞에서 순절했다. 홀로 김해성 남문(진남문)을 지키던 송빈은 세 의병장의 죽음을 전해 들었으나 몸을 피하지 않고 큰 바위(서상동 고인돌) 위에서 마지막까지 왜군과 싸우다 순절했다.

관군이 싸웠던 부산진과 동래성도 하루 만에 함락되었으나, 1만 3천 왜군에 맞서 천여 명밖에 되지 않았던 김해의 군사와 의병들이 무려 나흘 동안이나 성을 지켰다는 것은 놀라운 일이다.

전쟁이 끝나고 김해성의 4충신은 통정대부, 병조참의 등의 품계와 벼슬을 추증받았으나 그들은 얼마 지나지 않아 잊혔다. 꽤 오랜 시간이 흐른 후, 숙종 대에 이순신의 후손인 이봉상이 김해부사로 와서 김해읍성 전투에 대해 알게 되었고, 이를 기념할 것을 정부에 건의하여 '송담서원'이 건립되었다. 순조 대에 '표충사'라는 사액을 받았으나 흥선대원군의 서원철폐령에 따라 없어졌다. 그로부터 3년 뒤 고종의 명으로 사충단을 설치하고 매년 이들이 전사한 음력 4월 20일에 제사를 지내게 되었다. 이때 벼슬도 가선대부, 병조참판 등으로 추증되었다.

여전히 역사는 주류를 기억하고 기념한다. 최초의 의병장은 곽재우로 기억되고 있으며 김해 출신으로 전란 초기에 성을 지켰던 의로운 인물들은 제대로 기억을 못하고 있다. 널리 알려지지 않아서 그러하고 주류에 속하지 않아서 그러하였다. 역사는 주류의 이름을 기억하지만 주류에 속하지 못한 이들의 삶과 희생으로 유지되는 법이다.

과인은 도성을 버렸으나
너희는 돌아와야 한다

흥동 선조 어서각

늘 문이 굳게 닫혀 있어 아는 이도 찾는 이도 거의 없는 선조 어서각.

서김해 IC 인근 흥동 아이뜰 공원에는 선조 어서각이 있다. 임진왜란 중에 선조가 백성에게 쓴 편지인 선조 국문유서(國文諭書)를 보관하던 곳이다.

임진왜란 발발 이듬해인 1593년, 조·명 연합군은 일본군을 남해안 지역으로 몰아내었다. 일본군은 울산 서생포에서 진해 웅천에 이르는 지역에 성을 쌓고 장기전에 대비하였다. 그리고 그들은 조선을 배제한 채로 진행된 명과의 화의 교섭을 지켜보았다.

당시 일본군이 점령한 지역의 백성은 어쩔 수 없이 그들에게 복종하고 있었다. 김성일이 선조에게 보낸 문서를 살펴보면 나라를 배신한 백성이 일본 편에 서서 조선 군대를 공격하는 일이 일어나기도 했다. 그래서 선조는 일본군 점령지의 백성에게 그들을 회유하여 일본군으로부터 도망칠 것을 권유하는 한글 편지를 썼다. '백성에게 내리는 글'이라는 서신은 일본군에게 잡혀간 백성들의 죄를 묻지 않음은 물론, 왜군을 잡아 오는 자, 왜군의 동태를 자세히 파악해 오는 자, 포로 된 조선 백성을 많이 데리고 나온 자는 신분의 구별 없이 벼슬을 주겠다는 내용이다. 그리고 조선군과 명군이 합세하여 부산과 동래에 있는 일본군을 칠 계획이므로 그 전에 빨리 적진에서 탈출하라고 당부하였다.

전쟁이 발발하자 일찌감치 도성을 버리고 의주로 피난 간 선조의 위선이 드러난다. 왕은 파천하는 조정의 행렬을 막아서며 하소연하는 백성을 버리고 떠나갔다. 점입가경으로 선조는 명나라로 가기를 청했으나 일본군의 침입을 염려한 명이 그를 받아들이지 않았다. 비겁한 왕은 나라를 버리고 도망쳤으나 지켜주지 못해 미안해해야 할 백성에게는 제 역할을 요구한 것이다.

왕이 친필로 편지를 썼으나 일본군 점령지의 백성에게 이를 전달할 사람이 나서지 않았다. 이때 김해 수성장이었던 권탁이 자원해서 국문유서를 가지고 일본군 진영에 잠입하여 일본군 수십 명을 죽이고 잡혀 있던 조선인 100여 명을 구출하였다. 그러나 정작 권탁은 전투 중에 입은 상처가 덧나 사망하였고 조선 정부는 그에게 벼슬(통정대부)을 추증하였다. 이후 선조 국문유서는 권탁의 후손들에게 전해 내려오다가 19세기 중반 현충사와 어서각이 건립되며 줄곧 이곳에 보관되었다. 이후 보물로 지정된 국문유서를 한 번 도난당했다가 어렵게 되찾은 일이 있다. 안동 권씨 문중은 보관이 어렵다고 판단하여 부산 시립박물관에 위탁하였다. 그래서 선조 어서각에 있는 국문유서는 원본이 아니라 사본이다. 그마저도 어서각 문이 굳게 잠겨 있어 볼 수 없다.

나라의 위기 앞에 백성보다 자신을 챙기기에 급급했던 위선적인 왕이었음에도 뒤늦게 명분을 챙기며 내린 명령에 부응한 한 선비의 충성심과 그것을 믿고 위험을 무릅썼던 백성의 이미지가 겹쳐지며 씁쓸한 마음이 든다.

'대한 독립 만세'의 함성이
김해에 울려 퍼지다

무계동 3·1운동 기념탑

김해 3·1운동 기념탑. 1919년 장유 무계리의 독립운동을 기억하고자 1967년 무계동 용두산 정상에 세운 것이다.

민족의 굴욕이란 죽음보다 참기 어렵고 자유의 희원은 생명보다도 차라리 강하다.

1919년 3월 1일 겨레의 힘을 묶어 굴욕을 박차고서 자유를 달라 외친 말이다. 서울에서 부른 만세 소리가 남국강산으로 퍼져가고 고을마다 메아리쳐 일어나던 때 이곳에서는 뜻있는 이들이 범동포 갯가에 모여 의논하고 곧 부락마다 연락하여 약속한 4월 12일 정오 대청천 언덕으로 하나,

둘 군중이 몰려드니 자못 3천여 명, 지축을 흔드는 북소리, 나팔소리, 만세 소리 그것은 오직 민족혼의 우렁찬 행진이었다. 그날 일본 헌병들의 야만 적인 총탄 발사로 동지들이 쓰러지자 군중은 더욱 분격하여 무계리의 일 본 헌병 출장소를 파괴하였으나 김해읍 응원병과 부딪쳐 해산되고 주동자 들은 옥고를 겪음으로써 끝났지만 겨레의 혈관 속에 그 정신이 맥맥히 살 아 있어 마침내 원하던 조국의 독립을 성취하였기에 그날 이곳 장유면 동 포들이 항쟁한 사적을 새겨 이 고장 후손들에게 전하는 바이다.

1967년 장유 무계리 용두산 정상에 세워진 김해 3·1운동 기념탑에 새겨 있는 글귀이다. 김해읍 출신으로 세브란스 의학전문학교에 다니고 있었던 배동석은 서울 탑골공원의 3·1운동에 학생 대표로 참여하였다. 이후 독립선언서를 가지고 김해로 내려와 임학찬, 배덕수 등과 의논하 여 김해의 만세운동을 준비하였다. 이들의 주도로 3월 30일 김해 읍내 에서 시작된 만세 시위는 4월 5일 하계면의 진영시장, 4월 11일 명지면 의 만세시위로 이어졌다. 김해에서 가장 조직적이고 규모가 큰 만세의 함성은 장유면 무계리에서 터져 나왔다.

장유 유하리 출신 김종환은 고종의 장례식에 참여하기 위해 상경했 다가 3·1 독립 만세 운동에 참여하고, 독립선언서를 가지고 고향에 돌 아왔다. 그는 4월 11일 김승태·조순규·이강석·최현호 등과 만나 이틀 날 무계리 장터에서 독립 만세 운동을 전개하기로 결의하고, 각자 자기 동네 사람들을 몰래 동원하여 태극기를 만들고 만세운동을 준비했다. 4월 12일 대청천변에서 50여 명을 동원한 김승태가 태극기를 들고 선 두에 서서 무계리 장터로 들어온 것을 시작으로 북 치고 나팔 불며 시 위군중이 모여들어 그 수는 3천여 명이나 되었다. 이들은 일본 헌병이

용두산 정상으로 올라가는 길목에 '삼일탑 입구'라는 돌비석이 서 있으나 3·1운동과 관련된 장소임을 짐작하기는 어렵다.

출동하여 무력을 행사하자 헌병 분견대를 습격했다. 이에 놀란 일본 헌병의 무차별 사격으로 김선오 등 3명이 현장에서 순국했다. 시위대는 잠시 후퇴하였으나 두려움에 떨지 않고 돌을 던지며 몽둥이 등으로 헌병 분견소 건물을 파괴하고, 헌병과 보조원을 때려눕히며 격렬한 시위를 전개하였다. 그러나 김해읍에서 출동한 일본 군경의 발포로 시위대열은 해산하였다. 시위 대표 10여 명은 결국 체포되어 부산 형무소에서 옥고를 치러야 했다. 특히, 김종환은 복역 중 손톱과 발톱을 뽑히는 등 잔인한 고문의 후유증으로 평생을 고통 속에 지내야 했다.

뜨거웠던 그날의 외침들이 모여 마침내 독립이라는 결실을 맺었으므로 우리는 이들의 희생을 기억해야 한다. 그러나 가파른 경사길을 따라 용두산 정상에 올라야 하기에 기념탑을 찾는 이는 매우 드물다. 잊지 않고 기억하고자 했으나 쉽사리 볼 수 없고 기억하기 힘든 곳에 세워진 것이다. 매년 3월 1일에는 이곳에서 3·1절 기념식이 열리고 있으나 이 사실을 아는 이도 별로 없다. 이곳이 제대로 기념되기 위해서는 접근하기 쉽게 길을 정비하고 공원처럼 조성해야 한다. 차라리 처음 만세 함성이 터져 나온 대청천변이나 무계동 평지에 있다면 좀 더 사람들의 일상과 마음속에 파고들 수 있을 것이다.

낙동강 물줄기를 바꾸어
평야를 만들다

김해평야

김해평야로 역류하는 바닷물을 막기 위해 1934년에 세운 녹산 수문.

낙동강은 남한에서 제일 긴 강이다. 강원도 태백 황지에서 발원한 강은 남쪽으로 525km라는 긴 여정을 달려와 부산 하단에서 바다로 흘러든다. 그 여정에서 낙동강 줄기가 쌓은 흙이 형성한 삼각주에 만들어진 평야가 김해평야다.

하지만 풍요롭고 넓은 김해평야가 영남 최대의 곡창지대가 된 것은 그리 오래된 일이 아니다. 부분적으로 농토로 이용되던 곳도 있었으나 낙동강의 범람으로 홍수의 피해가 잦았으며, 갈대가 무성히 자라는 저습지가 대부분이었다.

실제로 평야가 조성된 시기는 일제강점기였다. 김해수리조합, 대저수리조합 등이 조직되었고, 낙동강 하류 여기저기에 둑과 제방을 쌓아 강의 범람을 막았다. 그럼에도 여름 장마철이 되면 낙동강 하구는 늘 물바다가 되었다. 1934년 봄, 일제는 김해시 대동면 서낙동강 입구에 대저수문(대동 수문)을 세워 낙동강 본류와 서낙동강을 분리하였다. 장마로 강물이 범람하여 흘러 내려오면 이곳 대저 수문을 막아 낙동강 하구로 바로 흘러가도록 하였다. 같은 해 가을, 녹산 수문을 세워 김해평야로 역류하는 바닷물을 막아 짠물이 농지로 유입되지 않게 하였다. 두 수문의 건립으로 김해평야는 홍수가 발생하지 않게 되었고, 수로 등 수리시설의 확충으로 관개용수가 풍부해지면서 농지로서 제 역할을 할 수 있게 되었다. 벼의 재배가 활발해지고 오늘날 김해평야의 명성을 얻게 되었다.

그러나 이 모든 것은 수탈을 목적으로 한 것이었다. 농사의 이득은 일제와 일본인 지주가 차지하였고, 농민들은 동양척식주식회사와 일본인 지주가 요구하는 높은 소작료에 시달려야 했다. 게다가 지주가 부담해야 할 수리조합비마저 농민들에게 전가되어 땀 흘려 일한 우리 농민들은 굶어 죽지 않을 정도의 곡식만을 가질 수 있었다. 김해평야에서 수탈한 쌀은 구포다리를 건너 구포선창에서 배를 이용하거나 구포역의 철도를 이용해 부산항에서 일본으로 실려 갔다. 평야의 농민들은 꽤 오랫동안 속상한 마음을 삼키며 참아내야 했다.

해방 이후, 대도시 부산 옆에 위치한 김해평야에서는 쌀뿐만 아니라 도시민이 소비하는 채소, 과일, 화훼 등 다양한 농작물이 생산되었다.

분산성에서 내려다본 안동공단과 먼 곳에 보이는 낙동강·김해평야이다. 원래 안동공단과 인근 주거
지역도 김해평야였다.

제철에 상관없이 채소와 과일을 재배할 수 있는 비닐하우스를 처음으로 성공시킨 곳도 김해였다. 김해 농업인 박해수 씨가 성공시킨 비닐하우스 농법은 김해에서 경남으로, 그리고 전국적으로 보급되었다.

김해평야. 한때는 수탈의 현장이었지만 해방 후에는 우리나라를 대표하는 농업지대로 자리매김하였다. 그러나 도시화와 더불어 산업단지 확장, 주거단지 건설 등으로 농지가 대폭 줄어들어 곡창지대라는 말이 무색해지고 있다. 김해시민 대부분이 농업과 관계없는 직업에 종사하고 있다. '김해평야에 흉년이 들면 영남이 굶는다'는 어르신들의 말은 이제 옛말이 되어 기억 저편으로 사라지고 있다.

물은 생명을 품고 사람은
민주주의를 꿈꾸다

봉하마을 화포천

되살아난 화포천 습지생태공원의 모습. 오른쪽 뒤편으로 화포천 생태박물관이 보인다.

경상도를 가로질러 흐르는 낙동강은 바다에 이르기까지 크고 작은
지류의 물을 받아들인다. 작은 실개천부터 강물에 이르기까지 물속에
녹아 있는 수많은 사연들도 함께 모아 바다로 간다. 김해 봉하마을 들
판을 지나 한림면을 거쳐 낙동강에 합류하는 화포천도 그중 하나다. 어
느 하천 어느 강물인들 그 물에 의지하여 살아가는 생명들의 이야기를
담지 않겠는가마는 화포천의 사연도 만만치가 않다.

햇빛이 좋은 초여름 날 햇살을 받은 하천에는 소금쟁이가 물 위를 거닐고 때 이른 잠자리들은 하늘을 날아다닌다. 물가의 습지를 따라 뿌리를 내리고 있는 버드나무와 갈대, 수초들이 녹음으로 무성하고 그 속에 지저귀는 새소리가 청량하다. 수많은 생명들이 저마다의 생태계를 이루며 조화롭게 살아가는 모습은 한마디로 자연스럽다.

화포천의 품에 의지하여 살아가는 사람들도 하천 주변에 농지를 일구고 농사를 지으며 대를 이어 오랜 세월을 살아왔다.

세상은 변하고 산업화가 진행되면서 하천의 주변에는 공장이 하나둘 자리를 잡고 오염된 물을 하천으로 흘려보냈다. 자연과 더불어 농사를 짓고 살던 사람들도 더 많은 쌀을 생산하기 위해 농약을 치고 화학비료를 사용했다. 사람들의 생활은 풍요로워졌으나 강물은 서서히 병들어갔다. 하천에 기대어 살던 생명체들은 서서히 자취를 감추었으나 사람들은 그 사실을 제대로 인식하지 못하고 외면했다. 화포천은 서로가 의존하며 사는 공간으로서의 의미를 조금씩 잃어갔다.

아직 하천이 병들기 전 이곳에서 나서 어린 시절을 보낸 인물이 있었다. 민주주의가 위협받던 시대를 살면서 시대에 도전했던 바보 같은 시민이 있었다. 그는 우리 사회 주류를 차지해온 이들의 예상을 깨고 대통령이 되었다. 그는 대통령이 되자 권력을 시민들에게 돌려주고자 노력했으며 정의로운 세상이 이루어지기를 간절히 바랐으나 5년의 시간은 짧았다.

그는 대통령 임기를 마치고 화포천이 있는 고향으로 돌아왔다. 작은 하천의 물을 되살려 손자들에게 물려주고 싶다는 소박한 꿈을 실천하며 자연과 더불어 살아도 충분히 잘 살 수 있는 농촌 공동체를 실현하고자 했다.

봉하마을에 있는 고(故) 노무현 대통령 묘역, 뒤쪽으로 부엉이 바위가 보인다.

그런 그의 모습은 매우 행복해 보였다. 사심 없이 찾아오는 국민들을 만나는 순간, 자전거 뒤에 손녀를 태우고 마을을 산책하던 순간, 마을 공동체와 더불어 민주주의를 만들어가던 매 순간이 행복해 보였다.

겉으로는 평온했으나 내적으로는 치열한 순간이었다.

국민들은 물러난 대통령을 사랑했으나 그의 삶을 용납하지 않는 이들도 많았다. 결국, 그는 정적의 공격 속에서 "운명이다"라는 말을 남기고 스스로 자연으로 돌아가는 길을 택하였다. 가장 부자연스러운 시대를 살면서 자연을 닮고자 했고, 반칙이 난무하는 세상에서 정의로운 세상을 꿈꾸던 그는 바보 노무현이다.

화포천은 그를 기억하여 다시 생명의 꽃을 피우고 아이들은 그의 바람대로 물가에서 자연을 누린다. 그를 잊지 못하는 민주 시민들은 시간을 내어 그를 찾아 봉하마을로 온다.

작은 것의 변화가 큰 강물을 바꾸듯이 민주주의는 깨어난 시민으로부터 완성이 된다.

| 2부 |

내
류

1.
천축의
이상이
내려앉다

양산

오래된 절집의 높은 위상이
대대로 이어지다

하북면 통도사

통도사 초입에서부터 눈길을 끄는 무풍한송.

무풍한송(舞風寒松)!

절집의 오래된 역사를 뽐내기라도 하듯 수백 년 된 아름드리 소나무 수천 그루가 춤을 추듯 어우러지는 풍경. 이 솔숲이 주는 감동과 여운이 통도사의 잊히지 않는 첫인상이다.

불교에는 신앙의 핵심이자 궁극적 지향점인 삼보(三寶)라는 것이 있다. 삼보란 불(佛, 부처님), 법(法, 부처님의 가르침), 승(僧, 가르침을 전하는 승려)을 말한다. 삼보의 본찰을 삼보사찰이라 하는데 해인사, 송광사, 통도사가 이에 해당한다.

합천 해인사는 고려시대에 몽골의 침입을 막고자 부처님의 가르침을 새겨 조성한 팔만대장경을 봉안하고 있으므로 법보사찰이라 한다. 순천 송광사는 우리나라 절 가운데 훌륭한 스님을 가장 많이 배출한 곳으로 승보사찰이다. 고려 중기 보조국사 지눌 이후 조선 초기까지 16명의 국사를 배출했다. 양산 통도사는 신라의 자장율사가 중국 유학을 마치고 귀국하며 가져온 석가모니의 진신사리를 금강계단에 모시면서 불보사찰이 되었다.

불보사찰 통도사는 높은 절집의 격과 오래된 역사만큼 창건설화도 남다르다.

자장율사가 당나라에 유학할 당시의 일이다. 기도하는 자장율사 앞에 문수보살이 나타나 석가모니의 진신사리와 경전 등을 주면서 절을 지으라고 하였다. 자장율사는 문수보살의 계시대로 석가모니가 『법화경』을 설법한 인도 영축산의 형세와 비슷한 취서산에 절을 지으려 했다.

당시 통도사 터는 아홉 마리의 독룡이 사는 아주 큰 연못이었다. 그 독룡들은 비바람을 일으켜 농사를 망치고 백성을 괴롭혔다. 자장율사가 독룡을 몰아내기 위한 설법을 하자 법력에 못 이긴 용 다섯은 오룡동으로, 셋은 삼곡동으로 물러갔다. 그러나 한 마리가 굳이 그곳에 남아 절을 지키겠다고 맹세를 하였고, 자장율사는 연못 귀퉁이에 '구룡지'를 남겨 머물게 하고 대부분의 연못을 메워 절을 지었다고 한다.

절의 중심건물 하면 보통 불상을 모시고 있는 대웅전을 떠올린다. 그러나 통도사 대웅전에는 불상이 없다. 부처님의 진신사리를 금강계단에 봉안하여 실제 부처님이 와 계시기 때문이다.

선덕여왕의 명에 의해 창건된 불보사찰 통도사는 왕실의 비호를 받아 꾸준히 세력을 키워갔다. 특히, 고려 선종 대에는 4만 7천 보나 되는 통도사의 경계를 표시하기 위해 절집을 중심으로 국장생 석표를 사방 12곳에 세웠다. 그중 2기가 양산과 울주군에 그대로 남아 있는데, 자연석에 나라의 명에 의해 건립되었다는 내용이 새겨져 있어 국가와 사찰의 관계를 짐작하게 해준다. 한편으로는 넓은 땅과 많은 노비를 소유하

부처님의 진신사리를 봉안한 금강계단.

면서 사하촌 농민들을 소작농으로 부리고 고리대금업으로 이익을 취하면서도 면세 혜택을 누린 고려시대 사원의 폐단이 눈에 보이는 듯하여 쓸쓸하다. 억불정책을 하던 조선시대에도 응진전, 산령각, 삼성각을 건축하며 그 명맥을 굳건히 지켜왔다.

　지금도 통도사는 우리나라 8대 총림의 하나로 위상이 매우 높다. 골이 깊은 영축산에 암자만 17개를 거느리고 있으며, 전국에 150여 개의 말사를 두고 있다. 주말이면 드넓은 주차장이 가득 차고 신도와 방문객이 줄을 잇는 큰 절집이다. 신라, 고려를 잇는 통도사의 영화로운 역사가 현대에까지 이어지고 있는 셈이다.

천여 년 전통을 지닌
가야진 용신제를 돌아보다

원동면 가야진사

해마다 이곳 가야진사에서는 가야진 용신제가 거행된다.

낙동강 물줄기가 아름답게 흘러가는 양산시 원동면 용당리에는 가야진이 있다. 육로교통이 발달하지 않았던 시대에 하천은 사람들과 물자를 수송하기에 매우 효율적인 교통로였다. 이러한 수로교통의 요지이면서 강을 건너기 좋은 곳에 나루터인 '진'이 설치되었다. 가야진 역시 강을 건너면 김해 상동면 여차리 용산나루에 닿을 수 있는 위치에 있다. 그래서 삼국시대의 가야진은 단순한 나루터가 아니라 신라와 가야의 전략적 요충지였다. 실제로 신라는 금관가야를 정벌할 때 이곳에서 군사를 출항시켰다. 뚜렷한 기록은 없지만 이런 이유로 이곳 명칭이 '가야진'이 되었을 것이다. 가야와 백제를 방비하는 국경의 요지로서, 군사들의 무운을 비는 장소로서 가야진은 중요성이 컸다. 그래서 신라는 가야진에 사당을 세우고 국가적 제례에 포함시켜 해마다 제물과 제관을 보내 강의 신에게 제사를 지냈다.

가야진에는 강의 신인 '용신'에 대한 설화가 전해온다. 옛날 양주 도독부의 한 전령이 공문서를 가지고 대구로 가던 길에 주막에서 하룻밤을 묵었다. 꿈에 용 한 마리가 나타나 자신을 황산강 용소에 사는 황룡의 본처라고 소개하고, 남편인 황룡이 첩인 청룡만 사랑하고 자신을 멀리하니 청룡을 죽여주면 은혜를 갚겠다고 했다. 전령이 사정을 딱하게 여겨 다음 날 첩용을 죽이기 위해 큰 장대낫을 사서 용소에 갔는데, 낫을 잘못 내리쳐 남편용을 죽이고 말았다. 뜻하지 않은 변고였다. 슬피 울던 본처용은 전령을 끌고 용궁으로 갔다고 한다. 그 후 이 마을에는 강의 범람과 가뭄 등 재앙이 일었다. 물고기를 잡으며 강을 터전으로 삼아 살던 주민들은 용이 노한 것이라 생각하고 돼지를 잡아 용신제를 지냄으로써 어려움을 이겨냈다.

국가적 행사로 편입되어 삼국시대부터 고려, 조선을 거쳐 계속 이어오던 용신제는 일제강점기에 위기를 맞게 된다. 경부선 철도가 부설되어 인근에 원동역이 생기면서 교통 요지로서 중요성이 사라졌다. 게다가 일제는 가야진사를 헐고 가야진 용신제를 금지시켰다. 하지만 이곳 주민들은 천태산 비석골에 사당을 모시고 밤중에 제수를 운반하여 몰래 제사를 모시며 그 명맥을 이었다.

광복 후, 지역민들이 사당을 다시 현 위치로 옮겨 제사를 지냈으나 '4대강 살리기 사업'이라는 명목으로 이전해야 할 처지에 놓이게 되었

가야진사에서 바라본 낙동강의 아름답고 고즈넉한 풍경이다.

다. 그런데 이전을 위한 유적 발굴 조사에서 조선시대 건물지, 경작 유구 등과 함께 150여 점의 분청사기 제기가 발굴되었다. 특히 이것들은 조선 전기인 15세기에 만들어진 것으로 『세종실록』, 『국조오례의』에 기록된 형태의 제기들이었던 것이다. '4대강 살리기 사업'으로 사라질 뻔한 가야진사는 아이러니하게도 그 덕으로 중요성을 인정받아 원래의 자리에 살아남을 수 있었다. 더불어 가야진사의 제단이 복원되어 조선시대의 제의 법식을 따를 수 있게 되었다.

해마다 봄, 가을이면 양산시의 주도하에 용신제가 거행된다. 양산시는 '가야진 용신제'에 대한 국가문화재 지정을 추진하고 있다. 지역민의 신앙으로, 지역민의 정체성과 단합을 이끌어내었던 제례지만 이제 그들에게 그러한 신앙을 찾아보기는 어렵다. 천여 년을 이어온 가야진 용신제, 박제화된 전통을 넘어 시대에 맞는 전통으로 자리매김해야 할 때다.

만고의 충신 박제상,
기억의 끝자락에 자리하다

상북면 박제상 효충공원

효충사와 징심헌(오른쪽 기와집)을 복원한 박제상 효충공원 전경.

'효충마을.'

양산시 상북면에 있는 이 마을에는 신라 충신 박제상의 이야기가 전해온다. 5세기 초반, 어려움에 처했던 신라는 국난을 타개하기 위해 고구려와 왜에 왕자들을 볼모로 보내야 했다. 이 시기에 신라의 삽량주간(歃良州干)이었던 박제상은 눌지왕의 명을 받고 고구려에 잡혀 있던 왕의 동생 복호를 구해냈다. 이어 또 다른 동생 미사흔을 왜에서 탈출시켰으나 정작 자신은 잡히고 말았다.

왜왕이 제상을 가두고 물었다. "너는 어찌하여 몰래 네 나라 왕자를 보냈느냐?" "나는 계림(신라)의 신하이지 왜국의 신하가 아니오. 이제 우리 임금의 소원을 이루려 했을 뿐인데 어찌 이 일을 그대에게 말하겠소."

왜왕이 화를 내며 말했다. "예전에 네가 나의 신하가 되었다고 했으면서 말을 바꿔 신라의 신하라고 한다면 반드시 오형(五刑)을 받아야 하리라. 만약 왜국의 신하라고 한다면 후한 녹을 주겠다." 이에 제상은 "차라리 계림의 개·돼지가 될지언정 왜국의 신하가 되지는 않을 것이오. 차라리 계림의 형벌을 받을지언정 왜국의 벼슬은 받지 않겠소"라고 답했다. 왜왕은 제상의 발바닥 가죽을 벗기고 달군 쇠 위에 세워놓는 등 고문을 가하며 설득했으나 제상은 끝내 굴복하지 않고 결국 불에 타 죽었다.

소식을 들은 신라 왕은 박제상의 몸을 던진 충성심에 대한 보답으로 박제상을 대아찬에 추증하였다. 더불어 그의 아내를 국대부인으로 높이고 그 가족에게 후한 물품을 내렸다. 또한 미사흔을 박제상의 둘째 딸과 혼인시켜 박제상의 공을 기렸다. 하지만 박제상의 부인에게는 그러한 명예보다 남편에 대한 그리움이 더 컸던 모양이다. 그녀는 치술령 고개에 올라 남편을 그리워하다 결국 죽음을 맞이하고는 망부석이 되었다는 아픈 사랑의 이야기가 남게 되었다.

기억의 장치는 누군가 기억하고자 할 때 이루어진다. 기억해내야 할 목적과 필요가 있기 때문이다. 신라가 삼국통일을 이루고 대외적 긴장관계가 사라진 이후, 박제상은 잠시 잊힌 듯했다. 한동안 잠들어 있었던 박제상에 대한 기억은 고려시대 중기, 김부식에 의해 다시 떠올려진다. 박제상은 유교적 통치이념을 바탕으로 서술된 『삼국사기』의 열전 충신전에서 부활한다. 김부식은 박제상의 이야기를 통해 국가에 대한 '충'

만고의 충신으로 기억되는 박제상의 동상.

의 개념을 고려의 관리나 백성이 갖추어야 할 중요한 요소로 강조한 것이다.

이후 원(몽골)과의 전쟁이 발발하자, 충성을 바쳐 싸울 이들에게 모범이 될 만한 인물의 기억이 절실해진다. 그리하여 일연의 『삼국유사』에서는 보다 극적으로 박제상이 부활한다. 우리가 위인전에서 읽은 박제상에 대한 기억의 이미지들은 거의 『삼국유사』에 의존하고 있다고 볼 수 있다.

조선은 건국 이후 유교적인 사고와 생활 방식을 모든 백성에게 적용하고자 노력하였다. 백성들에게 유교 윤리를 전파하기 위해 열녀와 효자를 장려하여 지역마다 열녀비와 효자비를 세워주었다. 효를 국가에 대한 충의 근본으로 알려가기 위해 책자를 간행하여 보급하기도 했다. 대표적인 것이 『삼강행실도』와 『오륜행실도』다. 이 두 책은 그림을 곁들여 사람들이 충과 효 등의 유교 윤리를 쉽게 익힐 수 있도록 배려하고 있는데, 그 속에 박제상이 당당하게 충신의 표본으로 자리 잡고 있다. 이렇게 박제상은 신라시대 사람으로 오랜 역사의 시간 속에서 망각될 수 있었음에도 고려와 조선을 거치면서 영웅적인 충신으로 자리 잡게 되었다.

현대에 들어서도 박제상은 계속 기념되었다. 1960년, 박제상의 출생 지에는 효충사가 건립되었다. 양산시는 2015년에 박제상이 머물렀던 징 심헌을 복원하고 그의 동상을 세우는 등 효충역사공원(현 박제상 효충공 원)을 조성하였다. 그러나 이곳은 찾아갈 때마다 문이 굳게 닫혀 있고 제대로 된 콘텐츠가 없어 썰렁하기만 하다. 1986년부터 박제상의 충절 을 기리고 지역 문화 예술의 발전을 도모하기 위해 개최된 '삽량문화축 전'에서도 박제상의 위상은 예전 같지 않다. 충도 열도 사라진 시대, 기 억의 끝자락에 충신 박제상이 자리하고 있다.

한때 양산의 주인,
부인과 함께 묻히다

북정동 부부총

북정동 고분군 하단에 있는 부부총. 규모가 크고 호석이 둘러져 있어 눈에 띈다.

양산시 북정동 성황산 구릉에는 정상부에서 서쪽으로 뻗어내린 능선을 따라 10여 개의 크고 작은 무덤이 열을 지어 분포되어 있다. 그중 규모가 클 뿐만 아니라 봉분 하단에 호석까지 둘러져 있어 눈에 띄는 무덤이 바로 '부부총'이다.

일제강점기였던 1920년, 조선총독부는 고적 조사라는 명목하에 북정동 10호분 발굴을 했다. 여러 개의 무덤 중 선택적으로 행해진 발굴의 실상은 발굴 조사라기보다는 거의 유물 수집 수준이었다.

무덤 내부에는 돌로 높게 쌓은 단 위에 부부처럼 보이는 남녀의 시신이 안치되어 있었다. 그리하여 이 무덤에 '부부총'이라는 이름이 붙게 되었다. 부부의 시신이 놓인 단 아래에는 이들의 노비였을 것으로 추정되는 순장자 3인의 시신이 있었다. 10여 개의 고분 가운데 부부총을 선택한 고적조사위원들의 짐작대로 부장품은 매우 화려하고 풍부했다. 남편은 '출(出)'자 모양 금동관과 은제 허리띠 등을 하고 있었으며, 부인은 자작나무로 만든 관모, 굵은고리 귀걸이 등 다양한 장신구를 하고 있었다. 또한 이들의 머리맡에서는 많은 토기와 금동 말안장, 말띠드리개 등 말갖춤새도 출토되었다.

이 오래된 무덤의 주인들이 과연 누구이며, 어느 시기를 살았는지 명확히 알 수 있는 유물은 없었다. 그래서인지 이 근방에서는 '김유신의 부모이자 양주(양산) 지방관이었던 김서현 부부'라는 설이 있고, '인근 산성에서 일어난 전투에서 죽은 김서현의 사위와 딸의 무덤'이라는 설도 떠돌고 있다.

추측이 난무한 가운데 주목해야 할 점은 부부총에서 신라 양식인 '출(出)'자 모양 금동관이 나왔다는 사실이다. 머리에 쓰는 관은 지배자, 즉 왕을 상징한다. 부부의 몸을 치장한 화려한 장신구들은 이러한 사실을 뒷받침한다. 하지만 금제가 아닌 금동관과 은제 허리띠 등 경주 지역 출토품보다 수준이 낮은 재질로 만든 것으로 볼 때, 부부총의 주인들은 신라계가 아닌 토착세력 지배자였을 것으로 추측된다. 5세기에 들어서면서 신라는 동래, 양산 등 낙동강 동안(東岸)의 가야 소국을 점령하였다. 양산을 점령한 신라는 직접 지배 방식 대신 부부총 주인의 복종을 요구하고 그 대가로 금동관 같은 위세품을 주어 그들의 지배력을 인정해주는 간접 지배를 택했다.

이는 낙동강을 경계로 신라와 대치하고 있는 가락국(금관가야)을 압박하는 수단이기도 했다. 결국 신라는 532년 법흥왕 대에 가락국을 복속시켰다. 이후 가야와 신라의 군사적 요충지로서 양산의 중요성은 사라졌고, 통일 후 신라는 지방관을 보내 양산을 직접 지배하였다.

부부총의 화려하고 다양한 유물들은 1938년 조선총독부가 도쿄 제실박물관(도쿄 국립박물관의 전신)에 기증하여 일본으로 유출되었다. 유출된 지 75년 만인 2013년 양산유물전시관(현 양산시립박물관)에서는 '백 년 만의 귀환, 양산 부부총 특별 기획전'이라는 주제로 일본에서 부부총 출토 유물을 대여해 와 국내에 처음으로 소개하였다. 그러나 전시가 끝나자 그 유물들은 다시 일본으로 돌아갔고, 양산시립박물관에서는 '양산 부부총 유물 환수 서명 운동'을 하고 있다.

망국지한(亡國之恨)! 부부총에 묻힌 이들은 살아 있을 때는 양산의 주인이나 주인임을 떳떳이 말할 수 없는 처지였고, 사후에는 일제에 의해 무덤 안의 소유물을 빼앗기는 처지가 되었다. 기약할 수는 없지만 언젠가 유물이 돌아와 부부총의 고인들이 그대로 주인임을 말할 수 있기를 기대한다.

김서현과 만명의 스캔들이
삼국통일로 이어지다

김해 김씨 재실인 취산재의 외부 전경. 하북면 지산리에 있다.

통도사에서 그리 멀지 않은 양산시 하북면 지산마을에는 김해 김씨 재실인 취산재가 있다. 건물은 조선시대에 지어졌지만 이곳의 주인공은 금관가야 마지막 왕인 구형왕의 아들 김무력과 손자 김서현이다.

취산재는 김무력과 그의 아들 김서현의 위패가 봉안된 취서사와 조선후기 민화풍의 무인(武人) 부부 그림이 있는 영정각으로 이루어져 있다. 그림 속 남편의 모습은 동그란 두정(頭釘)이 달린 붉은색 갑옷과 투구를 착용하고 있으며, 왼쪽 어깨 위로 화살이 드러나 있다. 쪽진 머리를 한 부인은 길이가 짧은 파란 저고리에 붉은색 치마를 입고 있다. 두 사람의 복식은 전형적인 조선시대 것이지만 그림 상단부에 각각 '大都督○○玄之像'과 '蘇判夫人萬明之像'이라는 글씨가 있어서 김서현과 만명부인으로 받들어지고 있다. 그림은 원래 양산시 북정동 부부총 근처의 사당에 있었는데, 1958년 태풍으로 사당이 훼손되고 인근에 살던 무속인이 수습하여 신앙의 대상으로 삼았다. 그래서 아직 밝혀지지 않은 부부총의 주인을 김서현과 만명부인으로 추정하기도 한다.

법흥왕은 투항한 금관가야 구형왕에게 가야 지역을 식읍으로 주고 진골로 대우하였다. 이로부터 60여 년의 시간이 흐르면서 가야계 왕족은 신라에서 전공(戰功)을 세우고 높은 관직에 올라 신라 사회에 완전히 흡수된 듯 보였다. 그러나 신라 왕족들은 이들을 구분하고 차별하였다. 허용되지 않는 분위기 속에 가야계의 김서현은 신라 왕족인 만명과 사랑에 빠진다. 이 일은 신라 왕실을 흔드는 스캔들이 된다.

진흥왕의 남동생 숙흘종과 만호부인 사이에서 난 성골 출신 만명은 김서현이 함부로 넘볼 수 없는 사람이었다. 숙흘종과 만호부인은 둘의 관계를 격렬하게 반대하여 결국 만명공주는 집 안에 감금되었다. 신라 왕실은 둘을 떼어놓고자 김서현을 만노군(진천군) 태수로 임명하여 먼 곳으로 가게 했다.

이룰 수 없는 사랑은 더욱 간절해지기 마련이다. 김서현이 떠나던 날 밤, 만명은 극적으로 탈출해 김서현과 사랑의 도피를 하였다. 시간이 흘러 둘 사이에는 김유신이 태어났고, 딸에 대한 연민과 손자에 대한 사랑은 숙흘종과 만호부인으로 하여금 두 사람을 인정하게 했다.

신라 사회에서 만명의 남편으로 인정받은 김서현은 출세길을 걷게 된다. 그들은 김유신에 이어 김흠순과 보희, 문희를 자녀로 두었다. 만명부인의 자녀교육은 남달랐다. 화랑시절 김유신이 기생 천관녀에게 빠져 있을 때 만명은 이를 엄하게 훈계하였고, 그는 맹세하고 더 이상 그녀를 찾지 않았다. 그러던 어느 날, 술에 취한 김유신을 태운 말이 예전 습관대로 천관녀의 집 앞에 멈추자 말의 목을 자른 일화는 너무나 잘 알려져 있다. 어머니의 교육에 따라 올바른 결단력과 실천의지를 지닌 김유신은 탁월한 장수로 성장할 수 있었다.

김흠순도 황산벌 전투, 백제의 거열성 정복, 고구려 정벌 등 많은 전투에서 전과(戰果)를 거두며 김유신을 도와 삼국통일에 기여하였다. 황산벌 전투에서 신라군이 백제군에 연패하여 사기가 떨어졌을 때, 흠순은 아들 반굴에게 "신하 노릇을 하자면 충(忠)만 한 것이 없고, 자식 노릇을 하자면 효(孝)만 한 것이 없다. 나라가 위기에 처해 목숨을 바치면 충효를 함께하는 것이다"라고 말했다. 이에 반굴은 적진에 뛰어들어 용맹하게 싸우다 죽었고, 이를 본 관창도 적진에 뛰어들어 주검으로 돌아온다. 어린 화랑들의 죽음을 본 신라 병사들은 결사적으로 전투에 임해 황산벌 전투에서 승리하고 사비성을 함락하였다. 국가를 위해 아들을 적진에 보내는 김흠순의 결단이 백제 정복의 시작이 된 것이다.

작은딸 문희도 범상치 않았다. 언니 보희가 꾼 꿈을 산 문희는 오빠 김유신의 계획에 따라 김춘추를 만나 사랑하게 된다. 이후 김춘추는 자신보다 우선순위에 있던 상대등 알천을 제치고 최초의 진골 출신 왕이 되었는데, 이는 김유신의 군사적 뒷받침이 있었기에 가능하였다. 이렇게 문희는 무열왕의 왕비가 되어 문무왕을 낳음으로써 가야 왕족은 신라 왕실의 외가가 되었다. 신라의 명장 김유신과 김흠순, 통일전쟁을 시작하는 무열왕의 왕비이자 통일을 완성하는 문무왕의 어머니인 문희까지 삼국통일이라는 신라의 거대한 역사에 가야 왕손들이 큰 족적을 남길 수 있었던 것은 김서현과 만명의 스캔들이 있었기에 가능한 것이었다.

아픈 역사가
아름다운 풍광에 가려지다

동면 법기수원지

파란 취수탑과 반송이 어우러지는 법기수원지의 아름다운 풍경.

7번 국도가 아직 바다를 만나기 전, 부산을 벗어나 조금은 한산한 외곽을 달리다 보면 양산시 법기리에 있는 '법기수원지'에 닿을 수 있다. 철문을 통과하여 수원지에 들어서면 높이 30m가 훌쩍 넘는 측백나무와 편백나무, 히말라야시다(개잎갈나무), 벚나무 등이 우거진 숲을 이루고 있다. 키 큰 나무들로 빽빽한 숲은 계절마다 다른 느낌으로 방문객에게 안식을 준다. 특히 벚꽃이 만개하고 수원지의 맑은 물로 키운 미나리가 제철을 맞이하는 봄이 되면 많은 사람들이 시각과 미각에 이

끌려 이곳으로 몰려든다.

법기수원지의 물은 범어사 정수장에서 정수되어 부산광역시 금정구의 7천여 세대에 공급된다. 그래서 경남 양산시에 있지만 소유권은 부산광역시 상수도사업본부에 있다. 양산에 있으나 양산시가 소유권을 갖지 못한 것처럼 법기수원지는 일제강점기에 조선인이 아닌 부산에 사는 일본인들에게 깨끗한 물을 안정적으로 공급하기 위해 건설되었다.

'源淨潤群生(원정윤군생)'

깨끗한 물은 많은 생명체를 윤택하게 한다.

일제강점기에 두 차례나 조선 총독을 역임하며 기만적인 문화통치를 편 사이토 마코토(齋藤實)의 글이다. 이 글과 그의 이름이 80여 년 세월을 그대로 담고 있는 취수터널 출입구 상부의 돌판에 새겨져 있다.

아름답게만 느껴졌던 풍광의 감흥이 이내 사라진다. 수몰지구 마을에 살았던 주민들은 하루아침에 땅과 집을 잃고 떠나야 했다. 당시 법기수원지 조성으로 수몰된 농경지 면적은 78,000여 평에 이르렀고, 그 땅을 소작하며 살았던 법기리 90가구 300여 명의 사람들은 당장 살길이 막막해진 것이다. 땅을 매입하려는 부산부에 대해 법기리 지주와 농민들의 저항이 있었다. 지주들은 지주회를 조직하여 소작인에 대한 구제책 없이는 땅을 팔지 않겠다고 버텼고, 소작인들도 당국의 구제를 끊임없이 요구하였다. 보고만 있을 수 없었던 양산청년동맹도 대책 강구회를 열었다. 그들은 양산의 유지들을 모아 법기리 옹호동맹을 결성하고 적정한 토지 가격 책정과 소작 문제 보상을 관철하기 위해 나섰다. 그러나 부산부는 1928년 '토지수용령'을 강제로 적용하여 지주들이

'원정윤군생'이라는 글자가 새겨진 취수터널.

받아들이기 힘든 낮은 가격으로 토지를 매입하였다. 그 이듬해 부산부는 소작인 보상 문제도 양산군수가 중재하여 협의한 2개년의 소작료를 대폭 삭감하여 1개년 소작료를 약간 넘는 수준에서 지급하기로 결정하였다. 결국 강력한 당국의 결정과 조처에 법기리 주민들은 뼈아픈 현실을 받아들여야 했다.

1932년 완공된 후 79년간 수원지 보호를 위해 출입이 금지되었던 삼림과 호수는 2011년 일반에게 개방되었다. 이후 찾는 사람들이 많아지자 양산시는 이곳을 중심으로 3개 코스로 이루어진 '법기 치유의 길'을 조성했다. 그리하여 이곳을 찾는 사람들이 지친 삶을 치유하는 공간이 되었다. 그러나 법기수원지의 아름다운 풍경이 선사하는 평온함 이면에는 과거의 아픈 역사가 숨겨져 있음을 기억해야 한다. 역사는 잊지 않고 기억하는 것으로 치유를 시작할 수 있다. 치유는 용서할 수 있을 때 이루어지고 용서는 잊지 않을 때 가능해지기 때문이다.

2.
의병에서
의열단으로

밀양

만 마리 물고기가
돌이 되다

만어사 앞 너덜지대. 동해 용왕의 아들을 따르던 만 마리 물고기들이 머리를 들고 있는 모양이 연상
된다.

삼랑진역 북쪽 만어산에 만어사가 있다. 이 절의 창건에 대해 아래와
같은 전설이 전해온다.

옛날 하늘에서 알이 바닷가로 내려와 사람이 되어 나라를 다스렸으니
그가 곧 수로왕이다. 이때 그 영토 안에 옥지라는 연못이 있었는데 그 연

못에는 독룡이 살고 있었다. 또 만어산에는 다섯 명의 나찰녀(사람을 잡아 먹는 악귀)가 있었는데 독룡과 왕래하며 사귀었다. 그런 까닭에 때로 번개가 치고 비가 내려 4년 동안이나 오곡이 익지 못했다. 왕은 주술로 이를 금해보려고 했으나 금하지 못하고, 부처를 청하여 설법했더니 그제야 나찰녀는 5계(戒. 살생, 도적질, 음행, 거짓말, 음주를 금함)를 받아 그 후로는 재해가 없었다.

이 전설은 만어사의 창건설화라기보다는 금관가야가 이 지역으로 세력을 확대하는 역사적 과정을 보여주는 것이다. 즉 처음에는 수로왕이 독룡과 나찰로 대표되는 이 지역 세력의 저항에 막혔다가 마침내 이들을 복속시킨 과정을 불교적으로 윤색한 것으로 보인다.

절 안으로 들어서자마자 눈길을 사로잡는 것은 절 아래 골짜기를 가득 채운 크고 작은 돌들이다. 만어산 어산불영경석(漁山佛影輕石)이라고 불리는 바위들이다. 전설에 따르면 동해 용왕의 아들이 자신의 명이 다했음을 알고 신통한 승려를 찾아가 머물 곳을 구했다. 그 승려는 가다 멈추는 곳이 인연이 닿는 장소라 했고, 용왕의 아들은 길을 떠났다. 그의 뒤를 많은 물고기들이 따랐고 이 산에서 발걸음이 멈췄다. 그 순간, 용왕의 아들은 미륵바위가 되었고, 물고기들은 골짜기의 돌들이 되었다고 한다. 다른 어디서도 볼 수 없는 탄성을 불러일으키게 하는 만어사의 풍경이다. 특히 비가 오거나 안개가 긴 날 골짜기를 보면 수많은 물고기들이 와글와글 모여 머리를 들고 마치 부처님의 설법을 듣기 위해 몰려오는 듯한 느낌을 준다.

그보다 더 특이한 것은, 이 바위들을 두들기면 맑은 쇳소리가 난다는 점이다. 이 때문에 비 오는 날이면 빗방울이 바위에 부딪힐 때 소리가 나는데, 마치 수많은 물고기가 웅웅거리는 소리처럼 들린다. 이 소리가 맑고 청아하여 조선 세종대왕 때 이곳 돌로 편경(編磬)을 만들었다고 한다. 편경은 모든 국악기의 음정을 정하는 기준 악기이다. 유학에서 음악은 예의 실현은 물론 각종 국가 행사에서 핵심적인 역할을 한다. 그렇기 때문에 정확한 음정을 잡는다는 것은 나라의 기틀을 잡는 것을 의미했다. 만어사의 물고기들이 내는 맑은 소리가 나라의 예악을 바로잡은 것이다.

사실 이 바위들은 지질학적으로 화강암의 풍화작용으로 만들어진 암괴류다. 그리고 종소리는 화강암 안의 성분 차이로 생겨난 것이라고 한다.

사실이야 어쨌든, 때로는 사실이 전설이 되고, 전설을 따라 사실이 만들어지기도 한다. 사람들이 믿고 싶어 하는 것들이 이해하기 힘든 자연의 신비와 만나 의미가 생겨난다. 동해의 용왕이니 당연히 사람들의 소원을 들어줄 것 같고, 용왕이 부처님과 만났으니 그 효험이 더할 것이라는 믿음은 너무도 당연하다. 그래서 아이를 가지려는 간절한 소망을 가진 이들이 이 절집을 찾았고, 용왕과 더불어 부처님을 찾아 이곳에 왔던 물고기들은 돌로 굳어져 지금도 불경을 외운다.

영남제일루,
밀양의 영욕과 함께하다

내일동 영남루

밀양강 건너편에서 본 영남루. 밀양의 문화적 중심지로서 밀양의 영욕을 거쳐왔다.

고속도로에서 남밀양 IC를 통해 밀양으로 들어가면 밀양강 건너편에
하늘로 날아오를 듯한 누각이 앉아 있다.

원래 영남루는 영남사라는 절의 부속 누각이었다. 절이 폐사된 후 고
려 말 밀양군수 김주가 누각을 크게 중창하고 영남루라 하였다. 이후
여러 차례 불탔다가 세워지기를 반복하였는데, 지금의 영남루는 조선
헌종 때인 1848년에 세워진 것이다.

영남루는 웅장한 누각의 좌우로 능파당과 침류각이 배치되어 있어 건물에 날개를 단 느낌을 준다. 특히 영남루와 침류각을 연결하는 층층 계단을 만들고 각 계단 위에 지붕을 얹음으로써 영남루를 더욱 돋보이게 한다. 영남루에서 바라보는 밀양강 주변 풍광도 좋지만 영남루를 제대로 보려면 밀양강 건너편에서 보는 것이 가장 멋있다.

영남루에 오르면 이곳을 찾아왔던 사람들이 남긴 많은 글과 시를 새긴 현판들을 볼 수 있다. 이황, 이색, 문익점, 신숙주, 권근, 하륜, 김종직 등 많은 유명한 문장가들이 영남루를 다녀갔다. 이곳을 다녀간 많은 학자들이 남긴 기문과 시가 영남루의 내부에 빼곡히 걸려 있는데, 이것이 영남루의 사회적 가치를 높이는 역할을 했다. 밀양 사람들은 이런 영남루의 위상에 걸맞게 '영남제일루(嶺南第一樓)'라는 거대한 현판을 만들어 거는 것으로 자신들의 자부심을 표현했다. 그래서 영남루는 평양 부벽루, 진주 촉석루와 함께 조선 3대 누각으로 꼽힌다.

영남루 맞은편에는 천진궁이 있는데, 영남루와 같이 밀양도호부의 부속 건물이었다. 일제강점기에는 일본 헌병대의 건물로 사용되어 밀양 지역의 독립운동가를 탄압하는 본거지 역할을 했다. 해방 이후에는 단군과 역대 왕조 시조들의 위패를 모시는 공간으로 변하였는데, 이는 일제에 의해 말살된 민족정기를 되찾겠다는 의지가 반영된 듯하다.

천진궁 담장 앞에는 밀성대군의 단이 있다. 이 단은 1924년에 세운 것으로, 밀양 박씨의 시조인 밀성대군을 위한 것이다. 양식으로 보면 일본식 무덤을 보는 것 같다. 단 내부에 있는 비석의 글은 의친왕 이강이 썼다고 전한다. 그런데 비석 뒷면을 자세히 보면 어떤 글자들은 새겼다가 나중에 지운 흔적이 있다. 자세히 보면 지워진 글자는 밀양 출신의 유명한 친일파 박춘금의 이름이다. 그는 정치깡패로 활동하면서 일본

제국의회 중의원에 당선된 사람이다. 일제강점기에 조선인으로서 제국의회 중의원이 된 사람은 박춘금이 유일하니, 그가 얼마나 열렬하게 친일 활동을 했는지 짐작된다. 일제가 패망한 이후 박춘금은 일본으로 도망가서 처벌을 피했을 뿐 아니라 죽을 때까지 재일동포 사회에서 유지로 행세했다. 이보다 더 어이없는 것은, 1992년 밀양에 있는 그의 무덤 앞에 일본인들이 송덕비를 세웠다는 것이다. 이에 분노한 밀양 시민들의 노력으로 그의 무덤과 송덕비는 철거되었다.

밀양은 조선시대의 행정구역으로 도호부였으니, 영남에서 제법 위상이 높은 곳이었다. 그 위상에 걸맞고 풍광과도 어울리는 영남루가 많은 시인과 학자들을 불러들였으니, 가히 밀양 땅의 대표라 할 만하다. 하지만 같은 공간에 친일 인사의 흔적도 남아 있어 반역의 역사도 함께한다. 그래서 영남루가 담고 있던 역사란 때로는 찬란하기도 하나 때로는 치욕스러움도 함께했음을 알 수 있다.

조선 사림파의
뿌리가 되다

부북면 예림서원

조선 사림파의 종장인 김종직을 모신 예림서원. 사림파의 정체 및 계보에 관해서는 다양한 의견이 있다.

안향 – 이제현 – 정몽주 – 길재 – 김숙자 – 김종직 – 조광조….

한국사 교과서에 실린 조선시대 사림파의 계보다. 예림서원은 조선 사림파의 종장으로 일컬어진 점필재 김종직을 모시고 있다. 본래 김종직의 아버지 김숙자는 경상도 선산 출신인데, 밀양을 터전으로 하는 박홍신의 사위가 되어 밀양에 정착하게 되었다. 김숙자는 젊었을 때 선산에 은거해 있던 길재를 찾아가 학문을 배웠다고 한다. 이를 다시 김종직에게 전수했고, 따라서 김종직도 길재의 학통을 이었다는 것이다.

김종직 이전의 밀양에는 춘정 변계량이라는 사람이 있었다. 김숙자와는 사촌 동서지간인데, 혼인을 통해 외지에서 들어온 김숙자와 달리 밀양을 본관으로 하는 밀양 변씨 가문 출신이다. 그는 문장이 뛰어났고 특히 외교 문서 작성에 능해서 조선 초기에 무려 20여 년이나 대제학을 맡기도 했다.

지역적 기반이나 관직으로 보더라도 김종직보다 변계량이 더 뛰어나다고 볼 수 있겠다. 그럼에도 변계량은 밀양 사람들의 기억에서 사라진 반면, 왜 김종직은 사림의 종장으로 추앙받게 되었을까?

김종직은 세조 때 급제하여 관직에 진출한 이래 성종 대까지 많은 제자를 양성했다. 그 가운데 소학동자로 일컬어진 김굉필이 있었다. 김굉필의 제자가 중종 대 기묘사화의 주인공인 조광조다. 연산군 때에 2차례에 걸친 사화를 통해 세력이 약화된 사림파들은 중종반정 이후 새롭게 등용되었다. 이 가운데 조광조를 비롯한 신진 사림들은 자신들의 사상적·학문적 정통성을 확보할 필요를 느꼈다. 그 방법의 하나가 조광조의 스승 김굉필과 "동방 이학의 종주"로 추앙받던 정몽주를 문묘에 모시는 것이었다. 이러한 노력은 조광조가 기묘사화로 죽고 나서도 선조 때까지 이어졌다. 그 과정에서 정몽주와 김굉필 사이의 간격을 메우기 위해 '정몽주-길재-김숙자-김종직-김굉필-조광조'로 이어지는 계보를 완성하게 된 것이다.

사실 이런 계보는 정확성도 불분명하지만 이렇게 획일적으로 정리할 수 있는 성질도 아니다. 그 예로 같은 사림파라 하더라도 영남 지역뿐 아니라 호남, 기호 지방에서도 사림 세력들이 형성되고 있었다. 그리고

'길재-김숙자', '김종직-김굉필'도 딱 부러지는 사제 관계라고 보기 어렵다.

그럼에도 사림파들이 무리하게 계보를 만든 이유는 무엇일까? 결국 자신들이 이상적으로 생각하는 충절과 절의를 강조한 것이라 할 수 있다. 정몽주와 길재의 공통점은 고려에 충성을 다한 충절의 상징이라는 것이다. 그리고 김종직은 세조의 왕위 찬탈을 비판하는 「조의제문」을 썼고, 이로 인해 탄압받은 사람이다. 이렇게 사림파들은 정몽주로부터 조광조에 이르는 계보를 내세움으로써 자신들의 성리학적 이상인 충절을 강조하려 했다. 같은 이유로 조선 왕조 건국에 적극 협력했던 변계량이나 권근 같은 인물은 두 임금을 섬겼다는 점에서 후세 사림들로부터 좋은 평가를 받지 못하게 된 것이다. 그에 따라 외지에서 들어온 김종직은 밀양을 대표하는 인물 중 한 명으로 꼽히게 되었으나 변계량은 후손들이 밀양을 떠나감에 따라 잊힌 인물이 되고 말았다. '굴러온 돌이 박힌 돌 뽑는다'라는 속담이 생각날 따름이다.

밀양 양반과 승려들,
같은 공간에서 다른 꿈을 꾸다

단장면 표충사

표충사 전경. 예전에는 절의 구조가 지금과 완전히 달라서 표충서원이 절의 중심이었다.

　대구-부산 고속도로에서 밀양 IC로 진입하면 밀양의 유명한 얼음골과 표충사로 갈 수 있다. 표충사라는 이름만으로는 일반적인 절로 생각되지만 절 안에 서원이 있는 특이한 형태다. 더구나 일반적인 서원에서는 유학자를 제사 지내는 데 비해, 표충사 내의 서원에서 제사 지내는 인물은 임진왜란때 승병장인 사명대사 유정(1544~1610)이다.

　밀양시 무안면 출신인 사명대사는 임진왜란 기간 내내 승병으로 활약했다. 그는 평양성 탈환 작전 등의 전투에 참여하는가 하면 군량 운반, 성 쌓기 등 다양한 분야에서 승병들을 이끌었다. 일본군과 강화회담에서는 조선 측 대표로 활동하였으며, 전쟁 후에도 일본에 사신으로 가서 포로로 끌려간 많은 사람을 송환해 왔다. 그의 활약은 임진왜란을 소재로 한 소설과 민담 등에서 묘사되며 많은 사람의 기억에 전해지기도 했다.

사명대사가 입적하자 그의 세속 집안인 임씨 집안을 비롯한 무안 일대의 양반들이 그가 생전에 머물던 무안의 백하암에서 제사를 지냈다. 이후 1712년(숙종 38년)부터는 아예 사명대사를 모시는 사당의 건립을 정부에 요청하였다. 결국 백하암에 사명대사를 모시는 표충사(表忠祠)라는 사당이 세워지고, 1721년(경종 1년)부터는 나라의 지원을 받아 제사를 지낼 수 있었다.

양반들이 승려인 사명대사를 모시는 사당을 건립하자고 주장한 이유는 비록 승려일지라도 국가를 위해 헌신한 충신을 기리자는 순수한 뜻도 있었을 것이다. 그렇지만 이것만이 진정한 목적은 아니었던 것 같다. 오히려 사명대사를 모시는 사당에 대한 국가의 지원을 받음으로써 전쟁 이후 땅에 떨어진 양반들의 지배력을 국가의 권위를 빌려 높이고자 하는 데 있지 않았을까 하는 생각도 든다. 그 이유로는 사당이 건립된 지 얼마 지나지 않은 1738년(영조 14년) 무렵 이미 사당이 쇠락했다는 기록이 나타나기 때문이다. 그들은 지원만 받고 관리는 하지 않은 것이다.

어쨌든 양반들에 이어 1738년에 사명대사의 5세 법손인 남붕이라는 승려가 퇴락한 사당을 다시 세우고 사명대사에 대한 추모 사업을 본격적으로 추진하기 시작했다. 남붕이 표충사 재건에 적극적이었던 이유는 조선 후기 승려들의 위상과 깊은 연관이 있다. 조선시대에는 억불정책으로 승려들의 도성 출입이 금지됨은 물론 지방에서는 관청에 소속되어 온갖 잡역을 담당해야 했다. 그러나 표충사 창건 이후 백하암의 승려들은 일체의 잡역을 면제받았으며, 오히려 관청으로부터 일반 서원에 준하는 모든 제사비용을 제공받았다. 이를 활용해서 남붕은 승려들의 잡역 및 경제적 부담을 덜고 불교의 위상을 높일 수 있었다. 그리하여 조그만 암자에 세워졌던 표충사당은 서원 규모로 크게 중창되었음은 물론 기존 사명대사에 더해서 서산대사 휴정과 기허당 영규대사를 합쳐 제사를 지내게 되었다. 이어 1743년(영조 18년)에는 국가로부터 공식적으로 인정받았다는 의미인 사액을 받음으로써 표충서원이 되었다.

표충사의 위상이 올라가자 밀양의 불교계에서는 표충사당의 자리가 좁다 하여 밀양 관내에서 가장 큰 규모였던 재약산 아래 영정사로 위치를 옮기려 했다. 그리하여 1839년(헌종 5년)에는 현재 위치로 사당을 옮기고 절 이름도 표충사(表忠寺)로 바꾸었다. 표충사는 절집이지만 표충사당에서 출발했으므로 건물 배치는 서원의 형식을 따랐다. 때문에 대웅전이 아닌 표충사당이 절의 중심이 되었다. 지금의 표충사와는 전혀 다른 구조를 지녔다.

이렇듯 밀양 지역 양반들과 승려들은 서로 다른 생각으로 표충사를 세우고 유지했다. 그러나 시간이 흐르면서 점차 유교의 지위는 약화되고 불교는 탄압에서 벗어났다. 이에 따라 표충사도 변해갔다.

흥선대원군의 서원철폐령 때 표충사당은 철폐되었다가 다시 제사가 이루어지고, 또 1926년에 화재가 나서 응진전을 제외한 모든 건물이 불타자 현재 모습으로 재건했다. 이 과정에서 한때 절의 가장 중심 건물이었던 표충서원과 표충사당은 절 외곽으로 밀려나 정문인 수충루 옆에서 마치 더부살이하는 것처럼 자리하게 되었다.

세월은 참으로 무상하다. 과거의 표충사는 사명대사를 통해 밀양의 양반과 승려들의 소망을 이루려는 실체의 공간이었으나, 지금은 실재하나 실체를 잃은 사명대사 기념관으로만 남아 있다.

벼랑 끝에
길을 내다

작원잔도. 조선시대 사람들은 벼랑을 깎고 돌을 깔아 길을 내었다. 지금은 낙동강 수위가 많이 올라왔지만 조선시대 이 길은 벼랑 중간쯤에 위치했다.

　삼랑진은 이름 그대로 세 물줄기가 만나는 나루터다. 밀양강이 낙동강 본류와 만나는 곳으로, 이곳은 조선시대부터 수로 교통의 요지였다. 근대 이후에는 1904년 일제가 경부선 삼랑진역을 개설하고 경전선과 연결하면서 철도 교통의 요지가 되었다. 이렇게 지금의 삼랑진은 수로와 철도 교통로로 알려져 있지만 조선시대에는 도로 교통의 요지였다.
　삼랑진읍에서 낙동강변 경부선 철도를 따라 10여 분 가다 보면 작은 성문이 하나 나온다. 옛 작원관문을 옮겨놓은 곳이다.

조선시대까지만 해도 주로 강이나 바다를 통해 물자나 사람의 수송이 이루어졌다. 그렇다 해도 도로를 사용하지 않은 것은 아니었다. 조선에서는 한성을 중심으로 전국으로 뻗어나가는 9개 도로를 운영했다. 그 중 삼랑진을 지나는 도로는 동래까지 연결되었는데, 이를 영남대로라고 한다. 그런데 당시 도로는 지금처럼 넓게 포장된 길이 아니라 폭 1~2m 정도의 좁은 길이어서 수레 한 대가 겨우 지나갈 정도였다. 게다가 길 없는 절벽을 만나면 바위를 깎아 나무나 돌을 덧대어 길을 만들기도 했는데, 이런 길을 잔도(棧道)라고 했다. 우리말로는 벼랑길이라는 뜻의 벼룻길이라고도 했다. 영남대로 구간에는 특히 잔도가 많았다. 문경의 관갑천잔도, 삼랑진을 지나는 작원잔도, 양산 구간의 황산잔도 등이 있었다.

작원잔도의 끝에는 작원이 있었다. '원'이라는 이름에서 알 수 있듯이 잔도나 나루터를 이용하는 여행객의 숙소로도 활용되는 다목적 시설이었다.

그런데 나라에서 굳이 이곳에 관문을 설치한 이유는 바로 군사상 목적이 있었기 때문이다. 잔도 끝에 관문을 설치하면 '혼자서 능히 만 명의 적을 막을 수 있는' 요새가 된다. 실제로 임진왜란 때 밀양부사 박진이 이끄는 300여 명의 밀양 군민이 이곳에서 일본군 18,000여 명과 맞서 3일이나 버텼다. 임진왜란 초기에 부산진과 동래를 점령하고 승승장구하던 일본군을 저지한 유일한 전투였다.

그러나 작원관도 근대화의 물결을 피하지 못했다. 1904년 경부선 철도가 개설되자 기존 영남대로를 따라 양산 원동-삼랑진 구간이 부설되었다. 이에 따라 작원잔도는 거의 대부분 파괴되었고, 작원관문도 원래 위치에서 1km 정도 떨어진 낙동강변으로 옮겨 세워졌다. 이후 1936년 작원관문이 홍수로 무너져 폐허로 방치된 것을 1995년 밀양시에서 현재 위치에 복원해놓았다.

방송이나 인터넷이 없던 시절, 길은 사람들이 다른 지역, 다른 사람들과 소통하는 중요한 연결고리였다. 그러나 근대적 교통과 통신이 발달하면서 옛사람들이 지나다녔던 길은 대부분 잊히고 말았다.

제주 올레길의 성공 이후 각 지역에서 걷기 좋은 길 만들기 붐이 일어나고 있다. 일부러 새 길을 만들어 걷는 것도 좋지만 옛사람들이 많이 지나다녔던 길을 걸어보는 것도 정취가 있을 것이다.

의로운 일을
열렬히 행하다

내이동 의열기념관

밀양 의열기념관. 윤세주 열사 집터 바로 옆에 그들을 기념하는 시설을 만들었다.

"나 밀양 사람 김원봉이요."

영화 '암살'에 나오는 대사다. 아는 사람은 안다. 이 짧은 대사가 어떤 의미가 있는지. 굳이 자신의 직책을 언급하지 않아도 통할 만큼 우리나라 독립운동사에서 약산 김원봉이라는 인물이 차지하는 위상은 대단한 것이다.

내이동 출신 김원봉과 윤세주는 같은 동네에 살던 죽마고우였다. 그들은 밀양 출신 청년들을 중심으로 의열단을 만들어 이름 그대로 '의로운 일을 열렬히' 행했다. 의열 투쟁에만 머무르지 않고 조선의용대를 조직하여 일제에 무력으로 맞섰다. 이후 조선의용대의 활동에 대한 견해 차이로 윤세주는 중국 화북지역으로 갔고, 중국 팔로군과 연합하여 일본군과 싸우다 전사하였다. 김원봉은 남은 병력을 이끌고 대한민국 임시정부에 합류하여 군무부장과 광복군 부사령관을 역임하였다. 해방 이후에는 통일 정부 수립을 위해 노력하였으나 미 군정과 친일 경찰들의 탄압에 못 이겨 북한행을 선택했다. 북한에서도 김일성 독재에 맞서다가 결국 1950년대 말에 숙청당하고 말았다. 이들의 활동은 그야말로 대단해서 일제는 김원봉에게 가장 많은 현상금을 걸 정도였다. 또한 윤세주는 현재 중국 정부로부터 김원봉보다 더 높은 평가를 받고 있다.

그 외에도 대종교 3대 교주 윤세복, 신간회 중앙집행위원을 역임한 황상규, 밀양경찰서에 폭탄을 투척한 최수봉 등 밀양 출신으로 독립운동 유공자로 지정된 인물만 70여 명에 달한다. 한 지역에서 이렇게 많은 독립운동 유공자를 배출한 것은 아주 드문 경우다.

밀양이 이렇게 많은 독립운동가들을 배출한 원동력이 무엇인지 궁금해진다.

"농사에 힘쓰고 학문을 숭상하나 투쟁을 좋아한다."

『경상도지리지』에 실린 밀양 사람들에 대한 평가다. 전근대 시대부터 이어져 온 이런 밀양 사람들의 저항 기질도 한몫했을 것이다.

근대 이후 밀양의 항일교육도 빼놓을 수 없다. 밀양의 동화학교에서는 학교장 전홍표 선생이 수시로 항일의식을 고취하는 교육을 했고, 학생들도 연무단이라는 비밀 조직을 결성하기도 했다. 이런 분위기는 많은 밀양 청년들에게 자연스럽게 항일 의식을 심어주었을 것이다.

김원봉과 윤세주의 생가를 중심으로 반경 500미터 안에만 20여 명에 이르는 독립운동가들의 집이 분포한다. 같은 동네에서 나고 자란 비슷한 연령대의 젊은이들이 함께 조국의 현실에 분노하며 독립운동에 참여한 것이다. 윤세주나 윤세복, 한봉근, 한봉인의 경우처럼 같은 집안 내에서 여러 명이 참여하기도 했다.

이런 분위기에서 김대지, 황상규 등은 1910년대 초반부터 고향을 떠나 독립운동에 투신했으며, 그들의 후배격인 김원봉과 윤세주 역시 1910년대 후반에 의열단을 결성하게 된 것이다. 초기 의열단원 대부분이 밀양 출신일 정도로 밀양 청년들은 '의로운 일을 열렬히' 행하였다.

그러나 이들에 대한 국가의 포상은 달랐다. 해방 이전에 사망한 윤세주나 해방 이후 남한에 남은 다른 밀양 사람들에게는 부족하나마 어느 정도 포상이 이루어졌다. 이에 비해 북한으로 간 김원봉은 그의 독립투쟁 공적에 대한 포상에서 제외되었다. 그나마 영화 〈암살〉의 흥행 이후 김원봉처럼 북한 정권에 참여했다는 이유로 독립투쟁 공적을 인정받지 못하는 사람들을 재평가해야 한다는 의견이 힘을 얻고 있다.

최근 밀양시에서는 내이동 일대의 김원봉, 윤세주 생가 근처에 의열 기념관을 건립하였다. 또한 이후에는 그 인근을 의열 기념공원으로 조성하기 위해 노력하고 있다. 비록 국가는 해방 이후 행적에 따라 포상을 차별하지만 그들의 고향에서만큼은 그들의 의로운 일들을 있는 그대로 기억하는 것이 필요하다.

1인자에 가려진 사람들,
밀양에 묻히다

부북면 박차정 묘

박차정 의사 묘. 공동묘지 중간쯤에 뗏장도 없이 쓸쓸하게 있다. 그나마 최근 학생들이 만든 것으로 보이는 팻말이 그녀의 묘임을 알려준다.

밀양을 충성과 절의의 고장이라고 한다. 특히 일제강점기에는 70여 명의 독립운동가가 배출되어, 밀양을 '독립운동의 메카'라고도 부른다. 이 가운데 의열단장 김원봉과 윤세주는 어느 정도 알려져 있지만 나머지 독립운동가들은 거의 알려져 있지 않다.

박차정 여사(1910~1944)와 백민 황상규 선생(1890~1931) 역시 마찬가지다.

부산 동래 출신인 박차정은 1920년대 초반, 신간회의 자매단체인 근

우회의 중앙집행위원을 역임했으며, 중국으로 망명해서는 의열단원으로 활동했다. 1931년에는 12세의 나이 차이에도 김원봉과 결혼했다. 두 사람을 맺어준 것은 문학에 대한 조예와 조국 독립에 대한 열망이다. 치열한 독립운동 속에서도 문학으로 맺어진 두 사람을 통해 이들의 마음속에는 투쟁의식과 낭만적 감성이 함께 있음을 알 수 있다. 결혼 후 그녀는 독립운동사에서 드물게 여성으로서 무장투쟁에 나섰다. 그 결과 1939년 강서성 곤륜산 전투에 참여해서 부상을 입고 그 후유증으로 사망할 정도였다. 그녀의 시신은 중국 충칭에 묻혀 있다가 해방 이후 김원봉이 밀양으로 이장하였다. 그녀가 부상당할 때 입었던 피 묻은 군복은 친정 동생에게 전달되었다고 한다.

황상규는 밀양에서 애국계몽운동과 대한광복회 등의 비밀결사 조직에서 활동하였다. 1910년대 중반에 대한광복회가 발각되어 만주로 망명한 이후 1919년 김원봉을 비롯한 10여 명의 밀양 청년들을 모아 의열단을 결성했다. 초대 의백(단장)을 황상규가 맡았다는 주장이 있을 정도로 그는 의열단 결성 과정과 사상 등을 정립하는 데 큰 역할을 하였다. 1920년대는 초반에 일제 통치 기구에 대한 폭탄 투척 및 일본 고관 암살을 위해 국내로 폭탄을 들여오다 일제에 발각되어 옥고를 겪었다. 이후에는 1920년대 국내 최대의 좌우 합작 독립운동 단체인 신간회에서 활동하며 중앙집행위원회 서기장까지 역임하는 등 국내외 독립운동에서 많은 역할을 했다.

이들뿐 아니라 1920년에 밀양경찰서에 폭탄을 던진 최수봉, 대종교 3대 교주 윤세복, 대한민국 임시정부 초대 의정원 의원을 역임하고 만주에서 활동한 김대지 등 수많은 밀양 출신 독립운동가들이 있다.

그럼에도 사람들은 의열투쟁이라 하면 김원봉과 윤세주만 기억한다.

박차정 여사 묘 팻말. 큰 도로변이 아닌 농로 사이에 조그맣게 있어서
찾기가 쉽지 않다.

박차정과 황상규뿐 아니라 밀양 출신의 다른 많은 독립운동가들은 기
억에서 멀어졌다.

　박차정과 황상규의 무덤은 관심 있는 사람이 일부러 찾아가려 해도
쉽게 길을 찾지 못할 정도다. 황상규의 무덤은 그나마 관리가 되고 있지
만 박차정의 무덤은 월북한 남편 김원봉에 대한 평가와 함께 초라한 모
습이다.

　일제에 맞서 싸웠던 그들의 역할에 크고 작음이 있었던 것이 아닌데
그들에 대한 지금의 기억 흔적은 너무나 다르다. 그나마 밀양독립운동
기념관을 세워 밀양 출신의 독립운동가들을 최대한 기억하기 위해 노력
하는 모습에서 위안을 삼아 본다. 역사는 기억하는 자의 몫이다.

3.
낙동강을
따라
창녕의 역사가
흐르다

창녕

첫 번째
삶의 터전을 만나다

부곡면 비봉리 패총

비봉리 패총 전경. 이곳에서 수천 년 전에 살던 사람들의 흔적들을 만날 수 있다.

창녕 비봉리 패총은 창원 북면에서 낙동강을 건너 창녕 부곡으로 가는 길가에 있다. 그러나 오랜 세월 동안 땅속에 묻혀 있었으므로 사람들은 이를 알지 못하였다. 그러던 중 2003년 남해안을 강타한 태풍 '매미'로 강변에 있던 양수장이 파손되자 이듬해 이를 신축하기 위한 공사를 하는 과정에서 패총이 세상에 알려지게 되었다.

지금의 모습과 다른 신석기시대의 비봉리가 모습을 드러냈다. 신석기시대에는 이 지역까지 낙동강의 물줄기가 깊숙이 들어와 잔잔한 만을 형성한 것으로 보인다. 낙동강 본류에서 약 5km 이상 떨어진 이곳까지 물이 가득 찼으리라고는 상상하기 어렵다.

무엇보다 이곳에서 신석기시대에 소나무로 만든 배와 노가 발견되어 세상을 더욱 놀라게 하였다. 이 배는 일본에서 발견된 가장 오래된 배보다 2천여 년이나 앞서 만들어졌다는 데 큰 의미가 있다.

비봉리 패총은 조개무지 층이 뚜렷이 구분되어 있어 당시 해수면의 변동이 어떠하였는지를 알려주는 좋은 자료다. 조개무지 층마다 도토리 등의 먹을거리를 보관했던 것으로 보이는 여러 개의 구덩이도 발견되었다.

신석기시대에 농사를 짓기 전의 비봉리 사람들은 도토리 등을 채집하며 살아갔다. 당시 사람들은 도토리를 물이 가득한 구덩이에 보관하였는데, 이는 벌레로부터 보호할 뿐 아니라 도토리의 떫은맛도 없앨 수 있기 때문이었던 것으로 보인다. 구덩이가 냉장고 역할을 한 것이다. 그래서 해수면이 변동될 때마다 이에 맞추어 새롭게 구덩이를 파고 또 팠던 것으로 추정된다. 이들이 강가에서 잡은 재첩 등의 조개는 단백질과 지방을 보충하는 데 큰 도움이 되었다.

비봉리 사람들은 곡식과 열매를 담을 수 있는 토기도 만들었다. 패총의 퇴적층에 따라 양식이 다른 빗살무늬토기가 발견되어 토기 변천 과정을 이해하는 데 많은 도움을 준다.

또한 비봉리에 자리 잡고 살았던 신석기시대 사람들은 자신들이 만든 소나무 배를 타고 제법 멀리 고기잡이에 나서거나 주변 지역 사람들을 만나 물건을 교환하며 살아갔을 것이다. 이처럼 창녕에 살았던 첫 번째 사람들의 삶은 강에 의지하여 나름대로 풍족한 삶을 영위해 갔을 것이다.

비봉리에서는 다양한 동물 뼈들도 출토되었다. 쥐, 토끼 등의 작은 동물부터 사슴, 멧돼지, 호랑이 등 커다란 동물까지 다양한 동물들을 사냥하였음을 말해준다. 비봉리 사람들은 채집, 어로뿐 아니라 사냥도 즐겨 했던 것이다.

하지만 신석기 후기로 오면서 낙동강 수면이 점차 낮아지자 비봉리 일대까지 들어와 있던 낙동강의 물줄기도 점차 약해졌다. 이 같은 수면의 변화는 비봉리에서 살아오던 사람들의 삶에도 변화를 가져왔다. 이들은 또 다른 삶의 터전을 찾아 어디론가 떠나갔고, 그들이 사용하던 소나무 배와 삶의 흔적은 뻘 속으로 가라앉았다.

태풍으로 발견된 이곳에 선사시대 사람들의 흔적을 알려주는 안내판과 전시관이 만들어져 있지만, 일상에 쫓기듯 살아가는 현대인에게 옛날 이곳에 무언가 있었음을 무심히 알려주고 있다. 여전히 그 길에는 사람들이 지나가고 있다.

가야를 대신하여
신라를 선택하다

교동·송현동 고분군

창녕은 옛 가야의 여러 나라 중 하나로 '비화가야', '비사벌국', '불사국' 등으로 불렸는데, 나라 이름에 '불(火)'이 들어간 이유는 화왕산과 관련이 있는 것으로 보인다. 화왕산 왼쪽 끝자락에는 이곳을 다스렸던 이들의 무덤들이 자리하고 있다. 바로 '창녕 교동과 송현동 고분군'이다.

가야의 하나였던 창녕은 낙동강을 끼고 있어 일찍부터 농경문화가 발달하였다. 이를 기반으로 이곳 지배자들은 풍요로운 삶을 살 수 있었고, 죽은 뒤에도 교동과 송현동에 수십 기의 크고 작은 무덤을 만들었다.

송현동 7호 고분에서는 배 모양의 녹나무 관이 발견되었다. 녹나무는 중국 남부, 타이완, 일본 규슈 일대에서만 자라는 것이므로 창녕이 이들 지역과 교류하고 있었음을 말해준다. 이처럼 농경이 발달하고 대외교류가 활발히 이루어졌다는 점은 당시 창녕 사람들의 삶이 풍요로웠음을 짐작하게 한다.

지배자들은 죽은 뒤에도 현세의 풍요로운 삶이 지속되기를 바란 것 같다. 그들은 평소 사용하던 무기, 장신구, 토기 등의 껴묻거리와 함께

한때 이곳을 다스렸던 무덤의 주인들은 여전히 높은 곳에서 창녕을 바라보고 있다.

곁에서 시중들던 사람들을 함께 묻는 순장을 했다. 송현동 15호 고분
에서는 어린 여자아이가 순장되어 있었다. 발굴 이후 이 아이의 이름을
송현이라고 불렀다. 살아서도 죽어서도 주인을 모셔야 했던 송현이를
복원했지만 우두커니 서 있는 모습이 애처로워 보일 뿐이다.

　6세기에 비사벌국(비화가야)은 점차 팽창해 오는 신라의 위협에 직면했
다. 일찍이 신라는 경주 주변인 영천, 청도, 울산을 장악하고 낙동강 동
쪽에 위치한 지역들에 점차 영향력을 확대했기 때문이다. 이런 상황에
직면하여 비사벌국의 지배층은 신라와 타협하는 길을 택하였다. 신라
도 전쟁을 통하여 정복하는 것보다 자신들의 영향력 아래 두고자 했던
것 같다. 그래서 비사벌국의 지배자들은 신라가 내려준 금동관, 은제 고

리띠 등 화려한 장신구와 청동그릇, 환두대도 등을 받았고, 이를 자신들의 권력 강화에 활용하며 신라와 우호적인 관계를 유지했다.

신라는 532년 김해의 가락국(금관가야)을 병합하고, 여세를 몰아 남해안에 있던 가야의 여러 나라를 차례로 복속했다. 이후 신라에 예속되어 있던 비사벌국을 없애고 창녕에 하주(下州)를 설치했다. 창녕 지역이 신라 땅이 되자 561년에는 신라 왕이 행차하는 등 직접적인 지배 체제를 강화했다. 창녕을 장악한 신라는 562년 고령의 가라국(대가야)을 멸망시켰다. 신라가 창녕 지역으로 진출함으로써 가라국을 비롯한 가야의 모든 지역을 정복할 수 있었던 것이다.

가라국을 차지한 신라는 565년 합천 방면에 대야주를 설치하면서 창녕을 하주에서 비자화군(비사벌군)으로 낮추었다. 그럼에도 신라는 경주-청도-창녕-합천/고령으로 이어지는 길목에 위치한 창녕을 여전히 중요시하였다. 그로 인하여 이곳 지배자들은 그들의 권력을 일정 부분 유지할 수 있었고, 여전히 거대한 무덤을 만들었다.

초기 여러 고대 국가들이 흥망하며 삼국으로 정립되기까지 지역 왕으로서 권위를 누렸으나, 강성한 세력을 만나 지방 지배자로서 지위를 유지하였던 창녕의 외교적 상황은 어느 시대, 어느 지역에서나 접경지역에서 겪어내야 하는 고단한 결단을 보여준다.

지금부터 이곳은
짐의 영토니라!

창녕읍 신라 진흥왕 척경비

이 척경비는 창녕이 신라와 가야의 경계였던 곳임을, 그리고 신라의 가야 정복이 시작된 곳임을 증명
해준다.

창녕에는 '송현이 길'과 '진흥왕 행차길'이 있다. 진흥왕 행차길을 따라가다 보면 만옥정 공원을 만나게 된다. 이 공원에는 창녕 읍내를 정비하면서 옮겨 온 창녕객사, 척화비를 비롯하여 창녕지구 전승비(UN군 전승기념비) 등 다양한 문화 유적들이 곳곳에 산재해 있다.

진흥왕 척경비는 이 공원의 가장 높은 곳에 있다. 신라 진흥왕은 영토 확장을 기념하여 정복한 영토를 순행하며 척경비를 건립하였다. 이 척경비는 『삼국사기』에 기록된 내용들을 증명해주었고, 그동안 알려지지 않았던 역사적 사실의 간극을 메우는 데 많은 도움을 주었다.

551년, 한강을 두고 삼국의 경쟁이 치열해질 무렵 신라와 백제는 연합하여 고구려를 공격하여 신라는 한강 상류를, 백제는 한강 하류를 차지하였다. 그런데 553년, 신라는 백제를 공격하여 한강 하류마저 차지하게 되었다. 이에 분노한 백제 성왕이 이듬해에 신라를 공격하려고 관산성으로 오던 중 신라군의 매복에 걸려 전사하자 백제는 혼란에 빠졌다.

신라 진흥왕은 백제의 혼란을 틈타 가야 지역 진출을 본격적으로 추진하였다. 고령의 가라국(대가야)과 함안의 안라국(아라가야)을 정복하기 위한 사전 작업을 진행한 것이다. 그 시작점은 바로 창녕이었다. 창녕은 낙동강 중류에 위치하여 위로는 가라국, 아래로는 안라국과 이어지는 중간에 있다. 즉 신라의 창녕 진출은 가라국과 안라국에게 큰 압박이 될 수 있었다. 555년, 신라는 창녕에 하주(下州, 또는 완산주)를 설치하고 직접 지배하였다.

561년에는 창녕에 척경비를 세웠는데, 이곳이 신라 영토에 완전히 편입되었음을 알림과 동시에 낙동강 동쪽 지역이 모두 신라의 영토가 되었음을 보여주고자 한 진흥왕의 뜻이 그대로 담겨 있다.

진흥왕은 갈문왕, 대등 등 고위 관리뿐 아니라 대사, 나마의 하위 관리를 비롯하여 창녕의 촌주들도 불러 자리를 함께했다. 심지어 신라의 최전방을 지키고 있던 사방 군주들도 오게 하였다. 진흥왕이 창녕에 많은 관리들을 한자리에 모은 것은 민심 수습, 재해 구제, 왕명 전달을 위한 순행 등을 위한 것으로 보기도 하지만 가야 정복을 위한 군사적인 목적이 있었다.

특히 신라는 창녕에 군사 조직의 하나인 비사벌정(比斯伐停, 또는 하주정)을 설치하였다. 진흥왕은 창녕을 가라국과 안라국 정복에 필요한 안정적인 배후지이자 전진기지로 삼고자 한 것이다.

모든 준비를 마친 진흥왕은 이사부에게 가라국 정복을 명하자 가라국(대가야)은 더 이상 버티지 못하고 결국 항복했다(562년). 가라국이 멸망할 무렵 안라국 또한 신라에 복속되면서 신라는 가야 모든 지역을 차지할 수 있게 되었다. 이처럼 진흥왕의 가야 정복은 창녕을 안정적인 배후로 두었기에 가능했던 것이다.

신라가 정복한 가라국에 대야주(오늘날 합천)를 설치하고 하주를 폐지하면서 창녕의 중요성은 예전에 비해 약해졌고, 신라의 여러 지방 중 하나가 되어버렸다. 신라마저 멸망하면서 척경비도 기억에서 사라져 화왕산 기슭 어딘가에 방치되어버렸다. 그러던 중 1914년 일본인 공립보통학교(오늘날 초등학교) 교장에 의해 다시 세상에 알려지게 되었고, 1924년 화왕산 기슭에 있었던 이 비를 지금의 만옥정 공원으로 옮겨 왔다. 원래 어디 있었는지 알 수 없게 됐지만 척경비는 우리가 알고자 하는 진실만은 전해주고 있다.

한 나라의 주인인 왕이 직접 행차하면서까지 차지하려 했던 창녕, 오늘날 이곳을 찾은 이들에게는 어떤 의미로 다가오는지, 진흥왕 행차길을 거닐며 생각해본다.

통일신라의 불교,
창녕에 꽃피다

창녕읍 관룡사와 용선대

용을 보았다고 전해지는 관룡사에서 소원 성취를 원하는 이들과 마주하게 된다.

　화왕산 동쪽 자락의 구룡산에는 용과 관련된 이야기가 전한다. 구룡
산 아래에는 용을 보았다는 사찰이 있는데, 관룡사라고 한다. 원효가
제자 송파와 함께 이곳에서 백일기도를 드리고 있었는데, 아홉 마리 용
이 하늘로 올라가는 모습을 보았다 하여 절 이름을 '관룡사', 용이 올랐
던 산을 '구룡산'이라고 부르게 되었다고 한다.

관룡사의 창건 연대는 349년으로 전하는데, 비사벌국(비화가야)이 멸망한 이후인 583년(진평왕 5년) 신라 승려 증법이 중창했다는 사실에서 최소한 이 시기에는 존재했을 것으로 보인다.

관룡사로 올라가는 길을 걷다 보면 많은 것을 만나게 된다. 가장 눈에 띄는 것은 '한국 전통사찰 제1호 관룡사'라는 안내판이다. 그 많은 사찰 중에 왜 이곳이 사찰 제1호가 되었을까 하겠지만 관룡사를 다녀온 이들은 그 이유에 대해 절로 답을 구할 수 있다. 관룡사는 다른 사찰과 달리 일주문이 없다. 대신 그 자리에 2개의 돌장승이 버티고 서 있다. 잘 만든 장승은 아니지만 표정에서 부처의 세계를 지키겠다는 의지만은 읽을 수 있다.

어느 사찰이나 중심에는 부처를 모시는 공간이 있다. 관룡사에도 대웅전이 있지만 눈에 띄는 것은 약사전이다. 약사전에는 약사여래좌상이 모셔져 있는데, 그 앞에는 오랜 세월 풍파를 견뎌온 자그마한 3층 석탑이 있다. 어머니 같은 자상한 모습의 약사여래좌상이 아이처럼 작은 3층 석탑을 지켜보며 보살피고 있는 듯한 느낌을 받는다.

사찰 안에 '한 가지 소원은 꼭 들어준다는 관룡사'라고 적혀 있는 현판이 있다. 화왕산에 용이 있었다는 믿음처럼 소원이 성취될 수 있다는 믿음으로 오늘도 사람들은 이곳으로 오고 있다.

8세기 통일신라는 삼국통일로 이루어진 경제적 부를 바탕으로 화려한 불교문화를 꽃피웠다. 경주 불국사의 완공으로 신라의 불교문화는 정점을 찍었고, 그 문화는 점차 지방으로 전파되었다.

누가 세웠는지 알 수 없으나 그들은 통일신라의 중심지 경주의 문화를 닮고자 했을 것이다. 오늘날 우리가 유행을 따라 하듯 당시 사람들도 불교문화의 상징인 석굴암 본존불과 석가탑을 모방하고 싶었고, 이

것이 용선대 석조여래좌상과 술정리 동3층 석탑을 만들게 된 까닭일 것이다.

관룡사 뒤편 오솔길을 따라 15분 정도 올라가 용선대에 이르면 석조여래좌상을 만날 수 있다. 지금은 불상 좌대에서 세월의 흔적을 느끼게 하지만 불상은 너무나 깨끗하게 잘 닦여 있어 뭔가 모를 어색함을 준다. 그리고 그 앞에 불상을 비춰주던 석등은 석대만 남아 있어 세월의 무상함도 느끼게 한다.

용선대 석조여래좌상은 동쪽을 바라보고 있다. 아래에 위치한 관룡사를 지켜보고 있다는 느낌이 든다. 한편으로는 불교에서 서방정토에 있는 아미타불이 동쪽에 살고 있는 중생을 구원해주기를 바라는 당시 사람들의 마음을 담은 것이라 볼 수 있다.

창녕 전통시장 주변을 지나다가 홀로 서 있는 술정리 동3층 석탑(국보

용선대 석조여래좌상에서 극락왕생을 꿈꾸는 창녕 사람들의 염원을 만날 수 있다.

제34호)을 만나게 된다. 어디선가 본 탑이 아닐까 하는 순간 경주 불국사 3층 석탑(석가탑)을 떠올리게 된다.

탑이 있다는 것은 무엇을 뜻할까? 지금은 절이 사라지고 없지만 탑은 여전히 그 자리를 지키고 있으면서 이곳에 절이 있었음을 말해준다.

술정리 동3층 석탑 주변에는 술정리 서3층 석탑, 인양사 조성비, 그리고 직교리 당간 지주 등이 있는데, 이 일대에 여러 개의 사찰이 세워져 당시 신라 불교가 창녕으로 널리 퍼졌음을 보여준다.

하지만 조선시대 불교의 탄압으로 대부분의 절은 사라졌다. 그리고 절을 지을 때 사용한 기왓장, 나무 기둥 및 주춧돌마저 대부분 사라져 버렸다. 심지어 술정리 동3층 석탑이 있었던 곳에 있던 절은 이름마저 사라져버렸다.

이곳에 사찰이 있었음을 술정리 동3층 석탑은 말없이 말해준다.

이 와중에도 술정리 동3층 석탑만이 그 자리에 남아 있었던 까닭은 이 석탑의 매력이 있었기 때문일지도 모른다. 화왕산을 배경으로 서 있는 술정리 동3층 석탑을 보노라면 누구나 그 아름다운 자태에 매료될 것이다. 그래서 절에 있던 모든 것은 없애도 석탑의 모습에 넋이 나간 이들이 석탑을 그 자리에 그대로 두고 싶었던 것이 아닐까 한다.

　화왕산을 중심으로 오른쪽으로는 술정리 3층 석탑이, 왼쪽으로는 용선대 석조여래좌상이 있다. 부처의 힘으로 창녕을 지키려 했던, 그리고 그들의 소원을 들어주기를 간절히 바라며 창녕을 불국토의 세상으로 만들려 했던 당시 사람들의 염원을 이곳에서 찾을 수 있을 듯하다.

개혁가가 사라지니
절도 함께 사라지다

창녕읍 옥천사지

신돈과 함께 사라졌던 사찰이지만 남아 있는 축대를 통해 당시 위상을 엿볼 수 있다.

창녕 계성면에서 관룡사로 가다 보면 곳곳에 산재한 작은 암자들을 만나게 된다. 관룡사 주차장에서 숲길을 따라 계속 오르다 보면 '옥천사지'라는 안내판을 만난다. 안내판 오른쪽으로 예사롭지 않게 높이 쌓은 축대가 있다. 축대 위에 제법 큰 건물이 있었을 것으로 보이지만 지금은 남아 있는 것이 없어 세월의 무상함을 느끼게 한다. 이곳이 옥천사였다는 이름만 알 수 있을 뿐, 언제부터 이곳에 사찰이 있었고 왜 이곳에 세웠는지는 알 방법이 없다. 대신 이곳에서 신돈이라는 고려 말의 승려를 만나게 된다.

신돈은 공민왕과 함께 기울어가는 고려를 다시 일으키고자 한 개혁가로 평가되거나, 고려를 멸망의 길로 이끈 요승으로 평가받는 인물이다. 『고려사』는 그가 부녀자를 탐하고 나라를 어지럽힌 요승이자 우왕의 아버지라 기록하여 고려 왕실의 맥을 끊은 인물로 묘사하였다. 하지만 『고려사』는 조선 건국의 정당성을 만들고자 한 이들에 의해 기록되었다는 사실을 간과해서는 안 된다.

『고려사』는 신돈의 어린 시절을 다음과 같이 기록하고 있다.

> 신돈(辛旽)은 영산 사람으로 모(母)는 계성현(桂城縣) 옥천사(玉川寺)의 종이다. 어려서 중이 되어 이름은 편조(遍照)이며 자(字)는 요공(耀空)이라 한다. 어머니가 천하므로 그 무리에 참여하지 못하고 항상 산방(山房)에 거처하였다.　　　　　　　　　　　　　　　『고려사』 제45권 열전 신돈

이 내용에 따르면 신돈은 신분이 미천하다고 되어 있다. 하지만 불교를 숭상하는 고려에서 승려가 되려면 일정 신분 이상이 되어야 했다. 특히 신돈이 편조라는 법명도 받았다는 점에서 결코 미천한 신분이라 할 수 없을 것이다.

신돈은 상장군이었던 김원명의 천거로 6여 년 동안 공민왕을 보필하며 개혁을 추진하였다. 또한 공민왕이 신돈에게 '청한거사(淸閑居士)'라는 법호를 내리고 '국사(國師)'라는 최고의 지위에까지 올렸을 뿐 아니라 진평후(眞平侯)에 봉하여 개국공신 반열에까지 올렸다는 점에서 결코 가볍게 볼 수 없는 인물이라 하겠다.

흔히 역사는 승자의 기록이라고 한다. 특히 『고려사』는 조선을 개국

하고 유학을 신봉한 사람들에 의해 서술된 점을 고려하면, 고려가 멸망하는 데 큰 영향을 끼친 불교계의 인물이 필요했는데, 그가 바로 신돈이었던 것이다.

신돈이 정치에 입문하여 남긴 행적에 비해 옥천사에서 그의 흔적은 거의 남아 있지 않다. 신돈을 처형한 것도 모자라 그를 기억할 수 있는 공간마저 지워버린 것이다. 옥천사는 이곳에서 태어나고 자란 한 인물로 말미암아 영원히 사라지고 말았다.

> 옥천사는 화왕산 남쪽에 있다. 고려 신돈의 어머니는 이 절의 노비였다. 신돈이 죽임을 당하자 절도 폐쇄되었는데, 뒤에 고쳐 지으려다가 완성되기 전에 신돈의 일 때문에 다시 반대가 생겨 헐어버렸다.
>
> 『신증동국여지승람』 제27권 경상도 창녕현조

모든 기억을 지울 수 없듯이 그래도 옥천사의 터만은 살아남았다. 절은 폐사되어 사라졌지만 축대와 함께 남아 있는 불상 좌대, 석탑 기단부 등이 이곳에 옥천사가 있었음을 말해준다.

화왕산성에서
홍의장군을 만나다

창녕읍 화왕산성

화왕산성에서 창녕과 낙동강이 내려다보여 이곳이 왜 군사 요충지였는지 알 수 있다.

창녕읍에 있는 화왕산은 창녕 어디서도 보이고 정상에 오르면 창녕 일대가 한눈에 들어온다. 화왕산은 원래 화산(火山)으로, 불의 기운을 강하게 느꼈는지 사람들은 '불뫼'라 불렀고, 이곳에 용이 있었다고 믿어 왔다. 이곳에서 용의 후손으로 태어났다고 전해지는 창녕 조씨의 시조 설화를 들을 수 있다. 그렇게 화왕산은 창녕의 주산이 되었다.

화왕산에 오르면 정상 분화구 주변을 따라 성벽이 둘러싸여 있는데, 이를 화왕산성이라 부른다. 이 산성이 언제부터 존재했는지 알 수 없으나 『조선왕조실록』 태종 10년(1410)에 보면 경상도와 전라도의 중요한 산성을 고쳐 쌓으라는 명을 내린 것을 알 수 있는데, 화왕산성도 포함되어 있다. 이 기록에 따르면 원래 있던 산성 중에서 허물어진 성벽을 보수하는 것이라 하였으므로 화왕산성은 창녕에 비사벌국이 있던 시절부터 있었을 것으로 짐작된다. 화왕산성에서 주위를 둘러보면 창녕 읍내뿐만 아니라 북으로는 현풍, 남으로는 창녕 남지 일대까지 살필 수 있다. 낙동강 유역도 한눈에 들어오니 이 산성은 전략적으로 중요한 곳이었다. 지역 사람들에게는 전란이 일어날 경우 피난처가 되어주었다.

정유재란 직전 일본군의 재침에 대비하여 도원수 권율은 전략 요충지 중 하나로 화왕산성을 지목했고, 비변사도 화왕산성을 수리하여 대비해야 한다고 건의했다.

> 비변사가 아뢰기를 "창녕 사람 성천희가 말하기를 '창녕에는 적이 오는 길목에 화왕산성이 있는데, 반드시 지켜야 할 요충이고 지세가 험하여 요해지입니다. (중략) 여러 고을 백성이 협력하여 다 쌓고서 여러 고을 수령이 함께 들어가 지키면, 적의 군사가 감히 이 길을 거쳐서 북으로 올라가지 못할 것입니다'라고 하였습니다. (이하 생략)"
>
> 『조선왕조실록』 선조 29년(1596)

무엇보다 화왕산성이 유명한 이유는 '홍의장군 곽재우'와 밀접한 관련이 있다. 곽재우가 태어나고 의병을 일으킨 곳은 의령이지만, 전란 중에는 창녕에서 더 많은 활약을 하였다. 곽재우의 유명한 전투인 의령 정암진 전투 이전에 창녕에서 가장 먼저 일본군과 맞서 싸웠다. 거름강 전투라 불리는 이 전투는 의령과 창녕 사이에 있는 낙동강 지류인 거름강에서 일본군의 보급선을 차단하였다. 이 외에도 전투 중에 죽은 자신의 말을 묻었다고 전하는 말무덤산(남지읍), 그리고 말년에 여생을 보내고자 지은 망우정(도천면)도 창녕에 있다.

그중에서도 곽재우 이야기의 중심은 화왕산성이다. 1597년, 곽재우는 경상좌도 방어사가 되어 일본의 재침을 대비하고자 현풍의 석문산성을 수축하던 중 정유재란이 발발하자 화왕산성에 들어와 북상하는 가토 기요마사(加藤淸正)의 일본군과 대치하였다. 가토의 군대는 며칠 동안 화왕산성을 포위하였지만 지세가 험하여 결국 포기하고 돌아가야 했다.

전란이 끝나자 화왕산성은 더 이상 막아낼 적이 없었다. 그리하여 18세기 이후에는 폐성되어 제 기능을 하지 못한 것으로 보인다.

화왕산성에는 곽재우의 이야기가 전해지지만 성을 쌓고 지킨 사람들의 이야기는 잘 전해지지 않는다. 성곽 수리에 등장하는 현감 이영을 비롯하여 인근 고을 여러 사람들이 동참하였기에 산성을 지킬 수 있었다. 그들이 있어서 가토의 군대는 돌아갈 수밖에 없었고, 창녕 이북 지역은 전란의 소용돌이에서 벗어날 수 있었다. 그래서 이 산성을 지키고자 한 그들의 노력에 대해서도 다시 기억할 필요가 있다.

화왕산성에는 곽재우와 관련된 또 다른 이야기가 전해온다. 화왕산 정상 맞은편에 큰 바위가 있는데, 그 위에 올라가면 커다란 웅덩이가 있다. 그 웅덩이는 매일 아침 화왕산성 주변을 살피며 곽재우가 세수하던 곳이라고 전해진다. 한편으로는 '배바위'라고 불리기도 하는데, 배를 묶었던 바위라고 한다. 산 정상에 있는 바위에 배를 묶었다는 표현에서 문득 '노아의 방주'가 떠오른다. 창녕은 낙동강이라는 큰 강을 끼고 있어 홍수가 자주 발생하였다. 창녕의 주산인 화왕산이 낙동강의 범람에도, 외침으로 인한 전란에도 안전한 대피 장소가 되어주었으면 하는 이곳 사람들의 바람을 담은 이야기가 아닐까 싶다.

UN군의 피로 물든
전투를 기념하다

남지읍 창녕지구 전승비

박진 지구 전적비. UN군에 의해 지켜진 곳으로 기억하고 기념되고 있다.

창녕 읍내에 있는 만옥정 공원에는 창녕 진흥왕 척경비도 있지만 다른 한 곳에는 '창녕지구 전승비'가 세워져 있다(1959년). 전승비에는 양쪽으로 'U'와 'N'이라는, 'UN'을 상징하는 글자가 한눈에 들어온다. 이 비는 창녕 부곡에서 박진 나루 일대를 방어하던 미군 제24사단과 제2사단이 북한군 제4사단을 물리친 사실을 기록하고 있다.

창녕의 박진 나루는 주변 지역과 교류하던 조그마한 포구였다. 이곳은 의령, 합천 등지의 상인들이 창녕으로 들어오기 위해 반드시 지나야 하던 관문이었고 바다에서 들여온 소금이 주로 거래되었다. 하지만 6·25전쟁이 발발하면서 박진 나루는 전쟁터가 되고 말았다. 전쟁 초기 북한군에게 밀린 국군과 UN군은 낙동강에 방어선을 구축하였는데, 창녕 일대는 미군 제24사단이 담당하고 있었다. 창녕이 뚫리면 영산과 부곡을 거쳐 밀양 삼랑진까지 밀려 대구가 포위될 뿐 아니라 부산도 공격당할 수 있는 상황이었다.

1950년 8월 말, 북한군은 낙동강 방어선을 넘기 위해 총공세를 시작하였다. 1950년 8월 31일, 창녕에서도 북한군의 총공세가 시작되었다. 김책이 이끄는 북한군 제4사단의 집요한 공격으로 방어선이 뚫려 영산까지 밀리는 위급한 상황을 맞기도 했으나, 미군 제2사단 제9연대의 지원 등으로 다시 낙동강 밖으로 몰아낼 수 있었다. 이렇게 낙동강 방어선을 지켜냄으로써 인천상륙작전은 성공적으로 진행될 수 있었으며 전쟁 양상도 뒤집을 수 있었다. 9월 17일, 북한군이 창녕에서 완전히 후퇴하면서 창녕에서의 기나긴 전투도 끝나게 되었다. 즉 '창녕지구 전승비'는 미군으로만 이루어진 UN군의 활약으로 이긴 전투이자 창녕을 지켜냈기에 이를 기념하여 1959년에 세운 것이다.

하지만 박진 나루에서 살아왔던 사람들은 전쟁으로 처참한 상황에 놓이게 되었다. 양쪽에서 쏘아댄 대포로 삶의 터전인 가옥들은 파괴되었고, 농민들은 여름철 들판에서 한창 자라고 있던 벼를 뒤로 한 채 떠나야 했다. 무엇보다 이들의 마음을 아프게 한 것은 전쟁 통에 가족들이 목숨을 잃거나 행방을 알 수 없게 된 것이다. 부모를 잃은 아이가 울다 지쳐 결국 죽었다는 동네 주민의 이야기에서 당시 전쟁의 참상과 아픔을 짐작해볼 수 있다.

떠난 이들도 있지만 다시 돌아온 이들도 있었다. 2010년에는 전적비

1959년에 세워진 창녕지구 전승비(UN군 전승비)로 이곳이 UN군으로만 지켜졌음을 기념하고 있다.

가 세워져 있는 150고지에서 55구의 유해가 발굴되었는데, 전쟁이 끝난 지 50여 년 만에 가족 품으로 돌아올 수 있었다. 비록 망자가 되었지만 가족을 다시 만날 수 있게 되었고, 살아 있던 가족들은 기나긴 기다림 속에 유해라도 다시 만날 수 있게 된 것이다.

부산에는 6·25전쟁 중 전사한 UN군을 위한 UN 기념공원이 있다. 창녕에서 싸우다 전사한 미군도 이곳에 묻혀 있다. 외국 군인들만 묻힌 이곳에 국군 36명도 함께 묻혀 있다. 그들의 전사 지역은 대부분 창녕 또는 영산이라고 표기되어 있다. 창녕의 박진 전투에서 미군과 함께 싸운 국군들이다. 그런데 박진 전투와 관련된 곳에는 그들에 대한 기록이 남아 있지 않다. 미군의 활약만 있을 뿐, 이곳에서 전사한 국군들이 무슨 일을 하다가 어떻게 죽어갔는지 알 수 없다는 사실이 더 씁쓸하다.

어떤 전쟁을 기억하든 그 이야기에는 아픔과 상처가 있다. 전쟁 자체를 기억하고 기념하는 것보다 전쟁이 준 아픔과 상처의 기억을 통하여 다시 이 땅에 전쟁이 일어나지 말아야 하며 어떠한 경우에도 평화가 더 소중함을 잊지 않는 것이 더 중요하다.

따뜻한 물로
병을 치유하다

부곡면 부곡온천

따뜻한 물이 나온다 하여 불리던 '온정'이라는 이름에서 사람들이 따뜻함으로 치유되었음을 알 수 있다.

　땅 모양이 가마솥처럼 생겼다 하여 생긴 지명인 '부곡(釜谷)'은 온천으로 유명한 곳이다. 조선시대에는 세 옹달샘에서 따뜻한 물이 솟아오른다고 하여 '온정(溫井)'이라 불리기도 하였다.

　온천은 예부터 피로를 풀거나 피부병 등을 치료하는 데 이용되었다. 조선시대 왕들은 온양행궁의 온천을 찾아 병을 치료하거나 피로를 풀면서 향후 정국 운영의 방향을 정하기도 했다. 특히 세종과 정조가 온

양행궁을 자주 이용했다고 하며, 총애하는 신하가 아프기라도 하면 온천 이용을 허가해주었다.

이처럼 온천의 효능을 알고 있던 조선 정부는 백성의 치료를 위해 온천을 찾아 활용하려고 했다. 세종은 자신이 입은 따뜻함을 백성들과 나누고자 온천을 널리 찾도록 하였다. 하지만 번거로움을 피하고자 했던 지방 관리들은 온천을 발견해도 이를 알리지 않는 경우가 많았다.

온정(溫井)은 병을 치료하는 데 간절한 것이므로, 백성을 위해 찾은 지가 벌써 여러 해다. 그런데 부평(富平)의 관리와 백성들은 나의 지극한 뜻을 알지 못하고, (온정이 발견되면) 본 고을이 번잡해지는 폐단을 싫어하여 서로 숨기고 여러 해로 알리지 않으니, 완악하고 어리석음이 이보다 심할 수 없다. (이하 생략)　　　　　　　　　　『조선왕조실록』 세종 22년(1440) 8월 27일

부곡온천은 산속에 숨겨진 곳이긴 했어도 누구나 이용할 수 있었다. 부곡온천의 물은 농사짓는 데 적합하지 않지만 겨울철에 빨래하는 아낙네들의 손을 따뜻하게 해주었고, 나병 환자들을 치료하는 데 도움을 주었을 뿐 아니라 그 효험에 대해 소문을 듣고 찾아온 왕을 치료했다는 이야기가 전하는 등 누구라도 이용하던 곳이었다. 그래서 부곡온천은 나병 환자를 치료했다 하여 '문둥이샘', 왕의 피부를 치료한 샘이라 하여 '옴샘'이라 불리기도 하였다.

온천은 바다를 건너온 외국인들도 이용할 수 있게 해주었다. 조선 세종 시기에 3포(부산, 진해, 울산)를 개항하였다. 일본에서 온 사절단이 동래 왜관에 머물면서 온천을 주로 이용했는데, 진해를 통하여 들어오는 일본 사절단의 편의를 위해 부곡온천의 이용을 허용하기도 하였다.

내이포(진해 웅천)에 정박했던 왜인들이 서울에 올라왔다가 돌아가는 길에는 모두 동래온정(東萊溫井)에서 목욕하는 까닭에, 길을 돌아서 역으로 달리게 됨으로 사람과 말이 모두 곤폐하오니, 금후로는 내이포에 정박한 왜인들은 영산온정(현 부곡온천)에서 목욕하게 하고, 부산포에 정박한 왜인은 동래온정에 목욕하게 하여 길을 돌아가는 폐단이 없게 하소서.

『조선왕조실록』 세종 20년(1438) 3월 1일

부곡온천에 많은 사람들이 본격적으로 들어오기 시작한 시기는 1970년대였다. 부곡 일대에 온천 개발 붐이 일면서 많은 사람들이 부곡을 찾게 되었다. 다목적 리조트인 부곡하와이가 들어서면서 놀이 문화가 부족했던 그 시절에 다양한 볼거리와 즐길 거리를 주었다. 그래서 1970년대 후반 결혼한 이들의 신혼여행지 1순위로 창녕 부곡이 선택될 정도로 전국적인 명소가 되었다. 특히 가족 여행지로 유명세를 타면서 부곡하와이를 다녀와서 "나 하와이 다녀왔다"라는 표현이 등장하기도 하였다.

1990년대 이후 부곡은 점차 쇠락하게 되었다. 소득이 늘면서 사람들이 여가 생활에 관심을 보이자 거대 자본들은 곳곳에 대규모 휴양 시설들을 짓기 시작하였다. 하지만 부곡은 이러한 시대 변화를 따라가지 못했다. 시설이 노후화되고 교통의 접근성마저 뒤떨어지자 2000년대 들어 찾는 사람이 급격히 줄었다. 결국 경영난을 이기지 못하여 부곡하와이마저 부도 처리되는 지경에 이르렀다.

예전처럼 부곡이 부흥하기를 기대하는 지역 주민들의 염원을 담아 최근 르네상스관이 개관되어(2015) 부곡의 '부흥'을 꿈꾸고 있다.

1970년대 인생의 반려자와 단둘이 왔던 부곡에 이제는 가족과 함께

오는 이들을 종종 볼 수 있다. 누구에게나 따뜻함을 전해주던 부곡이 추억이라는 가슴 따뜻한 온기를 전할 수 있는 공간으로 남아 있기를 바란다.

자연과 더불어 살아가는
방법을 배워가다

우포늪 생태보전지구

수만 년 전 모습이 남아 있는 우포늪. 자연이 사람에 의해 훼손될 수도, 지켜질 수도 있음을 보여준다.

    강은 굽이굽이 흐르면서 다양한 경치를 보여주고 그 속에서 다양한 생명들을 키운다. 창녕을 감싸고 흐르는 낙동강도 창녕 사람들에게 삶의 터전을 마련해주었다. 과거 낙동강은 지금보다 수위가 높아 창녕 사람들은 낙동강의 범람을 걱정해야 했다. 하지만 한편으로는 범람으로 형성된 비옥한 토지는 일찍부터 농사가 발달하게 해주었다. 그래서 창녕 사람들은 홍수를 피할 수 있는 구릉지를 중심으로 집을 짓고 농사를 지으며 살아왔다.

시간의 흐름을 막을 수 없듯이 낙동강 물줄기의 흐름도 점차 바뀌어 갔다. 세월이 흐를수록 강의 수위는 점차 낮아지고 강변에 퇴적물이 쌓여 물길이 막히면서 곳곳에 늪이 조성되었다. 늪은 물이 고여 있고 물살이 잔잔하여 다양한 생명들이 안전하게 서식할 수 있는 장소가 되어 주었다. 다양한 생명체가 존재할 수 있다는 것은 사람도 살 수 있는 곳임을 말해준다.

『동국여지승람』에 따르면 창녕에 이지포, 누구택, 용장택 등이 있었으며, 『대동여지도』에는 이지포, 누포 등으로 표시되어 있다. 일제강점기인 1918년 조선총독부에서 발간한 『조선지지(朝鮮地誌)』에는 "창녕에는 천지를 제외하면 한반도에서 가장 큰 우포가 있다"라는 기록이 있다. 1933년 조선총독부는 '보호사적에 관한 법률'에 의해 우포를 천연기념물 제15호로 지정하였다.

하지만 낙동강 주변에 있던 많은 늪지들은 농경지로 바뀌어 대부분 사라졌다. 일제강점기에 실시된 산미증식계획은 이를 더욱 촉진시켰다. 이 무렵 우포늪도 대대제방이 축조되면서 규모가 크게 줄어들었다.

해방 이후에도 우포늪의 위기는 계속되었다. 천연기념물 지정에서 해제되고 낙동강과 토평천 제방 사업 및 농경지 확장 사업도 이루어지면서 우포늪은 큰 위기를 맞게 되었다.

1980년대에 들어서도 우포늪은 개발론자와 환경보존론자의 대립으로 또다시 위기가 왔으나 1990년대 이후부터 사람들의 인식이 환경보존을 더 중시하면서 우포늪을 지키자는 주장에 힘이 실리기 시작하였다. 이에 환경부는 1997년 7월 26일 생태계보전지역으로 지정하였고, 이듬해인 1998년 3월 2일에는 람사르 협약에 등록하면서 1999년 2월 8일 습지보호지역으로 지정되기에 이르렀다.

만약 개발 논리 속에 우포늪이 사라졌다면, 그리고 이곳 사람들이 지키고자 노력하지 않았다면 다양한 생명체가 공존하는 우포늪을 볼 수 없었을 것이다. 지키고자 하는 노력이 반영되어 지금은 한 해에 수십만 명이 방문하는 지역의 명소가 되었다. 그리고 이곳에 온 많은 사람들에게 자연 그대로의 아름다움이 무엇인지를 우포늪은 말해주고 있다. 개발이 아닌 자연 그대로의 모습이 창녕을 널리 알리게 해준 것이다.

사람들은 자연환경 보존이 중요하다고 한다. 하지만 지키지 않으면 아무런 의미가 없다. 한때 이곳의 개발을 희망했던 창녕 사람들도 이제는 우포늪을 지키려 한다. 자연과 인간이 공존할 수 있다는 사실을 알려주는 산교육의 장소가 된 우포늪은 오늘날 자연의 섭리를 거스르는 자들에게 무언가를 전하려고 지금까지 꿋꿋이 살아남은 것이 아닐까 한다.

창녕 양파가 한국의 맛을 풍성하게 하다

대지면 양파 시배지

겨울 동안 추위를 견뎌내며 자란 양파는 창녕 사람들을 부유하게 하였다.

　오늘날 다양한 요리에 활용되는 재료의 하나인 양파는 음식의 맛을 낼 때 도움이 되는 중요한 농작물이다. 양파에는 다양한 영양분이 있어 피로 회복에 많은 도움을 줄 뿐 아니라 콜레스테롤을 분해하는 성분이 있어 고기 등을 많이 섭취하는 현대인에게 아주 중요한 식재료이다.

　그런데 양파가 외래 품종이라는 사실을 아는 사람은 많지 않다. 또 우리나라에서 양파가 처음 재배된 곳이 창녕이라는 사실을 아는 사람은 더욱 적다.

양파는 중앙아시아에서 재배되던 작물로, 중국 또는 일본을 통해 국내로 들여와 1908년에 원예 모범장에서 처음 재배된 것으로 보이며, 창녕의 경우 1909년 성찬영에 의해 처음 재배된 것으로 본다.

양파는 대표적인 환금 작물로, 보리보다 적게는 4~5배, 많게는 10배 이상의 이익을 주었다. 하지만 국내에서는 종자 생산이 되지 않아 대부분 일본산 양파 종자를 사용했는데, 종자 한 홉(100g)에 쌀 두 말 가격이어서 농민들에게는 큰 부담이었다.

양파가 창녕에서 본격적으로 재배되기 시작한 것은 1950년대 이후다. 1·4 후퇴 당시 서울에서 고향으로 내려온 성재경은 할아버지가 심었던 양파를 재배하면서 이웃 농민들에게 재배법을 알려주었다. 이후 창녕에서는 양파 재배로 많은 이익을 얻을 수 있다는 사실이 알려져 널리 재배되기 시작하였다.

무엇보다 양파의 대량 재배가 가능해진 것은 1947년, 영산면에 살던 조성국이 양파 종자 생산에 성공하면서였다. 1958년에 양파 시험 단지를 조성해 종자 개량에 힘썼고, 1963년에는 농민조합인 경화회가 조직되어 지역 농민들이 양파 재배에 필요한 정보를 공유하게 되면서 창녕의 양파 재배는 급속히 확대되어갔다.

수요가 있어야 공급이 있는 법이다. 특히 1960년대 정부가 쌀 부족 문제의 대안으로 '혼·분식 장려 정책'을 실시하였다. 이는 짜장면의 대중화를 가속화시켰다. 짜장면은 원래 춘장에 대파를 넣어 볶았으나 이를 양파로 대체하면서 맛을 더욱 좋게 해주었다. 이는 양파의 수요를 자연스레 급증하게 하였다.

보릿고개를 견디며 팍팍하게 살던 창녕 사람들에게 양파 재배는 고소득을 안겨주었다. 쌀농사만으로 풍족한 삶을 살 수 없던 당시 사람들은 겨울철에 토지를 놀리기보다 양파라도 재배해서 소득을 얻고자 했다. 양파가 점차 자라면서 알맹이가 더욱 단단해지듯이 양파 재배는 창녕 사람들에게 경제적 풍요를 안겨주었다. 1975년 「경화지」에는 다음 글이 실려 있다.

양파가 나의 꿈을 키워주었고, 우리 가족에게 희망을 주는 이 양파! 나는 양파와 대화를 나눌 수 있을 정도로 친숙해 왔으며, 앞으로도 계속 친하면서 석동 골짝의 초가를 밀어버리고 기와집으로 바꾼 사연을 밤이 깊도록 양파와 더불어 이야기하려고 한다. 「경화지」(1975년)

하지만 반대로 양파를 까면 눈물이 흐르듯이 양파 값의 폭락은 많은 농민에게 눈물을 흘리게 하였다. 잘못된 수요 예측으로 인한 과잉 생산으로 양파 가격이 폭락하였다.

양파는 창녕의 모습을 닮은 듯하다. 양파는 까도 까도 계속 속이 나오듯이 창녕의 역사도 파고들수록 새로운 이야깃거리가 나타난다. 그리고 양파 알맹이가 점차 두텁게 자라듯이 창녕 사람들의 이야기도 점차 쌓여 창녕만의 문화와 역사를 알차게 만들고 있다. 창녕은 겉모습만 보면 타 지역과 다를 바 없는 시골 모습이지만 구석구석 파고들면 들수록 드러나는 역사와 문화, 그리고 자연환경이 어우러진 공간이자 삶의 향기를 느낄 수 있는 매력적인 지역이라는 생각이 든다.

4.
아라가야의
꿈이
깃들다

함안

아라가야의 왕들이
머리산에 묻히다

가야읍 말이산 고분군

1호분에서 바라본 말이산 고분군.

　6세기 초반까지 함안에 있었던 고대 국가가 아라가야(안야국, 안라국)이다. 아라가야의 왕릉급 고분들이 줄지어 조성되어 있는 곳이 말이산(末伊山) 또는 말산(末山) 고분군이다.

　말이산은 원래 우두머리(왕)들의 무덤을 모셨다고 해서 '머리산'으로 불렸던 것 같다. 머리산을 문자로 기록하는 과정에서 한자의 음을 빌려 '머리'에서 '마리'로, '마리'가 다시 '말이(末伊)'로 표기하게 되었다고 추정하기도 한다. 다른 이름으로는 두산(斗山 또는 頭山)이라고도 불렸는데 이는 '머리'의 뜻을 빌려 한자로 기록하는 과정에서 두산(頭山)이라고도 했던 것으로 추정해볼 수 있다.

　고분이 조성되어 있는 말이산 인근에서 청동기시대 고인돌들과 아라가야의 전신인 안야국의 무덤들이 발견되는 점

등으로 볼 때 말이산 일대는 선사시대부터 6세기에 이르기까지 신성한 '머리산'으로서의 지위를 유지했음을 알 수 있다.

고분군에서는 다양한 형태의 무덤과 함께 8천여 점의 유물들이 출토되었는데 대부분 토기와 철기다. 토기 중에는 원에 삼각형 고깔을 씌운 듯한 형태의 '불꽃무늬토기'가 있다. 이 토기는 다른 지역에서 볼 수 없는 독특한 형태로, 아라가야를 대표하는 문양으로 여겨진다. 이 문양은 말이산 고분군 서쪽에 있는 함안박물관을 상징하는 구조물에도 활용되고 있다. 또한 철의 나라라는 별명답게 철덩어리(철정)를 비롯하여 철로 된 갑옷이나 무기들도 다수 출토되어 아라가야의 국력과 경제력을 보여준다. 특히 지금은 깎여 없어졌지만 원래는 말이산의 제일 북쪽 자락으로 추정되는 곳에서 우연히 철로 된 말 갑옷이 완전한 형태로 출토되어 더욱 아라가야를 주목받게 하였다.

그렇다면 말이산 고분군의 주인들은 어떤 사람들이었을까?

가야시대에만 해도 현재 함안 가야읍 일대는 남강 본류에서 쑥 들어온 넓은 만이 형성되어 있었다. 강 중간에 쑥 들어온 만은 배들이 정박하기에 아주 좋은 항구가 되었다. 그리고 조금만 더 하류로 가면 낙동강과 남강이 만나는 지점이 나온다. 이곳을 이용하면 남강 상류나 낙동강 상류로 진출하기에 좋았다. 이러한 자연환경은 강을 이용한 교역에 아주 유리하게 작용하였을 것이다.

강이나 바다를 이용한 교역을 통해 성장한 고대 가야 소국들의 특성상, 산지와 강이 만나는 말이산 일대는 작은 국가의 중심지가 되기에 충분했다고 여겨진다. 아라가야의 왕궁지로 추정되는 곳 역시 말이산에서 그리 멀지 않은 곳에 있으며, 최근에는 그곳에서 대규모 성터도 발굴되었다. 그리하여 학자들은 고대 한반도 남부의 여러 나라들에 대해 기록한 『삼국지』 「위서」 동이전에 등장하는 변한 지역의 12개 나라 가운데 하나인 안야국이 바로 함안 지역에 존재했던 초기 국가였을 것으로 본다.

안야국은 낙동강을 이용한 교역뿐 아니라 동남쪽의 여항산과 봉화산을 넘어 남해안 지역의 크고 작은 정치체들과 교역하면서 아라가야로 성장했던 것으로 추측된다. 또한 이 과정에서 해상 교역권을 둘러싸고 김해 금관가야를 비롯한 주변 세력과 갈등을 빚기도 했으며, 5세기 초에는 신라와 대립하는 등 정치적으로 성장해왔다. 특히 일본 쪽에서는 자신들이 고대 한반도 남부를 지배했다고 주장하는 '임나일본부설'에서 아라가야를 임나로 보기도 한다.

아라가야의 전성기는 5, 6세기로 본다. 이는 이 시기에 고분이 집중적으로 만들어진 점을 통해서도 짐작할 수 있다. 고고학에서는 고분 규모와 고분 축조 세력의 규모는 비례한다고 본다. 역사책에 나오는 것처럼 5세기 초반에 있었던 고구려 광개토대왕의 남정(南征)으로 가야 연맹은 큰 타격을 입고 중심지가 김해의 금관가야에서 고령의 대가야로 이동했다. 그럼에도 아라가야는 여전히 가야 남부지역에서 강국의 위상을 유지하면서 백제와 우호 관계를 맺고 여전히 왜 세력과도 교역을 하며 발전하고 있었다. 특히 6세기 초반에 신라가 점점 가야지역으로 세력을 확장하는 것에 맞서 아라가야가 높은 건물(고당高堂)을 지어 백제, 신라, 왜의 사신들을 초빙하여 국제회의를 개최하는 모습이 『일본서기』에 등장한다. 실제로 2004년에는 회의 장소로 추정되는 대형 건물지가 발굴되기도 하였다. 그러나 가야를 서로 자신의 영향력 아래 두기 위해 경쟁하던 신라와 백제 앞에서 아라가야의 이런 노력은 무용지물이 되어, 6세기 중반에 이르러서는 신라에 흡수되고 말았다.

최근 말이산 고분을 비롯한 가야 고분군들을 세계 문화유산으로 등재하려는 시도가 행해지고 있다. 물론 의미 있는 일이다. 그러나 세계 문화유산 등재로만 그칠 게 아니라 가야라는 나라가 어떤 나라인지에 대한 관심과 연구도 함께 진행되어 명실공히 우리 역사의 한 부분으로 복원되었으면 한다.

신라 비밀의
창고가 열리다

함안면 성산산성

성산산성 발굴지 전경. 아라가야 멸망 이후 신라가 함안 지역을 지배하던 거점으로 추정된다.

무진정에서 얼마 떨어지지 않은 곳에 있는 조남산이라는 자그마한 산에 성산산성이 있다. 전국적으로 성산산성이라는 이름이 많은데, 산성이 있는 산이라 해서 성산이라는 이름이 붙었을 것이다. 옛 함안읍지인 『함주지』에는 '가야국의 옛터'라고 기록하고 있고, 조남산 아래의 말이산 고분군과 연관지어 예전에는 성산산성을 아라가야와 밀접한 연관이 있는 곳이라고 여겼다. 그러나 1991년부터 발굴 조사가 진행되면서 반전이 일어났다. 성을 쌓는 방식뿐 아니라 그곳에서 쏟아져 나온 목간 등의 유물들이 6세기 중반대의 신라 것으로 밝혀지면서 성산산성은 신라가 아라가야를 정복한 이후 함안을 다스리는 거점이었다는 것이 밝혀졌다.

강이나 바다를 이용한 교역이 중요한 성장 동력이었던 고대 국가들의 특성상, 남강변에 위치하여 교역 활동을 하기에 편리한 가야읍 가야리 일대에 아라가야의 왕궁지가 있었을 가능성이 크다고 본다. 김해의 경우 가야시대에 선착장이 있던 봉황대 일대에 왕궁 터가 위치한 것과 비슷한 사례다.

그러나 아라가야를 복속시킨 신라는 교역에 유리한 강가보다는 백제와의 군사적 충돌에 대비하여 지키기 유리한 성산산성을 함안 지배의 거점으로 삼았다고 볼 수 있다.

고려와 조선시대에는 군사적 중요성이 줄어들었으므로 산에서 흐르는 물을 이용한 안정적인 농경지가 있는 지금의 함안면 일대가 함안 지역의 중심이 된 것으로 보인다. 그러다가 일제강점기 때 함안천을 비롯한 남강과 낙동강변에 제방을 쌓으면서 그전에는 수시로 범람하거나 저습지였던 곳이 농경지로 바뀌면서 가야읍 일대가 함안의 중심지가 될 수 있었다.

성산산성이 주목받는 또 다른 이유는 발굴 조사 결과 출토된 목간이다. 목간이란 일정한 모양으로 깎아 글씨를 쓴 나무 조각이다. 지금이야 종이를 값싸게 사용하지만 전근대 사회에서 종이는 매우 귀한 물건이었다. 심지어 조선시대 양반들도 편지 등의 답장을 쓸 때는 종이의 여백을 최대한 활용할 정도였다. 그래서 고대에는 종이류보다는 목간 등이 더 많이 쓰였다. 성산산성에서 발견된 목간들은 대체로 공물로 바쳐진 물건들의 꼬리표였다. 요즘으로 치자면 택배에 붙어 있는, 보낸 사람과 받는 사람이 기록된 물품표와 유사한 것이라 할 수 있다. 따라서 이 목간에 쓰여 있는 물품들과 보낸 사람들의 정보를 통하여 고대 신라 사람들의 생활을 파악하는 데 매우 중요한 자료가 되고 있다.

하찮은 물품 꼬리표가 천년을 뻘 속에 잠들어 있다가 세상에 나오자 새로운 지식을 전하는 타임캡슐이 되었다. 역사란 이처럼 예기치 못한 순간에 새로이 모습을 드러내기도 하여 흥미롭다.

함안 양반들의 유희,
불꽃이 되어 떨어지다

함안면 무진정

무진정 전경. 5월이면 이곳에서 여전히 낙화놀이를 하는데, 많은 사람이 다녀간다.

함안은 일찍부터 토착 양반 세력이 강했다. 이들은 함안 여러 곳에 누각이나 정자(이하 누정)들을 건립했다. 당시 누정은 휴식과 경치 감상 외에도 지역 양반들이 모여 성리학적 윤리를 강화하고 향촌 사회에서 자신들의 영향력을 유지하고 확대시키는 장소로 활용되었다. 또한 누정은 집안의 재력을 대외적으로 과시하는 수단이 되기도 했는데, 함안 읍지인 『함주지』에 의하면 16세기 말까지 11개의 누정이 있었다고 전해진다.

함안면 괴산리에 있는 무진정은 조선 중종 때 목사를 지낸 무진 조삼이 처음 건립하고, 이후 명종 때 후손들이 증축한 누정이다. 현재 남아 있는 함안 지역의 유명한 누정들이 대부분 남강이나 낙동강가에 자리한 것과 달리 무진정은 함안천 중간쯤에 있다.

지금의 함안천은 폭도 좁고 물도 별로 많지 않은 작은 하천이지만 조선시대에는 여름에 수시로 범람하는 하천이었다. 그로 인해 백성은 많은 고통을 받았다. 그러나 백성에게 고통을 안겨준 하천과 습지는 세력깨나 지녔던 양반들에게는 아름다운 풍광을 제공했다. 그래서 조선시대 함안 양반들은 강가나 습지의 경치 좋은 곳에 정자를 지어 경치를 즐겼다. 조삼 역시 함안천의 물길을 돌려 연못을 만들었다. 그리고 연못 옆 언덕 위에 정자를 세우고 자신의 호를 따 무진정이라 했다. 무진정은 풍광이 아름다울 뿐 아니라 조선시대 함안의 중심지인 함안면에서 얼마 떨어지지 않은 곳에 위치하여 양반들이 모이기에도 적당한 곳이었다. 함안 양반들은 무진정에 모여 경치 감상과 함께 향촌사회에서 자신들의 세력을 지키기 위해 의논하지 않았을까 싶다.

무진정이 지금에 와서 유명해진 것은 매년 사월초파일에 행해지는 낙화놀이 때문이다. 낙화놀이의 유래는 조선 중기에 함안군수를 지낸 정구라는 사람이 군민들의 안녕을 기원하는 뜻에서 시작한 것이라고 한다. 참숯가루를 한지에 말아 낙화 타래를 만들고 연못을 가로지르는 줄에 낙화를 매달아 불을 붙이면 불붙은 숯가루가 휘날리는 모습도 장관이지만 그 모습이 물에 비치어 또 다른 장관을 만들어낸다. 전국적으로 낙화놀이를 하는 곳이 몇 군데 있지만 무진정 낙화놀이만 유일하게 문화재로 지정되어 있다.

무진정에 올라 연못을 바라본다. 조선시대에 낙화를 준비하는 것은 백성들의 몫이었겠지만 무진정에서 그 낙화가 만들어내는 장관을 즐기던 사람들은 어떤 사람들이었으며, 정구 군수가 기원하던 군민의 안녕은 과연 누구의 안녕이었을지 생각해본다.

지식인의
처세를 보다

칠원읍 주세붕 묘소와 무기연당

주세붕 묘역. 성리학의 확산에는 힘썼으나 학문과 삶의 일치 여부는 생각해볼 일이다.

    칠원 산업단지 내의 야트막한 야산 허리에 자리 잡은 주세붕의 묘소
에는 특이한 망주석이 있다. 그 망주석에는 다음과 같은 글귀가 새겨져
있다.

    수무부모(誰無父母) 숙비인자(孰非人子)-누군들 부모가 없으며, 누군들 사
람 자식 아닌 자가 있으랴?

이를 통해 성리학을 널리 보급하기 위해 노력했던 주세붕의 삶을 생각해보게 된다. 주세붕은 중종 때 경상도 풍기군수로 재직하며 우리나라 최초의 서원인 백운동서원(소수서원)을 건립했다. 이런 이유로 그가 경북 풍기 지역과 연관이 있을 것이라는 선입견을 갖는 경우가 많다. 주세붕의 본관은 상주이지만 그의 아버지가 처가가 있는 칠원으로 오면서 이곳에 정착하게 되었다.

주세붕은 최초로 서원을 세웠으며 부모의 상을 주자가례에 맞게 실시하는 등 성리학의 보급과 확산에 크게 기여하였다. 지방관으로서의 치적 역시 뛰어나 백성의 삶을 풍요롭게 할 뿐 아니라 성리학을 통한 지방 교화를 위해 노력하였다. 개인 수양에도 힘써 "마음가짐을 가난한 선비처럼 하여 맑은 기상과 굳은 절개가 변한 적이 없었다"는 평가를 받았다.

사람들은 흔히 훌륭한 학자들은 정치적인 측면에서도 성리학의 철학에 맞게 올곧은 정치를 했으리라 생각한다. 그러나 『조선왕조실록』의 주세붕 졸기에서는 그에 대하여 "사람들을 대해서는 번번이 세상에 대해 분개하는 말을 하고 권간들을 대해서는 굽신굽신하면서 두려워하였으며, (당대의 권신인) 이기, 윤원형의 집을 드나들며 여러 벼슬을 역임하여 부제학이 되었다"라고 했다. 개인 차원에서의 훌륭함과 정치적으로 올바른 명분과 지조를 지키는 것이 같지 않았음을 보여준다.

칠원에 있는 상주 주씨와 관련된 또 다른 유적으로 주씨 고가와 무기연당(舞沂蓮塘)이 있다. 본래 무기연당은 주씨 고가 안에 만든 연못이다. 그러나 지금은 집 자체보다는 무기연당이 더 유명하다. 주씨 고가와 무기연당을 세운 이는 주재성(周宰成)이다. 주세붕의 형 주세곤의 후손인 그는 산림처사로 살고 있다가 1728년 이인좌의 난 때 의병을 일으켜 북

무기연당. 산림처사로 살아갔지만 국가의 위급한 일에는 과감히 떨쳐 일어선
모습을 통해 진정한 선비의 삶에 대해 생각해본다.

진하다가 난이 진압되었다는 소식을 듣고 귀향한 공으로 충신 정려를
받았다.

'무기'라는 이름은 『논어』 선진편의 "기수(沂水)에서 목욕하고 무(舞雩)
에서 바람 쐰다"라는 구절에서 따온 말로, 자연 속에서 유유자적하며
살려는 의지가 반영되어 있다. 무기연당이라는 이름 외에도 연못 주변
곳곳에 벼슬을 사양하고 자연 속에 묻혀 살고자 하는 의미를 담은 편
액, 각서들이 있다. 연못 가운데의 석가산에 있는 '백세청풍'이라는 각
서와 연못 옆 정자인 하환정(何煥亭) 역시 그러하다.

주재성은 비록 이름 없는 시골 선비였지만 나라의 위기 때 자신의 재
산을 내던졌다. 사람들 앞에서는 잘못된 세상을 비판하면서도 정작 잘
못된 세상을 만든 권간들 앞에서는 굽신거린 주세붕과, 관직도 없는 시
골 선비지만 자신이 배운 바를 실천한 주재성을 보며 과연 누가 더 가
치 있는 삶을 살아갔을지 생각해본다.

메기가 침을 뱉어도
홍수가 난다

법수면 함안 뚝방길

함안 뚝방길 전경. 오른쪽이 둑으로 만들어진 넓은 들판이다.

남고북저의 지형적 특성상 남쪽 여항산에서 시작된 물은 북쪽 남강으로 들어간다. 남강은 다시 창녕 남지에서 낙동강과 만난다. 낙동강 중하류 지역은 원래 강물의 흐름이 느리다. 게다가 강과 강이 만나는 지점에서는 본류인 낙동강이나 지류인 남강 모두 흐름이 더 느려진다. 이로 인해 비가 많이 오는 여름만 되면 남강과 낙동강의 수위가 상승했다. 덩달아 남강과 낙동강으로 합류하는 함안천, 석교천, 광려천 역시 넘쳐 함안 곳곳을 물바다로 만들었다. 이로 인해 '메기가 침을 뱉어도 홍수가 난다'라는 말까지 있을 정도였다. 그래서 현재 함안의 중심지인 가야읍이나 법수면, 대산면 일대의 넓은 들판은 과거에는 강가의 저습지일 뿐이었다.

함안 사람들은 이러한 지형적 불리함을 극복하기 위해 많은 노력을 기울였다. 심지어 풍수지리설을 활용하기도 했다. 지형이 낮은 북쪽에 높은 산을 대신한다는 의미에서 대산(代山)이라는 지명을 붙였으며, 반대로 지형이 높은 남쪽에는 산을 뛰어넘어 배가 지나간다는 의미에서 여항(餘航)이라는 지명을 붙였다. 이를 통해 다른 지역처럼 북쪽이 높고 남쪽이 낮아 물이 잘 빠지는 지형을 꿈꾸었다.

풍수지리설 외에 직접적으로도 하천 및 남강가에 소규모 제방을 건설하기도 하였다. 그러나 전근대에는 토목기술이 미비하여 큰 효과를 볼 수 없었다. 그 후 일제강점기에 이르러 본격적인 제방 건설이 시작되었다. 일제는 근대적 토목 기술이 뒷받침된 상황에서 농경지 개발을 통한 산미증식계획의 목표를 달성하고자 했을 것이다. 당시에 만든 대표적인 제방이 법수면의 악양제이다. 지금은 함안의 대표적인 관광자원으로 개발되어 봄에는 양귀비꽃, 가을에는 코스모스로 유명한 뚝방길이 되었다. 그리고 악양제의 축조로 가야읍 일대가 넓은 농경지로 개발되어 지금까지 함안의 중심 지역이 되었다. 일제강점기 이후에도 지속적으로 제방을 쌓았으며, 1970년대 초반에 남강댐이 건설되면서 비로소 함안 지역은 홍수에서 벗어날 수 있었다.

굽이굽이 흐르는 남강과 낙동강은 함안 사람들에게 홍수라는 고통만을 안겨준 것은 아니었다. 함안 양반들은 강가의 절벽이나 언덕을 배경으로 여러 누정들을 만들었는데, 대표적인 것으로 악양루와 합강정, 반구정이 있다. 특히 악양루에는 중국 남부의 아름다운 풍광으로 유명

악양루에서 바라본 남강의 모습. 남강과 낙동강은 함안 역사의 가장 중요한
밑바탕이 되었다.

한 악양루에 비견될 만하다고 하여 같은 이름을 붙였다. 이곳에서 바라보는 일몰은 왜 함안 사람들이 그런 자부심을 가졌는지 공감이 간다. 근처에는 오빠를 그리는 처녀 뱃사공의 사연이 노래로 만들어진 '처녀 뱃사공 노래비'가 세워져 있어 강에 얽힌 평범한 사람들의 애환을 잘 말해주고 있다. 악양루가 일몰의 아름다움을 보여준다면 낙동강에 비치는 일출을 감상하기 좋은 곳이 반구정이다. 특히 반구정 앞의 650년 된 느티나무와 낙동강 및 남지읍의 경관이 함께 어우러져 절경을 이룬다.

남강은 함안 사람들에게 과거에는 강을 이용한 교역의 이익과 함께 홍수의 고통을 주었고, 근대 이후에는 강을 막아 생활의 터전과 함께 관광자원으로서 소득증대에 기여하는 '애증의 존재'라고 할 수 있다.

5.
사람으로
의롭게 살기가
힘드나니

의령

절은 사라지고
보물만 남다

의령읍 보천사지 3층 석탑, 승탑

보천사지 3층 석탑. 전형적인 통일신라시대 3층 석탑의 형태다.

의령읍에서 남쪽인 회양리 쪽으로 가다 보면 길 오른쪽 깊은 계곡 안에 예사롭지 않은 절터를 만나게 된다. 이 절터에 대하여 알려진 바가 거의 없지만 이름은 보천사지로 알려져 있었다. 지금까지는 『교남지』의 기록에 근거하여 보천사지로 알려져왔으나, 2018년 실시된 발굴 조사에서 '숭엄사(崇嚴寺)'라는 명문이 새겨진 기와가 발굴되었다. 이곳에는 보물 제373호인 보천사지 3층 석탑과 보물 제472호인 보천사지 승탑이 있다. 한 장소에 보물급 문화재가 2개나 함께 있다는 사실만 보아도 이 절이 예사롭지 않은 절임을 짐작할 수 있다.

3층 석탑은 통일신라 말~고려 초에 제작된 전형적인 3층 석탑 양식인데, 2018년 발굴 조사 결과 늦어도 1011년(고려 현종 2년)에는 건립된 것으로 밝혀졌다. 승탑 역시 비슷한 시기에 조성되었을 것으로 추정된다. 3층 석탑과 승탑은 돌을 깎아 만든 수법이 정교하여 당시 지방 석공들의 솜씨로 만들 수 있는 것이 아니라 중앙의 석공이 만든 것으로 추측된다.

불교가 사회적·정치적으로 중요하던 시기의 절은 종교적 역할만 하는 것은 아니었다. 지방행정을 보조하기도 하고, 지방관이 파견되지 않은 곳에서는 중앙에서 지방을 지배하는 거점 역할을 하기도 했다. 그렇기 때문에 중앙에서는 지방의 주요 거점이 되는 절에는 이름이 높은 승려를 파견하거나 지방의 이름 높은 승려에게 국사나 왕사 등의 칭호를 내리기도 했다. 이를 통해 지방의 불교를 중앙의 통제 아래 두려 한 것이다. 이 과정에서 절집의 위엄을 보이기 위하여 실력이 월등하게 좋은 중앙의 석공들을 파견하여 절을 짓거나 탑을 세우게 되었다. 이후에도 그 절에 있던 유명한 승려가 사망하면 그의 사리를 모시는 승탑 역시 중앙의 석공을 파견하여 만들기도 하였다. 그러므로 절집이 사라진 폐사지에 남아 있는 석탑이나 승탑의 수준을 통해 그 절이 세워질 당시의 위상 등을 추정해볼 수 있다.

특히 이 절이 세워진 통일신라 말~고려 초에는 지방에서 호족들이 세력을 키워 왕권이 약화된 중앙의 지배에서 벗어나 반독립적인 세력을 형성하고 있었다.

이런 상황에서 통일신라나 고려 정부는 의령 지역의 거점으로 보천사를 선택했을 것이라는 생각을 해본다. 특히 의령은 남강과도 가깝고 삼국시대부터 통일신라까지 격전지였던 대야성으로 가는 길목이기도 해서 중앙 정부 입장에서는 보천사를 관리할 필요가 있었을 것이다.

전국에 있는 폐사지의 절집들은 언제 세워지고 없어졌는지 불분명한 경우가 많다. 승려들이 떠나고 절집도 사라졌지만 그곳에 뿌리내리고 살아온 그 지역 사람들의 기억에는 절집에 대한 이야기들이 남아서 전해온다. 진실과는 다소 거리가 있을 수 있고, 전설의 형태로 비유와 은유의 모습으로 지역민의 기억에 살아 전하고 있다.

보천사의 기억도 그렇게 전해오는데, 전설에 따르면 절에 빈대가 많아져 살기가 힘들어져서 승려들이 절을 떠났다고 한다. 절에 빈대가 많아졌다는 것은 그만큼 절이 많이 쇠락했음을 말하는 것일 수도 있으나 빈대 같은 존재가 많아서 승려들이 견딜 수 없었음을 말하는 것일 수도 있다. 고려를 무너뜨린 조선의 건국 세력들이 겨냥한 두 집단이 권문세족과 사원이다. 두 세력 모두 농민들의 삶을 피폐하게 했기 때문이다. 그 과정에서 후원 세력을 잃은 절집들은 사대부들의 공격의 대상이 되었다. 아마도 전설상의 빈대는 조선 초의 양반들에 의한 절집의 침탈을 은유했을 것으로 보인다. 조선 전기에 지리 정보를 정리한 책인 『동국여지승람』에 이 절집의 이름이 보이지 않는 것으로 보아 그 전에 폐사되었음을 알 수 있다. 한때 위엄과 위세가 있었으나 세상이 변하여 불교의 나라가 아닌 시절이 찾아오자 지방의 절집은 더 이상의 위세를 유지하지 못하고 스스로 산문을 폐쇄한 것이다.

종교는 세속의 사람들에게 내세의 구원을 약속하는 것으로 존재 가치를 지닌다. 그러나 세속의 권력자들은 더 큰 목적으로 종교를 정치에 활용하였다. 당대 권력의 후원을 받으면 번성하지만 세속의 권력이 바뀌고 그 권력이 지향하는 종교가 달라지면 세력을 유지하기 어려운 점

보천사지 승탑. 조각 수법이 자못 정교하다.

도 있다. 종교는 내세의 구원을 약속하나 현실에서는 가장 세속적이고
정치적일 수밖에 없다.

북을 걸고
의병을 모으다

유곡면 현고수

현고수. 곽재우가 의병을 일으킬 때 북을 매달았다는 나무다.

의령읍에서 정곡면을 지나 나오는 세간리 입구에 오래된 느티나무가 있다. 임진왜란 최초의 의병장으로 알려진 홍의장군 곽재우가 의병을 모으기 위해 자기 집 앞에 있는 이 나무에 북을 매달아 쳤다고 해서 '현고수(懸鼓樹)'라고 불린다. 현고수가 있는 곳에서 동쪽으로 200여 미터만 가면 넓은 주차장과 광장, 으리으리한 기와집이 나온다. 의령군에서 곽재우의 생가로 복원한 집이다.

곽재우는 황해도 관찰사를 지낸 곽월의 셋째 아들로 태어났다. 그의 집안은 원래 현풍이 근거지였으나 아버지가 진주 강씨와 혼인하면서 처가인 의령에 들어왔다. 진주 강씨는 무남독녀여서 그는 처가의 재산을 모두 상속받을 수 있었다. 조선시대 양반들이 양반으로 행세할 수 있었던 가장 큰 요인이 바로 재산과 인적 네트워크다. 곽재우의 외가는 의령 유곡면 일대의 대지주였으며 일찍이 남명 조식과 교류가 있었다. 곽재우의 장인 역시 이름난 학자들과 교류하며 집안의 위상을 높였다. 이런 외가와 처가의 경제적 기반과 인적 기반은 곽재우가 남명 조식의 외손녀사위가 되고, 이후 임진왜란 때 의병활동을 하는 주요한 배경이 되었다.

곽재우는 34세에 과거에서 2등으로 뽑혔으나 그 내용이 임금의 뜻에 거슬려 합격이 취소되는 불운을 겪었다. 이후 관직에 대한 뜻을 접고 고향에서 학문을 연구하였다. 그러던 중 임진왜란이 일어나자 자기 집 노비 10여 명과 함께 집 앞 느티나무에 북을 매달아 치면서 의병을 모집했다. 당시 의령은 김해를 돕기 위해 보낸 군사들이 낙동강에서 배가 침몰하는 바람에 모두 익사하여 관군만으로는 의령을 지킬 역량이 되지 못했다. 이런 상황에서 곽재우가 의병을 일으킨 것은 유교적 근왕의 명분도 있었겠지만 관군의 힘을 기대할 수 없는 상황에서 자체적으로 자기 지역을 지키려는 의지가 더 컸을 것이다.

처음에 10여 명으로 시작한 곽재우의 의병 부대는 2천여 명으로 커졌으며, 정암진을 비롯한 각 지역에서 신출귀몰한 전략으로 왜군을 물리쳤다. 특히 다른 의병장들이 지나치게 명분에 집착하여 왜군과 무리하게 정면대결하다 패하는 경우가 많았던 반면, 그는 비정규군으로서의 의병답게 기습과 후퇴를 적절히 활용하여 임진왜란이 끝날 때까지 많은 전투에서 한 번도 패하지 않았다. 이에 왜군은 '홍의장군'의 이름만

곽재우 생가. 생가 추정지에서 약간 떨어진 곳에 복원했다.

들어도 벌벌 떨었다고 전해진다.

곽재우는 임진왜란이 끝나고 나서는 각종 관직에 임명되었으나 모두 버리고 낙동강가의 망우정에서 낚시로 소일하다 죽었다. 또한 남명 조식의 외손녀사위임에도 당시 북인의 실세였던 정인홍 등과는 거리를 두는 등 비주류의 삶을 자처했다.

이런 곽재우는 박정희 정부 때부터 본격적으로 현창되기 시작했다. 1972년에 충익사가 세워져서 제사를 지낸 이래 삼성그룹 이병철 회장 생가가 유명해지기 전까지 곽재우는 의령을 대표하는 인물이 되었다. 게다가 의령군에서는 그의 생가를 거대한 규모로 복원했다. 그 거대함은 평생 비주류의 삶을 자처한 곽재우의 삶과는 사뭇 다른 느낌을 주어서 찾는 이를 쓸쓸하게 한다.

홍의장군, 전라도로 향하는
길목을 지켜내다

의령읍 정암진

정암루(좌)와 정암(우). 곽재우는 이곳 정암 나루터 인근에서 일본군을 크게 무찔러 일본군의 전라도 진출을 차단했다.

　남해고속도로에서 의령으로 가다 보면 거대한 '의령 관문'이 나온다. 그 관문 오른쪽 작은 공원에 홍의장군 곽재우의 동상이 있다. 이 일대는 지금은 남강의 둑 덕분에 물길 폭이 좁은 편이지만 임진왜란 당시에는 갈대가 많고 폭이 넓은 습지였으며, 나루터가 있어서 남강 일대를 연결하는 교통 요지였다. 이곳이 바로 임진왜란 당시 홍의장군 곽재우가 이끄는 의병이 두 번째로 승리를 거둔 정암진 전투의 현장이다.

곽재우는 1592년 4월 말에 의병을 일으킨 이후 병력을 확충하며 5월 중순에는 낙동강과 남강이 합쳐지는 기강에서 첫 번째 승리를 거두는 등 기세를 높이며 의병 부대의 규모를 키워나갔다.

한편 한양을 차지한 일본군은 전라도 지역을 점령하기 위해 고바야카와 다카카게(小早川隆景)가 이끄는 제6군을 남하시켰다. 당시 전라도의 중심인 전주로 가기 위해서는 여러 길이 있었는데, 의령은 경상도에서 전라도로 가는 중요한 길목이었다. 그래서 고바야카와 자신은 충청도에서 금산과 이치를 거쳐 전주로 향하는 한편, 부하인 안코쿠지 에케이(安國寺 惠瓊)가 이끄는 별동대를 시켜 창원을 거쳐 의령을 점령하게 했다.

안코쿠지는 5월 24일경 군사 2천을 이끌고 정암 나루 건너편에 도착했다. 이후 정찰대를 보내 강을 건널 만한 곳을 미리 점검하여 나무 푯말로 표시를 했다. 그러나 곽재우는 밤을 틈타 나무 푯말을 늪지대에 꽂게 했다. 또한 주변에 병력을 매복시키는 한편, 부하 몇 명에게 자기와 똑같이 붉은 군복을 입혀 일본군을 혼란시켰다. 이런 신출귀몰한 계략을 통해 곽재우는 늪지대에서 우왕좌왕하던 일본군을 궤멸시킬 수 있었다. 고바야카와가 이끄는 일본군 본대 역시 7월 초에 이치와 웅치를 통해 전주로 쳐들어가려 했으나 실패했다. 그리고 10월에는 진주성에서 진주목사 김시민을 비롯한 조선 관군과 곽재우를 비롯한 여러 의병 부대들이 일본군의 전라도 진출을 막아내는 큰 승리를 거두었다(진주대첩). 이로써 조선은 일본군의 여러 번에 걸친 전라도 점령 시도를 막아냄으로써 일본군에 맞설 수 있는 중요한 보급창을 지켜낼 수 있게 되었다.

이렇게 볼 때 정암진 전투에서의 승리는 일본군 한 부대를 물리쳤다는 것에 그치는 것이 아니라 일본군이 전라도로 침공하는 중요한 길목을 막아 전라도를 지키는 데 크게 기여한 의미가 있다 하겠다. 곽재우 역시 이후 명성을 크게 떨쳐 의병 부대의 규모가 급속도로 커지는 계기가 되었으니, 이 전투를 통해 홍의장군의 신출귀몰한 전설이 시작되었다 해도 무방할 것이다.

돈 벌기도 어렵지만
값지게 쓰기는 더 어렵다

부림면 백산 안희제 선생 생가

안희제 선생 생가. 많은 돈을 벌었지만 그 돈을 모두 독립운동에 쓴 그를 통해 돈을 잘 쓴다는 것의
의미를 생각하게 된다.

　의령 입구인 정암 나루터 앞, 강에는 물에 반쯤 잠겨 있는 큰 바위가
있다. 그 모양이 다리 셋 달린 옛날 솥과 닮았다 해서 일명 '솥바위(鼎
巖)'라고 불린다. 사람들은 솥이 재물을 상징한다고 여겨 '솥바위 반경
20리 안에 부귀가 끊이지 않는다'라는 전설을 만들어내었다. 정말 그
덕분인지 의령 주변에서 대한민국 굴지의 재벌 창립자들이 셋씩이나 태
어났다. 그들만큼 돈을 벌지는 못했지만 훨씬 값있게 돈을 쓴 백산 안
희제 선생도 이곳 의령 출신이다.

의령은 대부분 산지인 가운데 계곡 따라 흐르는 하천가에 소규모 농토와 마을들이 형성되어 있다. 안희제 선생의 생가가 있는 부림면 입산마을 앞에도 유곡천이 흐른다. 이곳은 특이하게 물이 서남쪽에서 북동쪽으로 흐르는 소위 '역류' 구간이다. 이런 지형은 "대충신 아니면 역적이 나올 지형"이라고 한다. 이 마을에서는 안희제 선생 같은 인물이 나왔으니 대충신이 난 마을이라 하겠다.

안희제 선생은 1885년 이곳 입산마을에서 태어났다. 이 마을은 곽재우의 부하 중 한 명이던 안기종이 1600년대에 들어온 이래 탐진 안씨 집성촌이었다. 탐진 안씨 종가는 천여 석 규모의 땅이 있었다고 한다. 안희제 선생의 직계 집안도 어느 정도의 규모를 가진 지주였다. 집안의 이러한 경제력은 이후 그의 교육구국 활동이나 백산상회를 설립, 운영하는 밑거름이 되었다.

안희제 선생은 교육사업, 언론활동, 만주에서의 대종교 활동 등 다양한 분야에서 독립운동에 헌신하였다. 이 가운데 가장 대표적인 것이 백산상회를 통해 대한민국 임시정부를 비롯한 여러 독립운동 단체에 자금 지원을 한 것이다. 1914년경 세워져 곡물, 면포, 해산물 등을 판매하는 소규모 개인상회였던 백산상회는 1919년에는 '백산무역주식회사'로 발전했다. 안희제가 백산무역주식회사를 설립한 것은 돈을 벌기 위해서가 아니라 독립운동 자금을 공급하는 거점으로 삼기 위해서였다. 그래서 백산무역주식회사의 규모는 확대되었으나 항상 재정 결손을 면하지 못하였다. 물론 이런 활동을 안희제 선생 혼자 한 것은 아니었다. 백산무역주식회사가 자본잠식 상황이 올 때마다 사비를 털어 회사를 지켜낸 경주 최부자집 종손인 최준이 대표적이다. 광복 후 김구 선생은 그에게 임시정부 자금조달 인명기록장을 보여주었다. 사실 최준은 자신이 지금껏 지원했던 독립자금 중 일부는 안희제 선생의 개인 활동비로 쓰였으리라 의심하고 있었다. 그러나 김구 선생이 보여준 기록장에는 자신이 안희제 선생에게 전한 돈이 한 푼의 차이 없이 임시정부에 송금된 것이 적혀 있었다. 이에 최준은 안희제 선생을 의심했다는 사실에 크게 미안해하며 백산의 고향을 향해 큰절을 올렸다고 한다. 이렇게 임시정부 운영자금의 상당수를 댔다고 백범 김구 선생이 회고할 정도로 안희제와 백산무역주식회사가 독립운동사에서 차지하는 비중이 결코 적지 않았다고 할 수 있다.

인근의 삼성그룹 창업자 생가는 늘 많은 관광객으로 북적거린다. 그 창업자의 재물운을 조금이라도 나눠 받기를 바라면서일 것이다. 그렇지만 안희제 선생 생가는 한산함을 넘어 황량하기까지 하다.

지금은 돈을 많이 벌어서 부러움의 대상이 된 사람은 많지만 돈을 잘 써서 존경받는 사람은 별로 없다. 삼성그룹 창업자의 기운을 받아 돈을 많이 버는 것도 중요하지만 안희제 선생을 본받아 그 돈을 의미 있게 잘 쓰는 것 역시 중요한데도 말이다.

6.
영남 인재의 절반을 배출하다

진주

하륜, 진주 인재들의
정점을 찍다

진양부원군 신도비

뒤편에서 바라본 하륜 무덤. 팔각형의 특이한 양식을 잘 보여준다.

'조정 인재의 절반은 영남에 있고 영남 인재의 절반은 진주에 있다.'

역사적으로 진주에 인재와 충신이 많았음을 상징하는 말이다. 그리고 이런 진주 인재 중 가장 정치적으로 출세한 이가 하륜(1347~1416)이다. 그런데 그 덕을 톡톡히 본 사람은 잘난 아들을 둔 그의 아버지였다. 정승을 지낸 아들도 갖지 못한 대단한 신도비를 받았기 때문이다.

진주시 미천면 오방리 산자락에 '오방리 조선조 고분군'이라 이름 붙여진 고려 말 조선 초 양식의 무덤들이 있다. 조선 제3대 임금인 태종

이방원의 책사로 영의정까지 올랐던 하륜과 그 부모, 조부모의 무덤이 모여 있는 곳이다. 이들을 제사 지내기 위한 재실인 오방재 바로 뒤쪽에 4각형의 부모와 조부모 무덤 4기가 있고, 거기서 50여 미터 떨어진 곳에 8각형의 특이한 하륜 무덤과 그 아래 부인의 무덤으로 보이는 4각형의 무덤이 있다.

그런데 하륜의 무덤보다 더 주목을 끄는 것은 오방재 옆에 세워진 하륜의 아버지, 하윤린(1321~1380)의 '진양부원군 신도비'다. 귀한 오석(烏石)을 화강암 기둥으로 감싼 몸돌, 사각형의 화강암 받침돌, 연잎을 엎어놓은 듯한 화강암 머릿돌 조각 등 외관이 이채롭다. 비석의 주재료인 오석은 태종의 신도비에 사용한 것과 같은 것이고, 비문을 쓴 이도 태조와 태종의 신도비 비문을 쓴 변계량이라는 점이 주목을 끈다. 변계량은 하륜에게 발탁되어 당대 최고의 문사로 인정받은 인물이다.

신도비는 죽은 이의 일생을 기록하여 묘역 동남쪽 입구에 세우는 비다. 원래 조선시대에는 세종 때까지의 초기 왕릉을 제외하고는 정2품 이상 고위 관직자에게만 허락되는 위세적인 성격의 시설물이었다. 그러고 보면 이런 한적한 산골에서는 정말 보기 드문 볼거리가 아닐 수 없다.

하륜은 진주 향토지 『진양지』에 소개된 진주 출신 인물 중 최고의 자리에 오른 인물이다. 공민왕 때 과거에 합격하여 관직 생활을 시작했다. 그때 시험관이었던 이색과의 인연으로 정몽주와 교분을 쌓을 수 있었다. 또 당대 최고 권문세족이던 이인임의 인척이 되어 정치적으로 두각을 나타낼 수도 있었다. 한때 신돈과 불화로 파직되고 최영(崔瑩)의 요동 정벌을 반대하다 유배당하는 굴곡이 있긴 했지만 비교적 순탄한 관직 생활을 했다.

그러다 위화도 회군(1388) 이후 조선 개국 세력이 주도하는 정국에서

오방재에 있는 진양부원군 신도비.

반대 세력으로 지목되어 유배의 연속인 삶을 살았다. 조선 개국 이후 개국의 당위성을 인정하고 받아들인 뒤 승승장구 출세 길을 걸었다. 특히 이방원의 책사가 되어 왕자의 난(1차 1398년, 2차 1400년)을 성공시킴으로써 태종 이방원에게 '좌(左)하륜 우(右)숙번'이라 불리는 최측근 인물이 되어 죽을 때까지 권력을 누렸다.

그런 하륜의 아버지가 빼어난 신도비를 남긴 이유가 무엇일지 생각해본다. 정치적으로 영달한 잘난 아들을 둔 덕분일 것이다. 영의정까지 지냈지만 무덤에 신도비가 없고 부인의 무덤에 묘비가 없는 하륜을 다시 떠올려본다. 하륜은 '조정 인재의 절반은 영남 출신이고 영남 인재의 절반은 진주 출신'이란 말이 공감을 이루던 시대를 산 인물이다. 아버지보다 잘난 아들이 있을 수 없을 만큼 출세했기 때문일까 하고 부질없이 생각해본다.

진주라 천리 길을
내 어이 왔던가

진주성

진주성 촉석루. 제2차 진주성 싸움 후 일본군이 승전 자축연을 벌인 곳이다.

　진주성은 비봉산(138.5m)을 병풍처럼 치고 남강과 지금은 메워진 대사지 연못을 앞뒤 해자처럼 두른 천연 요새였다. 이곳에서 임진왜란 때 일본군과 치열한 교전이 두 차례나 있었다. 이순신의 한산도 대첩으로 제해권을 잃은 일본군이 호남 곡창지대를 장악하러 가는 관문이자 교두보가 진주였기 때문이다.

　제1차 진주성 싸움(1592년 10월)은 진주 목사 김시민의 지도하에 진주 성민이 일치단결하여 이겼다. 이것이 임진왜란 3대첩에 속하는 진주대첩이다. 그런데 제2차 진주성 싸움(1593년 7월)은 고립무원 상태에서 패하고 말았다. 일본군이 1차 싸움 패배의 치욕을 씻겠다고 대군을 보내자 조선 정부가 지레 진주성을 포기했기 때문이다. 그러나 이긴 일본군도 손실이 너무 커서 호남 진출을 포기하고 물러났을 정도니 단순히 패전은 아니었다. 그런 이유로 진주성 안에 있는 국립진주박물관이 1998년부터 '임진왜란 특성화 박물관'이 될 수 있었다.

남문을 들어서면 제일 먼저 400여 년 전 전쟁의 영광과 치욕을 함께 했던 촉석루가 모습을 드러낸다. 진주성의 상징과 같은 곳이다. 밀양의 영남루, 평양의 부벽루 등과 함께 조선의 3대 누각으로 이름났던 곳이다. 누각에 무수히 걸린 유명인들의 현판을 통해서도 명성을 짐작할 수 있다. 전시에는 진주성을 지키는 지휘본부인 남장대(南將臺)로 쓰였고, 평시에는 과거 고사장인 장원루(壯元樓)로도 쓰였던 곳이다. 물론 제2차 싸움에서 진주성이 함락된 뒤 일본군이 축하연을 벌인 곳이기도 하다.

촉석루를 나와 뒤편 언덕으로 난 계단을 오르면 임진대첩계사순의단(壬辰大捷癸巳殉義壇)이 있다. 1·2차 진주성 전투 때 전몰한 장병들의 넋을 위로하기 위해 1987년에 만든 공간이다. 일제강점기에는 일본 신사(神社)가 있던 곳이다. 그보다 앞선 조선시대에는 김시민 장군을 모신 충민사(忠愍祠)가 있던 곳이다. 흥선대원군의 서원철폐령 때 충민사가 헐리면서 김시민 장군의 위패만 진주성 서장대 부근에 있는 창렬사(彰烈祠)로 옮겨져 오늘날에 이른다. 그래서 창렬사는 대원군의 서원 철폐 때도 존속한 47개 서원 중 하나이자 김시민 장군을 모신 서원이라는 의미가 있는 곳이다. 진주성 제일 서쪽 끝에 있어 찾는 이가 드물지만 알고 찾는 이들에게만 비로소 보이는, 바로 그런 곳이다.

촉석루에서 임진대첩계사순의단의 사잇길로 좀 더 걸어 들어가면 맞은편 언덕에 김시민 장군의 동상이 있다. 그 위에 영남포정사 문루도 보인다. 오늘날의 도지사에 해당하는 관찰사가 직무를 보던 관아를 포정사라 한 데서 비롯한 이름이다. 영남포정사 문루는 1896년(고종 33년) 처음 등장한 행정구역으로 '경상남도' 도청이 진주에 있었을 때 그 정문으로 사용되던 것이다.

1919년 3·18 진주만세운동 때는 일본 경찰이 도청으로 몰려드는 시위대를 향해 잉크를 뿌리고 그 자국이 남은 사람을 검거한 독립운동의 현장이 되기도 했다. 그러나 1925년 경남도청이 부산으로 옮겨진 이래 홀로 남아 문으로서의 기능은 잃고 진주의 옛 영광을 상징하는 공간의 의미만 남았다.

그 뒤 1983년, 도청이 부산에서 창원으로 옮겨졌을 때 진주 사람들의 실망은 너무나 컸다. 부산으로 옮겨질 때는 남강의 1호 다리인 '진주교(중안동-칠암동)'를 놓아주고, 창원으로 다시 옮겨 가고 말았을 때는 '경남문화예술회관'을 지어주었다는 얘기가 있을 정도였다. 1986년 창원

영남포정사 문루. 1919년 3·18 진주만세운동의 현장이기도 하다.

시가 경남도청 앞 용지공원에 '새영남포정사' 현판을 붙인 문루를 세운 데서도 진주성 영남포정사 문루의 상징적 의미를 짐작할 수 있다.

진주는 역사적으로 오랫동안 지방행정의 중심지였다. 통일신라시대 9주와 고려 시대 12목의 하나였으며, 조선시대에도 임진왜란 이후 우병영이 옮겨 올 정도로 중요한 곳이었다. 그래서 진주대첩, 진주농민항쟁, 형평운동 등 역사의 물꼬를 튼 사건들이 진주에서 많이 일어났다. 또한 중앙에서 관리들이 부임해 오면서 '북평양 남진주'라 할 정도로 기생들의 교방 문화가 발달하여 중앙의 음식문화가 바로 이식되기도 했다. 전국적으로 유명한 진주비빔밥과 진주냉면이 대표적이다.

진주 사람들의 지역에 대한 자부심은 대중가요로도 표현되었다. 1941년 가수 남일해가 부른 〈진주라 천리 길〉이 대표적이다. '진주라 천리 길을 내 어이 왔던고…'라는 가사처럼 많은 사람들이 지금도 먼 길 마다하지 않고 진주를 찾는다. 매년 10월 초순 남강 및 진주성에서 열리는 유등 축제도 한몫을 한다. 제1차 진주성 싸움 때 진주성에 고립된 조선군과 백성이 외부와 연락 방법으로 남강에 유등을 흘려보낸 데서 비롯했다고 한다. 진주성 성벽 너머로 굽어보이는 남강의 물결을 따라 그날의 간절함이 전해오는 듯하다.

논개, 충신으로
되살아나다

의암

의암. 거북이 머리처럼 생긴 바위 서쪽 측면에 '義巖(의암)'이라고 새겨져 있다.

촉석루 앞 쪽문을 통해 계단을 내려가면 절벽이 끝나는 곳에 의암 (義巖)이 있다. 임진왜란 때 논개가 왜장을 안고 남강에 투신한 곳이어 서 '의로운 바위'란 뜻의 이름을 얻은 바위이다. 촉석루에서 몇 걸음만 옮기면 논개를 모신 의기사(義妓祠)도 있다. 의기사는 논개 사후 150여 년이 지난 영조 임금 때에야 비로소 세워진 논개 사당이다. 이곳에는 2008년부터 윤여환 화백이 그린 논개 영정이 걸려 있다. 이전에는 친일 경력이 있는 김은호 화백이 그린 영정이 걸려 있었다. 시민단체가 나서서 그것을 철거하고 현재의 영정으로 교체한 것이다.

원래 논개는 전라도 장수 출생이지만 호남 의병장 출신으로 제2차 진주성 싸움에서 최후를 맞이한 최경회 장군을 따라 진주성에 들어왔다고 한다. 진주성이 함락된 뒤 일본군의 승전 자축연에 관기인 척 잠입했다가 왜장을 촉석루 아래 의암 바위로 유인해 끌어안고 남강에 몸을 던져 자살했다고 한다. 의암 바위 서편에는 진주 사람 정대륭(1599~1661)이 쓴 '義巖'(의암) 글자가 뚜렷하다.

논개는 자칫하면 역사에 등장하지 못하고 사라질 뻔했던 인물이다. 조선 정부에서 전란 극복에 공적이 있는 사람들을 조사할 때 당시 기생으로 알려졌던 논개는 충신도 효자도 열녀도 아닌 모호한 존재였다. 그래서 논개는 공식 보고에서 누락되고 한동안 진주 사람들에게만 구전될 수밖에 없었다. 그러던 중 유몽인이 『어우야담』(1622)에서 논개의 활약상을 소개하면서 야사(野史)이긴 하지만 비로소 역사에 처음 기록될 수 있었다.

이후 논개에 대한 기억은 점차 고양되었다. 조선 후기에는 일반 여성도 아닌 기생 신분으로는 최초로 사당이 세워진 '충신'의 이미지였다. 그러다 일제강점기에는 변영로, 한용운 등 시인에 의해 민족의 '애인'이 되었고, 6·25 전쟁 이후 현대에 와서는 박종화의 소설 『논개와 계월향』(1962)을 통해 나라를 구한 '위인'의 반열에 올랐다.

의기사에는 그동안 다녀간

논개를 모신 의기사.

유명인들의 글들이 많이 걸렸다. 그중 진주 기생 산홍의 시가 가장 감동적이다.

千秋紛晉義(천추분진의) 역사에 길이 남을 진주의 의로움
雙廟又高樓(쌍묘우고루) 두 사당과 또 높은 루가 있네
羞生無事日(수생무사일) 일 없는 세상에 태어난 것이 부끄러워
笳皷汗漫遊(가고한만유) 피리와 북 소리 따라 아무렇게 놀고 있네

산홍이 논개의 의로움을 본받으려 했음을 알 수 있다. 산홍은 '을사 5적' 중 한 명인 이지용이 자신을 첩으로 삼으려 하자 거절하고 자결한 것으로도 유명하다. 그래서일까. '누구든 그의 붓끝에서 온전할 수 없다'고 할 정도로 매서웠던 황현도 이곳에 들렀다가 산홍의 언행을 『매천야록』에 기록했을 정도였다. 그래서 의기사 현판 좌우에 걸린 산홍과 황현의 논개에 대한 시를 함께 감상해보면 더욱 특별한 의미를 찾을 수 있을 것이다.

논개는 국가권력에 의해 여성이 열녀로서가 아닌 충신으로 표창된 최초의 사례다. 그에 따라 그녀에 대한 기억도 부단히 각색되어갔다. 이제는 기생이 아닌 양반의 후실로 신분이 격상되었고, 처음엔 몰랐던 생가와 부모도 알려졌다. 최경회 장군과 함께 묻힌 논개의 무덤도 찾아내게 된다. 오랫동안 모호하던 논개에 대한 사실들이 현대에 와서 많이 구체화된 듯하다. 그것을 마냥 좋은 의미로만 볼 수 있을지 잘 모르겠다. 이제 논개는 진주시를 대표하는 캐릭터가 되어 시내 곳곳에서 만날 수 있다. 어디서 태어났는가보다는 어떻게 죽었는가가 더 중요했던 역사를 보여준다.

청동기박물관에
청동기가 없다니

대평면 대평리 유적

진주청동기문화박물관 2층 바닥에 있는 대평리 유적 위성사진 타일. 둥근 원 부분이 박물관이다.

2009년 6월 11일, 진주시 대평면 대평마을에 진주청동기박물관이 문을 열었다. 당시로서는 최대 규모의 청동기시대 농경취락 유적지인 대평리 유적에서 발굴된 유물을 한곳에 모아 보존할 전문 박물관으로 건립된 것이다.

대평마을은 1967년 남강댐(진양호) 건설에 이어 1989년 남강댐 보강공사가 진행되면서 또다시 수몰 예정지가 되었다. 1995년부터 1999년까지 긴급 발굴이 이루어졌다. 국립진주박물관, 경상대학교박물관 등

16개 기관이 참여한 발굴 조사에서 청동기시대 400여 곳의 주거지 및 마을을 둘러싼 환호(環濠), 33,000m²에 이르는 밭, 고인돌과 돌널무덤 및 돌덧널무덤, 토기, 석기, 옥기 등 다양한 유구와 유물이 발견되었다. 예상외로 큰 성과를 거두자 발굴에 참여한 기관들이 각자 보관하던 유물들을 효율적으로 관리하기 위해 박물관을 세운 것이다.

남강댐 상류에 위치한 대평마을 사람들은 두 차례나 수몰의 아픔을 겪고 유적지 동북쪽에 새로 마련된 이주지로 옮겨 가야 했다. 그래서 대평리 유적 답사는 진주청동기문화박물관 2층 복도에서 시작해야 한다. 바닥에 대평마을의 위성사진 타일이 있기 때문이다. 거기서 '깊은 골짜기 안에 맑은 물과 넓은 들이 있어 곡식과 채소들이 풍부하다'고 '한들(혹은 큰들)'이라 했던 대평(大坪)마을 지명의 유래를 한눈에 이해할 수 있다. 경호강이 진양호로 흘러들기 직전 태극 문양처럼 크게 한 바퀴 돌며 형성된 범람원 지역에 해당한다. 물살이 갑자기 느려지면서 상류에서 떠내려온 기름진 흙이 많이 쌓여 비옥한 땅에 일찍부터 사람들이 정착했을 것이다. 역시 구석기시대부터 삼국시대에 걸친 유구와 유물이 많이 발견되었다.

원래 대평리 유적은 옥방마을과 어은마을이라는 두 개의 자연마을로 이루어져 있었다. 이곳에서 당시로선 최대 규모의 청동기시대 주거지와 밭, 환호, 무덤, 토기 가마, 석기와 옥기 공방지 등 많은 구조물이 한꺼번에 발견되어 세상을 놀라게 했다. 그래서 청동기시대 사람들의 실제 생활 모습을 전체적으로 온전하게 복원해볼 수 있는 것이 이 유적의 가장 큰 매력이자 가치라 할 수 있다.

특히, 옥방마을에서 옥기(玉器)를 전문적으로 제작하던 공방지, 즉 옥방(玉房) 유적이 발굴됨으로써 옥방마을 이름이 청동기시대에 비롯한 것을 알게 되었다. 청동기시대에 옥(玉)은 아주 귀중한 장신구였다. 실생활용품이 아닌 위세품이었다. 옥을 차지하기 위해 전쟁도 불사할 정도였다. 그래서 옥은 지배층의 무덤에서 가장 많이 출토된다. 이곳에서 만든 옥이 남강 유역의 다른 지역에서도 발견된다. 남강을 따라 멀리 떨어진 마을에까지 팔려갔기 때문이다.

진주청동기박물관은 실내 전시장뿐 아니라 야외 전시장도 잘 꾸며져 있어 어른과 아이들이 함께 체험활동을 할 수도 있다. 그런데 어디에도 청동기는 없다. 청동기가 발견되지 않아서다. 그런데도 청동기시대 대표적 유적지로 자리매김된 이유는 무엇일까. 한반도 남부지방 청동기시대 유적에서 귀한 청동기는 거의 발견되지 않는다. 마을 주위로 도랑을 판 방어 시설인 환호가 대규모로 발견되어 청동기시대 강력한 지배세력의 존재를 추정할 수 있기 때문이다.

진주청동기문화박물관.

진양호 댐이 건설되지 않았다면 대평리 유적은 땅속에서 잠잤을지도 모른다. 당시 강과 가까운 자연제방을 따라 길게 분포하던 유적지 중 수몰 예정지만을 우선 조사 대상으로 발굴이 이뤄졌다. 그래서 대평리 유적의 중심부에 해당하는 곳은 아직도 조사되지 않은 상태로 남아 있는 셈이다. 지금은 복토하여 돋운 땅에 딸기 재배 단지가 조성되어 후일을 기약하고 있다.

예나 지금이나 땅이 기름지고 물이 좋은 대평마을은 품질 좋은 농산물 산지로 유명하다. 그 옛날 대평마을에서 만든 옥 장신구가 먼 곳까지 팔려 나간 것처럼, 지금도 대평면에 생산된 딸기를 비롯한 야채는 전국으로 팔려 나간다. 이것이 바로 오랜 기간 다져진 대평마을의 내공일 것이다.

수정봉과 옥봉에서
가야를 생각하다

수정봉·옥봉 고분군

진주 수정봉·옥봉 고분군(옥봉 7호분). 여기서 수정봉 2·3호분이 바라보인다.

　진주성 북동쪽에 두 개의 봉우리로 된 독립 구릉이 있다. 북서쪽 수
정봉과 동남쪽 옥봉의 능선을 따라 열을 지어 7개의 거대한 고분들이
있었다. 가야 고분으로 추정되는 이 고분을 수정봉·옥봉 고분군이라
한다. 지금은 정상부까지 작고 낡은 집들이 다닥다닥 들어서 있는 바람
에 대부분 원래 모습과 위치를 잃어버렸다. 그렇지만 일제강점기에 찍은
고분 사진을 보면 겉모습이 고령이나 함안의 왕릉급 가야 고분군과 아
주 비슷하다.

　이곳은 일제강점기인 1910년 일본인에 의해 처음 조사되었다. 수정봉

2·3호분, 옥봉 7호분을 조사했고 나머지 4개 고분에 대해서는 자세히 알 수 없다. 모두 돌방무덤(횡혈식 석실묘)이고 백제 계통의 청동합 및 철기류와 대가야·소가야 계통의 토기류가 주로 발견되었다. 일반적 가야 고분 양식인 돌덧널무덤이 아닌 것이 특이하다. 특히 청동합과 철제 기꽂이는 경주, 양산, 합천 등지의 우두머리급 무덤에서 발견되는 것이어서 이 지역 우두머리의 무덤일 가능성이 크다.

현재 수정봉 2·3호분과 옥봉 7호분만 위치가 파악될 뿐, 나머지 고분들은 어디 있는지 찾을 수도 없다. 일제강점기에 일본 학자들이 임나일본부설(일본 고대 야마토 정권이 4세기 초부터 6세기 중엽까지 임나지역, 즉 경주 일원을 제외한 영남 일대를 식민지로 지배했다는 설)을 증명하기 위해 무분별하게 파헤친 결과였다. 이것이 진주 지역뿐 아니라 다른 지역의 가야사 복원을 어렵게 하는 원인이기도 하다. 게다가 이곳에서 발견된 유물은 일본을 비롯해 여기저기 흩어져버렸다. 일제강점기에 제작된 『조선고적도보』라는 사진첩을 통해 겨우 어렴풋이 파악될 뿐이다.

『삼국사기』, 『삼국유사』 등 여러 기록을 종합해볼 때 가야는 6개 가야뿐 아니라 10여 개 혹은 그보다 더 많은 소국들로 나뉘어 있었다. 대체로 전기 가야의 맹주를 김해의 금관가야로, 후기 가야의 맹주를 고령의 대가야로 본다. 『삼국사기』에 나오는 가야에 대한 기록을 근거로 한 것이다. 김해 대성동 고분과 고령 지산동 고분의 발굴 조사를 통해 고고학적으로도 입증되었다. 그런데 두 기록 사이의 가야사는 사실상 공백으로 남아 있었다. 함안의 아라가야가 그 중간인 5세기 전반에 가야의 중심세력 역할을 하였음이 광개토대왕릉비 및 『일본서기』의 기록을 통해 확인되었다. 그 후 함안 도항리·말산리 고분군 발굴 조사로 그 가능성이 입증되었다.

한편 이 무렵 진주 인근 고성에서 소가야가 남강 이남의 여러 가야 세력을 아우르는 큰 정치세력으로 성장하여 해상 교역의 중심지로 번성했다. 이 시기에 조성된 송학동 고분군에서 대가야, 백제, 신라, 왜 등의 문화 요소가 모두 발견된 것이 그 증거다. 그래서 사람들은 인접한 진주 지역에도 6가야 중 하나인 고령가야가 있었을 것이라고 계속 주장해왔다. 특히 수정봉·옥봉 고분군은 진주 고령가야의 결정적 근거로 거론되곤 한다. 고분 입지조건과 외형은 다른 지역 가야 왕릉들과 비슷하기 때문이다. 그렇지만 고분 수가 현저히 적고, 내부 구조가 돌덧널무덤이 아닌 돌방무덤이며, 강력한 정치세력의 존재를 알려주는 금동관이나 환두대도 같은 것이 발견되지 않아 안타깝게도 고령가야로 보기에는 어려움이 있다.

진주 지역은 일찍부터 남강을 끼고 경제적으로 번성하던 곳이다. 청동기시대 대규모 농경취락인 대평리 유적을 통해서도 알 수 있다. 아직까지 확인되지는 않았지만 가야 연맹의 소국 중 하나는 있었을 가능성이 충분히 있다. 그렇지만 여전히 진주 지역의 가야 역사는 많은 물음표들로 가득 차 있다. 가야의 역사는 오랫동안 진주가 전략적 요충지, 경제적 중심지로 주목받고 서부 경남의 행정 중심지 기능을 할 수 있었던 저력이 되었을지도 모른다.

진주성 남문 앞에 2020년 12월 완공을 목표로 진주대첩기념광장 조성 공사가 한창이다. 진주 외곽에 혁신도시가 들어서면서 상대적으로 슬럼화된 원도심 지역의 유적지 복원과 정비가 수월해진 덕을 보는 듯하다. 욕심 같아서는 수정봉·옥봉 고분군도 재발굴 조사가 이뤄져 고령 지산동, 함안 도항리, 고성 송학동 등지의 고분군처럼 정비되어 가야 고분 특유의 능선이 드러났으면 좋겠다.

하늘 보고
침 뱉지 말라

수곡면 진주농민항쟁기념탑

진주농민항쟁기념탑. 왼쪽 둘레돌 3개에 류계춘을 비롯한 주모자 31명의 이름이 새겨져 있다.

농사는/ 하늘 뜻 섬기는 일/ 농부는/ 사람을 섬기는/ 하늘이외다/

하늘 보고/ 침 뱉지 말라/ 사람이 곧/ 하늘이니/ 人乃天(인내천), 人乃天

(인내천)

소설가 정동주가 쓴 「하늘 농부」라는 시다. 진주농민항쟁기념탑 기념비에 새겨져 있다. 2012년 진주농민항쟁 150주년 기념으로 세운 것이다.

1862년 2월 14일, 덕산 장터에서 진주농민항쟁은 시작되었다. 겨울 농한기에는 나무꾼으로 살아야 하는 가난한 농민인 초군(樵軍)이 중심이 되었다. 지리산 천왕봉에서 발원한 덕천강이 흐르는 덕산 지역은 현재 산청군 시천면이지만 당시에는 진주목에 속한 곳이었다. 수곡 장터 모의에서 인근 단성 지역의 농민봉기 결과에 자극받아 덕산 장날에 맞춰 봉기하기로 한 데 따른 것이다.

그래서 진주시 수곡면의 수곡 장터는 진주농민항쟁의 실질적 발원지라 할 수 있다. 몰락한 양반 류계춘이 중심이 되어 항쟁의 방향을 바꾼 중요한 회의가 열린 곳이기 때문이다. 무실 장이라고 불리던 수곡 장은 남강댐 건설 공사로 불어난 덕천강에 수몰되었다. 그러나 당시엔 물길을 따라 진주, 산청, 하동 사람들뿐 아니라 전라도 사람들까지 들고 나는 중요한 길목이었다. 오가는 사람들이 많아서 의심을 피해 봉기 모의를 하기에 아주 좋았을 것이다.

한편 지금은 진양호에 잠긴 진주시 내동면 내평마을에서 처음 모의했을 때는 홍문관 교리를 지낸 이명윤 등 유력 양반들도 대거 참여하였다. 수령과 향리들의 비리와 세금 횡령에 대한 불만이 컸기 때문이다. 온건한 등소 운동 중심에서 집단 봉기로 방향이 바뀌자 유력 양반들은 대부분 빠져나갔다. 결국 몰락 양반과 농민이 항쟁의 핵심 세력으로 남게 되었다.

덕산 장터를 시작으로 평소 인심을 얻지 못했던 지주와 탐관오리의 집이 먼저 불살라졌고, 인근 고을까지 합세하면서 세력이 커져 진주성으로 향했다. 진주목은 다른 고을과 달리 경상우병영까지 설치되어 있어 주민들에게 이중으로 세금을 부담시키는 바람에 불만이 많았던 곳이다. 게다가 두 관청이 수령과 향리의 오랜 비리로 인해 누적된 환곡의 부족분을 토지와 통호 단위로 세금을 부과하여 일시에 해결하려 하자 농민들의 불만이 폭발한 것이다. 농민군은 진주목사 홍병원과 경상우병사 백낙신이 자신들의 위세에 눌려 요구를 받아들이기로 약속하자 평소 원성이 높았던 아전을 죽이고 10일 만에 해산하였다.

그런데 문제는 조정에서 안핵사로 파견한 박규수가 사태를 수습하는 과정에서 발생했다. 난을 일으킨 이유를 조사하는 과정에서 류계춘, 김수만, 이귀재 등 13명을 주모자로 체포하여 진주성 남문 밖 공터에서 효수한 것이다. 이명윤 등 19명의 가담자들에게도 유배형을 내렸다. 생각보다 쉽게 사태가 해결되자 조정에서는 항쟁 원인을 수령과 향리의 조세 비리 문제로만 몰아갔다. 조세제도 개혁과 같은 근본적 대책을 시행하지 않음으로써 전국적 농민봉기인 임술농민봉기로 확산되는 계기가 되었다. 나아가 거스를 수 없는 흐름이 되어 동학농민운동, 소작쟁의, 형평운동 등으로 이어지게 된다.

그럼에도 항쟁 주역들이 제대로 평가받기까지는 오랜 시간을 기다려야 했다. 2012년에야 진주농민항쟁기념탑이 건립되면서 비로소 역적의 누명을 공식적으로 벗었다. 그제야 위령제도 지낼 수 있게 되었다. 성공적으로 농민봉기를 이끌고도 처형된 류계춘은 부패한 조선 사회에 경종을 울렸지만 역적이 되어 후손들까지 역적의 후예라는 멍에를 짊어지고 살아야 했다. 그의 무덤은 진주농민항쟁기념탑 인근 수곡면 원당리에 있다. 오랫동안 묘비도 제대로 세울 수 없었던 세월을 생각하면 격세지감이 느껴진다.

겨울이면 진주시 수곡면 들판을 가득 채운 비닐하우스마다 딸기가 붉게 익어간다. 항쟁 모의가 있었던 1862년 봄, 류계춘과 그를 따르던 사람들의 마음도 그렇게 애태우며 무르익어갔을까. 옛 수곡 장터 부근의 진주농민항쟁기념탑은 큰 길에서 멀어 찾는 이들이 거의 없고, 그날의 아우성은 잔잔한 호수 속으로 가라앉은 듯하다. 오늘도 진양호의 아름다운 풍광을 전경으로 한 펜션을 찾는 차량들이 내평마을이 있었던 호반 도로를 무심히 지나간다.

저울처럼 평등한
세상을 만들자

형평운동기념탑

형평운동기념탑. 진주성 남문 앞에 있었는데, 경남문화예술회관 앞으로 옮겨졌다.

1957년 11월 12일, 진주에서 형평운동가 강상호(1887~1957) 선생의 장례식이 형평장(전국축산기업조합장)으로 치러졌다. 장지인 새벼리에서 진주교까지 만장 행렬이 길게 이어졌고, 백정 출신 옛 형평사 회원의 조사가 낭독되었다. 그리고 2007년에야 새벼리 길가에 '형평운동가 강상호 선생 묘소' 안내 표지판이 세워졌다.

형평운동은 진주에서 처음 시작된 백정들의 신분해방운동이다. 1923

년 4월 24일 저울(衡)처럼 평등한(平) 세상을 지향하는 형평사(衡平社)가 옛 진주청년회관(진주 YMCA회관)에서 창립되었다. 양반 출신의 강상호, 신현수, 천석구 등 선각적 지식인들과 이학찬, 장지필 등 각성한 백정들이 연대한 결실이었다. 5월 13일에는 당시 진주에서 가장 큰 건물인 진주좌(구 진주극장)에서 전국의 백정 지도자 400여 명이 참석한 가운데 창립 축하식도 열렸다. 이렇게 형평운동은 역사의 수면 위로 떠올랐으나 이후 형평의 길은 멀고도 험하였다.

형평운동의 발원지를 보려면 진주향교의 대성전 앞에서 맞은편 옥봉 언덕을 바라보아야 한다. 옥봉동은 백정들이 집단 거주하던 곳이다. 다닥다닥 붙은 좁고 낡은 집들 사이로 그들의 애환이 아직도 남아 있는 곳이다. 백정들은 살아 어린아이들에게도 돌팔매를 맞았고, 죽어 꽃상여도 탈 수 없었다. 남자가 상투 틀고 여자가 비녀 꽃는 당연한 것도 허락되지 않았다. 그런 그들의 거주지가 향교 바로 앞에 있었다니 너무 신기하다. 고기를 중요한 제물로 썼던 향교와 백정의 기이한 공생 모습을 보여준다. 지금도 향교는 그대로인데 그 시절 백정들은 어디로 갔을까.

백정들의 굴레였던 신분제도가 폐지된 것은 갑오개혁(1894) 때다. 그러나 차별의식은 쉬 사라지지 않아서 희망과 좌절의 담금질을 감내해야 했다. 1909년에는 진주 지역 최초의 교회인 옥봉리교회(현재 봉래동 진주교회)에서 리알 목사가 백정들과 일반 신자들이 함께 보는 예배를 추진한 적이 있었다. 그런데 예배당에 백정들이 들어오자 일반 신자들이 집단적으로 밖으로 나가버렸다. 끈질긴 설득 결과 몇 달 뒤에는 비록 함께 예배를 보게 되었지만 백정들에게는 큰 설움이었다. 더구나 1923년 형평사 창립 축하식 때 진주기생조합이 여흥을 위한 공연 요청을 거부했고, 하층 농민이 주로 참여한 농청(農廳)도 형평운동 반대 움직임의 중심이 되었을 정도이니 오죽했을까 싶다.

그럼에도 진주가 형평운동의 시작지가 될 수 있었던 것은 오랫동안 행정의 중심지였기 때문이다. 특히 1896년 신설된 경상남도 도청의 소재지로 근대 교육기관이 비교적 빨리 세워져서 강상호와 같이 인권에 눈뜬 진보적 지식인들이 많이 배출된 덕분이다. 그래서 일본의 천대를 받던 부락민 해방 단체인 수평사(水平社)와 교류 협력도 가능했을 것이다. 그러나 형평운동은 형평사 창립식 직후 본사 이전 문제를 둘러싼 내부 분열과 만주사변(1931) 이후 군수 가죽제품을 원활히 조달하려는 일제의 통제 강화로 어려움을 겪었다. 특히 일제가 날조한 형평사청년 전위동맹사건(1933)으로 형평사의 주요 핵심 인물들이 갑자기 대거 검거된 후 경제적 이익만 추구하는 단체로 변질되면서 형평운동은 퇴조하였다. 그리하여 '최초의 인권운동 발상지'라는 진주의 자부심도 잊혀가는 듯했다.

그러다 1993년 형평운동 70주년을 맞아 시민단체 중심으로 형평운동의 뜻을 되살리려는 노력이 전개되었다. 형평사 창립일에 맞춰 경남문화예술회관에서 해방 이후 최초로 기념식이 열렸다. 1996년에는 형평운동기념탑도 건립되었다. 원래 형평사 창립 축하식이 열렸던 옛 진주극장 앞에 세워야 했으나 공간이 없어 진주성 남문 앞에 세웠다. 장소의 현장성은 다소 떨어지지만 백정들은 감히 출입도 어려웠던 진주성 앞에 세워져서 나름 역사적 의미를 살릴 수 있었다. 남녀 젊은이가 손을 잡고 진주성으로 향하는 모습이라 더욱 그랬다.

이렇게 겨우 자리를 잡는 듯 보였던 형평운동기념탑은 다시 옮겨지는 기구한 운명을 맞았다. 2017년부터 진주성 남문 앞에 진주대첩기념광장 조성 공사가 시작되면서 생뚱맞게 경남문화예술회관 앞으로 옮겨진 것이다. 예술 조각품의 하나로 전락한 듯해 안타깝다. 아직도 형평운동의 역사는 강상호 선생의 초라한 무덤에서 확인할 수 있듯이 진주 시민들에게조차 낯설다. 저울처럼 평등한 세상을 꿈꾼 인권운동으로 형평운동의 숭고한 의미를 이어갈 방도를 찾아야 할 것이다.

길 위에서 다시
길을 찾다

문산읍 문산성당

문산성당. 양옥과 한옥의 신·구 성당이 잘 조화를 이루고 있다.

동진주 IC에서 나와 문산 방면으로 조금만 가면 문산초등학교가 나온다. 학교 정문 남동쪽 담장 아래 형체만 유지한 비석 세 개가 있다. 흐릿하게 '소촌역 찰방 선정비'란 것이 확인될 정도이다. 이곳이 조선시대 소촌역 자리라는 것을 알려주는 유적이다. 보통 사람들에게 역이나 찰방 관직은 낯설고 대수롭지 않게 보일지 모르지만 조선시대에는 중요한 교통 통신 관련 행정조직이고 관직이었다.

소촌역이 처음 역사 무대에 등장한 것은 조선 초기 역로 개편 때였다. 전국에 설치한 40여 개 역도 중 하나인 소촌도의 중심역이었다. 소촌도는 임진왜란 이후 경상우병영이 창원에서 진주로 옮겨 오고 삼도수군통제영이 거제에서 고성으로 옮겨지면서 중요성이 높아진 길이다. 소촌역은 해안의 마산·고성·거제·남해와 내륙의 진주·사천·의령을 연결하는 기능을 하며 커져 마을을 형성하였다.

국가의 교통 통신 조직망이었던 역은 찰방(종6품)이 통할하는 특수한 행정조직이었다. 수령이 다스리는 부·목·군·현의 일반 행정구역과는 달랐다. 역은 인구나 면적에서 규모가 작아도 일반 군·현과 같은 등급으로 보았고 운영 구조도 유사했다. 인근 진주목과 소촌역이 별도의 행정조직으로 기능한 것이 대표적 예에 해당한다.

소촌역은 현재 문산초등학교와 동정마을 일대에 있었던 것으로 추정된다. 갑오·을미개혁(1895)으로 역로 제도가 폐지되고 1906년 지방행정구역이 개편되면서 소문리로 이름이 바뀌어 오늘날에 이르고 있다. 그 과정에서 소촌역 관아 부지와 건물들은 여기저기 매각되어 없어졌다. 그런데 소촌역 관아 건물 중 일부가 1907년 천주교 문산성당에 팔렸다. 역로 제도가 폐지되었기 때문에 가능했을 것이다. 초가 건물로 시작한 문산성당이 이때 기와지붕의 성당으로 변모하였다. 당시 찰방 관사를 개조해 사용했던 성당 건물들은 1908년에 촬영된 사제관 건물 사진 한 장만 남기고 모두 사라졌다. 1937년 서양식 성당이 건립되면서 그리된 것으로 보인다. 현재 성당 오른편에 신부의 사무실로 사용되는 건물이 한옥의 사제관 건물이 있던 곳으로 알려져 있을 뿐이다.

문산성당은 1883년 소촌 공소에서 시작된 진주 지역 최초의 성당이다. 병인박해(1866)를 피해 숨어든 신자들이 형성한 신자촌에서 비롯했

소촌역 찰방 선정비. 문산초등학교 교정에 있다.

다고 한다. 서양 종교에 대한 반감 때문에 곧바로 진주 시내로 들어가지 못하고 외곽에서부터 포교해야 했던 상황을 엿볼 수 있다. 그러다가 신자가 급격히 늘자 1905년 문산 본당으로 승격되었다. 소촌리가 양반이 거의 없는 마을이었기에 가능했는지도 모른다. 주민들이 주로 역리와 역노들로 구성된 역촌의 특성과 무관하지 않아 보인다.

현재 진주시 문산읍 소문리에 위치한 문산성당은 한식과 양식의 신·구 성당 건물이 공존하여 성당 건축의 토착화 과정을 잘 보여주는 곳으로 더 유명하다. 1923년에 지은 기와지붕의 한식 성당은 1937년 고딕 양식의 서양식 성당이 건립된 뒤 강당으로 바뀌어 현재까지 사용되고 있다. 인근 지역 어느 사찰 건물 한 동을 그대로 옮겨 와 지었다는 설도 있다. 1937년 새로 지은 서양식 성당은 주 건축 재료가 콘크리트다. 1930년대 일반적이었던 벽돌건물이나 석조건물이 아니어서 지역 건축 여건을 고려한 건축이라 평가되기도 한다.

8·15 광복 이전까지 진주를 포함한 서부 경남의 중심 성당의 위상을 유지했던 문산성당은 2002년 국가 지정 등록문화재 제35호로 등록되었

다. 근대문화유산으로서 보존 가치를 인정받은 것이다. 2005년엔 성당 탄생 100주년도 맞았다. 한때 천주교 박해를 주도했던 관청의 건물이 천주교 성당 건물로 매입되어 사용된 기막힌 역사를 지닌 곳이다. 그들을 박해하던 관청이었던 역의 길 위에 터를 잡고 새로운 길을 찾은 것이다. 마음의 창을 바꾸면 전혀 새로운 문이 열릴 수 있음을 보여준다.

7.
하늘이
울어도
울지 않는다

○ 산청

돌무지 석탑,
왕릉이 되다

금서면 전(傳)구형왕릉

전(傳)구형왕릉. 4층 중앙에 감실이 보인다.

> 오래된 것처럼 보이고 실제로 오래된 것이라고 주장되는 전통은
> 그 기원을 따져 보면 극히 최근에 발명된 것이다.
> ―에릭 홉스봄, 『만들어진 전통』에서

'전(傳)구형왕릉'은 1971년부터 국가사적 제214호로 지정되었다. 구형
왕릉이 역사에 처음 등장한 것은 조선 전기에 편찬된 『동국여지승람』
에서다. 산속에 돌무더기가 있는데 '민간에 전해오는 말로 왕릉'이라 했

다. 조선 후기 『동국문헌비고』에서는 '민간에 전하길 신라왕릉'이라 하여 막연하게 왕릉으로 인식되었다. 그러다 1864년경 김정호가 편찬한 『대동지지』에서는 '가야국 구형왕릉'으로 구체화되고 '후손들이 왕산 아래 사당을 세웠다'는 기록까지도 등장하게 된다. 마침내 1926년경 편찬된 『왕산지』에서 구형왕릉으로 밝혀지는 과정이 자세히 기록되면서 기정사실화되었다.

『왕산지』에 따르면 1798년경 큰 가뭄이 들었을 때 이 지역 유생 민경원이 영험하다고 알려진 돌무더기 앞에서 기우제를 지냈다. 그러자 큰 비가 내렸다. 비를 피하려고 그 아래 있던 왕산사에 들렀다가 100여 년 전 승려 탄영이 지은 「산사기」를 우연히 보았다. 거기에는 돌무더기가 가락국 구형왕의 능이고 후예인 김유신이 이 절에 구형왕의 사당을 세우고 원찰로 삼았다고 기록되어 있었다. 민경원이 이 사실을 구형왕의 후손들에게 알리자 후손들이 관찰사와 고을 수령에게 알리고 묘역을 새로 단장했다고 한다.

전설의 역사화 과정은 이미 17세기 중엽 부계 친족 중심의 문중이 결속력을 강화하던 때 잉태된 것일까. 족보 편찬, 동족마을 형성, 문중 서원과 사우 건립 등 다양한 문중 활동이 활발히 전개되면서 '현조를 찾아 그들의 행적을 재평가하고 관련 유적을 현창'하는 것이 성행하였다. 구형왕릉의 역사화 과정도 이런 분위기에서 가속화된 것인지도 모른다.

비탈면에 7층으로 돌을 쌓아 올리고 4층 중앙에 감실을 만든 형태로 보아 오늘날 학계에서는 '방단식 특수 형식의 석탑'으로 보기도 한다. 또한 감실에 불상을 안치했던 것으로 보아 근처 사원에 소속된 특수한 형식의 불탑일 것이라 한다. 이처럼 근처에 절이 있고 돌무더기의 감실에 불상을 모신 흔적이 있는 형식의 석탑은 경북 의성과 안동, 일본 구

마야마(熊山) 등에도 있다. 그래서 왕산의 돌무더기는 왕산사와 관련이 있는 특수 형태의 석탑이었을 가능성을 제기하기도 한다. 투항하여 나라를 넘겨준 왕이 이런 첩첩산중에 물러나 생을 마쳤다는 전설을 아무래도 믿기 어려운 이유도 있을 것이다.

어쨌든 한 오래된 돌무더기는 근세에 와서 우연한 기회에 금관가야 마지막 왕인 구형왕의 능으로 확인되었다. 김해 김씨 후손들이 사당을 건립하고 묘역을 왕릉으로 정비하는 과정에서 다른 가문 및 인근 사원과 법적 다툼이 벌어지기도 했다. 결과는 문헌 증거까지 갖춘 김해 김씨 문중의 일방적인 승리로 끝났고, 1864년 편찬된 김정호의 『대동지지』에서 구형왕릉으로 공식 기록될 수 있었다. 이에 따라 '임금의 자리를 사양한 왕'이란 뜻의 '讓王'(양왕) 시호가 구형왕에게 올려지고 왕과 왕비의 영정을 모시던 수정궁이 덕양전(德讓殿)으로 개칭되었다.

구형왕릉의 역사화 과정은 일제강점기를 거쳐 해방 이후에도 계속되었다. 1957년 문화공보부의 보조금을 받아 묘역을 정비 확장한 데 이어 1969년에는 장군석과 호석을 세워 더욱 장엄하게 했다. 드디어 1971년에는 '전(傳)구형왕릉'이라는 이름으로 국가 사적 제214호로 지정되었다. 나아가 1996년에는 덕양전 영정각에 보관 중이던 구형왕과 그 왕후의 영정이 각각 표준영정 제62호와 제63호로 지정되었다.

해방 직후만 해도 막연하고 허술하던 왕릉 유적은 후손들의 끊임없는 사적 정비 및 현창 사업을 통해 점차 정비되었다. 현재 비록 '전(傳)' 자가 붙어 있긴 하지만 국가로부터 공인받은 역사유적이 되었다. 서양사에서 신화로만 전해지던 트로이 발굴과는 또 다른, 우리 역사에서 대표적인 전설의 역사화 사례다. 역사는 발견되는 것이 아니라 발명되기도 하는 것이다.

류의태는
허준을 모른다

금서면 동의보감촌

동의보감촌 동의전. 이곳의 석경, 귀감석, 복석경 등 3개의 돌은 관람객들이 좋은 기를 받기 위해 줄 지어 찾는 명소이다.

    현재 산청군 지역은 전통 한방 약초의 고장으로 널리 알려져 있다. 탁월한 약효의 약초를 많이 품은 지리산 덕분에 조선시대 허준을 비롯한 다수의 명의들이 활약한 곳이기 때문이다. 2000년에 한방 약초 축제를 개최한 것을 시작으로 2006년부터는 산청군 금서면 특리에 동의보감촌을 조성하게 되었다. 이후 약초연구소, 한의학박물관 등도 속속 건립되었다. 2009년 허준의 『동의보감』이 유네스코 세계 기록문화유산으로 지정된 것을 기념하여 2013년에는 세계 최초의 전통의약 축제인 산청

세계 전통 의약 엑스포를 개최하기도 하였다.

산청이 약초의 고장으로 유명해진 것은 1990년대 허준과 『동의보감』을 소재로 한 소설과 드라마의 인기에 힘입은 듯하다. 산청 출신 류의태(柳義泰)가 허준의 스승으로 등장하면서 산청이 『동의보감』의 고장으로 주목받게 된 것이다. 그리고 곧 왕산 자락에 류의태 약수터 푯말이 붙었고, 최근에는 동의보감촌에 류의태 동상도 세워졌다.

문제는 허준이 활약했던 무렵 산청 지역에 류의태라는 명의가 있었다는 기록이 어디에도 없다는 것이다. 류의태 관련 민간 의료설화도 남아 있지 않다. 그런데 조선 후기 숙종 때 산청군 생초면 일대에서 유이태(劉以泰, 劉爾泰)라는 의원이 '의약동참'이라는 '숙종 환후 치료 프로젝트'에 어의로 참여했다는 『조선왕조실록』 기록이 있고, 그와 관련된 무수한 민간 설화도 남아 있다는 것이다.

오류의 시작은 1965년에 나온 『인물한국사 허준 약전』(노정우 지음)에서 허준의 스승으로 류의태를 기록하면서부터였다. 이 책의 기록이 모티브가 되어 소설과 드라마로 각색되면서 기정사실이 되어 이제는 저자가 오류를 인정한다 해도 뒤엎기 힘든 지경이 되어버렸다. 이제 와서 대중에게 그 진가(眞假)를 따지는 것은 무의미하게 되어버렸다. 게다가 산청군은 허준의 스승이 류의태이든 유이태이든 그 이미지를 훼손당하지 않을 만큼 약초의 고장으로서 자생력이 생긴 것으로 보인다.

지금 동의보감촌의 모습은 처음 모습을 더듬어볼 수 없을 만큼 무한 변모하였다. 잘 닦인 길을 따라 가벼운 마음으로 동의보감촌을 찾는 사람들에게 거기에 감춰진 내력을 주저리주저리 꺼내놓을 생각은 없다. 그러나 비록 메아리로도 되돌아오지 않을망정 '사실은 그렇다'고 말하고 싶은 주제넘은 오지랖이 발동하곤 한다. 허준의 스승이란 기록이 어

산청한의학박물관.

디에도 없는 류의태가 실록에 기록된 숙종의 어의였던 유이태라 해도 광해군 시대 사람인 허준을 알 수는 없다는 것이다. 그래서 자꾸만 서산대사의 「답설야중거(踏雪野中去)」라는 시를 읊조리게 된다.

　踏雪野中去(답설야중거) 눈 내린 들판을 걸어갈 때

　不須胡亂行(불수호란행) 함부로 어지러이 발걸음을 내딛지 말라

　今日我行跡(금일아행적) 오늘 내가 남긴 발자국이

　遂作後人程(수작후인정) 뒤에 오는 사람의 길이 되리니

　처음 시작하는 것의 영향력과 구속력에 대해 되새겨보게 되는 곳이다.

세속과 인연을 끊으려던 절에
매화가 피어나다

단성면 단속사지

단속사지 동·서 3층 석탑. 뒤에 주택이 들어선 자리가 원래 금당 자리다.

절 부서지고 중 파리하며 산도 옛날 같지 않은데
전 왕조의 임금은 본시 국가를 감당하지 못했네
조물주가 추위 속에 피는 매화의 일 정말 그르쳤나니
어제도 꽃을 피우고 오늘도 꽃을 피웠구나

남명 조식의 「단속사 정당매」라는 시다. 정당매는 강회백(1357~1402)이 젊은 시절 단속사에서 과거 공부를 할 때 심은 매화나무다. 조선시대 대표적 문인화인 〈고사관수도〉를 그린 강희안의 조부이기도 한 그가 뒷날 정당문학(중서문하성 종2품)에 오르게 되자 단속사 승려들이 붙여준 이름이다. 원래 매화는 아무 때나 꽃을 피우지 않고 추울 때 꽃을 피우는 절의의 꽃으로 알려져 있다. 그래서 고려 왕조를 섬기다가 다시 조선 왕조를 섬긴 강회백의 정치적 선택을 비판하여 지은 시인 듯하다. 남명의 의도가 무엇이었든 정당매는 폐허가 된 단속사 터에서 매년 봄마다 옛 영화를 피워낸다.

현재 단속사는 동·서 3층 석탑과 당간지주만 남기고 역사 속으로 사라졌다. 그러나 불교를 숭상한 통일신라와 고려에서는 국가적 비호를 받은 지리산권의 중심 사원이었다. 통일신라 때 경덕왕의 최측근 신하였던 사람에 의해 창건된 이래 왕실과 국가의 보호를 받았다. 지방관이 파견되지 않은 군현이 많았던 고려시대에도 지방 통치를 보완해주는 거점으로 여전히 중시되었다. 특히 최씨 무신정권의 최충헌이 진주를 식읍으로 받으면서 중요성이 더욱 커졌다. 최충헌의 뒤를 이어 최고집권자가 된 최우 때는 그 아들 만종이 주지로 부임했을 정도였다. 억불정책을 실시한 조선 초기, 특히 세종 때 선·교 양종 36개만 남기고 사원을 정리할 때도 존속할 수 있었다.

단속사를 거쳐 간 유명한 사람들은 너무도 많았다. 통일신라 때 북종선을 처음으로 소개한 신행선사도 단속사에서 입적했다. 그의 사후 이곳에 세운 '신행선사탑비'는 선종 선사 탑비의 선구가 되었다. 황룡사 벽에 그린 소나무 그림으로 유명한 솔거가 그린 유마상도 이곳에 있었다고 한다. 고려 의종 때는 '신품4현'으로 불린 서예가 중 한 명인 탄연이 주지를 지냈다. 최씨 무신정권 시기에는 조계종 수선사를 개창한 지눌의 제자 혜심도 이곳 주지였다.

그러나 조선시대에 억불정책을 피하기 위해 사원들이 서원에 귀속되어 유학자들의 공부 장소로 제공되면서 위상이 크게 약화되었다. 그럼에도 단속사는 조선 전기까지 남효온, 김일손, 정여창, 조식 등 유명한 유학자들의 지리산 기행록에 등장할 정도로 사세를 유지하고 있었다. 그러나 1568년, 지역 유생 성여신이 불상과 경판을 소각하면서 급격히 쇠락하다가 1597년 정유재란 때 완전히 불타서 폐사되고 말았다.

한때 단속사에는 신라 효성왕과 경덕왕의 초상화, 고려 인종과 의종의 친필 서간, 이규보의 『동국이상국집』 판본 등이 보관되어 있었다고 한다. 현재 금당 자리에는 민가가 들어섰지만 금당 앞에 세운 동·서 3층 석탑(보물 72호·73호)만은 남았다. 1984년에 부서져 묻혀 있던 당간지주도 복구되어 다시 세워졌다. 최치원이 쓴 것으로 잘못 알려졌던 '廣濟喦門(광제

암문)' 각자(刻字)도 절 입구 절벽에 새겨져 단속사의 옛일을 떠올릴 단서가 되고 있다.

그 옛날 '광제암문에서 짚신을 갈아 신고 절을 돌아 나오면 짚신이 다 닳아 떨어질 정도로 규모가 컸다'고 하는 단속사의 옛 모습을 오롯이 다 살려낼 수는 없다. 절터 뒤쪽 언덕에 단속사의 옛 이름을 사용한 금계사라는 절도 들어섰으나 옛 위상을 회복하기에는 역부족이 느껴진다. '속세와 인연을 끊는다'는 의미가 담긴 단속사의 석재들은 정당매의 둘레돌, 정당매각과 인근 민가 초석 등으로 재활용되고 말았다. 여기저기 흩어진 석재들을 보노라면 겨우 남은 석탑과 당간지주가 못다 해준 단속사의 옛이야기가 조근조근 들려오는 듯하다.

따뜻한 꽃이
우리 땅으로 건너오다

단성면 목면 시배지

목면 시배지 전시관. 문익점이 목화를 처음 재배한 것을 기념하는 곳이다.

따뜻한 기술!

소외된 사람들에게는 큰 보탬이 되는 '적정 기술', '착한 기술' 등과 같은 의미로 요즘 등장한 개념이다. 겨울에도 삼베옷을 입어야 했던 소외된 서민들이 따뜻하게 겨울을 날 수 있는 계기를 마련한 고려 말 문익점의 목면 도입과 보급을 떠올리게 한다.

문익점(文益漸, 1329~1397)은 현재 산청군 단성면 사월리에서 태어났다. 12세 때부터 아버지의 절친이던 이곡(李穀)에게 학문을 배웠다. 이곡의 아들 이색(李穡)과 교유하며 성리학을 심화시킬 수 있었다. 30세 때는 정몽주(鄭夢周)와 함께 과거에 급제하여 장래가 더욱 촉망되었다. 그런데 32세 때인 1362년(공민왕 11년)에 사신의 일원으로 원나라에 가면서 운명이 바뀌게 된다. 공민왕을 폐하고 충선왕의 서자 덕흥군을 고려 왕으로 세우려는 원나라의 책동을 막기 위한 사행이었다. 그러나 어떤 연유에서인지 그는 덕흥군 편에 선 것으로 알려졌고, 덕흥군의 시도가 완전히 실패로 끝난 이듬해(1363년)에 조용히 귀국한 것으로 보인다.

이제 더 이상 고려 조정에서 관직 생활을 할 수 없게 된 문익점은 고향 사월리로 내려왔고, 정확한 입수 과정은 알 수 없지만 원나라에 머무는 동안 구해서 가져온 목화씨를 장인 정천익과 함께 나누어 심었다. 그런데 문익점이 사월리에 처음 재배한 것은 모두 죽고 인근 관정리에 살던 장인이 심은 것은 다행히 살아서 다시 씨를 받아 재배에 성공하였다. 그래서 현재 사월리에 문익점이 목화를 처음으로 재배한 곳을 기리기 위한 '목면 시배지' 유적이 들어서 있다.

그 뒤 정천익이 우연히 자기 집을 찾은 원나라 승려에게서 목화에서 씨를 분리하여 솜을 타는 법과 물레로 실을 날아 베를 짜는 기술을 배웠다. 그로 인하여 10여 년 뒤에는 목면 재배와 직조 기술이 전국적으로 널리 보급될 수 있었다. 그 공로로 문익점은 우왕 때 다시 중앙 요직에 등용될 수 있었다. 그러나 공양왕 때 정도전, 조준 등 조선 건국 세력들이 주도한 전제개혁(田制改革)을 이색, 정몽주 등과 함께 반대했다가 탄핵을 받아 관직에서 물러나게 된다. 얼마 뒤 고향에서 정몽주의 죽음과 고려 멸망 소식을 듣고 두문불출하다 세상을 떠났다. 그럼에도 조선 왕조는 서민의 의생활을 크게 혁신한 공을 높이 사서 충선공(忠宣公) 시호와 부민후(富民候)라는 작위를 내리고 영의정 벼슬을 추증했으며, 자손도 관직에 등용하였다.

문익점에 대한 신화 같은 이야기가 만들어진 것은 이 무렵부터일 것이다. 문익점이 끝까지 덕흥군이 아닌 공민왕 편에 섰다가 원나라 조정의 미움을 받아 남방으로 유배되었을 때 목화씨를 몰래 붓두껍에 감춰서 돌아왔다든지, 문익점의 손자 문래가 물레를 제작하고 손자 문영이 가르쳐준 베 짜는 기술로 짠 천을 무명베라 했다든지 하는 이야기가 만들어진 것 같다. 무명은 원래 목면의 중국식 발음에서 유래된 것인데도 말이다. 또한 문익점과 그 후손의 공헌만 부각된 나머지 정천익이 목면 재배에 성공한 것과 목화 씨앗 발라내는 기구 및 실 뽑는 기구를 제작한 공로도 목면 시배지의 땅속에 묻혀버린 느낌이다.

후세 사람들은 문익점을 기리기 위해 도천서원을 세웠다. 그가 국가로부터 '효자 정려(孝子 旌閭)'와 '효자리'라는 고향 마을 이름을 하사받을 정도로 성리학에 대한 이해와 보급 공헌도가 높은 인물이었기 때문이다. 서원은 목면 시배지에서 다소 떨어진 경호강 건너편의 신안면 신안리에 있다. 그 근처에 그의 묘도 있다. 그러나 목면 도입의 공헌만 강조하다 보니 성리학자로서의 면모는 거의 알려지지 않았다. 지금도 목면 시배지뿐 아니라 도천서원 진입로에는 여전히 때가 되면 그 시절처럼 목화가 심겨진다.

문익점이 살았던 시대는 밖으로는 중국을 지배하던 원나라가 북쪽으로 밀려나고 명나라가 들어서는 시기였고, 안으로는 고려가 망하고 조선이 들어서던 시기였다. 시대의 격랑 속에서 고뇌하던 한 인간이 가져온 작은 씨앗이 이 땅에서 따뜻한 꽃으로 피어났다. '현재의 사치품은 미래의 생필품'이란 말이 있다. 고려 말 이 땅에 처음 도입된 목면도 그랬다. 새삼 겨울 찬바람도 잊을 만큼 따뜻함이 꽃처럼 피어나는 듯하다.

하늘이 울어도
울지 않는다

시천면 산천재

산천재. 남명이 제자들을 가르치던 곳이다. 왼쪽 남명매는 산청 3매에 해당한다.

조선 중기 영남의 낙동강을 사이에 두고 남명 조식(1501~1572)과 퇴계 이황(1501~1571)이 살았다. 두 사람은 같은 해 태어나 70여 년을 살았으나 한 번도 만나지 않았다. 퇴계는 벼슬을 받기도 하였으나 남명은 한 번도 벼슬을 받지 않았다. 오늘날 퇴계는 지폐의 모델이지만 남명은 대부분의 사람들에게 낯선 인물이다.

남명은 합천에 있는 외가에서 태어나 어린 시절은 부친의 관직 부임지를 따라 한양에서 살았고, 혼인 후 30세에서 48세까지는 처가가 있는 김해에서 살았으며, 48세에서 60세까지는 다시 합천에서 살았다. 합천에 돌아와서부터 과감한 직언 상소로 명성이 높아졌다. 특히 단성 현감 벼슬을 사양하면서 올린 「단성소」(1555)는 당시 국왕이던 명종과 대비 문정왕후의 무능과 실정을 정면으로 비판한 것이어서 목숨이 위태로울 정도였다. 언로는 열려 있어야 한다는 사대부들의 여론에 힘입어 겨우 처벌을 모면할 수 있었다. 이를 계기로 제자들이 구름처럼 몰려들었다.

이 무렵부터였을까. 남명은 천왕봉을 사랑하여 지리산 일대를 십여 차례 답사하게 된다. 아마도 생애를 돌아보고 제자들을 기르기 좋은 곳을 고르기 위함이었을 것이다. 드디어 환갑이 넘어 천왕봉을 가장 멋지게 바라볼 수 있는 산청군 시천면으로 옮겨 와 산천재를 짓고 제자들을 길렀다.

산천재 입구의 시비에 새겨진 다음 오언절구에서도 그때 남명의 심정을 엿볼 수 있다. 하늘이 울어도 울지 않는 천왕봉의 기상을 닮고 싶어 했던 처사 남명을 떠올리기에 가장 좋은 시다.

請看千石鐘(청간천석종) 청컨대 천석으로 만든 종을 보라
非大扣無聲(비대구무성) 크게 치지 않으면 소리가 나지 않는다
爭似頭流山(쟁사두류산) 어찌하면 두류산(지리산 천왕봉)처럼
天鳴猶不鳴(천명유불명) 하늘이 울어도 오히려 울지 않을 수 있을까?

산천재 외벽에는 언제 그려졌는지 모르지만 중국 요·순 시대 인물인 허유와 소보의 일화가 그려져 있다. 허유가 요임금의 양위 제안을 듣고 자신의 귀를 강물에 씻는 모습을 본 소보가 귀 씻은 물을 자기 소에게

도 먹이지 않으려고 더 상류로 가서 소에게 물을 먹이는 모습이다. 평생 학문을 하고도 그릇된 조정에서 벼슬하기를 포기하고 물러나 살았던 남명의 생애와 잘 어울리는 그림이다.

남명은 실제적인 학문과 배움의 실천을 중시하였다. 그래서 삼포왜란(1510), 사량진왜변(1544), 을묘왜변(1555) 등의 난리를 겪은 뒤 왜구의 침략에 대비하도록 가르쳤다. 남명의 이런 가르침으로 임진왜란(1592~1598) 때 곽재우·김면·정인홍 등 많은 의병장이 배출되었다.

남명은 사후 산천재 뒤편 언덕에 소박한 무덤 하나로 돌아갔다. 그를 따르던 제자들과 지역 사대부들은 인근에 덕천서원을 세워 그 뜻을 계승하려 하였다. 덕천서원은 흥선대원군의 서원 철폐로 한때 문을 닫은 적도 있으나 후대에 복원되어 남명의 흔적을 고스란히 느낄 수 있는 곳이다.

산천재 부근에 있는 남명기념관에는 그가 평소 지니고 다녔다는 성성자(惺惺子) 방울과 경의검(敬義劍)이 전시되어 있다. 특히 주목받는 것은 '內明者敬 外斷者義(내명자경 외단자의)'라는 글귀가 새겨진 경의검이다. 안으로 자신의 마음을 밝히는 것은 경(敬)이고, 밖으로 올바름을 실천하는 것은 의(義)라는 뜻을 새긴 것이다. 경의(敬義)는 산천재 시절 확립한 남명 사상의 집약이라 할 수 있다.

그래도 방울과 칼을 찬 선비의 모습이라니 어쩐지 많이 낯설다. 항상 깨어 있다는 의미의 성성자 방울은 '敬(경)'의 상징으로, '경의'로 자신을 다잡는다는 의미의 경의검은 '義(의)'의 상징으로 차고 다녔다. 모두 상대방을 해치려는 것이 아니라 자신을 경계하기 위함이다. 지금 남명기념관에 전시된 것은 복원품이지만 자신에게 더욱 엄격하였던 실천적 성리학자의 모습을 읽을 수 있다.

덕천서원, 가운데 강당 건물 뒤로 남명을 모신 사당인 숭덕사(崇德祠)가 있다.

해마다 이른 봄이면 산천재 앞 남명이 심었다는 매화가 모진 추위를
이겨내고 어김없이 꽃망울을 터뜨린다. 벼슬을 하여 이름을 날리는 것
을 인생의 목표로 하던 선비가 벼슬에 나가는 것을 포기할 정도로 혼
탁한 조정에서 쩌렁하게 울리던 남명의 목소리가 매화 향기를 타고 오
는 듯하다.

남명과 퇴계, 두 스승이
학문과 인품을 인정하다

산청읍 서계서원

서계서원. 뒤편에 덕계를 모신 사당인 창덕사가 있다.

진주에서 국도로 산청읍에 가기 직전 쌀고개를 만난다. 그 너머에 덕계 오건(1521~1574)을 모신 서계서원이 있다. 그런데 덕계와 서계서원을 아는 사람은 드물다. 덕계가 남명 조식(1501~1572)의 장례식을 주관한 수제자라고 하면 그제야 조금 관심을 보이는 정도다. 그렇지만 덕계는 그 이상의 매력을 지닌 인물이다.

서계서원에 처음 오는 사람은 들어가는 길을 잘못 찾아 헤매는 경우가 많다. 겨우 서원 입구로 찾아 들어가면 홍살문과 바로 맞은편에 있는 동산 같은 흙무더기가 눈길을 사로잡는다. 마을 사람들은 이 흙무더기를 '떡뫼'라고 부른다. 마치 풍수지리에서 비보를 위해 조성한 수구막이같이 보인다. 여기서 서원 쪽으로 눈길을 돌리면 경사진 언덕을 따라 거의 일직선상에 배치된 홍살문과 정문, 강당, 사당이 한눈에 들어온다. 그런데 정문 이름이 좀 이상하다. 누각 형식이 아닌 그냥 문인데 입덕루(入德樓)라는 이름이 붙어 있으니 말이다.

원래 입덕(入德)은 '성인의 덕으로 들어간다'는 의미로 『중용』에 나오는 말이다. '입덕'의 관문을 지나야 비로소 덕 있는 인물인 남명과 덕계를 만날 수 있다는 의미일까. 덕계가 『중용』 외우기로 공부를 시작한 것과 관련 있는 걸까. 서원 맨 위쪽에 덕계를 모신 창덕사(彰德祠)가 있으니 전혀 무관한 것은 아닌 듯하다. 이런저런 생각을 하다 보면 어느새 창덕사에 이른다. 여기서 시야를 아래 방향으로 돌려 멀리 보면 필봉산이 눈에 벅찰 정도로 가득 들어온다. 문득 고단한 젊은 시절을 보낸 덕계의 삶을 떠올리게 된다.

덕계의 집안이 산음현 덕천리(德川里)에 정착한 것은 증조부 때였다. 덕계처럼 덕이 있는 이가 살던 곳이라 덕천리가 된 것인지 그 선후는 잘 모르겠다. 어쨌든 이곳에서 덕계는 함양 오씨 가문의 독자로 태어났다. 11세에 부친상을 시작으로 14세에 조모상, 16세에 조부상, 24세에 모친상, 25세에 계조모상 등을 치르며 오랫동안 슬픔과 가난 속에 지냈다. 거의 16년 여 동안을 시묘살이로 보냈을 정도로 불행했다. 결혼도 이 모두를 마친 28세에 할 수 있었다. 그사이 공부도 제대로 하기 어려웠다. 아버지의 가르침을 토대로 중용, 논어, 대학 등 사서를 일천 번 외워 스스로 깨우치는 방식의 독학을 하다가 31세 무렵 합천 뇌룡정으로 남명을 찾아가 제자가 되었다.

38세에 드디어 대과에 급제하여 벼슬길에 나아갔으나 주로 교육과 관련된 한직에 근무하였다. 이 점이 스승 남명과는 다른 듯 같은 모습이다. 잠시 관직에서 물러나 있던 43세 때는 안동의 도산으로 퇴계 이황(1501~1571)을 찾아가 배웠다. 남명과 퇴계에게 모두 가르침을 받으며 그의 학문은 더욱 깊고 넓어졌다.

그런데 남명에게 덕계는 보통 제자가 아니었다. 덕천서원에 유일하게 배향된 또 다른 남명의 수제자 수우당 최영경과 마찬가지로 나이가 들고 이미 학문이 어느 정도 경지에 이른 단계에서 배우러 왔기 때문이다. 특히 덕계의 효행과 학행을 높이 평가한 남명은 덕계에게 매우 정중했고 각별한 정을 보였다고 한다.

덕계는 출세의 문턱인 이조전랑에 올랐으나 부조리한 정치 현실에 회의를 느끼고 낙향했다. 52세(1572년) 때였다. 덕계가 이조전랑으로 자기 후임에 김효원을 천거했는데 당시 척신이던 심의겸이 선례에도 없는 반대를 하여 받아들여지지 않았기 때문이다. 이는 뒷날 사림이 동인과 서인으로 나뉘는 계기가 되었으니 덕계의 실망이 얼마나 컸을지 짐작이 된다.

고향으로 돌아온 덕계는 스승 남명이 타계한 후 한때 그 문인들의 구심점이 될 정도로 존경을 받았으나 곧 병이 들어 세상을 떠났다. 그때 그의 나이 54세였고, 남명이 세상을 떠난 지 2년밖에 안 된 때였다. 그는 서계서원 옆의 동산에 묻혔다. 1606년(선조 39년)에 제자인 한강 정구가 중심이 되어 서계서원을 세웠고, 1677년(숙종 3년)에는 사액도 받았다. 그러나 흥선대원군의 서원철폐령으로 훼철되었다가 1921년에 복원되어 오늘에 이른다.

영남의 양대 학맥을 이룬 남명과 퇴계는 만난 적이 없다. 덕계와 같이 둘 사이를 왕래한 제자나 편지 교환을 통해서만 교유했다. 덕계는 남명과 퇴계 모두로부터 학문과 인품을 인정받은 제자다. 특히, 배운 대로 실천을 강조한 남명이 남다른 효행을 보여준 제자 덕계를 어찌 각별히 사랑하지 않을 수 었었겠는가.

'지리산의 눈물'이
내리다

시천면 외공리 민간인학살지

외공리 민간인 학살 현장. 오르는 길 오른쪽이 주요 현장이다.

6·25전쟁 발발 이듬해인 1951년 2~3월 무렵, 군용트럭에 탄 군인들이 장갑차를 앞세우고 10여 대의 버스를 인도하여 외공마을 소정골*로 올라갔다. 그리고 버스에 타고 있던 민간인들을 집단학살한 후 사라졌다. 현재까지 주민들의 증언과 언론 보도로 알려진 사실의 전부다.

이 사건이 세상에 처음 알려진 것은 1998년 1월부터 진주문화방송에서 제작 방영한 '지리산의 눈물'이라는 다큐멘터리를 통해서다. 이를

---

* 현재 경남 산청군 시천면 외공리 산214-1번지 일대의 야산과 밤나무 숲이다.

계기로 1999년 6월 진주문화방송이 위령제를 올리고, 여러 사회단체들이 현장을 방문하여 입구 안내판을 설치했다. 뒤이어 2000년 5월에는 여러 민간단체들이 주도하여 '지리산 외공 양민 학살사건 진상 규명 및 통일 기원 진혼굿' 행사와 함께 당시 숯골이라고 알려진 매장지를 발굴하였다. 숯을 굽던 숯굴이 그대로 매장지가 되었던 것이다.

1미터가량 파 내려가자 유골이 나오기 시작하였고, 뒤죽박죽 엉켜 있는 150여 명의 유해를 발굴하였다. 유골 중에는 어린이로 추정되는 것도 있었고, 유품 중에는 학교 이름이 있는 단추, 혁대, 숟가락, 카빈 소총 탄피 등이 있었다. 유품을 수습한 후 발굴된 유해를 별도로 짠 2개의 큰 관에 나눠 넣고 다시 그 자리에 매장하고 큰 봉분을 조성하였다.

6·25전쟁을 전후한 시기 경남 지역에서 자행되었던 군대와 경찰에 의한 민간인 학살들과 비교해볼 때, 이곳의 집단학살 유적지는 참으로 특이하였다.

우선, 피해자들을 구체적으로 알 수는 없으나 버스에 태워져 서울, 경기 지역과 같이 먼 곳에서 며칠에 걸쳐 이동해 온 사람들이라는 것이다. '仁商(인상)', '京農(경농)', '仁中(인중)' 등 인천과 서울 소재 학교 교복 단추가 1벌 세트가 될 만한 양으로 출토되었고, 골짜기 초입에 이불과 옷가지, 솥이나 식기 등이 모두 버려져 있었다. 자신들이 판 구덩이에 묻힌 희생자들은 통일된 죄수 복장이 아닌 다양한 도시 민간인 복장이었고, 대체로 20대 초반에서 30대 초반 연령이었다. 여성과 어린이의 유골도 있어서 가족 단위의 희생자도 있었을 것으로 추정된다.

다음으로, 가해자들은 카빈 소총을 소지한 잘 편제된 정규군일 가능성이 높다. 발굴 당시 권총 외에 모두 카빈 소총 탄피와 탄두가 발견되었다. 6·25전쟁을 전후한 시기 부대 편제나 군용 물자 보급 상태를 고려하면 한 부대의 구성원이 다양한 개인화기를 소지하는 것이 보통이었다. 그런데 장교가 소지하였을 것으로 보이는 권총을 제외하면 모든 개인화기가 카빈 소총이었다는 것은 이 부대가 매우 정제된 특별한 성격의 부대였을 가능성을 보여준다.

마지막으로, 1951년 초반이라는 시기에 학살 과정 전체가 매우 은밀하고 신속하게 이뤄졌다는 것이다. 보통 타 지역의 보도연맹 학살사건이나 부역자 처형사건의 경우 학살 장소 물색이나 뒤처리 과정에서 현지 경찰지서의 도움을 받았고, 매몰 과정에서 현지 주민들이 동원되는 경우가 많아서 어떤 형태로든 외부에 알려졌다. 그런데 외공마을 소정골의 경우엔 전혀 그렇지 않았다. 희생자들이 한 사람씩 머리에 정확히 총알을 맞고 절명했기 때문에 생존자도 없고, 학살 장소 주변에 인가가 없어서 가까이서 지켜본 목격자도 없다.

종합해볼 때 희생자들은 의외로 중요한 인물과 가족 혹은 친지였을지도 모른다고 한다. 희생자들이 당시로는 매우 귀한 버스 10여 대에 나눠 태워져 장갑차 2대와 지프차 1대의 선도로 먼 거리를 이동해 왔다는 점, 모두 도시 민간인 복장이었다는 점, 가족 단위 희생 사례도 있었을 것으로 추정된다는 점, 보도연맹 학살사건이 집중적으로 이뤄진 때와 다소 떨어진 1951년 초에 희생되었다는 점 등등 때문이다. 어쨌든 당시 죽은 자들은 말이 없다. 죽인 자들도 말이 없다.

6·25전쟁 중 민간인 학살사건에 대해 합동묘역을 조성하고 위령탑을 세우고, 유족들에게 보상금을 지급한 사례가 많다. 그러나 철저한 진상조사와 반성이 없는 봉합적 해결 방법으로는 과거 국가 공권력이 적법한 절차 없이 저지른 민간인 집단학살의 범죄를 덮을 수 없다. 이제 국가 범죄에는 공소시효가 없다는 것이 상식이 되었기 때문이다.

남사마을,
경남의 하회마을이 되다

단성면 남사마을

이씨 고가 ×자 형 회화나무. 남사마을의 대표 이미지다.

'안동에 하회마을이 있다면 산청에는 남사마을이 있다.'

2011년 '한국에서 가장 아름다운 마을 연합회'가 '가장 아름다운 마을 제1호'로 지정하기도 했던 산청군 단성면 남사마을에 대한 지역민들의 자부심 표현이다.

남사마을은 옛 돌담(대한민국 등록문화제 제281호)과 고택이 조화를 이루고 있다고 해서 최근에는 '예담촌'이라고도 불린다. 성주 이씨, 밀양 박씨, 진양 하씨 등이 주민의 주류를 이루며, 조선시대에 과거 급제자를 많이 배출한 마을답게 선비나무라는 별명이 있는 회화나무도 많다. 6·25전쟁 때 불에 타서 많이 없어졌지만 20세기 초반에 세워진 기와집 40여 채가 남아 있다.

성주 이씨 고택은 마을에서 가장 오래된 집이다. 부부가 그 아래를 통과하면 금실 좋은 부부로 백년해로한다는 전설을 낳은 회화나무로 유명하다. 골목 입구에 X자 형으로 교차하는 모습의 이 나무는 남사 예담촌의 상징이기도 하다. 2018년 6월에는 이 집안에 전해져 오다가 현재는 국립진주박물관에 소장되어 있는 '공신교서'가 국보로 지정되었다. 조선 태조 이성계가 사위이자 개국의 일등 공신인 이제(李濟)에게 직접 내린 개국공신교서다. 현재까지 유일하게 전하는 것이고 공신교서의 형식을 알려주는 사료적 가치를 높이 평가받은 것이다.

연일 정씨 고택은 사육신 사건으로 이곳에 귀양 왔던 정몽주의 손자로부터 비롯했다. 이 집 서재인 사양정사(泗陽精舍)는 성당 김돈희가 쓴 편액 때문에 서예가들의 필수 방문지이기도 하다. '사양정사'는 '사수(泗水) 남쪽에 있는 집'이란 뜻이다. 사수는 공자의 고향 마을에 흐르는 강의 이름에서 따온 것이라 하니, 이 마을이 유서 깊은 유학자 선비들의 마을임을 나타내고자 함이리라.

진양 하씨 고택은 원정매(元正梅)라는 매화나무 집으로 널리 알려져 있다. 700여 년 된 원정매는 단속사지의 정당매, 산천재의 남명매와 함께 산청군의 유명한 3매(梅) 중 하나다. 흥선대원군이 원정매를 보러 들렀던지 '원정공 하즙의 옛 집'이란 뜻의 '원정구려(元正舊廬)'라고 쓴 편액이 있다. 이 외에, 세종 때 영의정을 지낸 문효공 하연이 심었다는 600년 된 감나무도 이 집의 명물이다.

최씨 고가는 이 마을에서 양반 가옥이 아니면서 유명한 기와집이다.

1920년에 부농 출신이 사대부의 집을 모방하여 다소 과장되고 화려하게 지은 이 고택은 암수 거북이 모양 대문빗장 고리, 2층 뒷간, 디딜방아 위 닭장 등 실용적인 구조물들로 유명하다. 특히 거북이 대문빗장고리는 수컷을 여자가 만지고 암컷을 남자가 만지면 장수한다는 이야기도 만들어졌을 정도이다.

밀양 박씨 집안의 이사재(尼泗齊)는 마을을 한눈에 담아보고 싶은 사람들이 꼭 찾아야 할 곳이다. 이사재 역시 중니와 사수의 합성을 통해 남사마을을 공자의 고향 마을과 같은 곳으로 만드는 곳이다. 이곳은 조선 전기 임걱정의 난을 토벌한 공을 세운 박호원의 재실이다. 이곳에 올라 대문을 사진틀로 마을을 조망하면 또 하나의 아름다운 그림이 된다. 이순신 장군이 백의종군 중 묵었다고 『난중일기』에 기록한 박호원 노비의 집이 이 부근으로 알려져 더욱 뜻깊은 곳이다. 그래서 이사재 앞에는 이순신 장군 백의종군로를 알리는 안내 표지판도 서 있다.

구불구불 이어져 미로와 같은 예담길을 걷다 보면 막다른 골목을 만나기 십상이다. 그래서 마을을 돌아보는 재미가 더해진다. 아직은 많은 사람으로 붐비지 않는 곳이라 운치가 있다. 마을에서 숙박도 할 수 있다 하니, 오랜 역사를 간직한 아름다운 한옥 생활 체험도 할 수 있는 곳이다.

나라가 망했는데
세상을 사는 것이 큰 치욕이다

단성면 유림독립운동기념관

유림독립운동기념관. 왼편에 면우 곽종석을 기려 세운 이동서당이 있다.

2013년 10월, '경남의 하회마을'이란 별명이 있는 단성면 남사마을의 사수 건너편 초포마을에 유림독립운동기념관이 세워졌다. 이곳 출신 독립운동가인 면우 곽종석(1846~1919)을 기념하는 의미가 크다. 그는 1919년 3·1운동 직후 유림들이 파리강화회의에 제출한 「파리장서」의 수석 서명자였다.

「파리장서」는 대한제국의 독립을 호소한 2,674자의 독립청원서로, 곽종석 등 전국 유림 137명이 서명한 것이다. "한국 유림 대표 곽종석 등은 파리평화회의에 관계하신 여러 훌륭하신 분들께 삼가 글을 받들어 올립니다"로 시작하여 "차라리 목을 함께 모아 죽음으로 나아갈지언정 맹세코 일본의 노예는 되지 않을 것입니다"라고 끝맺는 내용이다.

당시 유림들은 조선의 마지막 왕이던 고종의 독살설을 계기로 일어난 3·1운동에 자신들이 주도적으로 참여하지 못한 것을 부끄러워했다. 곽종석은 급히 전국 유림의 뜻을 모아 독립청원서를 작성한 뒤 제자 김창숙(1879~1962)으로 하여금 파리강화회의에 가져가게 했다. 일제의 감시를 피하려고 「파리장서」로 짚신을 삼아서 출국했다는 일화도 전한다. 곽종석은 이 사건을 계기로 옥고를 치르고 그 여독으로 74세에 생을 마감했다.

제자들과 남사마을 사람들은 그의 고향 마을에 이동서당(尼東書堂)을 세워 그를 기리고자 했다. 1920년 세워진 이동서당의 '이동(尼東)'은 공자의 자(字)인 '중니(仲尼)'와 관련이 있다. 그러고 보면 남사마을 왼편에 있는 산의 이름도 '니구산(尼丘山)'인데 공자의 고향 마을(중국 산둥성 곡부)에 있는 산의 이름을 따온 것이다. 또 그 아래로 흐르는 하천도 공자의 고향 마을 강 이름을 따와 '사수(泗水)'라 한 것이다. 그래서 남사마을 연일 정씨 고택의 '사양정사'도 '사수 남쪽에 있는 집'이 되는 것이다. 남사마을 사람들이 공자를 얼마나 흠모했는지 알 수 있다.

당시 면우 곽종석은 간재 전우와 함께 영호남을 대표하는 유학의 2대 종장으로 받들어질 정도로 위상이 높은 인물이었다. 그런 그가 1896년에 각국 공관으로 일본의 침략을 규탄하는 글을 발송한 것은 이례적인 것이었다. 다른 유학자들이 위정척사(衛正斥邪)의 입장에서 의병을 일으킨 것과 대조적으로 만국공법(국제법)에 호소한 특이한 행보를 보인 것이다. 이런 행보가 그를 「파리장서」의 137명 유생 대표에 추대되게 했는지도 모른다.

그의 사상적·학문적 연원을 찾아 올라가다 보면 어느덧 남명 조식 (1501~1572)에게로 가닿게 된다. 인근 시천면에서 말년을 보낸 남명의 문하에서 임진왜란 때 홍의장군 곽재우를 비롯해 수많은 의병장이 배출된 것처럼 일제강점기에는 면우 곽종석 같은 독립운동가가 나올 수 있었다. 경술국치(1910) 때 매천 황현(1855~1910)을 비롯한 여러 유학자들이 자결할 때도 죽지 않고 살아서 죄인으로서 자중하고 고행하는 입장을 취했다. 그래서 나라가 운명을 다했을 때 '매천도 있어야 하지만 면우도 있어야 한다'고 하는 이도 있었을 정도였다.

최근 남사마을을 찾는 이들이 많아졌다. 그런데 이동서당과 유림독립 기념관까지 둘러보고 가는 이들은 매우 드물다. 남사 예담촌이 겉만 옛모습을 간직한 마을이 아니라 남명의 실천적 유학 사상을 계승하여 독립운동에 투신한 면우 곽종석을 배출한 마을로 더 많이 알려졌으면 좋겠다. 그래야 '나라가 망했는데 선비로서 이 세상을 사는 것은 큰 치욕이다'라는 면우의 음성을 다시 들을 수 있을 것 같다.

8.
금호미로
홍수를
막다

함양

금호미로
홍수를 막다

함양읍 상림

상림(上林). 개미, 쥐, 뱀 등이 서식하지 않는 것으로 유명하다.

'우리나라 최초의 인공 숲이자 천연기념물 중 유일한 낙엽활엽수림.'

1,100여 년 전 신라 진성여왕 때 최치원이 천령(오늘날의 함양) 태수로 부임해서 조성했다는 '천년의 숲' 함양 상림에 대한 수식어다.

원래 함양의 위천은 읍의 한가운데로 흘러 홍수 피해를 자주 일으켰다. 제방을 쌓아 물길을 고을 외곽으로 돌리고 제방의 유실을 막기 위해 인공 숲을 조성하였다. 그리고 지리산과 백운산에서 졸참나무, 상수리나무, 개서어나무, 느티나무 등 여러 종류의 활엽수들을 가져다 심었다. 200여 년 전 숲의 가운데 부분이 황폐해진 후부터 지금처럼 상림 (上林)과 하림(下林)으로 구분되었다. 현재 하림은 파괴되어 거의 없어지고 상림만 남아 이 숲을 상림이라 부른다.

최치원(857~?)은 어려서 당나라로 건너가 빈공과에 급제한 뒤 벼슬을 하고 황소를 토벌하자는 격문을 써서 당나라에서도 유명하였다. 그런데 28세에 모든 것을 버리고 당나라 사신의 일원으로 고국 신라에 돌아왔다. 귀국할 것인가, 말 것인가를 두고 숱하게 고민했을 것이다. 결국 '포의(布衣)'로 갔다가 '금의(錦衣)'로 돌아왔다.

그렇지만 불우하게도 신라 왕실 또한 천명이 다해가고 있었다. 귀국 후 6두품 출신이던 그가 할 수 있는 일은 많지 않았다. 왕명으로 선사의 비명을 짓고 외교문서를 작성하는 것이 고작이었다. 정치적 이상을 펼쳐보려고 진성여왕(재위 887~897)에게 '시무10조'도 올렸으나 받아들여지지 않았다.

최치원은 골품제도의 한계 때문에 권력의 핵심에 들어갈 수 없었다. 결국 변방인 천령군의 태수로 밀려나는 처지가 되었다. 하지만 함양군 민들은 그에게 특별한 존경과 신망을 보여주었다. 이미 국내외에 불멸의 명성이 난 태수였기 때문이다. 그런 마음이 많은 인력을 요하는 제방의 축조와 인공 숲의 조성을 가능하게 하였을 것이다. 그런데 그것이 그의 마지막 업적이 될 줄 아무도 몰랐다.

당시 신라 외관직은 가족을 동반하지 않는 것이 일반적이었는데 최치원은 어머니를 모시고 부임하였다. '토사격문'(討巳檄文, 뱀아 물러가라. 앞으로는 나타나지 마라) 설화도 상림에 갔다가 뱀을 보고 놀란 어머니에 대한 효심에서 비롯한 것이다. 덕분에 상림에는 개미, 쥐, 뱀 등 해로운 동물들이 서식하지 못하게 되었다는 전설이 남았다. 다양한 종류의 활엽

수 뿌리들이 얽히고설켜 단단해진 토양에 땅을 파고 사는 쥐, 개미, 개구리 등이 서식할 수 없어서 뱀이 생존할 수 있는 먹이사슬이 형성되지 못해서일 테지만 이런 과학적 설명은 중요하지 않다.

최치원은 이곳에서 속세를 떠나기로 결심한 듯 스스로 이름을 '첩첩산중(천령)에 걸린 한 조각 외로운 구름'이란 뜻의 '고운(孤雲)'이라 했다. 그는 갑자기 관직을 버리고 합천 가야산으로 들어가 종적을 감추었다. '상림에는 개미, 뱀, 개구리가 없을 것이다'라는 예언과 '상림 나무에 걸어놓은 호미를 찾아보라'는 수수께끼를 남기고 사라졌다.

1923년에 세워진 상림 입구의 '문창후선생신도비'에는 함양의 많은 인재들이 최치원으로부터 비롯되었다고 적혀 있다. 이를 증명하려는 듯 근래에 고운 최치원, 뇌계 유호인, 점필재 김종직, 일두 정여창, 연암 박지원 등 함양 출신이거나 함양에서 관직생활을 한 11명의 흉상을 전시한 함양역사인물공원이 조성되었다. 동학농민운동을 유발한 조병갑이 함양군수 시절 세운 셀프(?) 선정비와 박지원 한문소설의 모티브가 된 열녀 함양박씨의 정려비도 옮겨놓았다. 이 밖에도 흥선대원군 척화비, 함양읍성의 남문이던 함화루 등이 있어 박물관을 방불케 한다.

해마다 늦은 가을이면 상림에서 함양물레방아골 축제가 열린다. '상사화'라는 별명이 있는 석산(꽃무릇)이 상림 숲 아랫도리를 진홍빛으로 물들이는 때다. 그러면 그 옛날 최치원이 상림의 나무 어디엔가 걸어둔 호미가 둔갑한 금호미를 일확천금으로 찾으려는 듯 인파가 밀려들곤 한다.

왕의 아들이
새우섬에 잠들다

함양읍 세종왕자 한남군 묘

세종왕자 한남군 묘. 동자석과 문인석의 얼굴 표정이 너무나 천진난만하다.

함양 상림의 연밭에서 필봉산 쪽을 바라보면 석물들을 잘 갖춘 제법 크고 위엄 있는 무덤이 하나 보인다. 세종의 열두 번째 왕자 한남군 이어(1429~1459)의 무덤이다. 한양에서 천리나 떨어진 곳에 왕자의 무덤이라니 예사롭지 않다.

한남군의 어머니는 세종의 후궁 혜빈 양씨다. 세종은 태어난 지 이틀 만에 생모를 잃은 불쌍한 손자(뒷날 단종)를 혜빈 양씨에게 키우게 했다. 단종이 즉위하자 그녀는 대비가 없는 궁궐에서 대비의 위상을 갖고 권력을 행사하게 된다. 그러나 계유정난(1453)으로 쫓겨난 단종이 강원도 영월 청령포로 유배될 때 그녀도 충청도 청양에 유배되었다. 그녀의 두 아들 한남군 이어와 영풍군 이선도 함께 어디론가 유배되었다.

그 후 한남군은 금성대군의 역모 사건(1456)에 연루되어 또 죽을 고비를 넘기고 유배지를 함양으로 옮기게 된다. 함양에서도 벽지인 휴천면 엄천강 변의 새우섬에 위리안치(圍籬安置)되었다. 단종이 유배되었던 청령포처럼 외부와 격리된 곳이었다. 이곳에서 한남군은 굶주림과 외로움으로 병이 들었다. 설상가상으로 어머니와 단종의 부음이 연이어 들려왔고, 절망하던 그는 31세의 젊은 나이에 병사했다. 그리고 그곳 어딘가에 대충 아무렇게나 묻혀 잊혀버리는 듯했다.

사필귀정이라 했던가. 조선 왕실은 왕실의 후계 문제가 있을 때마다 국왕과 그 후계자에 대한 절대적 충성을 받아내기 위해 단종에게 절의를 지킨 신하들에 대한 표창을 확대해갔다. 먼저 중종과 명종 대에 한남군의 관직과 시호를 회복해주었다. 그러자 지리산 골짜기에 있던 한남군의 무덤이 함양 읍내 양지바른 곳으로 옮겨지고 묘비도 세워졌다. 죽은 지 100여 년이 지나서였다. 또 그로부터 150여 년이 지난 숙종 때 단종이 완전히 복권되면서 한남군도 복권되자 무덤에 왕자의 격식을 갖추게 되었다. 무덤 앞에 묘비와 상석, 동자석 2기와 문인석 2기가 있고 주위에 둘레석까지 갖춘 현재의 모습이 된 것이다.

순조 때(1830)는 인근의 병곡면에 한남군을 모신 송호서원도 세워졌다. 이 지역 선비 이지활(李智活)이 장릉(단종 왕릉)의 배식단에 추가 배향되자 후손들과 지역 유림이 한남군을 전면에 내세우고 이지활을 함께 모신 것이다. 영·정조 시대와 순조 초기에 단종에 대한 의리를 지키기 위해 은둔했던 신하들에게까지 표창을 확대한 결과였다. 사도세자의 죽음을 둘러싼 왕실 후계 문제와 단종의 경우처럼 어린 나이에 즉위한 순조의 왕권 불안 문제를 해소하려는 의도였을 것이다. 어쨌든 이런 분위기를 타고 후손과 지역 유림들이 '충신의 혈손', '충절의 고장'이란 명예와 함께 후손 등용과 서원의 면세라는 현실적 이득도 얻으려고 활발히 움직인 결과라 생각된다. 그러나 이곳도 흥선대원군의 서원 철폐령을 피해 갈 수는 없었다. 1869년에 헐렸다가 1947년에 복원되어 오늘에 이르고 있다.

한편 한남군이 2년여를 살았던 새우섬은 함양군 휴천면 한남마을에서 약간 위쪽에 있다. 물론 한남마을 이름도 한남군의 유배지에서 유래한 것이다. 급하게 흐르던 엄천이 크게 구부러진 이곳에서 유속이 느려지자 상류에서 운반된 모래가 둥글게 쌓여 마치 등이 굽은 새우처럼 보여서 새우섬이라 한 곳이다. 지금은 섬의 모습을 잃은 새우섬에서 백미터가량 내려온 강변 바위 위에 '漢鰲臺(한오대)'와 '李漢南君杖屨所(이한남군장구소)'란 글자도 새겨져 있다. 1887년 이곳 유림들이 한남군을 기려서 세운 한오정(漢鰲亭)이라는 정자가 1936년 '병자년 홍수' 때 새우섬과 함께 떠내려 가버리자 정자가 있던 곳을 잊지 않으려고 새긴 것이다.

이 밖에도 함양 사람들이 한남군을 어떻게든 기억하려 노력한 흔적들은 지금도 곳곳에 남아 있다. 외진 산골 함양까지 쫓겨 왔다가 죽은 왕자에 대한 애틋한 마음이 남달라서였을 것이다. 다만 우리가 잘 모르고 지나칠 뿐이다. '자세히 보아야 아름답다'는 시구나 '아는 만큼 보인다'는 명언처럼 관심을 가져주기를 기다리고 있는 유적들이 너무도 많다.

좌안동 우함양의
초석을 놓다

함양읍 학사루

학사루. 김종직과 유자광의 악연으로 무오사화의 씨가 뿌려진 곳이다.

'좌안동 우함양(左安東 右咸陽).'

조선시대 훌륭한 유학자를 많이 배출한 안동이 경상좌도에 있다면 그에 못지않게 빼어난 인물을 많이 배출한 땅이 경상우도의 함양이란 뜻이다.

'우함양'의 초석을 놓은 사람은 점필재 김종직(1431~1492)이다. 그가 함양군수로 있을 때 함양 지곡 출신의 정여창이 그에게 배워 동방 5현 중 한 분이 되었으니 그렇게 볼 수 있다. 당시 중앙과 멀리 떨어진 지방에서 학식이 높은 스승을 만나기 어려운데 마침 학식 높은 이가 군수로 왔으니 정여창에게 얼마나 행운이었을까. 덕분에 함양도 '선비의 고장'이란 명예를 얻게 되었다.

김종직과 함양의 특별한 인연은 학사루에서 시작되었다. 경상도 관찰사 유자광이 고모 댁을 방문하는 김에 함양에 들른다는 소식이 오자 평소 유자광을 못마땅하게 생각했던 김종직은 민정 시찰을 핑계로 이은대(吏隱臺)로 가서 숨어버렸다. 이은대는 '관리가 숨은 곳'이라는 뜻으로, 함양읍이 내려다보이는 읍의 서남쪽 야트막한 언덕이다. 지금은 충혼탑이 서 있다. 함양 군민들이 그를 기려서 그의 생존 시 '이은당'이란 사당을 세운 곳인데, 뒤에 유자광 세력에 의해 철거되고 일제강점기에는 신사가 들어서는 수난을 겪은 곳이다.

어쨌든 유자광이 가고 난 뒤 돌아온 김종직은 유자광이 학사루에 시를 지어 걸어두고 갔다는 것을 알게 되었다. 평소 간사한 방법으로 벼슬을 얻은 유자광에 대한 반감이 컸기 때문이겠지만 '고매한 선비들 현판 사이에 서자 출신 쌍놈의 작품을 걸어놓을 수 없다'며 떼어내 불태우게 했다. 세인들은 유자광이 이 일에 원한을 품었다가 뒤에 '조의제문'을 빌미로 무오사화를 일으켜 김종직을 부관참시(剖棺斬屍)했다고 생각했다. 전혀 터무니없지는 않을 듯하다.

학사루는 함양(당시 지명은 천령) 태수 시절 고운 최치원이 자주 올랐던 데서 유래한 이름이다. 기둥의 주련 중 '학사는 이미 황학을 타고 가버렸는데 행인은 부질없이 흰 구름만 바라보네'라는 구절의 학사가 바로 최치원이다. 그가 귀국 후 받은 직책인 한림학사에서 따온 것이다. 함양 군민들이 홀연히 떠난 최치원에 대한 아쉬움을 누각 이름에 투영한 것이다. 이후 학사루는 고려 말 우왕 때 왜구에 의해 불탔고, 조선 선조 때 임진왜란으로 또다시 불탔다. 그럼에도 이름을 그대로 하여 다시 세워져 관아의 부속 건물로 꾸준히 관리되었다.

현재의 학사루는 1794년 정조 때 함양군수 윤광석이 중수한 것이다. 당시 안의 현감 연암 박지원이 쓴 「학사루기」에 그 내력이 잘 전해진다. 그 후 일제강점기에 객사를 비롯한 다른 관아 건물은 모두 사라지고 학사루만 남았다가 1979년에 현재의 자리로 옮겨 왔다. 원래 있던 곳(함양초등학교 교정)에는 '학사루 느티나무'라는 별명이 있는 고목 한 그루가 남아 옛 학사루 자리임을 말없이 전해준다. 김종직이 함양군수 시절 막내아들을 잃은 슬픔을 달래려고 심었다고 전한다. 병에 걸려 어린 나이에 죽은 아이의 이름이 '나무 아이'란 뜻의 목아(木兒)였기 때문에 '목아 나무'라고도 불렸다. 500살도 더 되었지만 김종직의 기원 덕분인지 여전히 무성한 생명력을 보여주고 있다.

위치는 여러 번 바뀌었어도 학사루는 함양 사람들에게 늘 소중한 곳이었다. 함양을 빛낸 '최치원-김종직-박지원'으로 이어지는 막강 인맥의 인연을 간직한 곳이기에 더욱 그럴 것이다. 그 옛날 평시에는 과거 초시(지방에서 치는 예비 시험)의 장소, 공무 여행자들의 여름철 숙소, 홍수 대피 장소 등으로 쓰였고, 전란 중에는 관군과 의병이 초유문을 낭독하던 곳이기도 했다. 현대인의 관점에서 볼 때 만일 학사루에서 김종직과 유자광 사이의 일이 사실이라면 유자광의 처신뿐 아니라 김종직의 의식도 매우 껄끄러운 것이 사실이다. 학사루가 한때 피비린내 나는 사화의 원인 제공지가 되기도 했지만 함양 정신문화의 근원임은 변함이 없을 것이다.

동방 5현 중
한 분을 배출하다

지곡면 남계서원

남계서원. 최초의 서원인 소수서원 다음으로 오래된 서원이다. 2019년 7월에 세계문화유산으로 지정되었다.

'一蠹(일두)'는 '한 마리 좀벌레'란 뜻이다. 정여창(1450~1504)의 호다. 정여창이 한양 성균관과 전국 군현 단위로 세워진 향교의 대성전(문묘)에 모셔진 동방 5현 중 한 분이란 걸 알고 나면 겸손도 정말 지나치다.

일두는 김종직에게 배워 청출어람으로 자라나 함양이 선비의 고장이란 명성을 굳히게 한 사람이다. 원래 집안은 하동이 본관이지만 증조부 정지의(鄭之義)가 함양으로 장가들면서부터 함양에서 살아왔다. 부친 정육을은 함길도 병마우후 관직에 있을 때 이시애의 난(1467)을 진압하다 전사했다. 18세에 남쪽 끝 경상도 함양에서 북쪽 끝 함길도 북청까지 가서 부친의 시신을 수습해 고향에서 장례를 치렀다. 그것도 무더운 여름 날 2천여 리나 되는 먼 길을 걸어서 말이다. 이후 홀어머니께도 효도를 다하였다. 효행이 널리 알려져 여러 차례 벼슬에 천거되었지만 '부친이 패배했는데 자식이 영광을 받을 수 없다'며 사양하였다.

혼자 독서하다 함양군수로 왔던 김종직 문하에서 김굉필과 함께 배우고 과거에 급제하여 관직에 나아갔다. 당시 세자 연산군을 가르쳤지만 강직한 성품 때문에 연산군의 사랑을 받지 못했다. 연산군 즉위 직후 안음 현감을 지내던 중 김종직의 제자라는 이유로 무오사화(1498)에 연루되어 함경도 종성으로 유배되어 죽었다. 그 후 갑자사화(1504) 때 다시 연루되어 부관참시의 치욕까지 당했다. 그러나 사림이 중앙 정계를 장악한 뒤인 광해군 때 김굉필, 조광조, 이언적, 이황 등과 함께 동방 5현으로 문묘에 모셔지게 된다. 저서를 많이 남긴 것은 아니지만 효행과 학행이 후학들에게 귀감이 되었기 때문이다.

정여창을 모신 남계서원은 함양군 수동면에 있다. 최초의 서원인 소수서원 다음으로 오래된 서원이고, 흥선대원군의 서원철폐 때 남은 47개 서원 중 하나다. 또한 전학후묘(前學後廟)의 전형적 서원 건축 형식이 처음 시작된 곳이기도 하다. 입구의 홍살문과 정문인 풍영루를 지나면 경사지에 기숙시설인 동·서재가 좌우에 나란히 배치되어 있고, 그 뒤로 교실 기능을 하는 강당(명성당)과 사당이 앞뒤로 일직선상에 배치되어 있는 것을 확인할 수 있다.

특히 풍영루 대문을 들어서면 처음 만나는 뜰의 연못에는 정여창이 좋아했다는 연꽃이 심어져 있다. 연꽃은 더러운 진흙탕에서 자라지만 깨끗함을 유지하고, 가까이 두고 만질 수는 없지만 맑은 향기가 멀리까

정병옥 가옥(일명 정여창 고택)의 사랑채.

지 퍼진다. 연꽃의 이런 특성이 성리학에서 추구하는 최고의 인간상인 군자의 미덕과 닮았다고 보아 조선시대 선비들은 연꽃을 좋아했다. 그래서일까. 동재에 '애련헌(愛蓮軒)'이란 현판이 걸려 있다.

남계서원의 제일 높은 곳에 위치한 사당 앞에서 반대편을 바라보면 멀리 남계천 너머로 일두의 출생지인 지곡면 개평마을이 보인다. 그곳에 '정여창 고택'이라 불리는 대표적 양반 가옥이 있다. 물론 일두의 후손들이 대대로 살아온 집이지만 일두의 생존 당시 있던 집은 아니다. 그래서 문화재 지정 당시 소유자의 이름을 딴 '정병옥 가옥'이 정식 명칭으로 사용된다. 이 집안에 내려진 붉은 정려들이 걸린 솟을대문을 들어서면 사람 내음 물씬한 사랑채가 일품이다. 잣나무의 곧음과 굽은 소나무의 유연함이 조화를 이루는 정원도 빼놓을 수 없는 명품이다. 정여창을 만나려면 남계서원 다음으로 꼭 들러보아야 할 곳이다.

남계서원 근처 안의 방면으로 가는 길에 정여창 묘소가 있다. 승안사지라는 폐사지에 있다. 승안사지는 통일신라 양식의 고려 초기 3층 석탑(보물 제294호)과 오른팔이 떨어져 나가고 머리가 몸체에 비해 훨씬 큰 거구의 석조여래좌상만 남아 잊힌 곳이다. 조선 초기 불교를 탄압하고 성리학의 확산에 힘썼던 시대 상황이 오버랩되는 곳이다. 또다시 시대가 변하여 성균관과 지방 각 고을마다 있던 향교에 모셔진 동방 5현 중한 분인 일두 정여창을 아는 이가 드문 세상이 되었다.

화림동에서
무이구곡을 꿈꾸다

안의면 농월정

농월정. 화림동 계곡의 대표 정자다.

화림동(花林洞)은 남덕유산에서 발원한 남계천이 함양군 서상면과 서하면을 지나 안의면으로 흘러가면서 만든 절경의 계곡이다. 상류로부터 거연정, 군자정, 동호정, 농월정 등 조선 후기에 세워진 아름다운 정자들이 깃들이고 있다. 최근 함양군에서 만든 선비문화탐방로 중 제1코스(거연정~농월정)에 해당한다. 울퉁불퉁한 자연 암반에 맞춰 들쭉날쭉한 길이로 다듬은 기둥들이 지붕을 받치며 자연과 조화를 이루어 마치 선경(仙境)을 보는 듯한 착각을 불러일으키는 곳이다.

이곳에 정자들이 하나둘 세워진 계기는 무엇일까. 성리학을 집대성한 주희가 만년에 무이산의 아름다운 아홉 굽이 계곡에서 유유자적하며 「구곡가(九曲歌)」를 남긴 이래 퇴계 이황의 '도산십이곡', 율곡 이이의 '고산구곡', 우암 송시열의 '화양구곡' 등 조선 지식인들의 '주희 따라 잡기' 유행과 무관하지 않다.

먼저 거연정(居然亭)은 이곳 정선 전씨 입향조인 화림재 전시서가 세운 것이다. 1640년(인조 18년) 무이구곡에 살았던 주희를 동경하여 억새 지붕으로 정자를 만든 것이 시작이다. 1872년 후손들이 기와로 재건립한 뒤 1901년 중수하였다. 근처의 군자정(君子亭)도 전시서의 후손들이 동방 5현 중 한 분인 일두 정여창을 기리기 위해 1802년 건립한 것이다. 정여창이 처가가 있던 서하면 봉전마을에 자주 왔던 인연을 되살려 정자와 가문의 격을 끌어올리려는 의도였을 것이다. 여기서 조금 더 내려오면 동호정(東湖亭)이 나타난다. 임진왜란 때 선조 임금을 등에 업고 의주까지 피난하여 공신에 책봉되었던 동호 장만리(章萬里)를 기리기 위한 것이다. 화림동 정자 중 규모가 제일 크다.

여기서 더 내려오면 만개한 꽃과 같은 농월정(弄月亭)이 나타난다. '달을 가지고 논다'는 뜻의 이름인 정자다. 현재의 농월정은 2003년 10월 방화로 불에 타 없어진 뒤 2015년 함양군에서 새로 지은 것이다. 원래의 농월정은 조선 후기 지족당 박명부(1571~1639)가 지은 것이다. 광해군 때 영창대군의 죽음과 인목대비 유폐에 반대한 동계 정온을 비호하다 파직되었던 인물이다. 그는 정자 앞 너럭바위에 '知足堂杖屨之所'(지족당 장구지소, 즉 족함을 알고 지팡이 짚고 거닐던 곳)라 새기고 자신의 호를 '지족당(知足堂)'이라 하였다. 노자의 "족함을 알면 욕되지 않고 멈춤을 알면 위태롭지 않아 장구할 수 있음"을 실천하려던 것이다. 지금도 그 정신이 바위 위에 그대로 남아 울림이 있는 곳이다. 너럭바위의 웅덩이마다 고인 물 위에 달이 뜨는 밤이면 더욱 그럴 것이다.

농월정은 박명부 사후 거의 주목받지 못하였다. 그러다가 19~20세기에 이르러 경상우도 학자들의 필수 유람지가 되면서 1873년에 중건되고 1895년 재중건되었다. 특히 정조가 동계 정온의 절의를 높이 표창하면서 그와 일생토록 정신적으로 교감했던 박명부와 농월정도 새롭게 인식되어 다시 주목받게 된 것이다. 조선 말기 급변하는 시대 상황에서 지식인들이 처세의 바른 길을 동계에게서 찾으면서 그의 절친한 동지 박명부가 건립한 농월정도 함께 찾아 시를 읊은 것이다. 이 무렵 화림동의 다른 정자들도 다시 활기를 띠게 되었다. 정자들마다 빼곡히 걸린 당시의 시편들이 그를 대변해주고 있다.

화림동은 조선시대 사대부 지식인들이 자신들이 롤 모델로 여긴 주희처럼 자연 속에서 유유자적하고 싶어 한 데서 비롯되었다. 그래서 이곳에 무이산을 만들고 이곳을 무이구곡으로 만들려 했던 것이다. 세속의 욕심을 버리고 자연에 묻혀 지내고자 했지만 너무도 사치스러운 특권적 취향에 불과했다. 그런 그들이 여름철마다 발 디딜 틈조차 없이 남녀노소 피서객들로 꽉 들어차는 오늘날 화림동의 모습을 상상이나 했겠는가.

예나 지금이나 변함없는 것은 화림동 물이 점점 낮은 곳으로 흘러가 우리 인간을 적셔주고 있다는 것이다.

최초로
물레방아를 돌리다

안의면 연암 박지원 선생 사적비

연암 박지원 선생 사적비. 안의초등학교 교정에 있다.

> 함양 산천 물레방아는 물을 안고 돌고,
>
> 우리 집 서방님은 나를 안고 돈다.

함양 지역에 전해오는 민요의 일부다. 1792년 안의 현감으로 부임했던 연암 박지원이 용추계곡 입구의 안암 마을에 최초로 물레방아를 만들면서 생겨난 노래로 본다. 물레방아는 연암 박지원(1737~1805)이 『열하일기(熱河日記)』를 통해 국내에 처음 소개한 것으로 알려져 있다.

함양군 안의면은 조선시대까지만 해도 현감이 다스리던 독립적인 안의현이었다. 이곳 현감으로 부임했던 박지원도 최치원과 마찬가지로 다른 지역 출신이지만 수도 한양에서 천리나 떨어진 먼 이곳에 새로운 세계를 선물하고 간 사람이다. 안의초등학교 교정(옛 안의현 관아 자리)에 연암 박지원 사적비가 있다. 연암은 55세 되던 1792년 부임해 이곳에서 5년간 머물며 그의 수많은 저서 중 40여 편을 썼고, 중국에 갔을 때 배운 벽돌로 건물 짓기, 물레방아 만들기 등 많은 실험적인 작업을 했다.

박지원은 44세(1780년, 정조 4년)에 8촌 형 박명원이 청나라 건륭황제의 만수절(황칠순) 축하 사절로 갈 때 수행원으로 동행할 수 있었다. 이때 운 좋게 북경뿐 아니라 열하까지 여행(6월 25일에 출발하여 10월 17일 도착함)하고 돌아와 그 견문을 『열하일기』로 남겼다. 연암은 여기서 당시 오랑캐의 나라로 인식되던 청나라의 번창한 문물을 받아들이자는 앞선 주장을 했다. 또한 양반 사회의 과거제 문란, 신분 차별, 적서 차별 등 부패상과 폐습도 비판하였다. 그러나 현실의 벽 때문에 「허생전」, 「양반전」, 「호질」 등 해학적 소설 형식으로 표현할 수밖에 없었다.

그것이 당시 젊은 사대부 지식인들에게 선풍적 인기를 끌게 되자 정조는 『열하일기』를 금서로 지정하고, 연암에게는 반성문을 써서 내라고 명령할 정도였다. 물론 연암은 병을 핑계로 끝내 반성문을 쓰지는 않았다. 그렇지만 이는 연암이 천재적인 능력을 가지고도 출세의 길을 걸을 수 없었던 이유 중 하나가 되었을지도 모른다.

연암이 안의 현감 시절 들었던 이야기를 소설화한 「열녀함양박씨전」도 결국 이런 맥락에서 나온 것으로 보인다. 이는 서민 집안 여인이 결혼하자마자 죽은 남편의 장례를 모두 치르고 남편이 죽은 날 죽은 시각에 맞춰 자결한 이야기다. 원래 재혼한 여자의 자손을 벼슬에 등용하지 말라는 『경국대전』의 내용은 서민에게 해당하는 게 아니었는데, 이후 귀천을 막론하고 모든 여자들이 절개를 지키도록 강요당했다. 그래서 혹자는 연암이 당시 현실을 완곡하게 비판한 것이라고 한다. 어쨌든 함양 상림의 역사인물공원에 「열녀함양박씨전」의 모델이라는 밀양 박씨의 열녀비(정식 이름은 '열녀학생임술중처밀양박씨지려')가 옮겨져서 알리바이를 전하고 있다.

20세기 초에는 안의현 관아터 근처에 서민 갑부의 딸이 시집와 지은 큰 기와집이 들어서게 된다. 여자 주인의 이름을 따서 '허삼둘 가옥'이라 하고, 여자의 공간인 부엌이 중심을 이루는 실험적 건축이란 특징을 보인다. 이것만으로도 연암의 소설 속 열녀 박씨가 살았던 시대와 비교하면 격세지감이 느껴질 정도다.

연암의 생가는 서울 서대문 부근에 있었다지만 지금은 없어졌다. 아호인 연암이 유래된 황해도 금천의 연암협도 분단으로 갈 수 없는 땅이되었다. 현재 연암을 제대로 기릴 수 있는 곳은 함양밖에 없는 셈이다. 지금도 함양에는 연암이 최초로 도입했다는 물레방아가 돌고 있다. 시대가 변하면서 본질을 잊고 혼자 헛도는 것은 아닐까 부질없는 생각을 해본다.

죽어서 살 것인가,
살아서 죽을 것인가

서하면 황암사

황암사. 뒤로 황성산성 전투에서 전몰한 사람들의 허묘를 조성하였다.

경상남도 함양군 안의면에서 전라북도 전주로 넘어가는 육십령 고개의 길목에 해발 1,190m의 황석산 능선을 따라 산성이 있다. 정유재란 (1597~1598) 때 3천여 명의 조선군과 6만여 명의 일본군이 치열하게 싸운 황석산성이다. 그야말로 중과부적이었다. 당시 수성장 안음 현감 곽준을 비롯하여 성안에 있던 함양·안음·거창 지역 주민 353명이 전몰하였다. 그날의 참혹함은 남문터 근처에 부녀자들이 뛰어내려 피로 물들었다는 '피바위'의 붉은빛에서도 엿볼 수 있다.

황석산성은 임진왜란 중 명과 일본이 휴전협상하던 때에 보수되었다. 협상이 깨지면서 정유재란이 일어나자, 체찰사 이원익은 황석산성이 호남으로 가는 요충지여서 일본군이 반드시 공격할 것을 예상하여 안음현감 곽준에게 함양·안음·거창의 군사를 모아 지키게 하고 김해부사 백사림에게 돕게 했다. 그런데 막상 전투를 앞두고 황석산성은 고립무원 상태가 되었다. 산성을 지키지 않기로 했다는 소문이 흉흉해 지역민들조차 산성 안에 피신하기를 꺼렸기 때문이다.

한편 가토 기요마사의 우군은 함양에 이르러 육십령으로 가려던 중, 이 일대 군민들이 집결하여 곡식이 많이 비축된 것으로 알려진 황석산성을 공격하였다. 당시 일본군은 조선군의 청야 작전으로 인해 부산에서 이곳까지 오는 동안 기대만큼 군량을 확보할 수 없었던 것이다. 수많은 적들이 남문으로 밀어닥쳤다. 곽준이 두 아들과 함께 죽으면서도 지키려 했으나 결국 성이 함락되어 산성 안은 물론 주변에서도 수천 명이 학살당했다.

원래 일본군은 우군과 좌군으로 나누어 각각 전라도로 들어와 전주에서 합류할 계획이었다. 가토 기요마사의 우군은 부산에서 출발하여 창녕·합천을 지나 8월 17일 황석산성을 제압하고 8월 25일 전주에 도착하였다. 비슷한 시기에 고니시 유키나가의 좌군이 고성·사천·하동·구례를 거쳐 8월 16일 남원성을 함락시키고 전주에 이미 무혈 입성한 뒤였다. 황석산성 전투는 조명(朝明) 연합군이 전몰한 남원성 전투에 비해 별로 알려지지 않았다. 그렇지만 일본에서는 유성룡의 『징비록』을 통해 황석산성 전투의 실상이 자세히 알려져, 군담소설들에 곽준이 이순신·김시민과 비슷한 영웅으로 등장할 정도였다.

그런데 위급한 전투 상황 중에 백사림이 먼저 그의 어머니와 처자를 피신시키고, 성이 함락되기 직전 자신도 탈출한 사실이 알려져 공분을 샀다. 나중에는 심지어 백사림이 일본군과 내통하여 목숨을 부지했다고까지 알려졌다. 이후 싸우다 죽은 곽준을 포상하고, 싸우지 않고 도주한 백사림을 처형하라는 주장이 함양 일대에서 계속 제기되었다.

사실 곽준은 성을 지키지 못했고 많은 사람을 죽게 만든 패장이었으나 그와 가족 4명이 충신, 효자, 열녀의 정려를 받았다. 거의 전 가족이 몰살당한 데 대한 연민 때문인지 몰라도 유례없는 일이었다. 황석산성 아래 황암서원(黃岩書院)을 세워 추모하다가 흥선대원군의 서원철폐령으로 제사가 끊어지는 아픔을 겪기도 했다. 그러다 2001년 '황암사'가 중건되면서 당시 전몰한 군민들의 위패를 중심에 두고 좌우에 조종도와 함께 모셔졌다.

반면 한때 뛰어난 무장으로 평가받았던 백사림은 선조 때는 물론 광해군 초기에도 처형하라는 주장에 계속 시달려야 했다. 전투의 피해자가 가장 많았던 당시 안음현에서 동계 정온과 지족당 박명부를 중심으로 조성된 '영남 선비의 공론'에 따른 것이다. 그럼에도 선조는 여러 차례 전공을 세워 속죄 조건을 충족했다며 처벌하지 않았다. 광해군도 선왕이 종료시킨 사안을 번복할 수 없었던지 변방에 가서 속죄할 기회를 다시 주었다. 결국 백사림은 처형되지 않고 여생을 마쳤다.

백사림은 적어도 일본군과 내통하여 도망친 것은 아닌 듯하다. 오히려 황석산성에서 죽은 원혼들을 위로하고 곽준을 충절의 인물로 만들려는 당시 여론의 희생양이 된 혐의가 짙다. 결국 이유가 무엇이든 살아남은 백사림은 역사의 오명을 감수해야 했다. 구불구불 위태롭게 이어지는 성벽을 따라 걷다 보면 '죽어서 살 것인가, 살아서 죽을 것인가', 그것이 문제였던 시대는 이제 모두 지나간 과거일 뿐이다.

9.
거창하게
거창하다

거창

근심으로 사람을 떠나보내던 곳,
근심을 푸는 곳이 되다

위천면 수승대

수승대의 거북바위 사면에는 사람들의 이름과 시가 빼곡히 새겨져 있다.

거창은 덕유산과 가야산 줄기의 여러 봉우리들이 병풍처럼 늘어서 있는 고산 분지이다. 수려한 산세와 화강암 바위 사이로 굽이굽이 흐르는 물이 절경을 이루는 원학동 계곡에 수승대가 있다.

요즈음 사람들에게는 여름철 물놀이를 즐길 수 있는 휴양지이자, 어느덧 30여 년 전통을 지닌 거창국제연극제가 열리는 곳으로도 유명하다. 오래전 이곳은 현실의 무릉도원으로 알려져 조선 선비들이 많이 찾던 장소였다. 그들은 영리를 좇는 분주한 세상으로부터 벗어나 원학동

계곡의 빼어난 경치를 보면서 마음을 정화하고 삶의 여유를 찾았다.

입구를 지나 조선의 선비들처럼 자연에 동화되어 걷다 보면 요수 신권 선생이 후학을 가르쳤다는 구연재(현 구연서원)의 문루인 관수루에 이른다. '관수(觀水)'는 『맹자』의 '물을 보는 데(觀水) 방법이 있으니 반드시 그 물의 흐름을 봐야 한다. 흐르는 물은 웅덩이를 채우지 않고는 다음으로 흐르지 않는다'는 말을 인용하여 선비의 학문은 마땅히 이와 같아야 한다는 뜻으로 지은 이름이다. 이곳에서 학문의 깊이를 가늠하며 수양하던 선비들의 마음가짐을 엿볼 수 있는 말이다.

구연서원을 지나면 곧 수승대의 백미인 거북바위에 이른다. 거북이 형상을 한 커다란 바위. 바위의 사면은 글자들로 가득 채워져 있는데 이들 글귀는 여러 이야기를 품고 있다. 수승대의 원래 이름은 수송대(愁送臺)였다고 한다. 거창이 백제 땅이었던 시기, 강성해지고 있던 신라에 백제가 사신을 보내면서 안위를 걱정하며 근심으로 떠나보내던 곳이라 하여 붙여진 이름이다. 세월이 지나 슬픈 사연은 역사 속으로 사라졌고 조선의 대표적 유학자 퇴계 이황이 처가가 있던 수승대 인근 영승마을에 왔다가 요수 신권에게 이튿날 수승대를 찾겠다고 전갈을 보냈다. 그러나 다음 날 신권과 그의 처남 임훈에게 온 것은 이황이 아니라 그가 보낸 시 한 수였다. 갑자기 왕명을 받아 약속을 지키지 못하고 서둘러 한양으로 돌아가야 했던 것이다. 이황은 경치가 빼어난 수송대가 그 이름이 아름답지 못하다 하며 '수승대'로 이름을 바꾸어 시를 지었다.

수승대라는 이름으로 새롭게 바꾸니
봄을 맞아 그 경치가 더욱 아름답네
먼 숲에선 꽃들이 피어나려 꿈틀대는데

그늘진 골짜기엔 눈이 그대로 남아 있네

명승을 보고 싶어도 가보질 못하니

오직 상상의 회포만 더할 뿐이라네

훗날 한 통의 술을 가지고 다시 와서

큰 붓으로 운무 낀 암벽에 글을 쓰리

신권은 이황이 보낸 수승대라는 이름을 기쁘게 받았지만 임훈은 그렇지 않았다. 그는 수송대가 사신을 떠나보내는 역사적 장소이면서 좋은 벗을 떠나보내는 안타까움이 깃든 곳이라는 의미를 버리고 싶지 않아 '수송의 뜻을 풀이하여 제군에게 보임'이라는 시를 지었다. 이러한 이유에서인지 거북바위의 옆면에는 수송대와 수승대라는 이름과 함께 퇴계 이황과 갈천 임훈의 시가 새겨져 있다.

이들의 행적을 모방하듯 거북바위 사면에는 이곳을 다녀간 많은 사람들의 이름과 시가 빈틈없이 빼곡히 새겨져 있어 눈살이 찌푸려진다. 남명 조식은 『유두류록(遊頭流錄)』에서 바위에 어떤 인물인지도 모르는 이름을 새길 것이 아니라 사람들의 입에 오르내리든지 역사에 이름을 남겨야 한다고 했다. 이름을 남기려면 진정 그럴 만한 사람이 되어야 할 것이다. 그렇지 못하다면 조용히 자연을 즐기다 가면 그만이다. 일상의 근심을 떠나보내려 찾아온 깊은 계곡에서 만난 아름답지 못한 풍경이다.

백성을 가르침에
효도보다 더 좋은 것이 없다

북상면 임씨 고택

임씨 고택. 대문에는 임훈이 실천한 '효'로 인해 세워진 정려가 있다.

유학에서는 효와 충을 강조한다. 그래도 둘 중에서 무엇이 더 중요하냐고 한다면 효일 것이다. 공자도 "백성을 가르치되 친함과 사랑함에 효도보다 더 좋은 것이 없다"라고 하였다. 고려를 멸하고 건국된 조선은 성리학에 입각한 통치 규범을 마련하고 유교 국가의 면모를 갖추려 했다. 그래서 효를 실천한 자에게 정려를 내리고 관직을 주었다.

거창을 가로지르는 위천을 따라 올라가다 보면 수승대를 지나 갈계리에 이른다. 이곳에서 임훈 선생을 만나게 된다. 그는 많은 이들과 교류

했는데 가까이는 이웃에 살았던 동계 정온과 요수 신권, 멀리는 산청의 남명 조식과 안동의 퇴계 이황과도 연을 맺고 있었다. 임훈은 퇴계 이황과 수승대의 명칭을 두고 글을 나누었고, 남명 조식이 죽었다는 소식에 그를 애도하는 시를 지었다. 이는 임훈이 당대에 어떤 존재였는지 짐작케 해주는 대목이다.

무엇보다 그를 돋보이게 하는 건 효심이다. 마을 입구에 세워진 임씨 형제 효행비, 그리고 임씨 고택 대문에 세워진 정려는 그의 효심이 예사롭지 않았음을 말해준다.

고향에서 부모를 봉양하며 살던 임훈은 아버지가 돌아가시자 동생 임운과 함께 3년상을 치렀다. 효자는 하늘에서 내린다는 말처럼 3년 동안 아버지 묘를 지킨다는 것은 매우 힘든 일이었으나 그는 이를 실천했다.

이 사실이 알려지자 조정은 그에게 '정려(旌閭)'를 내렸고, 여러 차례 관직을 제수하였다. 조정에서는 그를 높이 평가하여 "품성이 순진하고 후덕하며 학술이 정밀하고 박학하여 … 궤격한 행동을 하지 않았으므로 온 고을이 그를 추앙하고 헐뜯는 사람이 없었다"(『조선왕조실록』 명종 19년)고 하였다.

하지만 많은 선비들이 화를 입었던 사화를 두 차례나 겪은 그로서는 회의를 느꼈는지 조정의 부름을 대부분 받아들이지 않고 처사로서의 삶을 살고자 했다.

그러던 중 1566년(명종 21년) 현인을 천거하라는 임금의 명에 의해 천거된 이후 그는 본의 아니게 관직에 자주 나가게 되었다. 그는 목민관으로서 임무를 수행하며 유교적 사회 윤리를 실천하고자 했으며, 문제점을 알게 된 경우에는 상소 등을 통해 해결 방안을 제안했다. 이처럼 자

고종 때 하사받은 정려. '효자''효간공'이라는 글귀에서 이곳에 왜 정려가 세워졌는지 짐작케 해준다.

신의 본분에 충실한 그를 사람들은 마치 얼음처럼 투명하다고 하여 '빙호(氷壺)'라고 부르기도 했다.

지역사회에서도 임훈의 행적을 높이 평가하여 정여창과 함께 용문서원에 배향했다. 그러나 조선 말 흥선대원군의 서원철폐령으로 용문서원이 철폐되면서 그를 기릴 수 있는 공간은 사라지고 말았다.

임훈을 기억할 수 있는 공간은 사라졌지만 그의 존재감은 오히려 부각되었다. 1871년(고종 8년) 경복궁이 중건되자 조정에서는 많은 이들에게 시호를 내렸다. 왕족인 은신군과 은언군, 경복궁 설계자 정도전과 함께 임훈도 시호를 받았는데, 그의 효심을 반영해서인지 '효간공(孝簡公)'에 추증하였다.

이처럼 사람들의 기억에서 사라질 뻔했던 임훈은 그의 효행으로 인해 조정으로부터 정려를 받았고, 지역 서원에 배향되기도 했다. 효의 귀감인 임훈을 돌아보며 우리에게 효는 무엇인지 되묻게 된다.

남명에게 배운 강직함으로
절의의 상징이 되다

위천면 동계 정온 고택

대문에서 바라본 정온 고택 사랑채.

北去南來同一義(북거남래동일의) (김상헌이) 북으로 가거나 (정온이) 남으로
　　　　　　　오거나 의리는 매한가지
精金堅石不曾磨(정금견석부증마) 금석같이 정결하고 굳은 절개는 아직도 삭
　　　　　　　아 없어지지 않았다.

　거창군 위천면에 있는 동계 정온(1569~1641) 고택에 전해오는, 정조 임
금이 하사한 칠언절구 시의 일부다. 동계가 병자호란 때 보여준 절의의

행동을 칭송한 것이다. 후손들의 자부심으로 사당 정면에 걸려 전해지고 있다.

원래 고택은 정온의 조부 때 이곳에 들어와 터를 잡고 살면서 비롯되었지만 현재의 건물은 1820년에 세워진 것이다. 사랑채, 안채, 사당이 갖춰진 조선 시대 남부지방 상류층 가옥의 구조를 보인다. 사당에는 4대조까지 위패와 불천지위인 동계 부부의 위패가 모셔져 있다. 그래서 이 집안의 종부는 명절 차례 빼고도 기본적으로 열 번의 기제사를 드려야 한다. 건축은 시대를 담는 그릇이라 했다. 지금도 집의 구조와 동선에서 그 옛날 종가 종손의 가장 중요한 일이 제사(봉제사)와 손님 접대(접빈객)였던 시대의 흔적을 발견할 수 있다.

특히 사랑채에는 추사 김정희, 흥선대원군 이하응, 의친왕 이강 등 이 집을 다녀간 이들이 남긴 친필 현판이 줄줄이 걸려 있다. '忠信堂(충신당)', '매화옥', '某窩(모와)' 등등이다. 그중 '忠信堂(충신당)'은 추사 김정희(1786~1856)가 제주도에 유배되었다가 예전에 그곳에서 유배생활을 했던 동계에 대한 이야기를 전해 듣고 감동받아 풀려난 뒤 이곳을 찾아와 써준 것이다. 또 '모와'는 1909년 의친왕 이강(1877~1962)이 이곳에 40여 일간 머문 기념으로 써준 친필 현판이다. 뒤에 '비둘기 집'이라는 노래로 유명한 의친왕의 아들 이석도 아버지의 흔적을 찾아 다녀갔다고 한다. '모와'는 '모리의 집'이라는 뜻인데, 삼전도의 굴욕이 있은 후 동계가 백이와 숙제처럼 은거해 살았던 '모리(某里)'에서 따온 것이다.

동계 고택은 바위산인 문필봉 모양의 기백산과 금원산(황금 원숭이 정기가 뭉쳐 있다는 뜻)을 앞뒤로 둔 명당지에 있다. 그래서인지 이 집에서 충절의 선비 정온도 배출했지만 조선 후기 최대 정변인 무신난(일명 이인좌의 난, 1728년 영조 4년)의 주모자 정희량도 나왔다. 정희량 때문에 충신 집안에서 하루아침에 역적 집안으로 전락해 자손이 끊어지는 위기를 맞기도 했으나 충신의 제사가 끊어지게 해서는 안 된다는 여론 때문에 영조 당대에도 양자를 통한 동계의 제사는 허가되었다. 사당 정면에 걸린 정조 임금의 어제시 현판은 이 집안의 온전한 복권을 상징적으로 보여주며, 그 덕분에 1820년에는 현재의 고택도 재건되었다.

광해군이 이복동생 영창대군을 강화도로 유배 보내 죽이고 자신의 계모이자 영창대군의 생모인 인목대비를 폐출하려 했을 때, 동계는 '폐모살제'의 패륜을 비판하는 상소문을 올렸다. 이미 친형 임해군을 역모로 몰아 죽였고 훗날 또 다른 이복동생의 큰아들 능창군(훗날 인조로 즉위한 능양군의 친형)도 역모죄로 죽인 광해군이다. 자신의 패륜을 비판하는 동계를 가만히 둘 수 없었다. 여론 때문에 차마 죽이지 못하고 제주도 대정현에 위리안치 유배를 보냈다. 인조반정(1623) 직후 풀려난 동계는 정인홍에게 배운 북인 계통이지만 다시 등용되었다. '폐모살제'를 명분으로 광해군을 몰아낸 인조 정권에서 그를 다시 부를 수밖에 없었던 것이다. 그러나 인조가 숙부 인성군(선조의 일곱 번째 왕자)을 역모 혐의로 죽이려 하자 광해군의 패륜과 같다며 비판하여 서인의 공격을 받기도 했다.

병자호란 때는 남한산성에 들어갔다가 청과 화의가 성립되었다는 소식을 듣고 평소 지니고 다니던 검으로 자결을 시도했으나 죽지 못했다. 마침내 임금이 항복하러 나가자 고향으로 돌아와 모리에 숨어서 살다 죽었다. 이후 그에 대한 표창 건의가 계속되었으나 인조는 절의만 앞세운 정온의 행위가 왕의 권위를 무시한 것이라 생각해서인지 소극적이었다. 효종도 마찬가지였다. 결국 사후 40여 년이 지난 1681년(숙종 7년)에야 국가의 공식적인 추숭 대상이 될 수 있었다. 남한산성에 병자호란 때 척화파의 대표로 죽은 삼학사(윤집, 오달제, 홍익한)를 위한 현절사(顯節祠)를 세울 때 정온도 함께 모신 것이다. 이후 조선 후기 내내 그의 절의는 조선중화주의를 내세우던 사대부들에 의해 부단히 호출되어 회자되었다.

동계는 남명의 제자 정인홍에게 배웠으나 퇴계의 제자 조목과 정구에게도 배웠다. 그래서인지 남명학파가 몰락한 인조반정 이후에도 정계에 진출할 수 있었다. 그는 광해군과 인조의 대의명분에 어긋나는 패륜을 일관되게 비판했고, 정묘호란과 병자호란 때는 임진왜란 때 조선을 도운 명에 대한 의리를 지키려고 척화를 주장했다. 혹자는 현실을 무시한 이상론자라고 비판하기도 했지만 사대부 대다수는 조선중화주의의 관점에서 높이 평가했다. 지금도 한반도를 둘러싸고 미국과 중국, 일본, 러시아 등의 압력이 커지고 있다. 400여 년 전 동계가 살았던 시대와 삶을 통해 무엇을 배우고 무엇을 버려야 할지 지혜를 모아야 할 때다.

역적을 벌하는 것보다
충신을 보전하는 것이 더 중할지니

웅양면 포충사

정희량의 반군에 맞서다 죽임을 당한 이술원을 제사하는 사우이다.

조선 왕조는 건국 이래 많은 위기를 겪었으나 왕가와 양반 세력으로 묶인 집단의 결속력으로 위기를 넘겨왔다. 때로는 왕을 직접 교체하기도 하였고, 때로는 입맛에 맞는 왕을 세우기도 하면서 양반들은 자신들의 권력과 이를 보장해주는 체제를 지켜온 것이다.

영조가 즉위한 지 4년이 되던 무신년(1728), 영조를 왕으로 인정하지 않으려 했던 소론을 중심으로 양반들이 왕에게 반기를 들었다. 왕위 계승에서 적장자가 아니라 전왕의 동생으로 왕위를 계승한 영조에게는 치명적인 트라우마를 안겨준 사건이다. 충청도에서 이인좌가 거병(擧兵)하고 이에 호응하여 거창의 안음에서 정희량이 이인좌의 동생인 이웅좌와 병사를 일으켰다. 이들의 구호는 억울하게 죽임을 당한 전왕 경종의 원을 풀어주려 한다는 것이었다. 정희량이 거병하자 많은 사람이 호응했고 거창, 안음, 합천의 수령들은 모두 도망했다. 파죽지세로 고을을 장악하고 북상하려던 반군의 기세는 열흘을 넘기지 못했다. 정부군의 신속한 대응으로 이인좌가 패퇴하였고, 중앙의 정부군이 다다르기도 전에 정희량의 반군은 경상도와 전라도의 관군에게 패하였다. 이후 정희량과 이웅좌를 비롯한 반군 수뇌는 진중에서 목이 잘렸다.

반란은 어렵지 않게 진압되었으나 이 사건으로 영조를 비롯한 집권세력들은 큰 충격을 받았다. 이들에게는 역도를 토벌한 것보다 민심이 이반하는 것이 훨씬 두려웠다. 그렇기 때문에 역도들에게 가하는 가혹한 형벌보다 이들을 토벌하는 과정에서 공을 세운 이들에 대한 포상이 더 중요한 상황이 되었다. 아울러 반란이 일어난 지역에서 반군에 가담하지 않고 저항한 사람이 있다면 이에 대한 대대적인 포창도 필요했다. 이는 반군에 굴하지 않고 저항하여 왕조에 충성을 보인 것으로, 만백성의 본보기가 될 만한 일이기 때문이었다.

정희량이 반군을 모집할 때 지역의 많은 사람들이 호응했다. 그렇지만 당시 거창 향청 좌수 이술원은 반군이 두려워 군수가 도망하는 와중에도 정희량의 군사에 홀로 맞섰고, 역도라고 크게 꾸짖다가 반군에게 죽임을 당하였다. 이에 정부에서는 충강공이라는 시호를 내리고 사우를 지어 포충사라 하여 제사를 지내게 하였다. 그의 아들은 충신의 자손으로 특별히 관직에 오르게 되었으며, 영조의 뒤를 이은 정조는 아들에게 정려를 내리고 그의 손자에게도 관직을 내렸다. 이후 홍선대원군의 서원철폐령에 따라 대부분의 서원과 사우가 훼철되어 47개소만 남겨졌는데, 포충사는 남겨진 47개 중 하나다.

역도의 우두머리 정희량은 병자호란 때 공신으로 책봉된 동계 정온의 4대손이다. 나라에서 가장 두려워하는 것이 반역이었으므로 역모에 가담한 자에게는 극형을 내리고 후손을 멸하는 것이 왕조 시대의 법이다. 충신이었던 정온의 후손이 역도의 우두머리였으므로 충신의 집안에 후손이 끊어지게 되었다. 성리학 사상을 통치 이념으로 삼은 조선왕조에서 가장 중요하게 생각한 덕목은 바로 효와 충이다. 무릇 부모에게 효도하지 않는 자가 나라에 충성할 리가 없다는 것이 기본적인 논지였다. 정희량은 역도로서 당연히 멸문의 벌을 받았다. 그러나 충신인 조상에 대한 제사를 폐할 수 없었으므로 조정에서는 양자를 들여 후사를 잇게 하여 정온의 제사는 끊이지 않게 하였다. 비록 역적의 집안이지만 선대의 충의가 대를 이을 수 있게 하였다.

한 명의 반역자를 처단하는 것보다 충신을 잊지 않음을 보여줌으로써 백성의 충의를 고양하고자 함이었다. 그리하여 역모의 고장에서 포충사는 끝내 살아남았고, 역도의 집안이었음에도 동계 정온의 후사도 끊이지 않았다.

거창 신씨가
황산에 터를 잡다

황산마을 정자에서 바라본 한옥.

수승대 초입 맞은편에는 거창 신씨(愼氏) 집성촌인 황산마을이 있다. 일제강점기에는 이곳에 정자와 정자나무가 많아 대정리라 불렸으나 1995년 황산리로 마을 이름이 바뀌었다. 황산은 땅이 누렇고 아침에 안개가 끼어 하얗게 보인다는 의미인 '황토백산(皇土白山)'에서 나온 말이다.

거창 신씨의 시조인 신수(愼修)는 고려시대에 우리나라로 귀화하여 벼슬을 지냈다고 한다. 후손들이 거창에 자리 잡은 것은 원나라 간섭기로

7세손 신성(愼成)이 거창 유씨의 사위가 되어 거창 읍내 북쪽 개화마을 (가지리)로 오면서부터다. 이후 후손들은 거창을 본관으로 삼았으며 조선초기에 와서는 점차 이족(異族)과 사족(士族)으로 분화되었다.

16세기 중엽에 이르러 황산마을에 거창 신씨 일족이 터를 잡았다. 신우맹이 초계 정씨 정옥행의 사위로 위천으로 이주하였다. 당시 신우맹의 집은 수승대 정문 앞에 있었고, 그의 아들 신권은 수승대에 요수정과 구연서당을 지어 강의를 하고 학문을 연구하였다. 그러다 현재 위치에 황산마을을 구축한 것은 신권의 5세손인 신수이 때다.

신수이(愼守彝)는 거창 신씨 가문의 번창에 큰 역할을 한 인물이다. 그는 거창 신씨의 학문적 수준을 높였다. 이재의 문하가 되어 활동한 정치력으로 후손들이 중앙 정계로 진출하여 거창 신씨는 영남의 노론 가문으로 성장하였다. 결정적으로 신수이가 정희량의 난을 수습한 공으로 거창 지역이 반역향으로 벼슬길이 막힌 상황에서도 신씨 문중만은 관직에 진출할 수 있었다.

거창 신씨는 이후 지역의 향론을 주도함은 물론이거니와 중앙 정계의 동향을 거창 일대에 전하는 역할을 하며 이 지역에서 영향력 있는 가문으로서의 세를 유지하게 된다. 이후 약 50여 년 동안 신수이의 6촌 범위 일가들이 황산마을로 모여들어 마을 규모는 더욱 커지고 집성촌의 면모를 갖추었다. 이로써 황산마을은 400년간 양반 거창 신씨의 세거지지가 되었다.

마을 입구에 들어서면 여느 곳처럼 마을에 당도했음을 알리는 이정표인 노거수와 정자가 오는 이를 반긴다. 황산마을은 400년간 양반 거창 신씨 집성촌의 위상을 보여주려는 듯 수십 채의 한옥으로 구성되어 있다. 이곳 한옥은 조선시대 양반 가옥의 가장 일반적인 건축 구조를

굽어진 돌담길.

띠고 있다. 크기와 구조를 보면 대부분 중상류 양반계층 가옥이며 마을 중심에 있는 '원학 고가(猿鶴古家)'라 불리는 한옥이 가장 대표적이다. 시대의 변화에 발맞추어 조금씩 개·보수는 하였지만 전통 한옥의 근대적 계승을 잘 드러내는 명가로서의 위상과 격조를 보여준다.

마을 곳곳의 한옥을 둘러보며 길 따라 굽어진 돌담길을 걷다 보니 예스러움이 주는 고즈넉함과 아늑함이 느껴진다. 황토빛 돌담은 황산이라는 마을 지명과도 잘 어우러져 보인다. 거창 신씨 집안의 유래와 그 일족이 황산에 터를 잡는 과정은 조선의 신분제와 성리학적 질서 속에 양반 사족이 그들의 영역을 구축하기 위해 애쓴 역사를 잘 보여준다. 거창 신씨가 있기에 황산마을이 있고, 황산마을이 있기에 거창 신씨의 명망이 세상에 알려진다.

국가라는 이름으로
폭력이 이루어지다

신원면 거창사건 추모공원

추모공원의 중앙에 자리하고 있는 위령탑. 탑 옆에는 무릎을 꿇고 사과하는 군인들의 모습을 새긴 조각상이 있다.

거창군 신원면에서 산청 방면으로 가다 보면 깊은 계곡 옆 월여산 산자락에 산골치고는 큰 규모의 추모시설이 있다. 1951년 2월 9일부터 11일까지 국군 제11사단에 의해 저질러진 '거창양민학살사건' 희생자를 기리기 위한 묘역과 역사관 등이 위치한 '거창사건 추모공원'이다.

한국전쟁 동안 국군이 후퇴와 북진, 재후퇴를 반복하는 동안 미처

후퇴하지 못한 북한군들이 지리산이나 덕유산을 비롯한 산악지역에 입산하여 빨치산이 되었다. 이들은 보급로를 습격하는 등으로 국군의 후방을 교란하거나 인근 민간인을 약탈하는 등 큰 골칫거리가 되었고, 이들을 토벌하기 위해 별도의 부대가 편성될 정도였다.

당시 국군의 전략은 중국에서 일본군이 팔로군에 맞서 활용했던 이른바 '견벽청야' 작전이었다. 즉 자신의 성을 지키기 위해 적이 이용할 만한 시설을 없애거나 사람들을 모두 다른 곳으로 이동시키는 것이었다. 이런 작전 개념에 입각하여 거창 지역을 담당하던 11사단 예하 9연대 3대대는 빨치산 토벌을 하였으나 성과가 신통치 않자 대대장이 연대장에게 질책을 당하였다. 연대장의 질책을 받은 대대장은 작전구역 안의 민간인들을 빨치산으로 몰아 군인과 경찰가족을 제외한 719명의 민간인을 학살하였다. 이 가운데 15세 이하의 어린이가 359명, 60세 이상의 노인이 60명이나 되었다.

군은 이 사건을 빨치산 토벌이라고 하였으나 아무리 은폐하려 해도 결국 진상은 밝혀지는 법이다. 국군이 수백 명의 양민을 빨치산으로 몰아 학살했다는 사실이 전해지자 국회에서는 진상조사단을 파견하였다. 그러나 당시 국방부장관이던 신성모는 이를 방해하기 위하여 국군을 빨치산으로 위장하게 하여 진상조사단에게 총격을 가함으로써 조사단의 활동을 차단하였다. 얼마 지나지 않아 국군의 학살과 더불어 은폐 시도 역시 세상에 알려졌다. 이에 9연대장과 3대대장을 비롯한 주요 관련자는 군법회의에서 무기징역을 비롯한 처벌을 받았으나 전쟁 중이라 다시 군이나 경찰로 복귀하는 등 사건은 흐지부지되었다.

당시 천만다행으로 살아남은 사람들과 유족들이 희생자들의 억울함을 풀기 위해 백방으로 노력하였으며, 그 결과 희생자들에 대한 명예회

박산합동묘역 위령비. 1960년에 세웠다가 5·16 군사 쿠데타로 1961년에 훼손되어 땅속에 묻혀 있었다. 우여곡절 끝에 1988년 다시 빛을 보았으니 유족들의 아픔을 고스란히 담고 있는 비이다.

복과 함께 2004년에 추모공원이 조성되었다.

거창양민학살사건 과정을 보며 당시 국군들이 양민들을 학살한 근본적인 이유에 대한 의문이 든다. 아무리 전쟁 중 피아 구분이 잘 되지 않더라도 어떻게 어린이와 노인마저 학살할 수 있었는지, 단지 이를 전쟁이 주는 비극의 하나로만 보아야 하는지도 의문이다.

'전쟁 중이니 어쩔 수 없다'라는 면죄부로 국민의 생명과 재산을 지켜야 할 국군이 오히려 국민들을 학살하게 된 것이라 생각된다. 이는 제주 4·3사건 및 여순사건에서 시작하여 한국전쟁으로 이어지고, 이후에는 광주 5·18 민주화운동에까지 이어지고 있다. 베트남전쟁에서 벌어졌던 민간인 학살 역시 마찬가지다.

그나마 거창사건은 어느 정도 국가 차원의 사과와 배상이 이루어졌다. 그렇지만 한국전쟁을 전후로 국군과 경찰에 의해 자행된 다른 수많은 민간인 학살에 대해 아직도 국가는 외면하고 있다. 이제라도 국가는 국가라는 이름으로 행해진 모든 폭력에 진심으로 사과하고 유족들이 입은 고통에 대해 배상해야 한다. 그리하여 범죄를 단죄하고 사과하는 역사를 이루어 정의가 실현됨을 보여주어야 한다.

10.
부처님의
보살핌이
한결같으시기
바랍니다

합천

가야산 초입에서
가야를 생각하다

가야천 너머로 바라보는 월광사지와 월광사탑.

근대 이전의 합천과 오늘의 합천은 다르다. 일제강점기에 좁은 골짜기를 뜻하는 '협천'에서 삼가와 초계가 합쳐져 합천이 되었다. 면적으로만 보면 경남에서 가장 넓은 지방자치단체가 합천이다. 이제 더 이상 좁은 골짜기는 아니다. 그럼에도 합천은 전체 면적에서 차지하는 농지 규모가 턱없이 작다. 대부분이 가야산을 위시한 산지로 이루어져 있기 때문이다.

사람이 살기에 궁벽하였던 산골 합천이 세상에 많이 알려진 것은 순전히 가야산 해인사 덕분일 것이다. 지금도 사람들은 합천보다 해인사를 더 많이 알고 있다. 해인사가 있는 가야산 지역의 행정 지명은 야로면이다. 이름이 다소 우스꽝스러운 뉘앙스를 풍기는 지명이다. 순우리말로 야로는 흑막, 수작을 뜻하는 단어이기 때문이다. 합천의 야로는 이와 무관하게 한자어다. '야로(冶爐)'는 용광로라는 의미로, 금속 제련과 연관된다. 신라 때는 적화현(赤火縣)이었는데 이 또한 '대장간의 불'을 지칭하는 지명으로, 야로와 같은 의미라 할 수 있다. 고대 사회에서 가장 중요했던 철과 연관된 지역으로 가야시대 다라국, 인근 대가야와 연결된 철의 생산기지였을 것으로 생각해볼 수 있는 지명이다.

야로면 월광리 앞을 흐르는 냇물의 이름은 가야천이다. 철 생산도 그러한데, 산 이름도 그러하고 냇물 이름도 그러하다. 이 지역이 고대 가야의 역사와 깊이 연결되었음을 짐작하게 해주는 부분이다. 가야천변에 두 기의 석탑이 장엄한 소나무 숲에 자리하고 있다. 탑의 명칭은 월광사지 동탑과 서탑이다. 생김새는 전형적인 신라 삼층탑 양식이다. 인근 해인사는 지금까지 그 세력이 유지되어 많은 사람들이 찾고 있지만 이곳은 지나는 사람조차 잘 들르지 않는 가운데 고요하다 못해 적막에 휩싸인 폐사지다.

언제 없어졌는지는 모르나 언제 만들어졌는지에 대한 내력은 사람들의 기억을 통해 전해진 모양이다. 조선시대 지리서인 『동국여지승람』에 따르면 대가야의 왕자이던 월광태자가 마지막까지 신라군과 싸우다 전사한 곳에 절을 세웠다는 설과 월광태자가 절을 세웠다는 이야기가 있다. 모두 경위야 어찌 되었든 월광태자와 관련이 있음을 말하고 있다. 이 외에도 거덕사(擧德寺)라는 폐사지도 있다고 하는데, 이곳 역시 '대가야국 태자 월광이 결연한 곳이다'라고 최치원이 지은 글에 남겨져 있는 것으로 보아 가야산 자락의 야로 지역은 월광태자의 유산을 많이 간직한 곳으로 보인다. 대가야의 중심은 고령이고 합천의 야로는 중심에서 다소 빗겨 있다. 그럼에도 대가야 멸망의 순간을 지켰던 월광태자의 흔적을 오랫동안 간직할 수 있었던 것은 '망국(亡國)'의 아픔과 힘이 없어 나라를 잃었던 약자에 대한 측은함이 겹쳐서 나타난 현상일 것이다.

한때 중심이었던 곳이 이제는 사라져버리고 권력도 영화도 다른 사람들에게 넘어가버린 것에 대한 애처로움이, 이곳 사람들에게 월광태자를 강하게 각인시켜 기억하게 만들었는지 모른다.

월광태자의 아련함이 남아 있던 절이 언제 어떻게 사라졌는지는 모르지만, 절 소유의 재산은 남겨져 조선 성종 때에는 절 소유의 전답을 놓고 해인사와 향교 사이에 작지 않은 분쟁이 있었다는 기록이 실록에 전해온다. 월광태자도, 그가 세웠다는 절도 사라지고 이제는 솔숲에 남겨진 탑만이 옛일을 기억하고 서 있다.

가야는 사라졌지만 이름은 남겨져 가야산과 가야천으로 남았다. 가야산 초입에서 가야를 다시 생각해보게 되는 까닭이다.

영령들이여,
흠향하라

해인사 묘길상탑

일주문에 다다르기 전에 만날 수 있는 묘길상탑.

사찰은 일주문을 기점으로 절의 안과 밖을 구분한다. 해인사를 오르다 보면 일주문에 다다르기 전에 소박한 탑 한 기를 만나게 된다. 통상적인 탑의 위치는 절 경내의 가장 중요한 장소인 대웅전 앞마당이다. 물론 해인사 경내에도 탑은 있지만 이 탑은 절 바깥에 있다. 이름하여 묘길상탑이다.

신라가 망해갈 무렵, 사회가 혼란스러워지고 중앙 권력은 지방을 통제할 수 없었다. 특히나 진성여왕이 통치하던 시기는 사람들의 생활이

극도로 어려워져 들판에는 시체가 널려 있었다고 한다. 중앙의 통제력이 약화되자 중앙 귀족들은 지방에 있던 자신들의 농장을 관리할 수 없었다. 살기 어려워진 농민들은 삶을 유지하는 방편으로 도적질을 할 수밖에 없었고, 그들이 노리는 곳은 이들 중앙 귀족들이 지킬 수 없었던 농장들이었을 것이다. 이런 상황에서 귀족들은 농장 가까이에 있는 거대한 사원에 토지를 기탁하는 식으로 자신의 토지를 지키려 했던 것으로 보인다.

해인사에도 그러한 토지들이 진성여왕 대에 집중적으로 기탁되었다. 해인사가 많은 토지를 갖게 되고 재물이 늘어나자 도적들도 그 재물을 노리고 해인사를 약탈하려 하였다.

당시 최치원은 함양군수로서 도적들을 토벌해야 하는 위치에 있었다. 해인사에 쳐들어왔던 도적떼는 해인사 승려들과 전투에서 패하여 물러갔다. 당시 절들은 자신의 재산을 지키기 위하여 많은 승병을 보유했던 것으로 보인다. 살아가기 힘들었던 농민들은 지방의 유력한 무장집단의 보호하에 들어가거나 초적이 되어 약탈을 하였다. 그것도 아니면 먹을 것이 보장되는 사원의 승려로 자신을 의탁하였다. 당시 사원들도 자체 방어를 위한 승병이 필요했기 때문에 농민들의 의탁을 기꺼이 받아들였다. 신라 말기 지방 유력 사원들의 승려 수가 수천에 달했다는 것은 일반적이었던 것 같다.

해인사에 쳐들어왔던 도적들을 물리치는 과정에서 승려들의 희생도 있었다. 이들의 희생을 위로하고 영령을 구원하기 위한 염원을 담아 쌓은 탑이 해인사 입구에 소박하게 서 있는 묘길상탑이다. 보통의 탑은 사원 경내에서 가장 중요한 지점에 있고, 탑을 세운 목적도 부처님의 사리나 불경 등을 보관하기 위해서였다. 탑 자체가 경배의 대상이었다. 그런 면에서 묘길상탑은 일반적인 탑의 위상과는 다르다. 죽은 이의 영혼을 위령하는 위령탑의 성격을 지니고 있고, 그 때문에 사원 경내가 아닌 사원 바깥 사바세계에 세워졌는지 모른다.

이 탑은 1966년 도굴되었는데, 다행히 도굴꾼들이 체포되면서 유물들을 모두 회수할 수 있었다. 이들이 탑 속에서 훔친 유물 가운데 최치원 선생의 탑기(塔記)를 비롯하여 3장의 탑기가 나왔다. 이를 통해 이 탑이 해인사에 쳐들어온 도적들을 지키는 과정에서 희생당한 승려들의 영혼을 위령하는 탑이라는 것을 알게 되었다.

소외된 듯 무심하게 서 있는 탑. 눈여겨보지 않으면 쉽게 지나칠 위치에 있는 탑이 신라 말 나라가 망해가던 시기의 역사적 비밀을 오랫동안 간직하다 세상에 그 사실을 알려주었다. 많은 돈을 들이지 않았으니 화려하지 않고 경배의 대상이 아니니 소외될 수밖에 없었지만, 중요한 것은 보이는 것이 전부가 아니라는 것을 보여준다.

바다에 풍랑이 쉬면
삼라만상이 바다에 비친다

가야면 해인사

해인사의 중심 건물인 대적광전. 팔만대장경이 보관되면서 절의 규모도 커졌다.

　절집은 산중에 있는데 절 이름은 바다를 담고 있다. 해인사(海印寺)를 방문하면 비로자나불이 모셔져 있는 대적광전보다 팔만대장경이 보관되어 있는 장경판전이 더 많이 기억에 남는다. 절집의 중심이 어디인지 잠시 잊게 되는 순간이다. 본래 절집의 가장 중요한 공간은 부처님을 모신 공간이다. 그래서 통상적으로 절집의 건축물들은 부처님의 공간을 중심으로 자리하게 된다.

　해인사가 창건된 때는 신라가 늙은 왕조로 휘청거리던 시기였다. 당시 호남 지방은 후백제를 세운 견훤의 지배하에 들어갔고, 경주를 제외한 도처에서는 신라의 지배체제에 저항하는 세력이 많아졌다. 신라의 왕실로부터 각별한 후원을 받아 창건된 이 절집도 도적화한 농민들의 침입을 받았다.

늙은 왕조는 왕실의 권위가 무너지고, 국가 체제가 흔들리는 혼돈 속에서 부처님의 위엄으로 혼란을 수습하고 국가를 다시 반석 위에 세워줄, 그런 가피를 희망했던 모양이다. 이 절집의 이름에 바다를 담은 것은 그러한 나라의 염원을 반영한 것인지 모르겠다. 해인이란 '해인삼매 (海印三昧)'에서 온 말이다.

해인삼매란 부처님이 화엄경을 설할 때 들었던 삼매(三昧)로, 모든 것 (과거. 현재. 미래를 통한)이 마음속에 나타남을 말한다. 바다에 풍랑이 잠들면 삼라만상이 바닷물에 비치는 것같이 번뇌가 끊어진 부처님의 정심 (定心) 가운데 과거, 현재, 미래의 모든 법이 명랑하게 나타나므로 해인정 (海印定)이라 한다. 바람이 그치고 파도가 잔잔해져 바다가 고요해지면 거기에 우주의 만 가지 모습이 남김없이 드러나듯이, 이러한 경지가 곧 해인삼매다.

밝고 맑은 경지의 불법을 수호하고 지탱하는 부처님은 비로자나불이다. 따라서 이 절집을 창건할 당시 가장 중요했던 중심 건물은 비로자나부처님을 모신 비로전이었다. 무너지는 신라의 왕실과 그로 인해 많은 것을 잃게 될 위험에 직면한 귀족들이 현세의 평안을 염원하고, 자신의 것을 보전하기 위하여 이 절집에 많은 토지를 기탁했으나 망해가는 나라도, 자신들의 재산도 구할 수 없었다.

국가와 사회의 지도 이념으로서 위상을 지니고 있던 불교가 국가로부터 외면당하던 조선시대에도 해인사는 국가의 후원을 받았다. 전 왕조 고려는 거란과 몽골로부터 침략 당하자 부처님의 힘을 빌려 이들을 물리치고자 하였다. 거란의 침입 때 초조대장경을 만들자 다행히 거란이 물러갔으나, 몽골의 침입으로 초조대장경이 불타자, 최씨 무신정권은 전 국력을 기울여 팔만대장경을 조성하였다. 이때 조성된 팔만대장경은 강화도를 거쳐 조선 전기에 해인사로 옮겨졌다. 성종 때 대장경을 보관하기 위한 장경판전이 건축되었고, 조정의 지원도 더해지면서 사원의 중수가 이루어졌다.

이때 비로전도 대대적으로 중수되어 대적광전으로 건축되었다. 당시 대적광전을 중수하는 비용은 왕실 내수사에서 충당하였다. 조선 초기에 이례적으로 국가의 지원을 받은 것이다. 하지만 절의 중심은 비로전의 부처님이라기보다는 부처님의 말씀을 모아놓은 대장경으로 옮아갔다. '해인사의 팔만대장경'이라기보다는 '팔만대장경의 해인사'로 서서히 변모하였다.

해방 이후 민족 최대의 비극인 6·25가 발발하였다. 이 전쟁 중에 해인사에 공비들이 들어와 머무르고 있었다. 이에 미군은 해인사를 공습하기로 하였으나, 해인사에는 팔만대장경이 보관되어 있고 이는 파괴할 수 없는 귀중한 유산이라 하여 공습으로부터 절집이 지켜지게 되었다는 일화는 유명하다.

절집 주인은 부처님이지만 이 절집이 팔만대장경의 절임을 보여주는 일화다. 지금도 많은 사람들이 꽃피는 계절이나 단풍이 아름다운 계절이 오면 해인사를 찾는다. 역시나 묘길상탑이 지나는 길에 스쳐 가는 위치라면, 대적광전은 당당하게 자리 잡고 있음에도 장경판전으로 가는 길목의 큰 건축물로만 여겨지고 있다.

절집은 산에 있으나 이름에 바다를 품고, 부처님은 절집의 주인이나 대장경과 주인의 자리를 나누고 있다.

부처님과 하늘의 보살핌이
한결같으시기를 바랍니다

해인사 팔만대장경

대적광전을 끼고 돌면 만나게 되는 팔만대장경판전의 출입문.

해인사 일주문을 지나 봉황문, 해탈문을 통과하고 구광루를 돌아 계단을 오르면 대적광전이 자리 잡은 탁 트인 공간을 만나게 된다. 대적광전 앞마당에는 잘생긴 삼층 석탑이 있고, 그 곁으로 새롭게 조성한 화엄일승법계도가 자리하고 있다. 나날이 새로워지는 모습이다. 절의 중심 건물인 대적광전 곁으로 높은 계단이 있는데, 계단 끝에 팔만대장경이라는 현판이 걸린 문이 있다. 이 문 너머 공간이 해인사를 법보종찰(法寶宗刹)이라고 부르게 하는 팔만대장경을 보관하는 공간이다.

대장경은 부처님의 말씀을 모아놓은 경전을 말하는데, 대장경을 인쇄 가능한 인쇄판으로 처음 제작한 나라는 중국 송나라였다. 우리나라의 장경 판각에 영향을 준 것도 송나라의 대장경이다. 처음 현종 때 부처님 말씀을 새긴 삼장을 처음 만들었는데, 이때가 송나라 북방에 있던 거란이 세력을 키워 중원으로 들어갈 준비를 하던 시기였다. 세력을 키운 거란은 중원으로 가기 전에 먼저 고려를 침략하였다. 이에 고려는 서희, 강감찬 등의 활약으로 거란을 물리칠 수 있었다. 그런데 현종 때 조성하기 시작한 대장경이 완성되는 시점에 거란이 물러감으로써 부처님의 은덕을 입은 것으로 간주되었다. 이것이 고려에서 처음으로 만든 초조대장경이다. 이후 초조대장경에 들어가지 않은 부분을 보완하여 대각국사 의천이 속장경을 판각하였다.

이를 합쳐 고려대장경이라고 하였으나 대구 부인사에 보관되어 있던 고려대장경은 몽골의 침입으로 대구부인사가 몽골 병사의 손에 들어가면서 안타깝게도 불에 타 없어졌다.

전 세계의 역사 흐름에 영향을 준 몽골의 거센 침략을 고려가 막아내기는 역부족이었다. 몽골의 침입에 맞서 강화도로 천도한 고려 조정은 당시 집권자이던 최이의 주도하에 부처님의 힘을 빌려 보기로 하였다. 그리하여 16년간에 걸친 팔만대장경의 역사가 이루어졌다. 전쟁의 와중에 이루어진 역사라 결코 쉽지 않았으나, 국난이라는 위기 상황이 팔만대장경을 만들게 된 요인이 되기도 하였다.

대장경은 남해, 거제 등 남해안 지방에서 조성한 것으로 알려져 있으며, 강화도의 장경판당으로 옮겨져 보관되었던 것으로 보인다. 이후 정확하게 언제 해인사로 옮겨졌는지는 아직도 이견이 있으나 조선 성종 때 수다라장과 법보전 같은 장경판전이 만들어진 것을 보면 그 이전에

장경각에 보관된 대장경판.

해인사에 옮겨진 것은 분명한 듯하다. 고려 고종 때 만든 대장경이 오늘날까지 보전된 것 자체가 신비로울 뿐이다. 유구한 세월에 걸쳐 장경이 유지될 수 있었던 것은 분명 우리 선조들의 지혜와 기술 덕분일 게다. 장경을 조성할 때의 간절했던 마음과 이전 장경 조판의 기술 축적, 그리고 한국 건축의 자연 친화적인 건축 양식들이 복합적으로 결합된 결과물일 것이다.

대장경은 물론, 장경을 보존할 수 있었던 건축물들이 국보로 지정된 것 또한 당연한 결과이다. 이제는 이 두 위대한 유물이 유네스코에서 보존할 가치가 있는 인류의 유산으로 지정되었다. 해인사와 합천군은 해인사의 팔만대장경을 문화 콘텐츠 삼아 해마다 대장경 축전을 열고 있다. 역시나 '해인사의 팔만대장경'이라기보다는 '팔만대장경의 해인사' 임을 다시 확인할 수 있다.

칼끝 같은 세상에서
칼날 같은 삶을 살다

가야면 정인홍 유적

믿음을 마신다는 뜻을 지닌 주역의 괘에서 이름을 따온 부음정. 정인홍의 삶을 담고 있는 이름이다.

조선을 건국한 유학자들은 고려 사회의 모순을 해결하고 새로운 세상을 열어 백성을 위한다는 명목으로 성리학을 국가의 이념으로 삼았다. 그런데 실천적이던 조선의 성리학도 시간이 지나자 수기치인(修己治人)의 실천적 성격에서 내면의 수양을 강조하는 형이상학적으로 변모해갔다. 이 시기에 남명 조식 선생이 지리산 자락에서 제자들을 기르고 있었다. 경상우도 양반들은 조식 선생의 가르침을 받아 유교적인 해석에서 서인이나 남인과는 달랐다. 유교가 사회에 필요한 근본적인 이유에 천착하였다. 무릇 유학을 공부하는 목적은 자신의 수양을 통해 세상을 바르게 통치하는 것이었다. 왕을 도와 만백성이 편안하게 사는 세상을 구현하는 것이 유학의 근본이며, 현실의 실천이 중요하다고 생각하였다. 조식 선생은 이를 경(敬)과 의(義)라고 하였다. 나아가 세상을 편안하게 하고 물러나 자신을 지켜야 한다는 것이다.

조식 선생의 사상을 가장 완벽하게 이해한 제자가 내암 정인홍이다. 정인홍은 스승으로부터 경의검(敬義劍)을 받은 후 칼날 같은 삶을 살았다. 경의검은 조식 선생이 수양할 때 정신이 혼미해질 것을 염려하여 칼끝을 목에 세워서 정신이 흐트러지지 않도록 경계했던 칼이다.

정인홍은 임진왜란이 발발하여 관군이 패퇴하는 상황에서 나라와 백성을 구하기 위하여 근거지 합천에서 제자들과 의병을 일으켰다. 정유재란이 발발했을 때도 분연히 의병을 일으켜 자신의 신념을 실행에 옮겼다.

전쟁이 끝난 후 광해군은 왕이었으나 왕권을 위협받았다. 전쟁으로 황폐화된 세상은 농민뿐 아니라 모든 백성의 삶을 위협하고 있었다. 이런 상황에서 정인홍은 여러 차례 광해군의 부름을 받았으나 이미 연로한 나이라 거듭 관직을 사양하였다. 그렇다고 하여 왕의 부름을 외면한 것은 아니어서 정치에 필요한 사항들을 상소를 통해 직언하였으며, 때로는 왕을 알현하며 당면 문제들에 대한 의견을 개진하였다. 정인홍은 백성을 보호하고 생업을 마련해야 도탄에 빠진 나라를 구할 수 있다고 생각하였다. 아울러 위의 것을 덜어서 아래를 채워야 한다는 경제 정의의 원칙도 주장하였다. 광해군은 정인홍과 북인들의 지원 속에 전쟁의 참화에서 백성을 구하기 위한 정책들을 폈고, 명·청 교체기라는 국제적 위기 속에서 중립외교를 견지하는 등, 명분이나 이념보다는 백성을 살리는 것을 정책의 근간으로 삼았다. 하지만 이 또한 반대파들에게는 반정의 명분이 되기도 하였다.

1623년 서인과 남인이 일으킨 인조반정은 '폐모살제(廢母殺弟)'라는 윤리적인 문제와 재조지은을 저버렸다는 사대의 명분이 핵심이었다. 광해군과 북인 정권의 정치적 노력은 반대파들에 의하여 무위로 돌아갔다. 광해군의 몰락은 정권의 정신적 지주였던 정인홍을 편안히 살도록 허락하지 않았다. 고향 합천에서 89세를 맞이한 정인홍은 반정이 일어난 지 20일 만에 서울로 압송되어 역적이라는 죄목으로 처형되었다. 칼날 같은 강직함으로 일관했던 그의 삶은 끝내 칼날을 비켜 가지 못하였다.

역사는 이긴 자를 위한 것이라고도 한다. 그리하여 선조 대의 역사는 광해군과 북인이 기록한 『선조실록』과 인조반정 이후 서인과 남인에 의해 다시 서술된 『선조수정실록』이라는 두 권의 역사를 지닌다. 조선시대의 역사전쟁이었다. 이 전쟁은 여전히 유효한 듯하다. 여전히 광해군과 북인 정권의 정치와 인조반정으로 권력을 장악한 서인과 남인의 이후 정치에 대한 평가는 극명하게 갈린다. 충신과 역적의 갈림길에 있는 정인홍의 진정한 모습을 찾아주어야 한다.

정인홍은 1908년 복권될 때까지 280여 년간 역적의 굴레에서 벗어나지 못하였다. 일제강점기 역사학자이자 독립운동가 신채호 선생은 "바다에 이순신, 육지에 을지문덕, 정치에 정인홍"이라 하여 그를 이순신이나 을지문덕처럼 나라를 구한 위대한 인물로 평가하였다. 그럼에도 2003년이 되어서야 남명 선생 선양회의 요청 등으로 해인사 가는 길목인 합천군 가야면 야천리에 사당인 청람사가 건립되었다. 2004년에는 유허인 부음정이 건립되었다. 합천군에서는 해마다 임진왜란 당시 합천의 의병을 기리는 제전을 거행한다. 그 제전에 정인홍도 포함되었다. 외적의 침입으로부터 나라를 구한 의병장 정인홍도 기억해야 하지만, 정치인 정인홍도 필요해 보인다.

황매산 자락에서
잊힌 절집을 바라보다

가회면 영암사지

영암사지에 남겨진 3층 석탑과 쌍사자 석등이 옛날 이 절집이 녹록하지 않았던 곳임을 말해준다.

이름난 산의 골짜기마다 큰 사찰들이 들어와 자리를 잡는다.

우리나라에 불교가 들어온 이래 오랜 역사를 지닌 절집들은 대부분 신라의 고승 의상대사나 원효대사가 창건한 것으로 되어 있다. 그 모든 절집을 두 분 고승이 모두 창건했을 리도 없고, 그러하지도 않았겠지만 어딘가에 기억의 자락을 만들어두었기에 가능했을 것이다.

합천에 있는 황매산은 군립공원으로 지정되어 있다. 산세가 장엄하기 이를 데 없다. 부처님을 모시기에 합당한 명산이고, 그 산에 어울릴 만한 절집도 분명히 존재했다. 합천군 가회면의 영암사지가 바로 그 절집이다. 누가 창건했는지 알 길이 없고 언제 없어졌는지도 모르지만, 장엄한 산세에 어울릴 만한 장엄한 절집의 흔적은 남아 있다.

기록하지 않았는지 기록할 만한 가치가 없었는지 아니면 다르게 기록되었는지는 모르지만 이 절에 관해 기록한 책은 존재하지 않는다. 삼국시대의 불교를 빼곡히 기록한 일연선사조차 이 절집을 기록하지 않았다. 그 흔한 의상과 원효도 이 절집과는 인연을 두지 않았기 때문이었는지 모르겠다.

조선시대 인문지리서인 『동국여지승람』에도 이 절집에 대해서는 기록이 없다. 공식 기록으로는 이 절집은 존재하지 않는 곳이라 할 수 있다. 다만 이 지역에 오랫동안 터전을 잡고 살았던 사람들의 기억과 그 기억의 전달을 통해 이 절집의 이름이 영암사였음을 전하고 있다.

책은 아니지만 고려 현종 때 적연국사의 행적을 기록한 적연국사비의 비문이 전해온다. 당시 적연국사가 연로하여 쉴 곳을 청하자 현종이 그를 영암사로 보냈으며, 국사는 말년을 이곳에서 지내다가 입적했다고 기록되어 있다. 적연국사 비문의 내용을 통해 고려 현종 때까지는 이곳에 영암사가 있었음을 추정할 수 있다.

그렇다 하더라도 이 절집을 누가 언제 창건했으며 무슨 연유로 폐사되고 기록조차 남지 않게 되었는지는 알 수 없다. 알 수 없다고 하여 존재하는 것이 존재하지 않는 것은 아니다. 말하지 않아도, 기록하지 않아도 이 절터에 남겨진 것들은 이 절집이 한때 예사롭지 않았음을 말해준다.

높은 축대, 잘생긴 3층 석탑, 어느 것과 견주어도 빠지지 않는 아름다움을 지닌 쌍사자 석등, 돌로 된 난간, 금당의 기단부에 새겨진 사자상과 안상의 우아함, 약간 떨어진 곳에 자리하고 있는 서금당지와 탑신이 사라진 탑의 귀부 등을 보면, 이 절집에 대한 신비로움이 더해만 간다.

지금은 발굴이 거의 마무리되어 유적이 정비되어 있다. 높은 축대를 쌓아서 조성한 절집은 다른 곳에서 찾아보기 어렵다. 비슷한 예를 찾아보자면 영주 부석사가 산의 높이에 따라 축대를 쌓아서 터를 닦고 절집을 조성하였다. 이와 견주어 영암사도 비슷한 시기에 조성된 것은 아닌지 추측해본다. 남겨진 절집의 유물 중 쌍사자 석등은 아름답기로 치자면 우리나라에 있는 쌍사자 석등의 백미라고 할 수 있다. 일제강점기 우리 문화재를 원하면 일본으로 반출하던 일본인의 눈에 폐사지에 있던 석등은 자신들의 컬렉션으로 충분하고도 남았다. 그리하여 일본으로 몰래 반출하려던 것을 합천 주민들이 나서서 지켜냈다는 일화는 널리 알려진 사실이다. 국가가 멸망하여 국민의 권리가 상실되고 사원이 폐사하여 버려졌던 석등은 어쩌면 같은 운명공동체였을지도 모른다. 그렇게 운명공동체로 지켜진 석등은 지금도 폐사지를 지키고 있다.

영암사지 곁에는 또 다른 영암사가 거대한 사찰로 조성되어 있다. 언젠가는 이 새로운 절집이 이곳 주인으로 자리하게 될 것이다. 이 또한 부처님의 뜻일지 모른다. 어딘들 구원의 손길이 필요하지 않겠는가!

신라와 백제, 돌아올 수 없는 강을 건너다

합천읍 대야성

삼국시대 신라와 백제가 치열하게 싸운 합천 대야성터 안내판.

지키고자 하는 소중한 것이 있다면 그것을 지키기 위한 장벽을 쌓는다. 성곽이란 그런 의미가 있다. 안과 밖을 엄격히 구분하여 안의 것을 지키고자 하는 것이다. 전근대 사회에서 지역을 지키는 수단으로 가장 효과적이던 것이 성곽이다. 그리하여 동양과 서양, 대국과 소국을 가리지 않고 모든 국가는 성곽을 쌓아서 외부의 적으로부터 안을 지키고자 하였다.

합천 읍내를 흐르는 강은 황강이다. 이 황강을 천연의 해자로 삼아

낭떠러지와 언덕을 이용하여 쌓은 성이 대야성이다. 이 성은 삼국시대 신라가 백제와 마주하는 국경의 최고 요충지로 기능하였다. 모든 성이 쌓아진 것에는 그만한 가치가 있었기 때문인데 신라의 대 백제 방어선에서 대야성은 제1의 전방 방어선의 의미가 있었다.

6세기 들어 백제와 신라의 사이는 점점 악화되었다. 나제동맹으로 굳건할 것 같았던 동맹관계는 한강 유역 점령을 두고 갈라졌다. 이후 두 나라는 한강을 두고 치열하게 다투었고, 그 중심은 지금의 충청도 지방이었다. 백제와 신라는 옥천에서 힘을 겨루고 있었다. 이 과정에서 백제 성왕이 신라군에게 처참하게 살해당하였고, 그로 인하여 백제와 신라는 돌아올 수 없는 강을 건너고 말았다. 왕의 전사로 위기에 빠진 백제는 이후 전열을 정비하여 신라에 대한 공세를 강화하였다. 백제는 전력을 기울여 신라를 공격하여 마침내 신라의 서쪽 변경을 무너뜨렸다. 남원과 무주 지역의 신라 성을 격파하여 소백산맥을 넘어 진격할 수 있는 지역을 확보하였으며, 642년에는 합천 대야성을 공략하기 시작하였다.

당시 합천 대야성에는 신라 최고 권력자였던 김춘추의 사위 김품석이 군주로 파견되어 있었고, 그의 아내이던 김춘추의 딸도 있었다. 국가를 지켜야 하는 막중한 사명을 지닌 성의 군주는 부하의 아내를 탐하는 부도덕을 저질렀고, 이는 치명적인 결과를 가져왔다. 자신이 지켜야 할 소중한 사람을 지켜내지 못한 그 남자는 적국이던 백제의 공격을 도와 성안에서 성을 무너뜨렸다. 안을 지켜내기 위해 존재하는 장벽이 안으로부터 무너지면 지켜낼 수 있는 힘을 상실하게 된다. 백제는 공략하기 어려웠던 대야성을 함락하고 김품석과 그의 아내를 사로잡아 이전 관산성에서 성왕이 당하였던 것에 대한 복수를 하였다. 이후 신라의 중심인 경주는 백제군의 공격에 쉽게 노출되었다.

낙동강 서안에 전진기지를 확보한 백제가 낙동강을 건너 동쪽으로 진격하여 신라의 중심인 경주로 가는 길은 대구와 경산, 영천을 거쳐 가거나, 창녕을 통과하여 밀양으로 가는 길이 있었다.

제1방어선이 무너지자 제2방어선을 더욱 굳건히 하였다. 그리하여 신라 최고의 명장이자 김춘추와는 운명의 공동체이던 김유신을 압량주 (경산)의 도독으로 삼아 백제의 동진을 막아내고자 하였다.

신라는 대야성의 참패를 기점으로 국가를 잃을지도 모르는 위기를 맞이하였고, 이를 돌파하고자 고구려와 당나라에 구원을 요청하였다. 얼마 후 김유신은 대야성 탈환에 나서 백제군에게 심대한 피해를 입히고 김춘추의 사위와 딸의 시신을 백제로부터 돌려받았다.

어리석은 자가 성벽을 잃어 위기를 맞았으나, 그 성벽을 차지한 자 또한 지킬 것을 소중히 하지 않으니 다시 잃을 수밖에 없었다. 한때 안과 밖을 구분하는 경계선이자 밖으로부터 오는 위협을 지켜내야 하는 숙명을 지녔던 성벽도 안과 밖이 하나가 되면 가치와 기능을 상실하게 된다.

나누고 가르고 구분하는 것보다 서로를 이해하고 통합하여 함께 품어가는 것이 소중한 것을 지키는 길일지도 모른다.

참고문헌

1부 해안

공통

『삼국사기』.
『삼국유사』.
『고려사』.
『동국통감』.
『조선왕조실록』.
『승정원일기』.
『신증동국여지승람』.
『경상도읍지』.
『난중일기』.
『택리지』.
『만기요람』.
『여지도서』.
『대동여지도』.
이승환·남석형.『경남의 재발견(해안편)』.
이승환·남석형.『경남의 재발견(내륙편)』.
한국문화유산답사회.『답사여행의 길잡이 6(지리산 자락)』.
한국문화유산답사회.『답사여행의 길잡이 11(한려수도와 제주도)』.
한국문화유산답사회.『답사여행의 길잡이 14(경남)』.
국사편찬위원회 한국사데이터베이스 http://db.history.go.kr
한국고전번역원 http://db.itkc.or.kr
한국민족문화대백과 http://encykorea.aks.ac.kr
경남도민일보 http://www.idomin.com
경남일보 http://www.gnnews.co.kr
경남신문(구 마산일보) http://www.knnews.co.kr

1. 거제

『거제시지』.
고려대학교 일본사 연구회 편.『동아시아속의 한일관계사』. 제이엔씨.
정두희.『임진왜란 동아시아 삼국전쟁』. 휴머니스트.
이봉수.『이순신이 싸운 바다: 한려수도』. 새로운 사람들.
비교역사문화연구소.『기억과 전쟁(미화와 추모 사이에서)』. 휴머니스트.
국사편찬위원회.『한국사 20』.
아사히신문 취재반.『동아시아를 만든 열 가지 사건』. 창작과비평.
한기범.『우암 송시열의 생거지와 적거지』. 누마루.
조은.『침묵으로 지은 집』. 문학동네.
손영목.『거제도』. 동서문화사.
변화영.『'거제도'의 전쟁포로에 대한 기억과 흔적』. 한국문학회. 2017.
이승환 외.『경남의 재발견』. 피플파워.
김헌식.『위인전이 숨기는 이순신 이야기』. 평민사.
전갑생.『한국전쟁과 분단의 트라우마』. 도서출판 선인.
문덕수.『청마 유치환 평전』. 시문학사.
송원오.「거제도 송진포의 비석 이야기」.
장학근.「이순신, 원균의 시대별 여론 추이와 평가」. 1999.
유숙현.「거제도 포로수용소에서 포로의 체험과 송환 선택」. 2008.
구도회.「국내 테마파크 현황과 거제도 포로수용소 프로젝트」. 2005.
김학재.「전쟁 포로들의 저항과 오리엔탈리즘」. 2010.
이세영·한규철「이순신 장군의 애국심 선양 방안」. 2012.
거제타임즈 http://www.geojetimes.co.kr

2. 통영

이민웅.『임진왜란 해전사 연구』. 서울대학교 박사학위논문. 2002.
이경원.『통영 느리게 걷기』. 페이퍼북. 2012.
박경리.『김약국의 딸들』.
정학룡.「조선시대 통제영에 관한 연구」. 2009.
유미나.「조선 후반기의 統制營 水軍操鍊圖 연구」. 2014.
김상환.「조선 후기 통제영의 건설과 도시경관의 변화」. 2011.

장원주. 「17세기 조선 수군 조련의 특성」. 2014.
박태근. 「이경준 장군의 통영 건설과 당포해전」. 2004.
송기중. 「균역법 실시 이후 통영곡 운영의 변화」. 2014.
차철욱. 「전근대 군사도시에서 근대 식민도시로의 변화」. 2007.
문지성. 「통영 충렬사 '팔사품'에 대한 고찰」. 2012.
장경희. 「보물 제440호 통영 충렬사」. 2014.
이성모. 「시인 백석과 통영: 시가 있는 문학 기행」. 2006.
조윤아. 「박경리 소설에 나타난 통영 공간의 상상력」. 2009.
송은하. 「바다를 품은 땅, 예술을 사랑한 항구」. 2010. 8.
방금단. 「통영-그리움의 서사」. 2012.
박정석. 「일제강점기 일본인 이주 어촌의 흔적과 기억」. 2013.
박철규. 「해방 직후 통영읍의 사회운동」. 1996.
통영시청 http://www.tongyeong.go.kr

3. 고성

고성문화원. 『고성의 겉살과 속살을 찾아서』. 2013.
고성문화원. 『고성독립운동사』. 2015.
장정헌. 『연화산 옥천사의 문화유물』. 1998.
한국예술정보. 『한국민속대관』. 2000.
박수현. 「일제하 수리조합과 농촌사회의 변동」. 2001.
하승철. 「소가야 분구묘의 특징과 출현 배경」. 2016.
김규운. 「고고 자료로 본 소가야의 권역과 변천」. 2018.
이형기. 「소가야연맹체의 성립과 그 추이」. 1997.
김진수. 「일제수리사(III)-수리조합」. 2009.
조명제. 「경남의 불교문화」. 2011.
이평순. 「말의 상징」. 2015.
박재철. 「마을숲의 개념과 사례」. 2006.
박봉우. 「마을숲과 문화」. 2006.
고성문화원 http://goseongcul.com
고성박물관 https://www.goseong.go.kr/gsmuseum/index.goseong

4. 남해

김만중.『사씨남정기』.

김성철.『남해 문화유산 답사기』.

박진욱.『남해 유배지 답사기-조선의 귀양터를 찾아서』. 알마.

한정호.「유배문학의 산실, 남해도-김구, 김만중, 류의양을 중심으로」. 2013.

류경자·한태문.「남해군 설화의 지역성 연구-이성계 전설을 중심으로」. 2011.

김해영.「남해군 금산의 '傳이태조기단'에 관하여」. 2005.

문치웅.「남해석각과 서불 관련설의 문제점」. 2014.

성교진.「매헌 안향의 학문과 그 계왕개래에 관한 연구」. 1996.

박현규.「고려 말 성리학과 이제현의 수용 과정」. 2005.

김인호.「고려 후기 이제현의 중국 문인과의 교류와 만권당」. 2016.

최두진.「익재 이제현의 연행과 그 교육적 의의」. 2013.

정득채.「정지 장군의 관음포대첩」. 2015.

宋正炫.「鄭地將軍 硏究」. 1997.

신성재.「고려 말 鄭地의 海防論과 수군 활동」. 2015.

이영.「洪武帝의 화약 화포 지원과 고려 수군의 재건」. 2016.

이재범.「고려 후기 왜구와 해양방어대책」. 2010.

김미영·이성현·이재명.「고려대장경 판각추정지 정밀지표조사 유적 유물 분석」. 2014.

김정화.「일연 스님을 찾아가는 길에서 만난 인연들: 남해분사도감 迂餘曲折記」. 1995.

金光植.「鄭晏의 定林社 館建과 南海分司都監」. 1993.

배상현.「고려 시기 晉州牧 지역의 寺院과 佛典의 조성: 分司 南海大藏都監과의 관련
성을 중심으로」. 2003.

윤경진.「고려 대몽항쟁기 分司南海大藏都監의 운영체계와 설치 배경」. 2014.

최연주.「분사남해대장도감과『고려대장경』의 彫成空間」. 2013.

제장명.「노량해전의 역사적 의미」,『이순신 장군 논총』. 2006.

이민웅.「朝·明 聯合艦隊의 형성과 露梁海戰 경과」. 2003.

박진욱.『남해 유배지 답사기-조선의 귀양터를 찾아서』. 2015.

이영석·박재홍.「재독일 교민의 역이주와 귀향 의식에 대한 연구-남해군 '독일마을' 입
주 교민들의 경우」. 2006.

김학선·홍선우·최경숙.「파독 간호사 삶의 재조명」. 2009.

이영석.「파독 근로자의 국가 발전에 대한 기여 담론과 국가적 예우」. 2014.

윤용선.「1960~1970년대 인력송출의 미시사: 동원인가, 선택인가?」. 2014.

김상임. 「한국인 파독 간호사가 말하는 이주노동자의 삶」. 2004.

5. 하동

『하동군지』.

『화개면지』.

『통계연보(하동군)』.

『두류산유록(頭流山遊錄)』.

『정감록(鄭鑑錄)』.

『오주연문장전산고』.

여재규. 『河東郡史』. 신영사.

권상로. 『한국불교전서』. 동국대학교출판부.

신정일. 『신정일의 새로 쓰는 택리지 3: 경상도』. 돌베개.

곽재용. 『지리산 청학동』. 박이정.

서정석. 「경남지역 고대 산성의 특징: 백제산성과의 비교를 중심으로」. 2010.

이승하. 「한국 현대시에 나타난 경남 하동의 모습」. 2010.

심봉근 외. 「하동고소성지시굴조사보고서」. 2000.

이훈범. 「정도전이 "운봉 없으면 호남도 없다"던 그곳은 가야의 땅」. 2019.

최병헌. 「고대불교-불교의 전래와 수용 가야(상, 하)」. 2018.

이상진. 「토지의 평사리 지역 형상화와 서사적 의미」. 2005.

조윤아. 「박경리 『토지』의 공간 연구」. 2003.

이재현. 「하동의 정치와 지리」. 2010.

강동의. 「지리산 묵계 청학동의 형성과정」. 2013.

김수인. 「칠불사 연기설화의 성립사적 검토」. 2014.

이종훈. 「최치원의 〈쌍계사진감선사비〉 연구-비문의 내용과 서풍 분석을 중심으로」.
　2018.

최원석. 「한국 이상향의 성격과 공간적 특징: 지리산 청학동을 중심으로」. 2009.

최원석. 「장소 정체성의 사회적 재구성: 지리산 청학동에 관한 역사지리학적 고찰」.
　2010.

조수현. 「쌍계사 진감선사비에 대한 소고」. 1998.

김성준. 「조선수령칠사(朝鮮守令七事)와 목민심감」. 1988.

강인욱. 「흉노인이 반한 온돌, 누가 만들었을까」. 2019.

주남철. 「온돌의 기원과 변천」. 1996.

조정옥. 「가야 불교 전래에 관한 재검토」. 인제대학교 교육대학원 역사교육전공. 2005.

유영봉. 「사산비명 연구」. 성균관대학교 박사학위논문. 1993.

이재운. 「고운 최치원의 사상과 역사인식 연구」. 이화여자대학교 박사학위논문. 1996.

디지털하동문화대전 http://hadong.grandculture.net

영남일보 http://www.yeongnam.com

6. 사천

『사천읍지』.

『곤명면지』.

부산대학교박물관. 『늑도 주거지』.

도진순. 『(망각의 소환을 통한) 남해안의 역사적 재탄생을 위하여』.

여수해양문화연구소 한일관계사학회. 『임진왜란과 전라좌수영, 그리고 거북선』.

국립문화재연구소. 『朝鮮王室의 安胎와 胎室 關聯 儀軌』.

방민규. 「사천 늑도 유적으로 본 한반도 남해안 지역의 대외교류」. 2012.

이재현. 「원삼국시대 남해안 해상교류 시스템」. 2008.

변동명. 「고려 현종과 사수현 사주」. 2016.

김갑동. 「고려 현종과 사천지역」. 2006.

이재범. 「고려 말 조선 전기의 왜구와 사천」. 2006.

채웅석. 「여말선초 사천 지방의 매향 활동과 지역사회」. 2006.

北島万次. 「임진왜란과 이순신: 사천해전을 중심으로」. 1998.

이상훈. 「정유재란 시 사천지역의 전투와 조명군총의 조성」. 2006.

노성환. 「교토의 귀무덤에 대한 일고찰」. 2009.

김해영. 「영조조 세종 단종 태실의 수개 역사」. 2014.

윤석인. 「조선왕실의 태실석물에 관한 일연구」. 2000.

한국미술사학회 편집부. 「세종 단종대왕의 태실조사」. 1967.

김광식. 「다솔사와 항일 비밀결사 만당」. 2018.

김상현. 「효당 최범술의 독립운동」. 2004.

변광석. 「조선 후기 경상도 수로, 해로의 교통망 발달과 오광대 문화」. 2015.

사천시청 http://www.sacheon.go.kr

7. 마산

『마산시사』.

마산창원지역사연구회. 『마산 창원 역사 읽기』. 불휘.

경남발전연구원. 『마산 진동 유적(I, II)』.

한국청동기학회 경남발전연구원. 『무덤을 통해 본 청동기시대 사회와 문화』. 정문애드
테크.

이승한. 『쿠빌라이 칸의 일본 원정과 충렬왕』. 푸른역사.

한국역사연구회. 『조선은 지방을 어떻게 지배했는가』. 아카넷.

이희권. 『朝鮮後記 地方統治 行政研究』. 집문당.

삼진독립운동사편찬위원회. 『삼진독립운동사』.

허정도. 『전통도시의 식민지적 근대화-일제강점기의 마산』. 신서원.

이광우·남두현. 『마 창 진 공업 110년』.

3·15의거사 편찬위원회. 『三·一五義擧史』.

3·15의거기념사업회 부마민주항쟁기념사업회. 『3·15의거 48주년 및 부마민주항쟁 29
주년 학술토론회 자료집』.

민주화운동기념사업회. 『한국민주화운동사(1, 2, 3)』.

김재현. 「교류를 통해 본 경남 남해안의 지역성」. 2016.

이연심. 「안라국의 대왜교역로에 관한 검토」. 2014.

전기웅. 「新羅末期 政治社會의 動搖와 六頭品知識人」. 1994.

한정호. 「최치원의 합포별서(合浦別墅)와 창원의 장소성」. 2016.

장일규. 「최치원의 귀국 후 활동과 은둔」. 2004.

구산우. 「일본 원정, 왜구 침략과 경상도 지역의 동향」. 2007.

박형표. 「여몽연합군의 동정과 그 전말」. 1969.

박익환. 「조선조 경상도 지방행정 조직변천」. 1998.

문광균. 「17~18세기 경상도 세곡운송체계의 변화와 삼조창(三漕倉)의 설치」. 2014.

이경미. 「일제하 시장제도 변화와 마산어시장」. 2016.

김경남. 「한말 일제의 진해만 요새 건설과 식민도시 개발의 변형」. 2012.

유장근·조호연·허정도. 「대한제국 시기 마산포 지역의 러시아 조차지 성립 과정과 각
국공동조계 지역의 도시화」. 2003.

이종흡 외. 「4·3삼진의거 연구」. 2009.

남부희. 「마산 창원 지역의 3·1운동 성격」. 1997.

이상철. 「마산 수출자유지역의 초기 발전과정」. 2008.

박문정. 「마산수출자유지역의 경제적 효과와 장기 발전 구상」. 1996.

장동표. 「1960년 3·4월 마산항쟁의 역사적 재조명」. 2000.

차성환. 「유신 체제와 부마항쟁」. 2012.

창원시청 http://www.changwon.go.kr

3·15의거 기념사업회 http://www.315archive.co.kr

부산일보 http://www.busan.com

8. 창원

이영문. 『고인돌, 역사가 되다』. 학연문화사.

이영문·신경숙. 『고인돌, 세상과 소통하다』. 지성사.

마산창원지역사연구회. 『마산 창원 역사 읽기』. 불휘.

남재우 외. 『청소년을 위한 창원의 역사』. 창원문화원.

창원문화원. 『창원 600년사-제1권 창원의 어제』.

창원문화원. 『창원 600년사-제2권 창원의 오늘 그리고 내일』.

박동백·변지섭. 『축성대감 최윤덕 장군의 일대기』. 소화.

이영문. 「거석문화와 고인돌」. 2007.

이종호. 「고인돌은 곧 '국가' 상징」. 2003.

신미선. 「통합 창원시 외세 침략 문화유산의 보존과 활용방안 연구」. 창원대학교 교육
　　대학원. 2013.

이건무. 「의창 다호리유적 발굴성과」. 1988.

정소영. 「삼국유사 설화에 나타난 인간구원: 광덕과 엄장, 노힐부득과 달달박박, 조신
　　설화를 중심으로」. 2006.

지강이. 「창원 불곡사 석조비로자나불좌상에 관한 연구」. 2010.

배상현. 「진경 심희의 활동과 봉림산문」. 2004.

김용기·정징원. 「성산패총 발굴조사 보고」. 1971.

디지털창원문화대전 http://changwon.grandculture.net

9. 진해

황정덕. 『진해와 웅천의 지리지』. 불휘.

진해 웅천향토문화연구회. 『우리 고장 문화유산』. 정문애드테크.

허정도. 「일제에 의한 진해신도시계획의 식민성 고찰」. 2011.

구태훈. 「일본에서 꽃핀 조선의 도자기 문화-임진왜란 당시 납치된 조선인 도공 이야기」. 2008.

황정덕·도진순·이윤상. 「임진왜란과 히라도 미카와치 사기장-세계적 보물을 빚은 피랍 조선 사기장을 찾아서」. 2010.

유장근. 「웅천 도자기 루트의 역사적 맥락과 공공자원화 전략」. 2014.

이종봉. 「조선 전기 제포의 왜인과 활동」. 2008.

이재범. 「삼포왜란의 역사적 성격에 대한 재검토」. 1996.

이학수. 「진해 군항의 탄생」. 2012.

김선희. 「일제강점기 진해지역 일본인의 생활상」. 창원대학교 교육학 석사학위논문. 2010.

도진순. 「한중일 전쟁 기억, 망각을 넘어 평화의 연대로」. 2009.

국립진주박물관. 「임진왜란 조선인 포로의 기억」. 2010.

디지털창원문화대전 http://changwon.grandculture.net

10. 김해

이영식. 『이야기로 떠나는 가야역사여행』. 2009.

이영식. 『새 천년의 가락국사』. 2009.

이영식. 『가야제국사 연구』. 2016.

이영식. 『김해학, 길 위에 서다』. 2014.

김태식. 『미완의 문명 7백년 가야사(1, 2, 3)』. 2004.

김태식. 『사국시대의 가야사 연구』. 2014.

박창희. 『살아 있는 가야사 이야기』. 2005.

국립김해박물관. 『가야로 가는 길』. 2014.

인제대학교 가야문화연구소 편. 『가야제국의 철』. 1995.

대성동 고분박물관. 『비밀의 문 다시 두드리다』. 2017.

제19회 가야사학술회의. 『가야의 김해 봉황동 유적』. 2013.

김해뉴스 편. 『김해인물열전』. 2015.

김해교육지원청. 『김해 사람의 눈으로 보는 김해 역사 교과서』. 2018.

김태식. 「가야의 문화와 역사」. 2009.

김재우. 「금관가야의 갑주」. 2010.

김문자. 「임진 정유재란기의 조선 피로인 문제」. 2004.

민덕기. 「임진왜란기 납치된 조선인의 일본 잔류 배경과 그들의 정체성 인식」. 2007.

이준식. 「일제침략기 김해지역 농민운동 」. 1992.

오마이뉴스 http://www.ohmynews.com

김해시 공식 블로그 https://blog.naver.com/gimhae4you

김해뉴스 http://www.gimhaenews.co.kr

조경제. 화포천-국내 최대 하천형 습지가 있는 곳. 하천과 문화 vol. 7. 2011.

송원영. 김해 화포천 이야기. 하천과 문화 vol. 7. 2011.

화포천습지생태공원 http://hwapo.gimhae.go.kr

봉하마을 https://www.knowhow.or.kr

2부 내륙

1. 양산

채상식. 「고려 중기 통도사의 사격과 역사적 의미」. 1990.

이인재. 「통도사지 사지사방산천비보편의 분석」. 1992.

이상은. 「통도사 금강계단과 대웅전의 연구」. 2010.

이영식. 『이야기로 떠나는 가야역사여행』. 2009.

김태식. 「신라와 전기 가야의 관계사」. 2007.

전덕재. 「삼국시대 황산진과 가야진에 대한 고찰」. 2007.

조이옥. 「신라 눌지왕대 박제상의 정치적 위상」. 2008.

조한정. 「박제상과 5세기 초 신라 정치」. 2011.

류경자. 「박제상 설화의 전승적 측면에 따른 성격과 의의」. 2013.

양산유물전시관. 「양산부부총 백년 만의 귀환」. 2013.

김태식. 「신라를 뒤흔든 왕족 스캔들」. 2006.

디지털양산문화대전 http://yangsan.grandculture.net

양산시립박물관 http://www.yangsan.go.kr/museum

양산신문 http://www.yangsanilbo.com

국제신문 http://www.kookje.co.kr

동아일보, 부산일보, 중외일보(1927~1929년)
부산광역시 상수도사업본부 http://www.busan.go.kr/water
국립중앙박물관 소장품 유리건판 http://www.museum.go.kr

2. 밀양

국사편찬위원회. 『한국사 26, 27』.
최영준. 『영남대로』. 고려대학교민족문화연구원.
김재홍·송연. 『옛길을 가다』. 한얼미디어.
김삼웅. 『약산 김원봉 평전』. 시대의 창.
최필숙. 『일제강점기 미리벌의 분노와 희망』. 밀양독립운동사연구소.
김훤주. 『경남의 숨은 매력』. 해딴에.
류종훈. 『우리가 잃어버린 이름 조선 의용군』. 가나출판사.
이일흠. 「밀양시 삼랑진읍 만어사 암괴류에 관한 연구」. 부산대학교 석사학위논문.
　2009.
권동희. 「지형경관자원의 활용을 위한 스토리텔링 개발: 화강암 지형과 불교문화를 중
　심으로」. 2012.
임채명. 「밀양 영남루 시의 양상: 주로 내용을 중심으로(密陽 嶺南樓 詩의 樣相: 주로 內
　容을 중심으로)」. 2009.
이호열. 「밀양 영남루 연혁 및 건축형식 변천에 관한 연구」. 2000.
정성희. 「조선도통론의 비판적 검토: 김종직을 중심으로」. 2008.
장동표. 「예림서원의 건립중수와 김종직 추숭활동」. 2007.
이수환. 「16세기 전반 영남사림파의 동향과 동방오현 문묘종사」. 2011.
장동표. 「임진왜란 전후 밀양 재지사족의 동향」. 2005.
이철헌. 「밀양 표충사의 연혁에 대한 재조명」. 2009.
이철헌. 「표충사에 대한 유교계와 불교계의 인식」. 2013.
김진수. 「임진왜란기 朴晉의 군사 활동과 평가」. 2015.
김용달. 「한국독립운동사에서 의열단과 의열투쟁의 의의」. 2014.
김영범. 「윤세주의 국내 항일독립투쟁과 의열단운동」. 2001.
박철규. 「여성독립운동가 박차정」. 2007.
강대민. 「박차정의 생애와 민족해방운동」. 2001.
이송희. 「박차정 여사의 삶과 투쟁」. 1996.
김영범. 「독립운동가 백민 황상규의 생애와 초상」. 2017.

3. 창녕

『飛鳳里 1, 2』.

김태식. 『미완의 문명 7백년 가야사(1, 2, 3)』. 푸른역사.

부산대학교 한국민족문화연구소. 『가야 각국사의 재구성』. 혜안.

주보돈 외. 『한국 고대사 속의 창녕』. 경북대학교 영남문화연구원.

김해영. 『망우당 곽재우-남명학연구원총서 7』. 남명학연구원.

정두희 외. 『임진왜란 동아시아 삼국전쟁』. 휴머니스트.

손규석 외. 『6·25전쟁과 UN군』. 국방부 군사편찬연구소.

설혜심. 『온천문화사』. 한길사.

이종태. 『양파』. 들녘.

안재호. 「新石器時代의 自然環境과 文化變動—早·前期를 中心으로」. 2017.

황상일 외. 「창녕 비봉리 지역의 Holocene 중기 해수면변동」. 2013.

남재우. 「기록으로 본 고대 창녕지역의 정치적 위상」. 2012.

정징원·홍보식. 「昌寧地域의 古墳文化」. 1995.

임평섭. 「신라 진흥왕대 가야 진출과 창녕비」. 2017.

장창은. 「昌寧 眞興王拓境碑와 신라의 영역 확장」. 2012.

박홍국. 「昌寧 仁陽寺碑文의 塔 關聯記事에 대한 검토」. 2008.

장일규. 「창녕 관룡사의 신라 불교사적 위상」. 2012.

최성은. 「창녕 관룡사 용선대 석불좌상 小考」. 2009.

김창현. 「신돈의 삶과 역사적 위상」. 2018.

신은제. 「공민왕의 신돈 등용의 배경」. 2014.

김강식. 「임진왜란 시기 창녕 지역의 대응과 후대의 기억」. 2014.

이현주. 「창녕지역 설화의 전승 양상과 지역적 특성」. 2016.

문관현. 「6·25전쟁 시 카투사 제도와 유엔 참전 부대로의 확대」. 2008.

장용운. 「낙동강 전선 서남부지역 작전지도 연구—남지 영산지역 전투를 중심으로」.
    2008.

김정진 「釜谷溫泉에 關한 硏究」. 1977.

범선규. 「新增東國輿地勝覽(경상도 편)이 갖는 自然地理 硏究資料的 意義」. 2005.

손명원. 「토평천 하류 구간의 지형발달」. 2012.

김만태. 「짜장면의 토착화 요인과 문화적 의미」. 2009.

창녕군청 http://www.cng.go.kr

우포늪 사이버 생태공원 http://www.upo.or.kr

4. 함안

한국문화유산답사회.『답사여행의 길잡이 14』.

김훤주.『경남의 숨은 매력』. 해딴에.

이승환·남석형.『경남의 재발견-내륙편』. 피플파워.

부산대학교 한국민족문화연구소.『가야 각국사의 재구성』. 혜안.

부산대학교 한국민족문화연구소.『한국 고대사 속의 가야』. 혜안.

국립가야문화재연구소.『함안 성산산성 출토 목간』.

국립창원문화재연구소.『함안 성산산성』.

김태식. 「가야제국연맹의 성립과 변천」. 서울대학교 박사학위논문. 1992.

이정훈. 「함안 무진정의 조영 배경 및 공간구조 분석」. 2015.

김기주. 「초기 사림파의 정치적 좌절과 퇴계학-이현보·이언적·주세붕을 중심으로」.
　　2009.

임한솔 외. 「칠원 무기연당의 공간 변천과 조영 특성」. 2018.

지영진. 「남강 하류의 인공제방」. 경상대학교 석사학위논문. 2011.

함안군청 https://www.haman.go.kr

한국향토문화전자대전 http://www.grandculture.net/

5. 의령

조경남.『난중잡록』.

한국문화유산답사회.『답사여행의 길잡이 14』.

김훤주.『경남의 숨은 매력』. 해딴에.

이승환·남석형.『경남의 재발견-내륙편』. 피플파워.

의령문화원.『입산마을의 역사와 문화』. 선인.

경상남도교육청.『경남의 인물과 전설』.

강정화.『남명과 그의 벗들』. 경인문화사.

김경수·이시명.『남명선생 문인자료집』. 남명학연구원출판부.

강문식. 「실록을 통해 본 곽재우의 의병활동」. 2008.

김강식. 「망우당 곽재우의 의병운동과 정치적 역할」. 1995.

김해영. 「곽재우의 의병활동 사적에 대한 일고찰」. 1995.

이동언. 「백산 안희제 연구」. 1994.

박부전. 「백산 안희제의 구국활동과 민족사상의 내용에 관한 연구」. 2015.

6. 진주

김해영. 『진주의 역사』. 2010.

김준형. 『진주성 이야기』. 2015.

국립진주박물관. 『국립진주박물관』. 2012.

경남발전연구원 역사문화센터. 『경남의 청동기시대 문화』. 2010.

지승종. 『진주성 전투(진주문화를 찾아서 14)』. 2011.

김수업. 『논개(진주문화를 찾아서 1)』. 2008.

조영제. 『진주의 선사·가야 문화(진주문화를 찾아서 6)』. 2004.

국립진주박물관. 『국립진주박물관(상설전시도록)』. 2008.

김준형. 『1862년 진주농민항쟁(진주문화를 찾아서 4)』. 2001.

김중섭. 『형평운동(진주문화를 찾아서 3)』. 2001.

국립진주박물관. 『새롭게 다시 보는 임진왜란』. 1999.

이은철. 『매천 황현을 만나다』. 2010.

문산성당. 『문산 성당 100년사』. 2007.

조헌국. 『진주에 뿌려진 복음』. 2015.

전병철. 「『영남인물고(진주편)』 등재 인물의 시기별 특징」. 2011.

박용국. 「지리산과 진주, 그리고 하류의 삶」. 2010.

리명길. 「의기 논개의 사적 고찰」. 1992.

정지영. 「논개와 계월향의 죽음을 다시 기억하기-조선시대 '의기(義妓)'의 탄생과 배제
된 기억들」. 2007.

박노자. 「의기(義妓) 논개 전승-전쟁, 도덕, 여성」. 2007.

고민정. 「청동기시대 남강유역 옥 장신구의 생산과 소비체제」. 2016.

최헌섭. 「가락국의 번영과 쇠퇴」. 2007.

백승충. 「가야문화권의 성립과 그 의미」. 2008.

이영호. 「1862년 진주농민항쟁의 연구」. 1988.

송찬섭. 「1862년 진주농민항쟁의 조직과 활동」. 1989.

윤철홍. 「박경리 『토지』에 나타난 진주지역에서의 형평사운동에 관한 소고」. 2015.

신종한. 「근대 신분제도의 변동과 일상생활의 재편-형평운동과 백정들의 일상」. 2010.

박세경. 「1920년대 朝鮮과 日本의 身分解放運動-衡平社와 水平社를 중심으로」. 2009.

崔憲燮. 「召村道: 慶南의 驛과 그 길 3」. 2006.

이노우에 가즈에. 「19세기 호적대장에서 보는 역촌 사람들의 존재 양태-진주 소촌리를
중심으로」. 2003.

김경숙. 「조선 후기 察訪의 驛站 운영과 관직생활」. 2013.

정요근. 「조선 초기 역로망(驛路網)의 전국적 재편」. 2008.

이원규. 「20세기 초 전통양식 교회건축의 가구구조 특성과 변용에 관한 연구」. 명지대학교 석사학위논문. 2016.

김주. 「한국 초기 성당건축에 관한 연구-1890년~1945년까지의 건축을 중심으로」. 여화여자대학교 석사학위논문. 1981.

문산성당. 「천주교 마산교구 문산성당 리플릿」. 2018.

이용철. 「형평사의 성격 변화와 쇠퇴」. 2012.

김중섭. 「한국 형평사와 일본 수평사의 인권 증진 협력 활동 연구」. 2009.

7. 산청

국립진주박물관. 『산청(특별전)』. 2011.

최석기. 『남명과 지리산』. 2006.

허권수. 『남명 조식(진주문화를 찾아서 2)』. 2006.

남명학연구원. 『남명 선생의 자취를 따라-남명 조식 선생 사적 자료집』. 1996.

김경수 엮음. 『덕천서원지』. 2017.

이호신 엮음. 『남사예담촌』. 2012.

鄭龍範. 「山淸의 沿革과 文化」. 1990.

秦弘燮. 「所謂 方壇式特殊形式의 石塔 數例」. 1971.

송일기·박민희. 「智異山 所在 寺刹의 朝鮮時代 開板佛書 硏究」. 2010.

권덕영. 「금관가야 "구형왕릉" 전승과 역사화 과정」. 2007.

秦弘燮. 「所謂 方壇式特殊形式의 石塔 數例 補」. 1974.

秦弘燮. 「所謂 方壇式特殊形式의 石塔 數例」. 1971.

이해준. 「조선 후기 문중활동의 사회사적 배경」. 1993.

유철호·유원준·차웅석·홍세영·김남일. 「조선의 名醫 유이태(劉以泰,劉爾泰) 연구」. 2013.

구현희·안상우. 「의료설화를 통해 본 명의(名醫) 류의태(柳義泰)의 자취 연구」. 2009.

구현희. 「전통지리지 및 읍지를 통해 본 본초약재 정보와 지역문화에의 활용-경상남도 산청을 중심으로」. 2012.

김영택. 「2013산청세계전통의약엑스포 개최 배경과 성공 조건」. 2012.

최홍조. 「신라 神行禪師碑의 건립과 그 정치적 배경」. 2013.

곽승훈. 「신라시대 지리산권의 불사활동과 신행선사비의 건립-중대 말 하대 초의 정치 변동과 관련하여」. 2009.

최병헌. 「선종 초기 전래설의 재검토-「斷俗寺神行禪師碑文」의 분석」. 2014.

崔泳喜. 「山淸 斷俗寺 大鑑國師 塔碑의 斷片」. 1961.

宋熹準. 「斷俗寺址의 文化遺産」. 2000.

김아네스. 「고려 중기의 大鑑國師坦然과 지리산 斷俗寺」. 2012.

송희준. 「단속사의 창건 이후 역사와 폐사과정」. 1999.

金光植. 「高麗崔氏武人政權과 斷俗寺」. 1989.

김재원. 「단속사의 존재 양상과 가람배치」. 2012.

김준형. 「문익점에 대한 후대의 평가와 현창활동」. 2005.

金炯秀. 「恭愍王 廢立과 文益漸의 使行」. 2005.

薛錫圭. 「三憂堂 文益漸의 學問傾向과 士林의 追崇運動」. 2005.

尹楨熹. 「木棉 栽培人 鄭天益」. 2005.

문경현. 「문익점의 사행과 목면 전래」. 2003.

金成俊. 「文益漸과 木綿傳來의 歷史的 背景」. 1993.

李成茂. 「퇴계(退溪) 이황(李滉)과 남명(南冥) 조식(曺植)」. 2008.

신병주. 「16세기 남명(南冥) 조식(曺植)의 사상 형성과 현실 대응」. 2008.

김낙진. 「남명 조식 철학 사상 연구에 대한 회고와 전망」. 2012.

사재명. 「조선 중기 덕계 문인의 형성과 강학」. 2009.

한상규. 「덕계 오건의 선비정신」. 1992.

具珍成. 「용암서원 운영주체들의 활동과 그 지향에 대한 일고찰-17세기 초반의 덕천서
    원·신산서원과 비교하여」. 2013.

이상길. 「사례로 본 유해 발굴의 과제와 전망」. 2008.

김상숙. 「진실화해위원회의 활동을 중심으로 본 한국전쟁 전후 민간인 학살 진상규명
    현황과 향후 과제」. 2012.

최정기. 「민간인 학살의 사회구조적 요인 비교-한국전쟁과 베트남전쟁을 중심으로」. 2011.

전갑생. 「경남지역 민간인 학살 연구의 현황과 과제」. 2005.

이창호. 「산청, 함양, 거창 민간인학살사건에 대한 형사법적 재조명」. 2011.

이승억. 「한국전쟁기 민간인 학살의 진상 규명과 기억을 둘러싼 투쟁」. 2013.

엄찬호. 「한국전쟁 전후 민간인 학살에 대한 분노와 치유」. 2013.

김진돈. 「한국에서 가장 아름다운 마을 남사예담촌과 사양정사」. 2013.

장사문. 「전통의 향기가 배어나는 한옥마을 산청 남사예담촌」. 2012.

최영성. 「면우 곽종석의 학문과 사상-한국 유학사에서 면우 곽종석의 위상」. 2009.

권인호. 「한국의 유학자-3·1운동과 파리장서 사건의 면우 곽종석 평전(1, 2)」. 2005.

임경석. 「유교지식인의 독립운동-1919년 파리장서의 작성 경위와 문안 변동」. 2000.

임경석. 「파리장서 서명자 연구」. 2001.

허권수. 「면우 곽종석의 생애와 학문」. 2008.

8. 함양

정순희. 「불우와 고뇌, 떠남의 현재성-박지원의 '함양군학사루기' 읽기」. 2015.

김정기. 「함양 상림 숲의 역사적 의의」. 2015.

김임수. 「함양 상림 태고의 시간을 간직한 숲」. 2005.

장소진. 「함양 상림자연생태공원」. 2009.

최원진. 「살아 있는 생태미술관 함양 상림의 절경 속을 거닐다」. 2012.

이호신. 「함양의 상림(上林)에서」. 2015.

명남재. 「함양상림과 학사루」. 2013.

윤정. 「19세기 '端宗諸臣' 褒獎과 사적 정비」. 2010.

지두환. 「세조 집권 과정에서의 내종친의 정치성향」. 2014.

지두환. 「하령군 이양의 가계와 정치활동」. 2015.

김윤수. 「함양 학사루에서 일어난 사건」. 2008.

이구의. 「최치원 문학의 창작 현장과 유적에 대한 연구」. 2008.

이구의. 「함양 학사루 시에 나타난 최치원의 형상」. 2016.

이혜란·최왕돈. 「정여창 고택의 시지각적 특성에 의한 공간분석에 관한 연구」. 1999.

정기철. 「藍溪書院의 建緊史的 의미」. 2000.

趙南國. 「一蠹 鄭汝昌의 生涯와 學行」. 2000.

윤희면. 「경상도 함양의 남계서원(灆溪書院) 연구」. 2008.

이수환. 「16세기 전반 영남사림파의 동향과 동방오현 문묘종사」. 2011.

정우락. 「일두 정여창의 학문과 문화공간으로서의 악양정과 남계서원」. 2012.

신정일. 「좌안동 우함양에 얽힌 내력(신정일의 새로 쓰는 택리지 3: 경상도)」. 2012.

강정화. 「弄月亭과 尊周大義, 南道文化研究」. 2012.

이상호. 「정자의 장소 이미지 구성에 관한 연구-화림동을 중심으로」. 2008.

곽성기. 「선비사상과 누정문화의 교육적 의미」. 2012.

구교현. 「누정 현판의 심미 사유 내원 고찰-咸陽 花林洞 계곡의 樓亭을 중심으로」.
    2017.

이복규. 「박지원과 정약용의 대비적 고찰」. 1996.

윤재민. 「문체반정의 재해석」. 『고전문학연구』. 2002.

안세현. 「문체반정을 둘러싼 글쓰기와 문체 논쟁」. 2006.

전호근. 「열하일기를 통해 본 박지원 사상의 근대성과 번역의 근대성 문제」. 2009.
정보미. 「열녀함양박씨전의 서술 목적과 서술 방식에 대한 고찰」. 2013.
정진영. 「대소헌 조종도와 존재 곽준의 의병활동」. 1992.
정출헌. 「17세기 전반 재지사족의 자기정체성 확립과 기억의 정치학-황석산성 전투에 대한 엇갈린 기억의 『용문몽유록』을 중심으로」. 2011.
김강식. 「임진왜란 시기 경상도의 산성 축조와 전투」. 2013.
김시덕. 「근세일본 영웅담의 주인공이 된 사람들-임진왜란 강우지역 의병활동 재조명」. 2013.
민덕기. 「정유재란기 황석산성 전투와 김해부사 백사림」. 2017.

9. 거창

신용균. 『한국사에 비추어 본 거창의 역사』. 2015.
동방한문학회. 『갈천 임훈과 첨모당 임운 연구』. 보고사.
한인섭. 『거창은 말한다』. 경인문화사.
최석기. 『조선 선비들의 답사 일번지(남도 제일의 명승, 원학동)』. 2015.
박기용. 『거창의 누정』. 1998.
한국문화유산답사회. 『답사여행의 길잡이 13(가야산과 덕유산)』. 2001.
오수창. 「동계 정온의 정치활동과 그 이념」. 2001.
한명기. 「동계 정온(1569~1641)의 정치적 행적과 그 역사적 의의」. 2001.
이희봉·박희영. 「거창 정온 종택 전통공간의 생활중심 현장연구」. 2002.
이기순. 「인조반정과 남명학파-정온에 대한 추숭과 평가」. 2011.
송희준. 「동계 정온의 학통과 학문사상」. 2014.
오항녕. 「정구와 정온: 직언도 다 때가 있다」. 2017.
김강식. 「갈천 임훈의 대민관과 현실 개혁책」. 2002.
우인수. 「갈천 임훈의 생애와 현실대응」. 2002.
최석기. 「남명과 갈천의 사상적 기저와 현실대응 양상」. 2002.
고수연. 「영조대 무신란 연구의 현황과 과제」. 2004.
고수연. 「조선 영조대 무신란의 실패 원인」. 2015.
윤정. 「영조대 곤양(昆陽) ‘단종태실(端宗胎室)’ 건립의 정치사적 의미: 무신란(戊申亂)에 대한 이념적 대책」. 2017.
이원균. 「영조 무신란에 대하여: 영남의 정희량난을 중심으로」. 1971.
이훈상. 「거창 신씨 세보의 간행과 향리파의 편입-조선 후기 향리의 신분 이동 문제에 대한 재검토」. 1986.

홍정명. 「경남의 마을 아, 본향! (23) 거창군 위천면 황산마을」. 2013.

한성훈. 「한국전쟁 시기 거창학살 사건에 관한 연구」. 연세대학교 석사학위논문. 2005.

이정한. 「바위글씨를 통해 본 '장구지소'의 현황 및 장소성에 관한 연구」. 2015.

거창군청 http://www.geochang.go.kr

거창 장기신씨 http://archive.aks.ac.kr

거창사건추모공원 http://www.geochang.go.kr

10. 합천

『조선왕조실록』. 「성종실록」 239권. 성종 21년.

남명학연구원. 『내암 정인홍』. 예문서원.

국토지리정보원. 한국지명유래집 경상편 지명. 야로면[冶爐面, Yaro-myeon]). 2011. 12.

임득균(성안스님). 「해인사 소장 고려대장경판의 인경불사에 대한 조선 세조의 지원 의
도」. 2014.

최연주. 「조선시대『고려대장경』의 인경(印經)과 해인사(海印寺)」. 2012.

이재수. 「고려대장경의 문화 콘텐츠 활용 방안」. 2011.

홍광표·김용기·백란영. 「가야산 해인사의 입지성에 관한 연구」. 1996.

조범환. 「9세기 해인사 법보전 비로자나불 조성과 檀越세력: 墨書銘에 대한 검토를 중
심으로」. 2015.

김상현. 「9세기 후반의 해인사와 신라 왕실의 후원」. 2006.

권영오. 「신라 말 해인사와 주변 지역 정세」. 2016.

하일식. 「기획: 신라 통일기 사료의 논쟁적 해석 해인사전권(田券)과 묘길상탑기(妙吉祥
塔記)」. 1997.

최용호. 「해인사 소장 江華京板『高麗大藏經』의 보존배경」. 2015.

신향수. 「[인물 바로 보기 2] 정인홍, 근왕의 충신인가 패륜의 역신인가」. 2003.

윤정. 「조선 후기 政界의 鄭仁弘 인식과 그 정치적 함의」. 2005.

이이화. 「정인홍의 정치사상과 현실 인식」. 2002.

곽낙현. 「임진왜란 시기 합천지역의 의병활동과 전투」. 2018.

김창석. 「6세기 후반~7세기 전반 百濟 新羅의 전쟁과 大耶城」. 2009.

이문기. 「648·649년 신라의 對百濟戰 승리와 그 의미」. 2016.

강종원. 「백제 무왕의 대신라 강경책과 그 배경」. 2017.

삶의 행복을 꿈꾸는 교육은 어디에서 오는가?

● **교육혁명을 앞당기는 배움책 이야기** 혁신교육의 철학과 잉걸진 미래를 만나다!

한국교육연구네트워크 총서

01 핀란드 교육혁명
한국교육연구네트워크 엮음 | 320쪽 | 값 15,000원

02 일제고사를 넘어서
한국교육연구네트워크 엮음 | 284쪽 | 값 13,000원

03 새로운 사회를 여는 교육혁명
한국교육연구네트워크 엮음 | 380쪽 | 값 17,000원

04 교장제도 혁명
한국교육연구네트워크 엮음 | 268쪽 | 값 14,000원

05 새로운 사회를 여는 교육자치 혁명
한국교육연구네트워크 엮음 | 312쪽 | 값 15,000원

06 혁신학교에 대한 교육학적 성찰
한국교육연구네트워크 엮음 | 308쪽 | 값 15,000원

07 진보주의 교육의 세계적 동향
한국교육연구네트워크 엮음 | 324쪽 | 값 17,000원
2018 세종도서 학술부문

08 더 나은 세상을 위한 학교혁명
한국교육연구네트워크 엮음 | 404쪽 | 값 21,000원
2018 세종도서 교양부문

09 비판적 실천을 위한 교육학
이윤미 외 지음 | 448쪽 | 값 23,000원
2019 세종도서 학술부문

10 마을교육공동체운동:
세계적 동향과 전망
심성보 외 지음 | 376쪽 | 값 18,000원

한국교육연구네트워크 번역 총서

01 프레이리와 교육
존 엘리아스 지음 | 한국교육연구네트워크 옮김
276쪽 | 값 14,000원

02 교육은 사회를 바꿀 수 있을까?
마이클 애플 지음 | 강희룡·김선우·박원순·이형빈 옮김
356쪽 | 값 16,000원

03 비판적 페다고지는
세상을 변화시킬 수 있는가?
Seewha Cho 지음 | 심성보·조시화 옮김
280쪽 | 값 14,000원

04 마이클 애플의 민주학교
마이클 애플·제임스 빈 엮음 | 강희룡 옮김
276쪽 | 값 14,000원

05 21세기 교육과 민주주의
넬 나딩스 지음 | 심성보 옮김 | 392쪽 | 값 18,000원

06 세계교육개혁:
민영화 우선인가 공적 투자 강화인가?
린다 달링-해먼드 외 지음 | 심성보 외 옮김 | 408쪽 | 값 21,000원

07 콩도르세, 공교육에 관한 다섯 논문
니콜라 드 콩도르세 지음 | 이주환 옮김
300쪽 | 값 16,000원

08 학교를 변론하다
얀 마스켈라인 • 마틴 시몬스 지음 | 윤선인 옮김
252쪽 | 값 15,000원

혁신학교
성열관·이순철 지음 | 224쪽 | 값 12,000원

행복한 혁신학교 만들기
초등교육과정연구모임 지음 | 264쪽 | 값 13,000원

서울형 혁신학교 이야기
이부영 지음 | 320쪽 | 값 15,000원

혁신교육, 철학을 만나다
브렌트 데이비스·데니스 수마라 지음
현인철·서용선 옮김 | 304쪽 | 값 15,000원

대한민국 교사, 어떻게 가르칠 것인가?
윤성관 지음 | 320쪽 | 값 15,000원

아이들을 어떻게 가르칠 것인가
사토 마나부 지음 | 박찬영 옮김 | 232쪽 | 값 13,000원

모두를 위한 국제이해교육
한국국제이해교육학회 지음 | 364쪽 | 값 16,000원

경쟁을 넘어 발달 교육으로
현광일 지음 | 288쪽 | 값 14,000원

● 비고츠키 선집 시리즈 발달과 협력의 교육학 어떻게 읽을 것인가?

생각과 말
레프 세묘노비치 비고츠키 지음
배희철·김용호·D. 켈로그 옮김 | 690쪽 | 값 33,000원

도구와 기호
비고츠키·루리야 지음 | 비고츠키 연구회 옮김
336쪽 | 값 16,000원

어린이 자기행동숙달의 역사와 발달 I
L.S. 비고츠키 지음 | 비고츠키 연구회 옮김
564쪽 | 값 28,000원

어린이 자기행동숙달의 역사와 발달 II
L.S. 비고츠키 지음 | 비고츠키 연구회 옮김
552쪽 | 값 28,000원

어린이의 상상과 창조
L.S. 비고츠키 지음 | 비고츠키 연구회 옮김
280쪽 | 값 15,000원

비고츠키와 인지 발달의 비밀
A.R. 루리야 지음 | 배희철 옮김 | 280쪽 | 값 15,000원

수업과 수업 사이
비고츠키 연구회 지음 | 196쪽 | 값 12,000원

비고츠키의 발달교육이란 무엇인가?
비고츠키교육학실천연구모임 지음 | 412쪽 | 값 21,000원

비고츠키 철학으로 본 핀란드 교육과정
배희철 지음 | 456쪽 | 값 23,000원

성장과 분화
L.S. 비고츠키 지음 | 비고츠키 연구회 옮김
308쪽 | 값 15,000원

연령과 위기
L.S. 비고츠키 지음 | 비고츠키 연구회 옮김
336쪽 | 값 17,000원

의식과 숙달
L.S 비고츠키 | 비고츠키 연구회 옮김
348쪽 | 값 17,000원

분열과 사랑
L.S. 비고츠키 지음 | 비고츠키 연구회 옮김
260쪽 | 값 16,000원

성애와 갈등
L.S. 비고츠키 지음 | 비고츠키 연구회 옮김
268쪽 | 값 17,000원

흥미와 개념
L.S. 비고츠키 지음 | 비고츠키 연구회 옮김
408쪽 | 값 21,000원

관계의 교육학, 비고츠키
진보교육연구소 비고츠키교육학실천연구모임 지음
300쪽 | 값 15,000원

비고츠키 생각과 말 쉽게 읽기
진보교육연구소 비고츠키교육학실천연구모임 지음
316쪽 | 값 15,000원

교사와 부모를 위한 비고츠키 교육학
카르포프 지음 | 실천교사번역팀 옮김
308쪽 | 값 15,000원

혁신교육 존 듀이에게 묻다
서용선 지음 | 292쪽 | 값 14,000원

다시 읽는 조선 교육사
이만규 지음 | 750쪽 | 값 33,000원

대한민국 교육혁명
교육혁명공동행동 연구위원회 지음
224쪽 | 값 12,000원

독일 교육, 왜 강한가?
박성희 지음 | 324쪽 | 값 15,000원

핀란드 교육의 기적
한넬레 니에미 외 엮음 | 장수명 외 옮김
456쪽 | 값 23,000원

한국 교육의 현실과 전망
심성보 지음 | 724쪽 | 값 35,000원

4·16, 질문이 있는 교실 마주이야기 통합수업으로 혁신교육과정을 재구성하다!

 통하는 공부
김태호·김형우·이경석·심우근·허진만 지음
324쪽 | 값 15,000원

 미래교육의 열쇠, 창의적 문화교육
심광현·노명우·강정석 지음 | 368쪽 | 값 16,000원

 내일 수업 어떻게 하지?
아이함께 지음 | 300쪽 | 값 15,000원
2015 세종도서 교양부문

 주제통합수업,
아이들을 수업의 주인공으로!
이윤미 외 지음 | 392쪽 | 값 17,000원

 인간 회복의 교육
성래운 지음 | 260쪽 | 값 13,000원

 수업과 교육의 지평을 확장하는 수업 비평
윤양수 지음 | 316쪽 | 값 15,000원
2014 문화체육관광부 우수교양도서

 교과서 너머 교육과정 마주하기
이윤미 외 지음 | 368쪽 | 값 17,000원

 교사, 선생이 되다
김태은 외 지음 | 260쪽 | 값 13,000원

 수업 고수들
수업·교육과정·평가를 말하다
박현숙 외 지음 | 368쪽 | 값 17,000원

 교사의 전문성, 어떻게 만들어지나
국제교원노조연맹 보고서 | 김석규 옮김
392쪽 | 값 17,000원

 도덕 수업, 책으로 묻고 윤리로 답하다
울산도덕교사모임 지음 | 320쪽 | 값 15,000원

 수업의 정치
윤양수·원종희·장군 지음 | 280쪽 | 값 14,000원

 체육 교사, 수업을 말하다
전용진 지음 | 304쪽 | 값 15,000원

 학교협동조합,
현장체험학습과 마을교육공동체를 잇다
주수원 외 지음 | 296쪽 | 값 15,000원

 교실을 위한 프레이리
아이러 쇼어 엮음 | 사람대사람 옮김
412쪽 | 값 18,000원

 거꾸로 교실,
잠자는 아이들을 깨우는 수업의 비밀
이민경 지음 | 280쪽 | 값 14,000원

 마을교육공동체란 무엇인가?
서용선 외 지음 | 360쪽 | 값 17,000원

 교사는 무엇으로 사는가
정은균 지음 | 292쪽 | 값 15,000원

 교사, 학교를 바꾸다
정진화 지음 | 372쪽 | 값 17,000원

 마음의 힘을 기르는 감성수업
조선미 외 지음 | 300쪽 | 값 15,000원

 함께 배움
학생 주도 배움 중심 수업 이렇게 한다
니시카와 준 지음 | 백경석 옮김 | 280쪽 | 값 15,000원

 작은 학교 아이들
지경준 엮음 | 376쪽 | 값 17,000원

 공교육은 왜?
홍섭근 지음 | 352쪽 | 값 16,000원

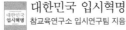 **아이들의 배움은 어떻게 깊어지는가**
이시이 준지 지음 | 방지현·이창희 옮김
200쪽 | 값 11,000원

 자기혁신과 공동의 성장을 위한
교사들의 필리버스터
윤양수·원종희·장군·조경삼 지음 | 280쪽 | 값 14,000원

 대한민국 입시혁명
참교육연구소 입시연구팀 지음 | 220쪽 | 값 12,000원

 함께 배움 이렇게 시작한다
니시카와 준 지음 | 백경석 옮김 | 196쪽 | 값 12,000원

 교사를 세우는 교육과정
박승열 지음 | 312쪽 | 값 15,000원

 함께 배움 교사의 말하기
니시카와 준 지음 | 백경석 옮김 | 188쪽 | 값 12,000원

 전국 17명 교육감들과 나눈 교육 대담
최창의 대담·기록 | 272쪽 | 값 15,000원

 교육과정 통합, 어떻게 할 것인가?
성열관 외 지음 | 192쪽 | 값 13,000원

 들뢰즈와 가타리를 통해 유아교육 읽기
리세롯 마리엣 올슨 지음 | 이연선 외 옮김
328쪽 | 값 17,000원

학교 혁신의 길, 아이들에게 묻다
남궁상운 외 지음 | 272쪽 | 값 15,000원

 프레이리의 사상과 실천
사람대사람 지음 | 352쪽 | 값 18,000원
2018 세종도서 학술부문

 혁신학교, 한국 교육의 미래를 열다
송순재 외 지음 | 608쪽 | 값 30,000원

 페다고지를 위하여
프레네의 『페다고지 불변요소』 읽기
박찬영 지음 | 296쪽 | 값 15,000원

 노자와 탈현대 문명
홍승표 지음 | 284쪽 | 값 15,000원

 선생님, 민주시민교육이 뭐예요?
염경미 지음 | 244쪽 | 값 15,000원

 어쩌다 혁신학교
유우석 외 지음 | 380쪽 | 값 17,000원

 미래, 교육을 묻다
정광필 지음 | 232쪽 | 값 15,000원

 대학, 협동조합으로 교육하라
박주희 외 지음 | 252쪽 | 값 15,000원

 입시, 어떻게 바꿀 것인가?
노기원 지음 | 306쪽 | 값 15,000원

 촛불시대, 혁신교육을 말하다
이용관 지음 | 240쪽 | 값 15,000원

 라운드 스터디
이시이 데루마사 외 엮음 | 224쪽 | 값 15,000원

 미래교육을 디자인하는 학교교육과정
박승열 외 지음 | 348쪽 | 값 18,000원

 흥미진진한 아일랜드 전환학년 이야기
제리 제퍼스 지음 | 최상덕·김호원 옮김 | 508쪽 | 값 27,000원
2019 대한민국학술원우수학술도서

 폭력 교실에 맞서는 용기
따돌림사회연구모임 학급운영팀 지음
272쪽 | 값 15,000원

 그래도 혁신학교
박은혜 외 지음 | 248쪽 | 값 15,000원

 학교는 어떤 공동체인가?
성열관 외 지음 | 228쪽 | 값 15,000원

 학교 민주주의의 불한당들
정은균 지음 | 276쪽 | 값 14,000원

 교육과정, 수업, 평가의 일체화
리사 카터 지음 | 박승열 외 옮김 | 196쪽 | 값 13,000원

 학교를 개선하는 교장
지속가능한 학교 혁신을 위한 실천 전략
마이클 풀란 지음 | 서동연·정효준 옮김 | 216쪽 | 값 13,000원

 공자뎐, 논어는 이것이다
유문상 지음 | 392쪽 | 값 18,000원

 교사와 부모를 위한
발달교육이란 무엇인가?
현광일 지음 | 380쪽 | 값 18,000원

 교사, 이오덕에게 길을 묻다
이무완 지음 | 328쪽 | 값 15,000원

 낙오자 없는 스웨덴 교육
레이프 스트란드베리 지음 | 변광수 옮김
208쪽 | 값 13,000원

 끝나지 않은 마지막 수업
장석웅 지음 | 328쪽 | 값 20,000원

 경기꿈의학교
진흥섭 외 지음 | 360쪽 | 값 17,000원

 학교를 말한다
이성우 지음 | 292쪽 | 값 15,000원

 행복도시 세종,
혁신교육으로 디자인하다
곽순일 외 지음 | 392쪽 | 값 18,000원

 나는 거꾸로 교실 거꾸로 교사
류광모·임정훈 지음 | 212쪽 | 값 13,000원

 교실 속으로 간 이해중심 교육과정
온정덕 외 지음 | 224쪽 | 값 13,000원

 교실, 평화를 말하다
따돌림사회연구모임 초등우정팀 지음
268쪽 | 값 15,000원

 학교자율운영 2.0
김용 지음 | 240쪽 | 값 15,000원

 학교자치를 부탁해
유우석 외 지음 | 252쪽 | 값 15,000원

국제이해교육 페다고지
강순원 외 지음 | 256쪽 | 값 15,000원

교사 전쟁
다나 골드스타인 지음 | 유성상 외 옮김
468쪽 | 값 23,000원

시민, 학교에 가다
최형규 지음 | 260쪽 | 값 15,000원

학교를 살리는 회복적 생활교육
김민자·이순영·정선영 지음 | 256쪽 | 값 15,000원

교사를 위한 교육학 강의
이형빈 지음 | 336쪽 | 값 17,000원

새로운학교 학생을 날게 하다
새로운학교네트워크 총서 02 | 408쪽 | 값 20,000원

세월호가 묻고 교육이 답하다
경기도교육연구원 지음 | 214쪽 | 값 13,000원

미래교육, 어떻게 만들어갈 것인가?
송기상·김성천 지음 | 300쪽 | 값 16,000원
2019 세종도서 교양부문

교육에 대한 오해
우문영 지음 | 224쪽 | 값 15,000원

혁신교육지구 현장을 가다
이용운 외 4인 지음 | 344쪽 | 값 18,000원

배움의 독립선언, 평생학습
정민승 지음 | 240쪽 | 값 15,000원

선생님, 페미니즘이 뭐예요?
염경미 지음 | 280쪽 | 값 15,000원

평화의 교육과정 섬김의 리더십
이준원·이형빈 지음 | 292쪽 | 값 16,000원

수포자의 시대
김성수·이형빈 지음 | 252쪽 | 값 15,000원

혁신학교와 실천적 교육과정
신은희 지음 | 236쪽 | 값 15,000원

삶의 시간을 잇는 문화예술교육
고영직 지음 | 292쪽 | 값 16,000원

혐오, 교실에 들어오다
이혜정 외 지음 | 232쪽 | 값 15,000원

혁신교육지구와 마을교육공동체는 어떻게 만들어지는가?
김태정 지음 | 376쪽 | 값 18,000원

선생님, 특성화고 자기소개서 어떻게 써요?
이지영 지음 | 322쪽 | 값 17,000원

학생과 교사, 수업을 묻다
전용진 지음 | 344쪽 | 값 18,000원

혁신학교의 꽃, 교육과정 다시 그리기
안재일 지음 | 344쪽 | 값 18,000원

● **살림터 참교육 문예 시리즈** 영혼이 있는 삶을 가르치는 온 선생님을 만나다!

꽃보다 귀한 우리 아이는
조재도 지음 | 244쪽 | 값 12,000원

성깔 있는 나무들
최은숙 지음 | 244쪽 | 값 12,000원

아이들에게 세상을 배웠네
명혜정 지음 | 240쪽 | 값 12,000원

밥상에서 세상으로
김흥숙 지음 | 280쪽 | 값 13,000원

우물쭈물하다 끝난 교사 이야기
유기창 지음 | 380쪽 | 값 17,000원

선생님이 먼저 때렸는데요
강병철 지음 | 248쪽 | 값 12,000원

서울 여자, 시골 선생님 되다
조경선 지음 | 252쪽 | 값 12,000원

행복한 창의 교육
최창의 지음 | 328쪽 | 값 15,000원

북유럽 교육 기행
정애경 외 14인 지음 | 288쪽 | 값 14,000원

시험 시간에 웃은 건 처음이에요
조규선 지음 | 252쪽 | 값 15,000원

교과서 밖에서 만나는 역사 교실 상식이 통하는 살아 있는 역사를 만나다

 전봉준과 동학농민혁명
조광환 지음 | 336쪽 | 값 15,000원

 남도의 기억을 걷다
노성태 지음 | 344쪽 | 값 14,000원

 응답하라 한국사 1·2
김은석 지음 | 356쪽·368쪽 | 각권 값 15,000원

 즐거운 국사수업 32강
김남선 지음 | 280쪽 | 값 11,000원

 즐거운 세계사 수업
김은석 지음 | 328쪽 | 값 13,000원

 강화도의 기억을 걷다
최보길 지음 | 276쪽 | 값 14,000원

 광주의 기억을 걷다
노성태 지음 | 348쪽 | 값 15,000원

 선생님도 궁금해하는
한국사의 비밀 20가지
김은석 지음 | 312쪽 | 값 15,000원

 걸림돌
키르스텐 세롭-빌펠트 지음 | 문봉애 옮김
248쪽 | 값 13,000원

 역사수업을 부탁해
열 사람의 한 걸음 지음 | 388쪽 | 값 18,000원

 진실과 거짓, 인물 한국사
하성환 지음 | 400쪽 | 값 18,000원

 우리 역사에서 사라진
근현대 인물 한국사
하성환 지음 | 296쪽 | 값 18,000원

 꼬물꼬물 거꾸로 역사수업
역모자들 지음 | 436쪽 | 값 23,000원

 즐거운 동아시아사 수업
김은석 지음 | 240쪽 | 값 15,000원

 노성태, 역사의 길을 걷다
노성태 지음 | 324쪽 | 값 17,000원

 교과서 밖에서 배우는 역사 공부
정은교 지음 | 292쪽 | 값 14,000원

 팔만대장경도 모르면 빨래판이다
전병철 지음 | 360쪽 | 값 16,000원

 빨래판도 잘 보면 팔만대장경이다
전병철 지음 | 360쪽 | 값 16,000원

 영화는 역사다
강성률 지음 | 288쪽 | 값 13,000원

 친일 영화의 해부학
강성률 지음 | 264쪽 | 값 15,000원

 한국 고대사의 비밀
김은석 지음 | 304쪽 | 값 13,000원

 조선족 근현대 교육사
정미량 지음 | 320쪽 | 값 15,000원

 다시 읽는 조선근대 교육의 사상과 운동
윤건차 지음 | 이명실·심성보 옮김 | 516쪽 | 값 25,000원

 음악과 함께 떠나는 세계의 혁명 이야기
조광환 지음 | 292쪽 | 값 15,000원

 논쟁으로 보는 일본 근대 교육의 역사
이명실 지음 | 324쪽 | 값 17,000원

 다시, 독립의 기억을 걷다
노성태 지음 | 320쪽 | 값 16,000원

 한국사 리뷰
김은석 지음 | 244쪽 | 값 15,000원

 경남의 기억을 걷다
류형진 외 지음 | 564쪽 | 값 28,000원

 어제와 오늘이 만나는 교실
학생과 교사의 역사수업 에세이
정진경 외 지음 | 328쪽 | 값 17,000원

● 더불어 사는 정의로운 세상을 여는 인문사회과학 사람의 존엄과 평등의 가치를 배운다

 밥상혁명
강양구 · 강이현 지음 | 298쪽 | 값 13,800원

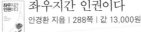 **좌우지간 인권이다**
안경환 지음 | 288쪽 | 값 13,000원

 도덕 교과서 무엇이 문제인가?
김대용 지음 | 272쪽 | 값 14,000원

 민주시민교육
심성보 지음 | 544쪽 | 값 25,000원

 자율주의와 진보교육
조엘 스프링 지음 | 심성보 옮김 | 320쪽 | 값 15,000원

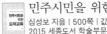 **민주시민을 위한 도덕교육**
심성보 지음 | 500쪽 | 값 25,000원
2015 세종도서 학술부문

 민주화 이후의 공동체 교육
심성보 지음 | 392쪽 | 값 15,000원
2009 문화체육관광부 우수학술도서

 교과서 밖에서 배우는 인문학 공부
정은교 지음 | 280쪽 | 값 13,000원

 갈등을 넘어 협력 사회로
이창언 · 오수길 · 유문종 · 신윤관 지음
280쪽 | 값 15,000원

 오래된 미래교육
정재걸 지음 | 392쪽 | 값 18,000원

 동양사상과 마음교육
정재걸 외 지음 | 356쪽 | 값 16,000원
2015 세종도서 학술부문

 대한민국 의료혁명
전국보건의료산업노동조합 엮음 | 548쪽 | 값 25,000원

 교과서 밖에서 배우는 철학 공부
정은교 지음 | 280쪽 | 값 14,000원

 교과서 밖에서 배우는 고전 공부
정은교 지음 | 288쪽 | 값 14,000원

 교과서 밖에서 배우는 사회 공부
정은교 지음 | 304쪽 | 값 15,000원

 전체 안의 전체 사고 속의 사고
김우창의 인문학을 읽다
현광일 지음 | 320쪽 | 값 15,000원

 교과서 밖에서 배우는 윤리 공부
정은교 지음 | 292쪽 | 값 15,000원

 카스트로, 종교를 말하다
피델 카스트로 · 프레이 베토 대담 | 조세종 옮김
420쪽 | 값 21,000원

 한글 혁명
김슬옹 지음 | 388쪽 | 값 18,000원

 일제강점기 한국철학
이태우 지음 | 448쪽 | 값 25,000원

 우리 안의 미래교육
정재걸 지음 | 484쪽 | 값 25,000원

 한국 교육 제4의 길을 찾다
이길상 지음 | 400쪽 | 값 21,000원
2019 세종도서 학술부문

 왜 그는 한국으로 돌아왔는가?
황선준 지음 | 364쪽 | 값 17,000원
2019 세종도서 교양부문

 마을교육공동체 생태적 의미와 실천
김용련 지음 | 256쪽 | 값 15,000원

 공간, 문화, 정치의 생태학
현광일 지음 | 232쪽 | 값 15,000원

 교육과정에서 왜 지식이 중요한가
심성보 지음 | 440쪽 | 값 23,000원

 인공지능 시대의 사회학적 상상력
홍승표 지음 | 260쪽 | 값 15,000원

 식물에게서 교육을 배우다
이차영 지음 | 260쪽 | 값 15,000원

 동양사상과 인간 그리고 사회
이현지 지음 | 418쪽 | 값 21,000원

● 평화샘 프로젝트 매뉴얼 시리즈 학교폭력에 대한 근본적인 예방과 대책을 찾는다

 학교폭력 어떻게 만들어지는가
문재현 외 지음 | 300쪽 | 값 14,000원

 아이들을 살리는 동네
문재현·신동명·김수동 지음 | 204쪽 | 값 10,000원

 학교폭력, 멈춰!
문재현 외 지음 | 348쪽 | 값 15,000원

 평화! 행복한 학교의 시작
문재현 외 지음 | 252쪽 | 값 12,000원

 왕따, 이렇게 해결할 수 있다
문재현 외 지음 | 236쪽 | 값 12,000원

 마을에 배움의 길이 있다
문재현 지음 | 208쪽 | 값 10,000원

 젊은 부모를 위한 백만 년의 육아 슬기
문재현 지음 | 248쪽 | 값 13,000원

 별자리, 인류의 이야기 주머니
문재현·문한뫼 지음 | 444쪽 | 값 20,000원

 우리는 마을에 산다
유양우·신동명·김수동·문재현 지음
312쪽 | 값 15,000원

 동생아, 우리 뭐 하고 놀까?
문재현 외 지음 | 280쪽 | 값 15,000원

 누가, 학교폭력 해결을 가로막는가?
문재현 외 지음 | 312쪽 | 값 15,000원

● 남북이 하나 되는 두물머리 평화교육 분단 극복을 위한 치열한 배움과 실천을 만나다

 10년 후 통일
정동영·지승호 지음 | 328쪽 | 값 15,000원

 선생님, 통일이 뭐예요?
정경호 지음 | 252쪽 | 값 13,000원

 분단시대의 통일교육
성래운 지음 | 428쪽 | 값 18,000원

 김창환 교수의 DMZ 지리 이야기
김창환 지음 | 264쪽 | 값 15,000원

 한반도 평화교육 어떻게 할 것인가
이기범 외 지음 | 252쪽 | 값 15,000원

● 창의적인 협력 수업을 지향하는 삶이 있는 국어 교실 우리말 글을 배우며 세상을 배운다

 중학교 국어 수업 어떻게 할 것인가?
김미경 지음 | 340쪽 | 값 15,000원

 토론의 숲에서 나를 만나다
명혜정 엮음 | 312쪽 | 값 15,000원

 토닥토닥 토론해요
명혜정·이명선·조선미 엮음 | 288쪽 | 값 15,000원

 인문학의 숲을 거니는 토론 수업
순천국어교사모임 엮음 | 308쪽 | 값 15,000원

 어린이와 시
오인태 지음 | 192쪽 | 값 12,000원

 수업, 슬로리딩과 함께
박경숙 외 지음 | 268쪽 | 값 15,000원

 언어던
정은균 지음 | 268쪽 | 값 15,000원
2019 세종도서 교양부문

 민촌 이기영 평전
이성렬 지음 | 508쪽 | 값 20,000원

 감각의 갱신, 화장하는 인민
남북문학예술연구회 | 380쪽 | 값 19,000원

참된 삶과 교육에 관한
생각 줍기